이 중국에 거居하라

이 중국에 거居하라

'중국은 무엇인가'에 대한
새로운 탐구

거자오광 지음 | 이원석 옮김

글항아리

자서自序

이 책이 논하는 바는 "세계" "동아시아"와 "중국" "학술"과 "정치" "일체시"와 "배제" "국별사國別史"와 "지역사" 같은 큰 문제다. 처음에는 내가 이런 작은 책에서 이렇듯 큰 문제를 논하리라고는 생각지 못했다. 이따금 서양과 동양의 새로운 학설에 관심을 기울이거나, 우연히 근세 일본과 조선의 역사와 문화를 다루거나, 어떤 때는 어쩔 수 없이 거시적 시각을 담은 의론을 제시하지 않을 수 없었다. 그러나 붓을 들어 문장을 쓸 때는 항상 "말이 이치에 닿아야 하든지言之成理" 아니면 먼저 "주장에 근거가 있어야 한다持之有故"[1]고 생각했기 때문에, 문헌적 근거가 없는 것은 이치에도 맞지 않고 떳떳하지도 않다고 여기곤 했다. 그렇게 이론에만 의존해서 큰 문제를 논하는 것은 입에 발린 말만 하고 행동은 하지 않는 것과 같이 느껴져서 그런 글을 쓰는 것에는 자신이 없었다. 그렇지만 최근 몇 년간 연구를 하던 중 이런 큰 문제를 비껴갈 수 없다는 생각이 점점 들었다.

2000년 가을, 벨기에 루뱅대학 숙소에서 『중국사상사』 제2권의 최후 1장을 탈고할 때, 처음에는 한동안 붓을 놓고 숨을 돌리려 결심했다. 「후기」에서 말했다시피, 8년 동안 그 책을 쓰는 동안 기진맥진하다시피 했기 때문에 생활습관과 작업 리듬을 조절할 기회를 찾고 있었다. 하지만 생각지도 못하게, 사상사 연구로부터 파생한 새로운 문제 때문에 절박한 마음이 들고 걱정이 되기 시작했다. 『중국사상사』의 가장 마지막 절인 「1895년의 중국」이 마치 "예언讖言"이라도 되는 듯, 나는 1895년 이후의 시대 속으로 들어가지 않을 수 없었다. 1895년 이후의 대청제국大淸帝國은 "천하天下"에서 벗어나서 "만국萬國"으로 들어가기 시작했다. 걸핏하면 "정성定星이 바야흐로 중中에 있다"[2]고 하며 "성실하게 그 중을 잡는다"[3]고 자신했던 왕조가 이제는 점차 "도처가 중 아닌 곳이 없고"[4], "중이기도 하고 서西이기도 한"[5] 세계 속으로 편입되어, "아시아亞洲" "중국" 그리고 "세계"와 같은 관념으로부터 충격을 받지 않을 수 없었다. 어째서 "아시아"인가? 대체 무엇이 "중국"인가? 중국은 어떻게 "세계"와 대면하는가? 평소의 상식 이면에는 아직 해결되지 못한 문제가 잠복해 있는 것 같다.

2002년 나는 「상상과 실제: 누가 아시아에 일체감을 가졌던가? — 청말 민초 시기 일본과 중국의 "아시아주의" 언설에 관하여」[6]를 썼고, 그해 대만대학 사학과가 주최한 "동아시아 문화권의 형성"이라는 학술토론회에서 발표를 했다. 당시 사회를 보았던 분이 린위성林毓生 선생이었고, 나와 함께 참석한 이로는 일본의 고야스 노부쿠니子安宣方 교수가 있었다. 주의 깊은 독자들은, 논쟁적 성격을 지닌 위의 글이 어떤 자극을 받아 씌어졌다는 것을 제목에서부터 알아차렸을 것이다. 나는 두 가지 면에서 자극을 받았다. 첫째, 앞서 말한 바와 같이 『중국사상사』 제2권을 쓴 이후, 세계 속으로 진입한 현대 중국의 사상에 대해 나는 꽤 많은 아이디어가 있었다. 그러나 원래 쓰려고 했던 제3권, 곧 『1895~1989년 중국의 지식, 사상, 그리고 신앙의 변천』은 자료가 무척 방대하고 문제가 많았기 때문에 중도에 그만두고서 문제 하나하나를 새롭게 검토할 수밖에 없는 상황에 처해 있었다. 둘째,

"중국" "아시아"에 관한 일본, 한국 및 대만 학계의 논의가 활발하여 중국 대륙 학계에까지 영향력을 미치고 있었는데, 이렇듯 검토를 거치지 않고 쓰이는 지리 개념이 대체 어떤 맥락과 의미 속에 있는 것인지, 그리고 그것이 "역사세계"로서 인정되거나 논의될 수 있는 것인지 의문이 생겼기 때문이다. 이런 문제에는 대답할 사람이 필요했다. 그것은 당연히 정치적 의식 형태의 측면에서 제시되는 답변이 아니라, 역사적 맥락과 문화적 입장 위에서 제시되는 것이어야 했다.

만약 이런 제반의 문제가 다른 지역 학계에서 생겼을 뿐이라면 나는 당연히 중국에 있으면서 방관자에 머물렀을 터이다. 하지만 지난 100여 년간 "서양적 조류 또는 일본적 분위기西潮又東風"(이것은 내 또 다른 저서의 제목이다)는 시종일관 중국 학계를 뒤흔들었다(혹은 좌지우지했다?). 어떤 담론은 중국 안에서 양복을 벗고 마고자로 바꿔 입거나, 꼬불꼬불한 글자를 한자漢字로 바꿔가면서 끊임없이 파고 들어오는 동시에 발효했고, 심지어는 제멋대로 중국 역사를 해석해버리기에 이르렀다. 그런 담론을 중국어로 번역했던 것은 도대체 "의역格義"이었나, 아니면 "직역硬譯"이었나? 나는 판단하기가 무척 어려웠다. 때문에 요 몇 년간 그 문제를 파고들 수밖에 없었고, 그로 인해 한국과 일본의 문헌으로부터 자극을 받아 이른바 "동아시아사"의 영역으로 들어가기 시작했다. 여기서 특히 언급해야 할 것은, 2006년 말 내가 베이징의 칭화대학에서 상하이의 푸단대학으로 적을 옮기면서 푸단대학 문사연구원文史研究院을 조직하는 임무를 맡았기 때문에, 그 문제에 대한 관심과 사색을 새롭게 조직되는 문사연구원의 과제와 방향에 대한 고민으로 전환시켰다는 사실이다. 그러면서 "주변에서 본 중국" "교착의 문화사" "비평적 중국학" 같은 과제 연구를 추진하기 시작했다. 이 책에 실린 각 절節 대부분은 최근 몇 년간 그 문제에 관한 일련의 사고 내용을 담은 것이다.

책 이름 "이 중국에 거주하라"(宅兹中國, 한국어판 제목은 '이 중국에 거하라' 이다)는 1963년 산시 성陝西省 바오지寶鷄에서 발견된 서주西周 청동기 하존 명문何尊銘文의 한 구절이다. 하존명문에 기록된 내용은 주나라 무왕武王이 상나라를 멸망시킨 다음 동쪽 지역에 도읍을 조영한 일로서, "이 중국에 거주하라"의 "중국"은 "하늘의 중앙天之中"인 낙양洛陽을 가리킨다고 한다. 나는 이 구절을 상징으로 취했다. 그 이유는 다음과 같다. "중국"이라는 말이 거기서 가장 먼저 출현할 뿐만 아니라, "택宅"자에는 "정주"한다는 의미가 있고 또 오늘날 통용되는 "택宅(집)"의 의미가 있어서 "묵묵하게 지킨다"는 뜻과 유사하다. 이런 신구新舊의 이중적 의미로 인해, "중국"에 살고 있는 학자가 어떻게 해야 중국의 입장을 고수하면서도 중국적 한계를 넘어서며, 더 나아가 동아시아 또는 세계의 배경 속에서 "중국" 관련 역사 서술이 새롭게 정립 가능한지 반성해볼 수 있을 것이라고 생각한다.

마지막으로 내친김에 해야 할 말은, 이 서문을 쓰는 바로 지금 나는 프린스턴대학의 객원교수로 있다는 점이다. 60년 전 후스胡適도 이곳에서 "일개 행각승처럼 잠시 머물렀기"(동아시아도서관 관장을 역임했다) 때문에 시간이 날 때마다 후스의 책을 뒤적여봤는데, 마침 오늘 우연찮게도 그가 1929년에 쓴 「중국 과학사를 위한 사가擬中國科學社的社歌」를 볼 수 있었다. 가장 마지막 구절은 "저 무궁한 진리를 두려워하지 말고 한 걸음 또 한 걸음 환희로 나아가자"였다. 특별한 감흥을 이길 수 없어 이 구절로 서언의 결말을 짓고자 한다.

거자오광

2010년 4월 프린스턴대학에서

|차례|

실마리 글

"중국" 관련 역사 서술의 재정립

민족국가로부터 역사를 구원할 것인가,
아니면 역사 속에서 민족국가를 이해할 것인가?

하존명문 도상

이끄는 말: "중국"이라는 문제와 문제로서의 "중국"

아마도 원래 중국은 결코 하나의 문제가 아닐 것이다.

우리의 서가를 가득 채우고 있는 책들, 곧 "중국"이라는 이름을 앞에 붙인 다종다양한 저작 가운데 역사학 논저들만 보더라도, 중국통사, 중국정치사, 중국경제사, 중국사회사, 중국문화사 등이 있고, 우리 강의실에는 중국을 단위로 삼는 각양각색의 커리큘럼, 예컨대 중국사회, 중국경제, 중국정치, 중국문화 등이 있다. 보통 이 "중국"은 원래 문제가 되지 않았던 것이다. 사람들 대부분은 습관적으로 각종 논문에서 "중국"이라는 명사를 사용하고 있고, 아울러 그것을 문명의 기초 단위이자 역사 서술의 전제로 삼고 있다.

하지만 여기 어떤 사람이 갑자기 다음과 같은 질문을 던진다고 생각해보자. 정말로 자기동일성을 갖춘 "중국"이라는 것이 있는가? 이 "중국"은 상상의 정치공동체인가, 아니면 자기동일성을 지닌 역사적 단위인가? 그것은 과거 각 민족과 각 왕조의 역사를 포함한 공간을 효과적으로 포괄할 수 있는가? 동일한 "중국" 내에서 각 지역의 차이를 간단하게 구분할 수 있는가? 인도계 미국 학자 프라센짓 두아라Prasenjit Duara는 『민족국가로부터 역사 구하기Rescuing History from the Nation』라는 책을 썼는데, 이 책은 영향력이 클 뿐 아니라 큰 상도 받은 중국학 저서이다. 한 미국 평론가는 이 책의 탄생 배경으로서 다음과 같은 상황을 꼽는다. "세계에서 중국은 국가·민족주의적 정서가 날로 고조되고 인종 문제가 점점 극심해지는 지역이기" 때문에 이런 문제와 그 역사적 맥락을 직시하지 않을 수 없는데, 그렇게 할 때 직접적으로 도전해야 할 대상은 바로 "중국" 관련 역사 서술이라고 한다.[7] 이렇듯 과거에는 마주칠 수 없었던 의문으로 인해, 원래 "하늘의 원칙이자 땅의 이치天經地義"라는 영원불변의 진리였던 "중국"은 갑자기 "하늘이 무너지고 땅이 함몰하는天塌地陷" 처지에 놓였다. 마치 송나라 사람 장염張炎[8]이 오문영吳文英[9]을 비판하는 글에서 "일곱 가지 보물로 치장된 누대가 해체되니 쪼가리가 되지 않았는가"[10]라고 말했던 상황과 유사하다. 원래 아무 문제 없었던 역사 서술이 지금은 정말로 문제가 있는 것처럼 보인다. 그 문제는 이렇다. "중국"이라는 것이 하나의 역사적 세계일 수 있는가?

적어도 유럽이 민족국가를 서술의 기본 단위로 삼는 것을 의문시하는 데에는 합당한 이유가 있다. 왜냐하면 유럽의 민족국가는 근대에 들어 비로소 점차 구축된 것으로, 그것은 집단, 신앙, 언어 및 역사와 반드시 중첩되는 것은 아니었기 때문이다. 미셸 푸코가 말하듯이, 지도상의 국경선 안에 있는 "영토"는 정치권력에 종속된 공간일 뿐이며 정치 영토로서의 "공간"은 지도상의 국경선이 표시하는 지역에 불과하다.[11] 따라서 후대에 형성된 정치적 공간을 이용해 역사를 서술하기보다, 그런 서술의 기본 단위를 희박하게 만드는 것이 낫다고 할 것이다. "중국"이라는 역사 서술의 기본 공간을 말하자면, 과거 국외의 중국학계는 그에 대해 줄곧 논쟁을 벌여왔다. 곧 옛 중국은 결국 부단히 변화하는 "민족-문명-공동체"로서 경계가 불분명한 "제국"이었는가, 아니면 본래부터 경계가 분명하고 일체감이 명확했으며 일관된 전통이 있었던 "민족-국가"였는가? 그렇지만 우리 중국 학자들, 특히 대륙 학자들에 대해 말하자면, 매우 오랜 기간 그것은 전혀 문제되지 않았던 듯하며 그 때문에 그 문제는 토론에 부쳐질 만한 가치도 없는 것으로 여겨졌다.

단순하고 근대적인 민족국가를 넘어서 초국가적 지역의 역사와 문화에 대해 연구하는 것이 매우 의미 있는 연구 방식이라는 점은 마땅히 인정되어야 한다. 그런 방식을 택할 때 역사 연구는 "변동하는 역사" 그 자체와 한층 더 잘 부합할 수 있다. 게다가 중국 대륙의 학자들에게 그러는 것처럼, 자연스러운 감정과 간단한 인정認定에 따라 "중국"을 영원불변하는 역사 서술의 동일적 공간[12]으로 여겨달라고 구미나 일본 학자들에게 요구할 수는 없는 노릇이다. 하물며 정치, 문화 그리고 전통의 동일성을 지닌 중국 역사를 의식적으로 세워달라고 그들에게 요구하기는 더더욱 힘들다. 그래서 옛 중국의 역사를 연구하고 묘사할 때, "민족"(흉노와 한漢 제국, 몽고족과 한족漢族, 요하遼夏와 금나라 그리고 송宋 제국), "동아시아"(조선, 일본, 중국, 베트남), "지방"(강남, 중원, 민閩, 광廣, 쓰촨, 산시陝西에서 각 주州, 부府, 현縣에 이르기까지), 그리고 "종교"(불교, 이슬람교) 등의 서로 다른 시각과 입장에서 옛 중국의 역사를 새롭게 살펴보고 구성하는 연구자들이 있었다. 이런 연구 시각과 서술의 입장은, 현대의 영토를 역사적 강역으로 삼거나 현대의 정치적 영역을 문화적 공간으로 삼아 중국을 연구하는 전통적 방법에 충격을 주었고, 아울러 과거에 "하나의 역사"만이 있었다고 주장하면서 "한족의 중국"만을 중심으로 삼는 "중국"적 서술법을 변화시켰다.

그렇지만 더 따져 물어야 할 지점은 이렇다. "민족국가로부터 역사를 구원하는" 방법과 입장 그 자체[13]는 민족적·종교적·지방적 역사의 차이를 지나치게 강조한 것은 아닌지, 혹은 "중국" 더 나아가서 "한족의 중국"이 지닌 역사적 연속성과 문화적 동일성을 지나치게 경시한 것은 아닌지 하는 점이다. 왜냐하면 그들 역시 전적으로 역사적 자료에 근거해서 판단했던 것은 아니며, 오히려 모종의 서양 최신 이론에 입각하여 관찰하면서 현대에 유행하는 탈식민지 이론의 중국판을 만들어냈을 수 있기 때문이다. 그렇다면 그 배후의 정치적 배경과 의식 형태를 어떻게 이해해야 할까? 특히 중국학 학자로서 어떻게 하면 그런 이론과 입장에 가능한 한 공감하고 그것을 이해한 다음, "중국" 관련 역사 서술을 재정립할 수 있을까? 이것이 이 책이 논하고자 하는 중심 주제이다.

1. 스키너에서 하트웰로:
"지역 연구"로부터 도출되는 중국의 동일성에 대한 의문

1982년 로버트 하트웰Robert Hartwell은 「750~1550년 중국의 인구·정치·사회적 전환Demographic, Political and Social Transformation of China 750~1550」이라는 논문을 『하버드 아시아 연구』에 발표했다. 그는 800여 년에 걸친 중국의 변화에서 핵심적으로 고려해야 할 것은 다음의 네 가지라고 제시한다. (1)각 지역 내부의 발전, (2)각 지역 사이의 이민移民, (3)정부의 정식 조직, (4)엘리트가 보여준 사회·정치적 행위의 변화이다. 그는 당·송대에서 명대 중엽에 이르는 중국사 연구의 핵심 대상을 원래의 '전체적이고 통합적인 중국'이 아니라 '각각의 서로 다른 지역'으로 삼았고, 본래 동일하다고 간주되던 문인 사대부 계층을 분해하여 국가 엘리트founding elite, 직업 엘리트professional elite, 그리고 지방 엘리트 및 신사紳士, local elite or gentry

로 나누었다. 특히 지방 엘리트라는 새로운 계층이 송대에 갖는 의미를 강조했다.[14] 지역적 차이를 중시하는 이러한 연구 방식은 현대에 유행하는 지역 연구에 부응할 뿐만 아니라 중국 송대사宋代史 연구를 자극하고 영향을 끼쳤다. 예를 들어 로버트 힘스Robert Hymes, 리처드 폰 글란Richard von Glahn, 리처드 데이비스Richard Davis, 폴 스미스Paul Smith, 피터 볼Peter Bol의 푸저우撫州, 쓰촨四川, 명주明州, 우저우婺州 등에 대한 지역 연구가 그런 자극과 영향을 받은 것들이었다.

물론 중국의 지역 연구 또는 지방사 연구가 하트웰 쪽에서 처음으로 시작된 것은 결코 아니며 그 이전에 이미 윌리엄 스키너William Skinner 쪽에서 실마리를 열었던 것이다. 스키너는 자신이 편집인으로서 발간했던 『중화제국 후기의 도시』라는 책에서 도시를 중심 지역[15]으로서 매우 강조했다. 하지만 중국사 분야에서 이렇듯 명확한 방법적 의식 및 관념적 의식을 갖춘 연구 분위기는 1980~1990년대 이후에야 비로소 활성화되기 시작했다. 공정하게 말하자면 그것은 역사 연구법이 한 걸음 더 심화된 것이라고 해야 할 것이다. 그에 반해 기존의 중국 연구는 상당 기간 지방적 차이성을 소홀히 보고 전체적 동일성만을 강조했다. 지역사 연구의 장점으로는 세 가지가 있다. 첫째, 지역과 지역 사이의 경제, 정치, 문화의 차이점을 명확하게 보여준다. 둘째, 서로 다른 지역, 서로 다른 위치에 있는 신사紳士 또는 엘리트들이 보여주는 입장·관념상의 미묘한 차이점을 보여준다. 셋째, 가족, 종교, 풍속의 투사력과 영향력을 충분히 고려한다. 예컨대 근래에 피터 볼은 행정구역을 넘어서 있는 것으로서 종교신앙, 시장유통, 가족 및 혼인의 삼중 "관계"로 구성된 공간 네트워크를 제시했는데, 이러한 초지역적 지역 연구는 당시의 실제 사회 상황과 더욱 잘 들어맞는다.[16]

일본 학계에서도 마찬가지로 지역 연구 방법이 성행했다. 비단 송대사뿐만 아니라 명청대에서 근대사에 이르기까지 그 방법이 광범위하게 쓰였고 영역도 넓혀갔다. 스키너의 책에 실린 시바 요시노부斯波義新의 명주明州에 대한 연구와 그 후 강남 경제사에 관한 그의 연구 말고도 사상사, 문화사 및 사회사 연구에서도 그 방법에 대한 상당한 호응이 있었다. 그와 유사한 부류의 연구 성과가 상당히 많다는 것은 일본의 학자 오카 모도시岡元司가 말한 대로이다.[17] 더욱이 1990년 이후의 일본 중국학계에서는 "지역" 연구에 대한 흥미가 확연히 늘어났고, 이런 지역적 관찰 의식은 과거의 두루뭉술한 연구를 상당 정도로 세분화했다. 예를 하나 들자면, 고지마 쓰요시小島毅는 자신의 「지역으로부터 본 사상사」에서 과거 미조구치 유조溝口雄三 등의 명청대 사상 연구를 매우 예리하게 비판하면서 세 가지 근본적인 문제를 제시한다. 첫째, 유럽사의 전개 과정을 가지고 중국 사상사를 구상했다는 것, 둘째, 양명학을 중심으로 삼아 전체 사상계를 논했다는 것, 셋째, 양쯔 강 하류 출신 사람들을 위주로 삼아 그들의 문화가 전체 중화제국의 사조였다고 간주했다는 것이다.[18] 가장 마지막 비판은 사상사와 문화사 연구에서 "지역"적 관찰 시각을 확보한 덕분에 가능해진 것으로서, 그런 시각을 갖게 될 경우 원래 두루뭉술하게 "중국"의 사상과 문화 현상으로 여겨졌던 것을 특정 지역의 사상적·문화적 현상으로서 분명히 자리매김할 수 있을 것이다. 그로 인해 우리는 그 지역 엘리트들의 사조와 문화적 활동은 사실 한 지역의 것이지, 전체 제국을 가득 채우는 조류나 현상은 아니었다는 사실을 이해할 수 있다.[19] 만약 이런 지역 연구의 기초 위에서, 송대에서 명대에 이르는 중국에 대해 진일보한 서술을 할 수 있다면 그것은 매우 이상적인 것일 터이며, 그런 연구 방법과 시각은 현재에도 여전히 강력하게 제창될 필요가 있다.

그렇지만 어떤 이론을 제안한 사람의 최초 지향과 이후 결과가 서로 다를 때가 있고, 이론과 방법의 쓰임이 결코 "콩 심은 데 콩 나고 팥 심은 데 팥

나는 식"으로 일정하지 않을 때도 있다. 지역 연구법은 뜻밖에도 "동일성을 지닌 중국 역사와 중국 문명 그리고 중국 사상이 과연 존재하는가?" 하는 의문을 이끌어내고 있기 때문이다.

2. 아시아에서 출발하는 사고: 아시아 속으로 융해된 "중국"

만약 지역 연구로서의 지방사 연구가 지역적 차이를 근거로 "중국"의 동일성을 약화시킬 가능성을 담고 있다면, 다시 말해서 "작은 것"을 가지고 "큰 것"을 해소시킬 가능성을 지닌다면, 최근 지역 연구에서 나타나는 "아시아" 또는 "동아시아"라는 공간 단위에 대한 열정이 어느 정도는 "큰 것"을 갖고서 "작은 것"을 포괄하려는 시도라 할 수 있을 것이다. 하지만 그것 역시 중국의 역사적 특수성을 희박하게 하는 것은 마찬가지다.[20]

일본의 경우 "아시아"에 대한 특별한 열정은 메이지 시기의 아시아 서술과 관련이 있다. 그것은 매우 복잡한 역사를 지녀 제5장에서 상세히 논할 것이며 여기서는 생략하려 한다.[21] 사실 "중국"을 하나의 역사 서술 공간으로 삼는 것에 대한 불만은 오늘날에 시작된 것이 아니라 이미 메이지 시대부터 있었다. 서양의 민족 관념과 국가 관념, 그리고 서양의 중국학을 따라서 일본의 중국학 연구자들은 점차 중국의 "오랑캐四裔", 곧 조선, 몽고, 만주, 티베트, 신장에 각별히 관심을 갖게 되었고, 그들은 더 이상 중국의 각 왕조가 변경邊境과 이민족을 포괄하는 동일체였다고 바라보지 않게 되었다.[22] 이렇듯 원래 학문연구적 경향에 불과했던 것이 점차 중국을 이해하는 관념으로 변화되었고, 그런 관념은 제2차 세계대전 전후로 일본 역사학계의 뜨거운 논쟁거리가 되었다. 예를 하나 들자면, 제2차 세계대전 이전인 1923년에 야노 진이치矢野仁一가 『근대 지나론近代支那論』을 출판했는데, 전반부의 「중국에는 국경이 없다」와 「중국은 국가가 아니다」라는 두 편의 글에서 중국은 이른바 민족국가로 불릴 수 없고 만주, 몽고, 티베트도 본래 중국 영토가 아니라고 주장했다. 또한 만약 대중국大中國의 동일성을 유지하려 한다면 만주족의 청나라 왕조를 전복할 필요가 아예 없고, 그와 반대로 민족국가를 수립하려 한다면 변경 지역에 대한 통제권을 즉각 포기해야 하며 그곳을 정치적으로 종속시키려 하거나 중국사의 일부로 서술하려는 태도를 버려야 한다고 주장했다.[23] 1943년, 제2차 세계대전이 절정으로 치닫던 때에 야노 진이치는 히로시마대학에 제출한 보고서에서, 중국을 넘어서 아시아를 단위로 삼는 역사 서술 이론을 제시했고, 그해 『대동아사의 구상』이라는 제목으로 이 보고서를 출판했다. 역사를 통해 대동아공영권을 촉진하려는 당시 일본 관官 측의 의도와 그 구상은 완전히 일치한다.[24] 물론 이 모든 것은 오래된 옛일이다. 하지만 최근 일련의 다소 복잡한 사정 때문에 일본, 한국 그리고 중국 학술계는 "서양" 곧 구미의 담론에 대한 경계심으로 인해 탈식민주의 이론과 오리엔탈리즘의 영향을 받아들였고, 구미의 "보편적 역사"로부터 탈피하려는 희망을 품고 있다. 때문에 저런 "아시아"적 서술은 시간이 갈수록 성행하고 있다. 이들이 제시하는 "동아시아사" "아시아에서 출발하는 사고" "아시아 지식공동체" 등의 화제로 인해, "아시아" 또는 "동아시아"가 두말할 나위 없는 역사적 단위로 자리 잡았다. 미야자키 이치사다 이래 일본이 익혀온 "아시아사"가 갑자기 "새롭게 번안된 양류지楊柳枝"[25]가 된 듯하다.[26]

근 20년간 일본, 한국, 중국의 일부 학자들이 "아시아"를 거듭 제창했던 것은, 각 민족국가의 정치적 한계를 넘어서 상상적 정치 공간을 새롭게 수립함으로써 대내로는 "국가 중심"을 해소하고 대외로는 "서양의 패권"에 저항했다는 의미가 있다. 우리는 이 점을 인정해야 한다. 그렇지만 역사를 봤을 때 아시아가 어떻게 해서, 또는 언제 그런 공동체로 성립되었던가? 다시 말해서, 서로 일체감을 느끼면서 공동의 역사적 근원을 가지며 또한 공통된 "타자"(구미 또는 서양)를 갖는 문화, 지식, 역사, 심지어 정치적 공동체로서 언제 그리고 어떻게 아시아가 성립되었는가? 이것은 아직 해결되지 않은 문제다. 게다가 현재 이슬람교를 믿는 아시아 서부와 중부의 국가·민족뿐만 아니라, 문화와 역사가 동아시아와 상당히 차이나는 남아시아 여러 나라 중 이른바 동아시아, 곧 중국, 조선, 일본에 대해서 언제 그리고 누가 그런 "공간"을 인정했으며 또 그런 "역사"를 승인한 적이 있는가? 대체 "아시아"는 상상되고 구축되어야 할 공동체인가, 아니면 이미 일체시되고 있는 공동체인가? 이것은 깊이 있게 연구되어야 할 문제이고, 특히 역사적으로 보았을 때 더욱더 의문이 생긴다.

"아시아" 또는 "동아시아" 자체가 근대 유럽인의 세계 관념에서 비롯한 새로운 용어라는 것은 말할 것도 없고, 역사를 보았을 때 만약 그런 "동아시아"가 정말로 존재하여 인정을 받았다면, 그것은 아마도 17세기 중엽 이전의 상황에서만 그랬을 것이다. 제4장에서 나는 이렇게 지적했다. 명나라 중엽 이전 조선, 일본, 베트남 그리고 류큐는 중화제국에 대해서 일체감과 흠모의 마음을 갖고 있었음이 분명하다. 한漢, 진晋, 당唐, 송宋의 문화는 진정 "널리 변경까지 미쳤을 것廣被四表"이다. 그리하여 조선, 일본, 류큐, 베트남은 진심으로 그 문화에 감복했고, 중국도 매우 오랜 기간 동안 "뭇 별이 둘러싸고 있는 달衆星拱月"처럼 "화하의 문화로 오랑캐를 변화시킨다以夏變夷"는 상상으로 인해 득의양양했을 것이다. 하지만 한당漢唐의 중화를 역사적 기억으로 갖고 있던 문화적 일체감은 17세기 이래 와해되기 시작했다. 먼저 일본의 경우, 도요토미 히데요시가 한편으로는 1587년 천주교 선교사들을 추방하는 명령을 발하면서 일본을 "신국神國"으로 선포했고, 다른 한편으로는 명나라를 두려워하지 않고 1592년에 조선을 침략했다. 사실 일본은 벌써 중국을 존경의 대상으로 여기지 않았던 것이다. 도요토미 히데요시가 베이징을 중심으로 삼는 대제국을 세우려 시도했을 뿐만 아니라, 중국에 관해 수많은 지식을 습득했던 도쿠가와 시대의 학자들도, 지리학적 공간 개념에 입각하여 "화하"와 "오랑캐"를 구분하려는 태도를 별로 보여주지 않았다. 중세 불교의 "천축天竺, 진단震旦, 본조本朝(일본)"로부터 파생된 3국 정립의 관념이 형성되어, 그 당시에 일본에서는 점차 중국과 더불어 대등한 지위에 서려는 의식이 자리잡았다. 그래서 신국과 불국佛國으로서 일본을 자칭하면서 "신을 존경하고 부처를 경외하는尊神敬佛" 한편 문화적으로는 중국과 점차 멀어져갔다.[27] 특히 청나라가 명나라를 대체한 이후 일본인들은 고대 중국의 "중화-오랑캐" 관념[28]을 한층 더 받아들여, 신도神道의 일본 대對 유가의 중국, "진정한 중화 문화" 대 "오랑캐 청나라"라는 관념을 형성했다.[29] 조선 역시 그러했다. 명나라 시대에는 비록 조선이 "천조天朝"에 대해 의심과 경계심을 지니긴 했지만 대체로 중화를 인정했다.[30] 그렇지만 원래부터 "오랑캐"였던 여진인이 중국에 들어와 거주하자, 그렇듯 애써 유지했던 문화 공동체에 대한 조선인의 일체감과 충성심이 변화하기 시작했다. 그래서 그들은 한편으로는 명대의 의관과 역법 그리고 의례를 시종일관 채택했고, 다른 한편으로는 그들의 눈에 여전히 "오랑캐"였던 청나라에 대해 통한의 마음을 품으면서 다음과 같이 거듭 비난했다. "몽고족이 중국에 들어와 황제가 되었어도 천하는 오히려 변발을 하지 않았는데, 지금은 중국 전체가 모두 오랑캐 옷을 입는다. 나라 망한 지 100여 년이 되자 중화의 문물이 남김없이 허물어졌다. 선왕의 제복이 이제는 모두 장난질하는 아이들의 웃음거리가 되어 멋대로 바뀐다. 명나라의 옛 제도는 날이 갈수록 멀어지고 사라져가니 앞으로는 다시 볼 수 없을 것이다."[31]

최근 민족국가의 정치 공간을 역사상의 "중국"으로 간주하는 기존 연구 방식을 타파하거나, 일국一國의 민족주의를 역사적으로 증명하려는 역사적 관념을 타파하기 위해, "아시아"를 역사 연구의 공간적 단위로 삼는 것은 매우 중요한 의미를 갖는다. 하지만 문제는 이렇다. "아시아"를 하나의 "역사"로 여길 때 그 개념은 동아시아라는 공간의 연대성과 동일성을 강화하고 부각할 수 있기는 하겠지만, 한편으로 그것은 의식적 혹은 무의식적으로 중국, 일본 그리고 조선의 차이점을 약화시킬 수 있지 않을까? 중국의 역사 연구자가 처한 위치에서 볼 때, 만약 "아시아로부터 출발하는 사고"를 과도하게 강조한다면 "아시아" 속으로 "중국"이 융해되어버리는 것은 아닐까?

3. 일부 대만 학자들의 견해: 동심원 이론

대만의 역사학에 대해 논할 때 가장 골치 아픈 점은 바로 정치적 문제이다. 내 논평 역시 중국과 대만 사이의 견해 차이를 완전하게 벗어날 수 없을 테지만, 가능한 한 학문적 관점에서 논하고 정치적 가치 판단은 하지 않으려 한다. 당연하게도 대만 쪽의 일부 학자들은 "중국"이라는 주제에 대해 상당한 경계심을 표하고 있다. 그들은 현재의 중국 영토로서 역사적 중국을 획정劃定하려는 대륙의 경향에 대해 여러 측면에서 비판하고 있으며 어떤 비판은 일리가 있다. 예를 들어 뤼춘성呂春盛이라는 학자는 현재 대륙에서 유행하는 "중국" 관련 네 가지 서술 모두에 대해 날카로운 비판을 가하고 있다. 그에 따르면, 완전한 의미의 "역사적 중국"을 획정하려는 것은 거의 불가능한 일이라고 한다.[32]

대만을 포괄하는 "중국"을 획정하기를 피하고 또한 대만사를 포함하는 "중국사 서술"을 피하는 동시에, 현대 중국의 정치적 영토를 넘어서 대만의 위치를 새롭게 확인하려는 시도에는 당연하게도 대만 역사학자들의 정치적 의도가 상당히 많이 들어가 있다.[33] 그렇지만 대만 본토화(대만의 독립)라는 소망에서 출발하면서도, 민족국가를 넘어서는 지역 연구를 통해 중국사의 범위를 새롭게 검토하는 사람도 분명히 있다.[34] 즉 일부 대만 학자들은 "동심원" 이론을 제시하고 있으며, 그중 가장 대표적인 인물은 두정성杜正勝 선생이다. 꽤 개괄적인 성격의 논문에서 그는 이렇게 말한다. "1990년대에 이르러 이런 역사적 환상(대만이 중국을 대표한다는 생각을 가리킴)이 철저하게 깨져 각성하고 난 뒤, 새로운 역사 인식은 점차 중국 중심에서 대만을 주체로 하는 것으로 변화했다. 오랫동안 주변에 자리잡았던 대만사 연구는 젊은 학생들에게 엄청난 흥미를 불러일으켰다. 내가 제창하는 동심원 사관은 '중국 주체, 대만 종속'이라는 인식 방식을 거꾸로 세우는 것으로서 이에 깊이 동감하는 사람들이 있었다."[35] 동심원 이론은 문화적 패권에 대한 저항이므로 전통적 "중국" 서술을 해체하고, 그 대신 대만을 중심으로 삼아 점차 확대되는 동심원을 역사 서술의 공간적 단위로 삼아야 한다고 그는 생각한다. 곧 첫 번째 원은 대만 본토의 향토사이고 두 번째 원은 대만사이며 세 번째 원은 중국사이고 네 번째 원은 아시아사이며 다섯 번째 원은 세계사까지 이른다.[36]

지역사와 세계사 서술에 의거하여 "미시"와 "거시"의 관점에서 "중국 서술"을 해소하는 것 말고도, "중국"이라는 국가의 정치적 통합과 문화적 일체감 사이를 분리하는 방법 역시 두정성 이론의 중요한 근거가 된다.[37] 두정성의 논법은 "대만"을 "중국"에 대한 일체감으로부터 "구원해"내야 한다는 생각을 바탕으로 삼고 있기 때문에 다음과 같이 강조한다. "중국"이라는 것은 전국시대 후기에 점차 형성된 것인데, "이렇게 형성됐던 '중국'은 중화의 의미를 갖는 기존의 '중국' 개념과 다르다. 그렇듯 전국시대 후기에 형성된 중국은 한 걸음 더 나아가 한족이 단일한 조상에서 나왔다는 신화를 형성하여 한족의 문화를 일원적 문화로 바꿨고, 이는 통일 제국이라는 새로운 관념과 호응했다. 하지만 그렇게 형성됐던 중국은 고대사회의 다원적 본질을 전적으로 왜곡하는 것이었다." 그에 따르면 다원적 고대사회는 정치 세력의 통합력으로 인해 강제로 중국의 문화 속으로 재편되어 들어갔고, 아울러 정치 세력이 "중국"의 주변 지역에 흘러 들어감에 따라 토착 세력이 개조당했다고 한다. 이렇게 볼 때 "한족화漢化" 과정은 과거 상상했던 문명화華夏化의 과정이 결코 아니었고 정치적 통합의 역사였다고 그는 말한다. 말하자면 강력한 세력의 압박 아래에서 토착 세력은 한족화할 수밖에 없었다는 것이다. 왜냐하면 "한족화는 사회적 지위를 얻는 유일한 길이었고 고유문화를 고집하는 자는 점차 주류적 가치에 의해 천시를 받았기 때문이다."[38] 그의 논리에 따르자면, 대만은 중국의 역사 서술 속으로 강제로 재편되어 들어간 것이므로, 대만의 집단적 일체감을 강화하려면 당연히 중국의 문화적 동일성이라는 신화를 타파해야 한다. 왜냐하면 그런 동일성은 정치권력의 패권 아래에서 실현된 것에 불과하기 때문이다.

두정성은 바로 이 방법이야말로 대만의 문화적 일체감과 역사 서술 사이에서 발생한 "혼란"을 제거할 훌륭한 처방이라고 여긴다. 그렇지만 그런 논법의 역사적 증거 여하는 차치하고서라도, 역사 서술의 관점에서 볼 때 그런 "원심력"의 경향에도 "혼란"이 있는 것 같다. 2003년 말, 역사언어연구소 설립 75주년을 경축하는 회의에서 두정성은 소장의 신분으로 상당히 중요한 강연을 했다. 그에 따르면, 푸쓰녠傅斯年 등이 대륙에 있을 때 한편으로는 근대적 역사학, 곧 "국가적 정서라는 차이점을 가져서는 안 되고 오로지 정확하냐 그렇지 않냐, 믿을 만하냐 그렇지 않냐만 있을 뿐"이라는 학문을 제창했지만, 다른 한편으로 그는 내적 관심과 외적 환경으로 인해 매우 강렬한 "학문적 민족주의"를 지니고 있었고, 이런 "학문적 민족주의 정신은 역사언어연구소로 하여금 또 다른 애국자의 역할을 맡도록 했다"고 한다. 그런데 지금 말했던 것과는 달리, 『역사언어연구소 설립 75주년 기념 강연회 문집』의 제6절 「새로운 전범을 기대한다期待新典範」에서는 "대만에서 역사언어연구소는 객관적 상황으로 인해 '중국'이라는 굴레로부터 뛰쳐나와서, 비할 바 없는 '국'치'國'恥의 비통한 상황으로 내달렸다"[39]고 말한다. 이때 그가 주창하는 것은 "중국을 넘어서는 중국사"이자 "대만으로부터 세계를 바라보는 역사적 시각"이다.[40]

대만으로부터 세계를 바라보기 때문에 대만이 중심이 된다. 역사 서술의 경우, 시간이 만약 왕조에 의해 구속된다면 역사는 언제나 정치적 왕조를 씨줄로 삼고 황제 교체를 날줄로 삼는 왕조사가 될 것이고, 공간이 만약 제국에 의해 국한된다면 역사적 묘사에는 언제나 중심과 주변의 계층 차이가 드러날 터이다. 그렇지만 그런 시간과 공간이 새로운 시각과 새로운 시기 구분으로 대체된다면 분명 새로운 논의 영역이 형성될 것이다.

1998년 정친런鄭欽仁은 「현 시기 중국사 연구에 대한 반성當前中國史研究的反思」에서 일본인 오카타 이사무尾形勇·기시모토 미오岸本美緒의 『중국사』, 야부키 스스무矢吹晋의 『거대 국가 중국의 행방—국가·사회·경제巨大國家中國のゆくえ—國家·社會·經濟』, 『이와나미 강좌 세계역사(3)—중화 형성의 동방과 세계岩波講座世界歷史(3)—中華形成の東方と世界』, 그리고 리지李濟의 『중국 상고사의 재정립 작업과 그 문제中國上古史之重建工作及其問題』 『중국 상고사의 재정립 문제에 대한 재론再論中國上古史的重建問題』 등을 인용하면서, 고대 중국의 범위를 새롭게 논했다. 그는 일본의 중국사학자들이 주장하는 "중국"의 범위가 사실과 잘 부합한다고 여기면서, 고대 중국의 정신적 경계선은 대체로 만리장성 이내여야 한다고 말하고 현대 중국의 정치적 영토로서 고대 중국의 문제를 다루려는 일체의 중국 학자들을 비판한다. 무엇이건 다 중국의 것이라고 여기는 것은 민족주의라는 것이다.[41] 또한 랴오루이밍廖瑞銘의 『중국사로부터 멀리 떨어지기遠離中國史』는 센세이셔널한 제목을 달았을 뿐 아니라 "매우 정치적인 선언"을 한다. 그는 과거 대만의 중국사에는 심각한 환상이 있었기 때문에 늘 다음의 네 가지 점에서 오류를 범했다고 한다. 첫째, 오랫동안 통합되어 있던 것은 반드시 분리되고, 오랫동안 분리되어 있던 것은 반드시 통합된다는 생각, 둘째, 중국 역사에서 지혜를 찾는 태도, 셋째, 중국 역사로부터 수많은 어휘를 이끌어내 현대의 사물을 정의하는 태도, 넷째, 세계를 이분하여 양립시키는 태도이다. 그 속에는 매우 강력한 정치적 의도가 숨겨져 있다고 그는 말한다. 곧 "역사는 해석의 학문으로서 이성과 감정의 이중성을 갖고 있으므로, 그것은 한편으로 학문이나 진리도 될 수 있고 다른 한편으로 집단 감정의 접착제가 될 수도 있다."[42] 그렇지만 그가 단호하게 중국사로부터 멀리 떨어져 있고자 했을 때, 혹 대만을 중심으로 삼는 "심각한 신화"에 빠져 있거나, 아니면 대만을 "집단 감정의 접착제"로 완전히 변화시켜버렸던 것은 아닐까?

유명한 예를 하나 들자면, 두정성이 제기한 담론 중 격렬한 논쟁을 불러일으켰던 것으로 지도를 새롭게 그리는 문제가 있었다. 그는 대만을 중심으로 삼으려는 생각으로, 가로로는 동서 방향이고 세로로는 남북 방향인 과거의 지도 제작법을 바꾸어, 지도를 90도 돌리려고 했다. 그는 이렇게 해야만 대만이 "중국"의 동남쪽 "변경"이 되지 않을뿐더러 중국의 연해는 중심인 "대만" 위쪽에 있는 가장자리로 바뀌고, 더 나아가 류큐 및 일본은 대만 오른쪽 가장자리가 되며, 필리핀 등은 대만 왼쪽의 가장자리가 된다고 한다.

그렇다면 이러한 역사와 공간에 대한 서술 속에서 "중국"이 해소되어버릴까?[43]

4. 위대한 칸의 나라: "중국" 역사에 대한 원나라와 청나라의 도전

과거 습관화된 "중국" 관련 역사 서술 가운데 "중국" 속에 정연하게 포괄되기 가장 어려운 것이 바로 원나라 왕조와 청나라 왕조의 역사다. 송대에 "중국 의식"이 점차 분명하게 확립된 이후,[44] 역사는 마치 의식적으로 어떤 곡절을 만들어낸 듯하다. 몽고인이 한족의 중국을 훨씬 넘어서는 세계적 대제국을 건설한 다음, 명대의 한족은 새롭게 한족의 중화제국을 세움으로써 민족과 국가가 중첩되는 하나의 공간을 재차 확인한 듯이 보인다.[45] 그러나 역사는 또 한 번 만리장성 이북에서 발원한 청나라 사람들로 하여금 승리를 거두게 하고 한족 중심 지역을 훨씬 넘어서는 대제국을 건설하게 했다.

이 두 제국이 "중국" 사학에 초래한 "번거로움"은 이렇다. 원나라와 청나라는 한족적 중국의 범위를 넘어서기 때문에, 이 두 나라의 역사를 서술하려면 중국과는 다른 입장·언어·서술에서 유래하는 풍부한 문헌 자료를 채집함으로써 더욱 광대한 지역 공간, 더 많은 민족, 더 복잡한 국제관계를 연구해야 한다. 그런데 전통적 "중국사"는 그런 작업을 감당하기가 거의 불가능하다. 이미 청나라 말기의 학계는 그런 역사학적 곤경을 민감하게 의식하고 있었다. 역사적 현상에 능동적으로 반응하는 자각적 의식을 그 연구가 지니고 있었건 그렇지 않았건 간에, 청나라 말기의 서북西北[46] 지리에 대한 연구와 몽고사의 유행은 실로 역사의 자극을 받아들인 결과였다. 명나라 때 편수한 『원사元史』를 새롭게 썼던 청말의 작업을 들어보면, 위원魏源의 『원사신편元史新編』, 도기屠寄의 『몽골사기蒙兀兒史記』, 홍균洪鈞의 『원사역문증보元史譯文證補』, 커사오민柯劭忞의 『신원사新元史』 등이 있다. 이들 저작이 거듭해서 출현한 까닭은, "원나라 중국"을 역사적 공간으로 여기면서 한문 사료만을 주요 문헌 소스로 삼아 서술했던 역사가, "북쪽으로는 몽고에 있는 음산을 넘어서고, 서쪽으로는 사막 끝까지 도달하며, 동쪽으로는 요동의 끝까지 달하고, 남쪽으로는 최남부의 영표를 넘어섰던" 왕조를 결코 충분히 반영할 수 없다고 생각했기 때문이다.[47] 특히 이 왕조는 한족 지역의 정권이면서도 대몽고제국Yeke Mongghol Ulus의 일부이기도 했다. 바로 샤오치칭蕭啓慶이 말한 대로, "원나라 군주는 몽고의 대칸과 중원의 제왕을 겸하는 이중적 성격을 지니고 있었다. (…) 쿠빌라이와 그 자손은 중국의 '황제'로만 자처할 수 없었고 입법과 행정은 반드시 몽고 '대칸'의 관점에서 이루어져야 했다. 그렇게 하지 않으면 매우 심각한 정치적 문제를 일으킬 수 있었다." 저 대제국에서 한족은 시종일관 피통치자로 남았고, "몽고지상주의"가 나타냈던 것은 이 왕조가 한漢·당唐·송宋과 같은 한족 왕조와 결코 같지 않다는 것이었다.[48] 때문에 최근 일본 학자 혼다 미노부本田實信와 스기야마 마사아키杉山正明는 세계사 속의 "몽고 시대"라는 관점을 제시한다. 이들은 이런 개념적 도구를 이용해 역사를 다시 쓰는 것은 세계사와 중국사로 하여금 면모를 일신케 하는 역사적 현상이라고 인식하면서, 학계는 "몽고시대사history of Mongol Period"를 연구해야 하며 이 역사는 "중국사"가 아닌 "세계사"라고 한다.[49] 스기야마는 최근 『몽골 제국과 대원 울루스』를 출판했을 뿐만 아니라 중국을 넘어서는 지도 자료와 역외 문헌을 이용하여 「동서양 지도에 드러난 몽고시대의 세계상」「이란, 이슬람 문헌에서 묘사된 몽고시대사의 세계상」 등의 논문을 발표했다.

"몽고시대사"는 결코 중국 원조사元朝史가 아니며, 청나라 말기에 다시 편찬된 『신원사』처럼 사료만 확충하려는 것도 아니다. 그것은 원조사를 중심으로 삼는 중국사로부터 탈피하고, 더욱 큰 세계적 공간에 입각하여 역사를 보려는 것이다. 그 역사는 중국이라는 공간을 포함하고 있기는 하지만 중국은 결코 영구불변의 공간이 아닐뿐더러 유일한 역사 서술의 공간도 아니다.

청나라 역사 역시 마찬가지다. 1998년 일본계 미국 학자 에블린 로스키Evelyn S. Rawski는 『마지막 황제들: 청대 황실 제도의 사회사The Last Emperors: A Social History of Qing Imperial Institutions』에서 "중국사"를 넘어서는 관점을 거듭 표명했다.[50] 이 책은 매우 흥미로운데, 그녀의 주요 논점은 이러하다. 청나라가 300여 년의 통치를 유지하는 데 성공할 수 있었던 주요 이유는 허빙디何炳棣 등이 말하는 "한족화" 또는 "중국화"가 아니라, 중원에 들어와 살게 된 집단으로서 만주족이 그 자체의 특징을 유지하면서 이에 의거하여 한족과 다른 통치 방식을 펼쳤을 뿐만 아니라, 몽고 등 비한족 민족의 지지를 효과적으로 얻었기 때문이라고 한다. 이런 점에서 보자면, 청나라 통치자들은 중앙아시아 여러 민족 중 대칸의 신분을 지니고 출현했던 것이지 중국 전통의 황제라는 신분으로 출현했던 것은 아니다. 만주족은 다만 유가儒家적인 것을 이용했을 뿐이다. 따라서 청나라 제국과 중국은 결코 동의어가 아니며 청나라는 "중국"을 넘어서는 제국인 것이다.[51]

로스키의 저서는 그 2년 전 벌였던 논쟁에 대한 회답이다. 1996년 로스키는, 허빙디의 1967년 논문 「중국 역사상 청조의 중요성」에서 제시된 청나라 "한족화"의 관점을 겨냥하여, 전미 아시아학회 연차 회의석상에서 전임 회장의 신분으로서 「청나라를 다시 본다: 중국 역사상 청조의 중요성」이라는 강연을 행했다. 그러자 중국 출신의 역사학자인 허빙디가 그에 대해 날카롭게 비판하면서 「한족화에 대해 다시 생각함: 로스키의 "청나라를 다시 본다"에 대해 답함」이라는 논문을 썼다. 허빙디는 이렇게 말한다. 만주족의 청나라에 대해 말하자면, 유가화는 곧 한족화이고 유가화와 중국화는 동일한 것이다. 따라서 그에 함축된 결론은, 만주족 청나라는 곧 "중국" 왕조라는 것이다.[52] 로스키의 저서는 허빙디의 반박에 대한 대응으로서, "중국"을 넘어서는 청대 역사에 대해 거듭 서술한 것이었다.

이 논쟁은 외관상 미국 출신(로스키는 재미 일본인이다)과 중국 출신(허빙디는 기본 교육을 중국에서 받은 역사학자다)의 두 학자 사이에 존재하는 인지적·정서적 차이에 기인한 것처럼 보이지만, 사실 그 논쟁 배후에는 "세계"와 "중국"이라는 서로 다른 관념이 있다. 비트포겔K.A. Wittfogel의 『중국 요대사회사中國遼代社會史; History of Chinese Society, Liao, 907~1125』에는 현재에 이르기까지 서양 학계에 큰 영향을 끼치고 있는 "정복 왕조" 이론이 들어 있다. 그 이론의 핵심은, 모든 외래 민족이 한족에 의해 "동화"되었다는 관점을 부정하고 각 민족적 요소의 연속과 그 전통적 영향을 강조하는 것이다. 바꿔 말하면 정복 왕조의 "초超중국"적 의미를 강조하면서, 첫째, 중층적 민족성에 대한 역사적 서술을 유지하는 것, 둘째, 역사적 흐름에서 이민족의 한족에 대한 영향을 강조하는 것, 셋째, 현재의 한족 중심 중국을 부정하고 과거 일체의 역사를 추인하는 것이다. 때문에 그가 보기에 후대의 한족 중심적 관점에서 역사를 거슬러 올라가면 결국 모든 역사를 후대에 가설된 목적 아래 해석하게 되어, 마치 모든 하천이 바다로 흘러 들어가듯 결국 "중국"으로 귀결되고 만다.[53]

5. 탈현대의 역사학: 민족국가로부터 어떤 역사를 구제할 것인가?

마지막으로 구미에서 비롯하는 탈현대 역사학에 도전해보자.

탈현대 역사학의 현대성에 대한 비판 속에는, 근대 이래 민족국가의 자연적 정당성에 대한 의문이 포함되어 있다. "권력"과 "담론"에 관한 푸코의 이론이 역사에 보편적으로 적용된 이래, "영구불변"하는 것처럼 보이는 그 어떤 역사 서술에도 충분히 의문을 제기할 수 있게 되었다. 또한 민족국가 쪽에서는, 특히 앤더슨Benedict Anderson의 "상상의 공동체Imagined Communities" 이론이 세상에 나온 이후, 현대 민족국가의 관점에서 역사를 되돌아보는 것은 사학자들이 "국가"를 오해했기 때문에 일어나는 현상이라는 것이 밝혀졌다. 왜냐하면 우리는 현대 국가를 통해서 옛 국가를 상상하고 이해하며 서술하는 데에 습관이 배어 있기 때문이다.[54] 그렇지만 역사 속의 국가는 언제나 유동적이어서 마치 뤄부 호羅布泊[55]와 마찬가지로 때에 따라 공간이 커지기도 하고 작아지기도 한다. 마찬가지로 민족도 때로는 통합되었다가 나뉘고, 역사 역시 어느 때는 한곳으로 재편되었다가 다른 때는 나뉘어서 각각의 계통을 이룬다. 때문에 현대 국가의 "영구불변함"을 유지하려 할 경우, 그렇듯 매우 정당해 보이는 역사 서술법으로 인해 우리는 늘 곤혹감을 갖게 된다.[56]

앞에서 우리는 프라젠짓 두아라의 『민족국가로부터 역사 구원하기』를 다루었다. 아마도 위의 곤혹감 때문에 두아라가 제시한 "복선의 역사"는 그 의미를 지님에 분명할 것이다. 현재 당연시되는 민족국가를 기초로 삼아 후대에 서술된 제반 역사를 분석하면서 두아라는 이렇게 결론내린다. 곧, 민족국가는 결코 "하나의 동일한 것으로서 시간 속에서 끊임없이 진화한 민족적 주체"가 아니라 원래 "논쟁적이고 우연한 민족적 구성물"이라고 한다. 이처럼 민족국가의 역사는 사실 "허구적 동일성"을 지니고 있기 때문에, 그런 민족국가의 허구적 동일성으로부터 역사를 구원해내는 것은 매우 민감하고도 중요한 문제다. 그렇지만 우리는 되돌려서 질문할 수 있다. 곧, 역사학자는 유럽의 역사와는 다른 중국 역사의 특수성을 고려해야 하는 것 아닌가? 중국, 더욱이 한족 문명의 동일성, 한족의 생활공간과 역대 왕조 공간의 일치, 한족 전통의 지속과 한족 정권에 대한 일체시가 "우연적"이거나 "논쟁적"인가? 중국은 근대(서양의 근대)에 비로소 점차 수립된 민족국가인가?

현대 민족국가에 대한 탈현대 역사학의 사유와 논거는, 한편으로는 와해와 분열의 식민지적 경험에서 유래한다는 것을 우리는 알고 있다. 예를 들어 아시아의 인도, 파키스탄, 방글라데시, 인도네시아 등의 국가가 그러하다. 또한 아프리카의 대大호수 주변 부족과 국가들도 과거에 찢겼던 집단과 국가를 새로 수립하는 과정에서, 새로운 민족국가에 비추어 역사를 새롭게 구축하는 현상을 보였다. 그러나 시종일관 지속된 중국은, 근대에 비로소 재구축된 새로운 민족국가가 결코 아니다. 또 다른 한편으로, 현대 민족국가에 대한 탈현대 역사학의 사유와 논거는 유럽의 근대사에서 비롯한다. 유럽 근대에 민족과 국가가 새롭게 구축되었던 보편적 현상을 우리는 알고 있다.[57] 때문에 홉스봄은 "민족이란 본래 인류 역사상 상당히 늦은 시기에 나타난 새로운 현상이며, 게다가 특정 지역 및 시·공간적 환경에 근원을 두고 있는 역사적 산물이다"라고 말한다.[58] 하지만 여기서 말하는 "인류 역사"는 사실 유럽의 역사다. 중국의 고대古代도 비록 분열되었다고는 하지만 첫째, 광대한 지역을 포괄하던 "한족 문화"가 있었고, 둘째, 진나라와 한나라의 통일을 거치면서 초기의 "화하華夏"를 인정하는 것이 관습이 되었고, 셋째, 중심과 주변, "한족"과 "이민족"에 크고 작은 차이가 있었다. 이처럼 중국 고유의 정치·문화 그리고 전통이 줄곧 지속되었기 때문에 전통 "문예"의 부흥이라는 말도 중국과 어울리지 않고, "민족국가"의 재수립이라는 말 역시 어울리지 않는다.

중국 민족국가의 형성에 대해 내게는 매우 고집스럽게 여겨질 법한 생각이 하나 있다. 중국의 역사를 보자면, 경계를 갖고 있고(곧 명확한 영토를 갖고 있고) 타자를 갖고 있는(곧 국제관계를 구성하고 있는) 민족국가가, 강대한 이민족 국가의 점진적인 압박에 따라 송대 이후로 점차 형성되었다는 것이다. 이 민족국가의 문화적 정체성과 역사전통적 기초는 상당히 튼튼했고, 생활윤리적 동일성 역시 매우 보편적이었다. 게다가 정치적 관할 공간 역시 매우 분명했다. 때문에 중국 민족국가의 공간성과 주체성은 결코 서양의 "근대성"과 관련을 맺지 않는다.[59] 이렇듯 (유럽과 비교하여) 단절성보다 연속성이 컸던 오래된 문명의 틀 속에서, 중국의 공간이 비록 그 경계가 비교적 모호하고 변화했다고 하더라도 시종일관 그 중심은 꽤 분명하고 안정되었다. 중국의 정치적 왕조가 흥망성쇠를 거듭하면서 변화하기는 했지만, 시종일관 그 역사에는 분명한 연속적 맥락이 있었다. 중국 문화가 비록 각종 외래 문명의 도전을 받아들이기는 했지만, 한결같이 그것은 상당한 안정성과 축적된 전통을 지니고 있었다. 이렇듯 송대 이후 점차 뚜렷해지기 시작한 한족 지역 중심의 국가 영토와 국가 의식으로 인해 "민족국가"는 조숙하게 자기 정체성의 기초를 이루게 되었다. 뿐만 아니라 당송唐宋 이래 줄곧 국가, 중앙 엘리트, 지방 사대부의 세 분야가 협력하여 유가儒家의 제도화·세속화·상식화를 추진함으로써, 유가 윤리로부터 비롯한 문명 의식이 도시로부터 지방으로, 중심으로부터 주변으로, 상층에서 하층으로 확산되어갔다. 이로써 중국은 일찍이 문명의 동일성을 갖췄다.[60] 바로 이런 이유로 저 중국이라는 "국가"는 한족 중국인의 역사에 대한 기억과 서술의 공간이 될 수 있었으며, 민족과 국가를 일체시하는 태도의 기초가 될 수 있었다. 그리하여 한족 중국인들이 보기에, 역사는 당연히 "삼대, 진, 한, 당, 송, 명, 청"의 역사였고, "삼강오상"의 질서는 모든 사람이 따라야 하는 것이었다. 요컨대 그들은 한족 문명에서 비롯하는 풍속을 가지고 자아와 이민족을 구분하는 기준으로 삼는 데 익숙했던 것이다.

바로 이런 이유 때문에 중국은 매우 "특수"하다. 혹은 유럽식의 근대 민족국가 형성 과정이야말로 매우 "특수"한 것이라 할 수도 있다. 중국은 적어도 송대부터(이것이 송대가 중국의 "근세"가 되는 이유다) 앤더슨이 말했던 "전통 제국식 국가"의 특색을 갖췄던 한편, "근대 민족국가"와 유사한 의미를 지니기 시작했다.[61] 중심 지역이 매우 분명한 국가로서 한족의 중국은 매우 이른 시기에 자기 공간의 경계를 의식하기 시작했고, 그것은 심지어 다른 단일 민족국가(예를 들어 일본과 조선)에 비해서도 더욱 분명하게 그 공간을 민족국가의 공간으로 인정했다. 그렇지만 경계가 상대적으로 모호했던 "중화제국"으로서의 중국 배후에는 오랜 기간 "천하의 중앙" "끝이 없는 대국"의 그림자가 드리워져 있었고, 그로 인해 중국은 언제나 자신을 보편적 대제국이라고 여겼다.

이렇게 볼 때, 민족국가와 관련한 탈현대 역사학의 이론은 여느 나라에 적용할 때와는 달리, 이처럼 복잡한 사정을 지닌 중국에 대해 적용할 때는 그다지 합리성을 지니지 못하는 듯하다.

6. 중국 역사 속에서 역사적 중국을 어떻게 이해할 것인가?

현대 국가가 국민국가로서 전통적 제국과 다른 점 다섯 가지에 대해 니시카와 나가오西川長夫가 귀납적으로 말한 적이 있다. 첫째, 국민국가에는 명확한 국경이 있다(국민국가는 국경선으로 정치·경제·문화적 공간을 나누지만, 고대 혹은 중세 국가는 중심적 정치권력과 정치기구를 갖고 있다 하더라도 국가 주권을 명확하게 획정하는 국경은 갖고 있지 않다). 둘째, 국가 주권 의식이 있다(국민국가의 정치적 공간은 원칙상 국가 주권의 범위 안이며, 타국의 간섭을 허용하지 않는 국가 주권과 민족 자결 이념을 보유한다). 셋째, 국민 개념의 형성과 일치를 통해 국민의 의식 형태를 지배한다. 곧 국가를 공간 단위로 삼는 민족주의(헌법, 민법, 그리고 국적법으로 규정된 국민에 그치지 않고, 애국심·문화·역사·신화 등으로 구축된 의식 형태를 가리킨다)를 형성한다. 넷째, 정치·경제·문화적 공간을 통제하는 국가 기구와 제도가 있다(제왕 또는 군주의 권력에 그치지 않는다). 다섯째, 각국으로부터 구성된 국제관계를 형성한다(국제관계의 존재는 민족국가의 주권 독립과 공간적 한계성을 드러낸다).[62]

이는 한 일본인 학자의 견해이지만 유럽을 사고 배경으로 삼은 정의다. 그런데 유럽적 정의는 아시아의 자료에서 비롯한 것이 아니라 유럽의 역사, 더욱이 근대 유럽의 역사에서 비롯한 것이므로 동양의 여러 나라, 특히 중국에 반드시 적용되지는 않는다. 원래 유럽 역사에서 비롯한 서술 방식을 보편적 역사의 통일적 척도로 삼는 것에 대해 나는 줄곧 강하게 반대해왔다. 16세기 이후 유럽의 "국제질서"와 "근대성"이 점차 동양의 "조공질서"와 "전통성"을 대체하여 "보편성"을 획득했지만, 특정 지역의 경험과 규칙에 불과한 것으로 타지역의 역사를 해석할 때는 언제나 '모난 장부에 둥근 구멍' 격의 불일치가 있기 마련이다. 유럽과 달리 중국의 정치적 강역과 문화적 공간은 중심으로부터 주변을 향해 퍼져나갔다. 하·은·주 삼대는 그렇지 않다 할지라도, 적어도 진나라와 한나라 때부터 "수레는 수레바퀴의 치수가 같고, 글은 문자가 같으며, 행동은 절차가 같다"[63]고 하듯이 언어·문자, 윤리·풍속, 정치 제도로 인해 그 공간 안에서 민족이 점차 고정되기 시작했는데, 이는 "민족은 인류 역사상 뒤늦게 생겨난 현상"이라고 하는 유럽의 경험과 다르다.[64] 때문에 전통 제국과 현대 국가를 구분해서 서로 다른 두 시대로 여기는 이론은 중국 역사에 결코 들어맞지 않을뿐더러 중국의 국가의식 관념과 국가 생성 역사에도 들어맞지 않는다. 중국은 제국으로부터 민족국가로 나아간 것이 아니다. 경계 없는 "제국"이라는 의식 속에 유한한 "국가"라는 관념이 있었고, 유한한 "국가"라는 인식 속에 경계 없는 "제국"이라는 현상이 있었던 것이다. 그래서 중국의 경우, 근대 민족국가가 바로 전통적 중앙 제국으로부터 탈피해 나왔으나 근대 민족국가는 여전히 전통적 중앙 제국이라는 의식 속에 남아 있었다. 때문에 근대 민족국가와 전통적 중앙 제국 양자는 하나로 얽힌 공생의 역사를 이뤘다.

아마도 대다수 사람은 옛 중국의 "천하 관념"과 "조공체제"를 떠올리면서, 옛 중국은 조공체제로 세계를 상상했기 때문에 "국가"의 경계를 분명하게 의식했던 적이 없었을 것이라고 생각할 것이다. 그렇지만 자세하게 살펴본다면 다음과 같은 사실을 알 수 있다. 그런 "천하"는 보통 하나의 관념 또는 상상에 불과했을 뿐 "중국"이라는 국가와 그 국제 문제를 실제로 처리하는 제도 또는 준칙은 아니었다.[65] 당연히 여기에는 매우 복잡한 역사적 과정이 숨어 있다. 간단하게 말한다면 대체로 다음의 세 가지 지점에 유의해야 할 것이다. 첫째, 중국에서 한족을 중심으로 삼는 민족과 국가는, 그 공간적 중첩으로 인해 민족과 국가의 "경계"가 분명히 정해지기에 매우 용이했다. 요·하·금·원나라의 압박 아래 송나라 때부터 이뤄진 국경선 실지 조사 행위, 해외무역 확립을 위한 시박사市舶司 제도와 그에 대한 분명한 지식, 자신과 타국인 사이의 재산적 한계에 대한 인식, 나아가 화평과 전쟁 사이에서 이뤄진 외교적 담판 등으로 인해 송대의 중국은 매우 이른 시기부터 국경의 존재와 국가적 주권에 대한 의식을 갖게 되었다.[66] 그다음 한족의 통일적 윤리의 점진적 확립, 송대 이래 수립된 역사 전통, 관념 형태, 문화적 일체감 등으로 인해 한족의 중국은 자아 정체성을 확인할 수 있었고 민족주의적 의식 형태를 분명히 가질 수 있었다. 이른바 "중화와 오랑캐"의 구분, "정통"을 둘러싼 논쟁, "유민遺民"의식이 송대 이후 형성되었는데, 이것들은 원래 국가 의식의 산물이었다. 마지막으로, 송나라에서 청나라에 이르기까지 동양세계에서 이미 형성된 국제관계,[67] 특히 명나라와 청나라 이래 조선·일본 등의 국가와 이룬 상호 교류는 이미 그러한 "국제國際"를 형성했다. 다만 저 "국제"는 원래 일련의 질서 체계를 갖춘 것이었는데, 이후 또 다른 새로운 세계질서가 충격을 가하자 점차 붕괴되었고 마침내 그것에 의해 대체되어 잊혀버렸다.

수많은 사람은 이론이 마치 유행과 같은 것으로서 새로울수록 좋다고 믿으며, 대다수 사람은 새로운 이론에 대한 인정 여부와 "정치적 정확성"을 연결시키기도 한다. 그래서 서양에서 비롯한 초超민족국가적 역사 연구의 새로운 이론과 방법이 일단 소개되기만 하면 연구 시각의 변화를 이끌어내곤 한다. 사람들은 그런 최신 유행 이론과 방법을 높이 평가할 뿐만 아니라, 자기도 모르는 사이에 "국가"라는 연구 영역을 견지하는 역사학에 대해 정당치 못한 경멸의 시선을 보이면서, 오늘날 여전히 진행되는 "전근대"적 연구 방법은 "낙후"된 것이라고 여긴다. 아울러 그것은 "국가주의" 또는 "민족주의"적 혐의가 있다고 비판한다. 그렇지만 그런 새로운 이론은 언제나 유럽과 미국에서 온 것이며, 그 역사적 근거와 사상적 배경은 우리와 다르다. 따져 물어야 할 점은, 유럽의 역사를 그렇게 이해할 수 있고 아프리카의 역사도 그렇게 이해할 수 있다고 쳐도, 아시아와 중국의 역사를 그렇게 이해할 수 있을 것인가 하는 점이다. 특히 "국가"가 일단 "역사"를 형성한다고 보면, 그 민족과 국가는 하나의 공통 공간을 가질 뿐만 아니라 공통의 생활 윤리,

공통의 정치체제, 공통의 문화적 습속을 갖는다. 또한 이런 윤리, 체제, 습속은 상당히 긴 역사적 전통을 갖는다. 그렇다면 그런 전통으로 인해 역사 서술 그 자체는 자연스럽게 하나의 공통된 사회·경제·정치·관념적 공동체를 둘러싸고 전개되는 것이 아닐까? 한족의 중국 문명은 매우 오랜 역사적 기간 동안 이어져왔다. 그렇다면 중국의 "민족"과 "국가"에 관한 역사적 서술은, 그 외의 방식으로 선택되고 조합된 공간의 역사 서술에 비하여 한층 더 분명한 내적 맥락을 갖지 않을까?

맺는 말: 역사, 문화 그리고 정치 — 중국 연구의 세 가지 관점

"지방"이나 "지역"의 서술이든, "아시아"나 "동아시아"의 서술이든, "대만 중심"이거나 "대칸의 나라"의 서술이든, 아니면 "복선의 역사"라는 서술이든 간에, 그 모든 것은 중국 역사를 연구하는 우리에게 "다점多點 투시"의 새로운 시각을 제공해준다. 또한 우리는 그런 것들을 접하면서, "중국" 역사의 복잡성과 서술의 현실성이라는 것이 마치 "가로로 보면 고개가 되고 옆에서 보면 봉우리가 되어 원근고저가 각기 다른"[68] 것과 같다는 것을 깨달을 수 있다. 또한 그 때문에 우리 대륙 중국의 역사학자들은 "루산 산의 진면목을 모르는 까닭은 몸이 그 산속에 놓여 있기 때문"[69]이라는 한계를 의식할 수도 있다. 그리하여 그런 도전을 받아들이고 그런 이론들을 넘어서면서 "중국" 역사 서술법을 새롭게 세우는 것은 평온한 마음으로 토론할 수 있는 이론적 주제이다. 이렇듯 이론과 관련된 동시에 역사와 관련된 영역 가운데서 특히 중시할 만한 다음의 세 가지 지점이 있다고 생각한다.

먼저 역사적 의미로부터 보자면, 어떠어떠한 "국가"에 대해 이야기하는 것이 어떠어떠한 "왕조"에 대해 이야기하는 것과 동일시되는 경우가 종종 있다. 때문에 역사상의 "중국"은 변동하는 "중국"이라고 인정될 수 있다. 왜냐하면 각 왕조의 분리와 통합은 언제나 일어나는 일이었을 뿐만 아니라, 더욱이 역대 왕조의 중앙정부가 통제하는 공간적 경계는 항상 변했기 때문이다. 이 점과 관련하여 우리는 탄치샹譚其驤이 편집한 『중국역사지도집中國歷史地圖集』에서 각 시대의 중국을 확인할 수 있다. 그러므로 한편으로는 현대 중국의 정치적 경계를 통해 역사적 중국을 되돌아볼 필요가 없는 것이다. 고구려가 반드시 "당唐 왕조 관할하의 지방 정권"이었던 것이 아니고, 토번吐蕃도 당시 "중국(당나라) 판도" 내에 있었던 것이 아니다. 현재의 동북지방과 티베트西藏가 비록 중화인민공화국의 통제 범위 안에 있다 하더라도, 역사상 그 두 지역 전체가 항상 옛 중국의 영토였던 것은 아니다. 다른 한편으로는, 역사적 중국으로 현대의 중국을 간단하게 다뤄서도 안 된다는 점이다. 과거 역사에서 베트남이 복속內附했고 몽고가 청나라의 관할하에 있었으며 류큐가 조공을 바쳤다고만 생각한다면, 현대 베트남의 독립, 외몽고와 내몽고의 분리 그리고 류큐가 최종적으로 일본에 귀속된 일을 용인하거나 이해할 방법이 없어질 것이다. 마찬가지로 원래 고구려의 영토였던 동북 지역이 지금은 중국의 판도로 귀속되었다고 해서 한국의 민족 감정을 해치리라 생각할 필요도 없다.

그다음, 문화적 의미라는 측면에서 보자면 중국은 상당히 안정된 "문화공동체"였다. 이 문화공동체는 "중국"이라는 "국가"의 기초였고, 더욱이 한족 중국의 중심 지역 내에서 그것은 꽤 분명하고 안정된 것이었다. "수레는 수레바퀴의 치수가 같고, 글은 문자가 같으며, 행동은 절차가 같다"는 문명의 진보를 거친 이후의 중국은 문화적 일체감과 아울러 상당히 분명한 동일성을 지니게 되었다. 그러므로 "중국(이라는 민족국가)의 해체"를 과도하게 강조하는 것은 이치에 맞지 않는다. 역사상 문명의 진보와 정치적 관리로 인해 한족 중심의 문명적 공간과 관념적 세계는 상식화·제도화·습속화를 거쳐 점차 중심으로부터 주변으로, 도시로부터 향촌으로, 상층으로부터 하층으로 확대되었다. 적어도 송나라 때부터 이미 하나의 "공동체"가 점차 형성되고 있었는데 이 공동체는 실재하는 것이었지 "상상적인 것"은 아니었다. 소위 "상상의 공동체"라는 새로운 이론은 이곳에서만큼은 그 유효성을 상실할 것이다.

마지막으로 꼭 분명히 해야 할 점은 이렇다. 정치적 의미라는 측면에서 말할 때, "중국"이 특정한 "왕조"와 동일시될 뿐만 아니라 어떤 한 가문 또는 한 성姓의 "정부政府"를 가리키는 것으로 여겨지곤 한다. 그런데 정부 곧 정권이 "국가"와 같을 수 있으며, 국가는 "조국"과 동일할 수 있는가? 이는 분명히 해야 할 개념들이다. 일련의 정치적 일체감은 언제나 사람들의 문화적 일체감에 영향을 끼치게 마련이다. 그것은 심지어 사람들의 역사적 일체감을 소멸시켜버리기도 하는데 이것은 매우 곤란한 일이다. 과거의 "짐이 곧 국가다"라는 관념은 날카로운 비판을 받았고, 사람들은 다시는 황제가 국가를 대표한다고 생각지 않는다. 그렇지만 아직도 사람들은 자신도 모르는 사이에 정부를 국가로 간주하고, 역사적으로 형성된 국가를 영원불변하며 충성을 다해야 할 조국으로 여긴다. 현재의 수많은 오해, 적대감, 편견은 바로 이런 정확치 못한 개념들의 혼란에서 비롯되는 것이다.

【덧붙이는 글 1】

위의 "실마리 글"인 「"중국" 관련 역사 서술의 재정립」은 축약본의 형태로 2005년 『21세기』(홍콩중문대학) 제90호에 발표한 것이다. 이 논문이 겨냥한 것은 역사학계의 다종다양한 "중국" 관련 서술이었지만, 실제로 논하고자 했던 것은 역사 연구나 이론적 표현과 관련되며 또한 민족국가의 일체감과 관련되어 있는 문제였다.

이런 문제에는 다음의 세 가지 논점이 포함된다. 첫째, 근래에 유행하는 "민족국가로부터 역사를 구원하기" 이론 및 지방사 연구, 아시아 연구, 대만 동심원 역사 연구, 몽고 시대와 청말 시대를 위주로 하는 정복왕조사 연구, 탈현대 역사 연구 등의 방법은, 단순하고 현대적인 민족국가를 넘어서는 것으로서 초국가 지역의 역사와 문화에 대해 연구를 진행한다는 점에서 의미를 갖기는 하지만, 역사 연구 과정에서 "중국"이라는 서술 단위를 간단하게 넘어서거나 그것을 해소하는 것이 적합한가? 그리고 그런 방법은 민족·종교·지방사의 차이를 지나치게 확대하거나 혹은 "중국", 더 나아가 "한족 중국"의 문화적 동일성을 지나치게 축소하는 것은 아닌가?

둘째, "중국"이라는 민족국가와 유럽의 민족국가 사이에 존재하는 역사적 차이이다. 나는 항상 "중국", 더욱이 한족 중국의 형성은 사실 송대 이후에 시작되었다고 생각하며, 유럽 근대 민족국가의 형성 역사를 기준이나 척도로 삼아 중국의 역사를 간단하게 이해해서는 안 된다고 보았다. 그러므로 급선무는 "민족국가로부터 역사를 구원하는 것"이 아니라 "역사 속에서 민족국가를 이해하는 것", 곧 중국의 역사적 맥락 속에서 역사적 중국을 이해하는 것이라고 주장했다.

셋째, "중국"이라는 민족국가를 이해하는 데는 세 가지 측면, 곧 역사, 문화, 정치가 있다. 역사적 측면에서 말하자면 "중국"은 그 공간의 경계가 자주 변동하는 "중국"이다. 문화적 정체성에 입각해 말하자면 중국은 그 주변이 비록 모호하기는 하지만 핵심 지역은 상당히 뚜렷하고 안정된 문화적 공동체를 갖고 있었다. 정치체제의 측면에서 말하자면, 수많은 사람의 습관적 용어인 "중국"이 언제나 가리키는 것은 한 왕조나 정부일 때가 많지만, 그런 정치적 의미를 지닌 왕조와 정부는 결코 국가와 같지 않고, 더욱이 역사 서술 속의 중국은 아니라는 사실이다.

2006년 하버드 옌칭연구소의 린퉁치林同奇 선생은 『21세기』 제94호에 「민족, 민족국가, 민족주의의 이중적 내용—거자오광의 「"중국" 역사 서술의 재정립」을 중심으로民族, 民族國家, 民族主義的雙重含意—從葛兆光的重建"中國"的歷史論述談起」」를 발표하면서, 내가 제시한 견해에 대해 답변을 해왔다. 린 선생의 논문은 진실하고 매우 이성적이며 상당한 식견을 지니고 있었다. 그는 한편으로 "중국 역사 자체의 변화로부터 출발하여 자신의 결론을 만들어내는 방법의 견지" "대중이 급박하게 해답을 요구하는 것이나 정치적 충동을 극히 쉽게 야기할 수 있는 문제를 학문적으로 냉정하게 처리해야 한다"는 내 견해에 찬성을 표했고, 게다가 내가 제시했던 세 가지 정체성, 곧 역사적 정체성, 문화적 정체성, 정치적 정체성이 "중국 민족주의를 어떻게 이해하고 대처할 것인가 하는 과제를 모두 다루었다"고 인정했다.(116쪽) 그렇지만 다른 한편으로, 그는 내 서술에 대한 검토를 진행해나가면서, "민족국가"에 대한 내 생각이 통상적 관점, 특히 앞서 인용된 일본인 학자 니시지마 사다오西嶋定生의 관점과 다르다고 지적했다. 니시지마의 관점도 포함하고 있는 "민족국가" 개념이 중시하는 것은 유럽적 근대와 동일한 요소, 곧 "주권"과 "국민"이라는 점도 그는 밝혔다. 이런 민족국가 모델은 정치적 내용에 치중하는 것인 반면, 내 서술이 "치중하고 있는 것은 그(민족국가) 속의 문화 공동체적 내용”(119쪽)이라고 린 선생은 말했다. 그는 선의를 갖고서, 이사야 벌린이 대표하는 “비교적 급진적인 문화형 민족주의론”과 슈워츠Benjamin L. Schwartz가 밝힌 “비교적 평형적인 정치형 민족주의론”을 상세히 소개했다. 그 글에서 린 선생은 특히 자신이 잘 알고 있는 슈워츠를 예로 들어, 만약 민족주의에 대한 슈워츠의 개념에 비추어본다면 송대에 이미 민족주의가 출현했다는 내 견해에 슈워츠가 찬성하지 않았을 것임이 틀림없다고 지적했다. 하지만 슈워츠는 근대 민족국가와 전근대 각 민족 사이에 칼로 자른 듯 분명한 경계선이 있다고 여기지는 않았기 때문에, 그는 아마도 나의 관점, 곧 송대 이후 이미 초기적 형태 혹은 원형의 민족주의가 만들어졌다는 관점에 대해 지지를 표할 수 있을 것이라 여겨진다.

나와 린퉁치 선생의 견해 사이에는 상통하는 곳과 협조할 수 있는 곳이 매우 많다. 린 선생의 글이 발표된 뒤 우리는 이메일과 장거리 전화로 몇 차례 이야기를 나눴다. 린 선생은 매우 여유 있고 이해심 있는 검토 방식을 택했고, 더욱이 후속 토론을 위해 매우 좋은 디딤돌을 마련해주었다. 때문에 나는 원래 린퉁치 선생이 제공한 문제를 기초로 삼아 이 민감하고 중요한 문제를 한층 심화하여 토론할 계획이었다. 그러나 안타깝게도 내가 계속 바빴기 때문에 기대했던 토론이 이어지지 못했고, 심지어 2009년 하버드대를 방문했을 때에도 린퉁치 선생과 만날 기회를 잃었다.

사실 그에게 알리고 싶고 토론하고 싶었던 것은 다음의 세 가지 문제다. 첫째, 민족국가 “중국”에 대한 역사 서술에서 중국 학자들은 어째서 문화적 내용에만 치중할 뿐, 서양 학자들이 유럽 근대 민족국가에 대해 논하듯이 정치적 내용에는 치중하지 않을까? 둘째, 일국사一國史를 기초로 하는 “중국” 관련 역사 서술이 여전히 그 나름의 가치와 의미를 지니는데, 어째서 “지역사”의 의미를 특별히 강조할 필요가 있을까? 셋째, “중국” 관련 역사 서술을 재수립하려 할 때, 과거 유럽 및 미국에서 만들어진 각종 이론과 방법에 어떤 형태의 조정과 수정을 가함으로써 그것을 중국 역사 연구의 새로운 전범으로 삼을 필요가 있는가?

이런 문제들은 내게 충분한 시간이 주어질 때 비로소 상세하게 다뤄질 수 있을 것이며 그때 린 선생으로부터 가르침을 받고자 한다.

【덧붙이는 글 2】

몇 년 전 나는 어떤 소규모 토론회에 참가해달라는 요청을 받았다. 토론할 내용은 "중국의 경역中國境域"이었다. 주최 측이 내게 보낸 이메일에는 "국경은 저기에 있고 중국은 여기에 있다"라는 두 구절이 있었는데 매우 재미있는 이야기였다. 그 구절은 토론회의 주제가 "국경"과 "중국"이라는 것을 암시했기 때문에, 결국 그것은 "국경(정치적 영토의 범위)"과 "중국(문화적 정체성의 공간)" 사이에 차이가 있음을 암시한다는 것을 나는 재빨리 알아챌 수 있었고, 그런 주제는 흥미를 불러일으켰다. 왜냐하면 내가 이메일을 봤을 때 한편으로는 두보杜甫의 시구 중 "나라가 깨져도 산하는 그대로구나國破山河在"와 명말 사대부의 "나라를 망하게 한 것이 아니라 천하를 망하게 했다非亡國, 乃亡天下"[70]는 구절이 떠올랐고, "산하" "나라" 그리고 "천하"가 전통 중국인의 관념세계에서 차이점을 지니는 것으로 여겨졌기 때문이다. 다른 한편으로 근대 이래 현재에 이르기까지 중국과 주변 세계 사이에서 국경선, 강역, 역사에 관한 논쟁이 벌어졌고, 그런 논쟁 속에서 "국경" "국가" "중국"이 언급되었다는 사실, 다시 말해서 역사적 강역, 정치적 판도, 문화적 공간에 관한 다종다양한 문제가 언급되었다는 사실이 떠올랐기 때문이다.

국경과 국가에 관한 문제는 당연히 중요한 주제이며, 그것과 관련된 문제는 결코 현재 영토 분쟁이 일어나는 그런 지방에만 국한되지 않는다. 예를 들어 중국과 일본 사이에는 댜오위다오釣魚島 분쟁이 있고, 중국과 베트남·필리핀·인도네시아 사이에는 남해의 여러 섬과 관련한 분쟁이 있으며, 중국과 인도 사이에는 맥마흔McMahon 선과 관련된 분쟁이 있다. 최근 한국의 역사교과서를 한번 봐도 무방할 것이다. 요 몇 년간 역사교과서는 항상 관심 주제가 되었다. 왜냐하면 어린 국민의 역사적 관념과 문화적 정체성을 길러내고 형성해내는 역사 교재는 불가피하게 문화, 민족의 기원, 종교 신앙, 문화의 주류, 역사의 강역, 민족의 공간과 같은 문제를 언급하지 않을 수 없는데, 그런 것에 대한 각종 교과서의 설명은 쉽사리 흥분과 충돌을 일으키기 때문이다. 그런데 한국의 중학교 교과서에서 사람들로 하여금 놀라서 입이 떨어지지 않도록 하는 견해가 출현했다. 한편으로 그 견해는 사상의 영역에서 한국 내에 격렬한 민족주의 정서가 있다는 것을 드러냈고, 다른 한편으로는 지식계에서 한국의 역사 인식과 중국의 역사 인식 사이에 충돌이 있다는 것을 드러냈다. 예를 들어 조선이 중국에 비해 역사가 유구하다고 주장하는 것, 단군 이야기와 전설을 사실로 확인하는 것, 당송 시대 고구려의 판도에 대한 과장된 견해 등이 그렇다. 사실 사람들은 벌써 다음과 같은 사실에 주목하고 있다. 즉 동북공정과 고구려 유적의 세계문화유산 신청 이래 생긴 각종 논쟁이 국경·국가의 문제를 드러낸다는 점, 외관상 이미 영토가 획정된 오늘날에도 수많은 역사적 음영이 그 속에 뒤엉켜 있다는 점, 그리고 그 때문에 현대가 역사 속에 존재하고 역사가 현대 속에 존재하게 된다는 점이다.

국가 영토의 현실적 문제는 "역사"의 형식을 띠고서 반복하여 출현할 뿐만 아니라, "바로 지금"이라는 각기 다른 시간들 속에서 되풀이하여 떠오를 것이다. 이런 문제는 동북아시아 지역에서만 나타나는 것이 아니라 잘못하면 사면팔방에서 일어날 수 있다. 예를 들어 "튀르크" 문제, 티베트 문제, 몽고 문제, 그리고 당연하게도 대만 문제가 있다. 원래 현실 정치상으로 합법성을 지니고 있던 "국경"이 다종다양한 의문에 맞닥뜨리고 있으며, 역사·문화적으로 영구불변이었던 "중국"도 여러 도전을 앞에 두고 있다. 이런 도전은 현실의 국가 간 영토 분쟁에서 비롯할 뿐만 아니라, 심지어 다양한 역사 이론과 방법에서 비롯하기도 한다. 예를 들어 동북아사, 지역사, 정복왕조사, 동심원 이론, 탈현대 역사학 등이 그렇다. 이런 여러 문제는 신중히 토론할 만한 가치가 있을 것이다.

제1부

역사 속에서 이해된 중국

홍콩기술대학 소장, 코넬리스 데 호드의 『중화제국』

제1장

송대 "중국" 의식의 출현

—근세 민족주의 사상의 기원에 관하여

1. "중국론"과 "정통론": 중국 의식의 참된 출현

사상사에서 북송 시기의 문헌 두 편은 상당히 주목을 끈다. 한 편은 석개石介의 『중국론中國論』으로, 현재 볼 수 있는 옛 중국의 문헌 가운데 "중국"만을 제목으로 삼은 유명한 정치적 논문이다. 석개는 북송대 학술사에서 매우 중요한 인물일 뿐 아니라, 그 글 속의 민족 정서도 매우 강렬하여 극단적이라고까지 할 수 있다. 그만큼 그는 "중국"에 대해 사상사적으로 미증유의 집념을 보여줬던 인물이다.[1] 다른 한 편의 글은 구양수歐陽修의 『정통론正統論』[2]인데 당시 이 글에 대한 반응은 매우 강렬했다. 구양수는 사상사와 문학사, 정치사에서 중심축이 되는 인물이었다. 그의 견해는 선대 역사에 대한 깊이 있는 인식과 글쓰기, 나아가 실천과 관련이 있었고, 그의 역사적 인식과 글쓰기는 전통적 경험과 교훈에 대한 지식인층의 이해, 현실 정치의 합법성에 대한 그들의 확신과 관련이 있다. 보통 현대의 연구자들은 이런 문헌으로부터 다음과 같은 사실을 파악한다. 즉 옛 중국에서 상당히 오랫동안 유지됐던 민족, 국가 그리고 천하의 조공체제와 화이華夷 관념이 바로 이 시대에 이르러 심각한 변화를 일으켰다는 점이다. 그리하여 자아 중심의 천하주의天下主義가 좌절을 맞고, 대신 자아 중심의 민족주의가 일어나기 시작했다는 것이다. 이는 현실 세계와 관념 세계 사이의 매우 흥미로운 차이를 보여준다. 민족과 국가의 지위가 날로 낮아질 때 민족과 국가의 자의식이 오히려 더욱 높아졌던 현상은 현재에 이르기까지 중국 사상사에서 계속해서 일어났던 것이다.

당송唐宋 교체기에 일어난 변화에 대해 수많은 학자가 논해왔다. 특히 푸러청傅樂成은 「당대 이민족 관념의 변화唐代夷夏觀念之演變」에서 다음과 같이 지적한다. 안사安史의 난이 일어난 다음부터 "이민족夷夏에 대한 방비를 철저하게 했지만, 오래된 전통적 관념이 단시간에 전적으로 바뀌기는 쉽지 않았기 때문에 이민족에 대한 당나라 후기인들의 관념은 송나라 사람들만큼 엄격하지는 않았다."[3] 그는 송대의 화이 관념이 시간이 지날수록 더 강해졌던 역사적 사실을 간파한 것이다. 그는 「당나라형 문화와 송나라형 문화」에서 그런 변화의 원인을 구체적으로 설명한다. "첫째, 외부 이민족의 반란과 침입에 의한 자극" "둘째, 과거제도가 발달하여 (…) 사회에서 문文을 숭상하고 무武를 경시하는 분위기가 점차 형성되고 나아가 중국 문화가 최고라는 관념이 형성된 것"이라고 한다. 그리고 "위의 두 원인 때문에 이민족과 그 문화를 적대시하는 국인國人들의 태도가 날로 강화됨과 동시에 중국 전통문화에 대한 애호는 더욱 강렬해져서 점차 중국 본위의 문화가 수립되었다."[4] 천팡밍陳芳明은 송대의 정통론을 논하면서, 송나라 이전에는 "정통에 대한 현실적 논쟁만 있었을 뿐 정통 이론의 출현은 없었다"[5]고 지적한다. 때문에 당나라와 송나라 양대의 "정통" 관념은 겉보기에 유사하지만 본질상에서 큰 차이가 있다고 한다. 천팡밍과 비슷한 논지를 펼친 천쉐린陳學霖은 「구양수의 「정통론」에 관한 새로운 해석歐陽修<正統論>新釋」에서 이렇게 말한다. 구양수가 「정통론」을 저술했던 네 가지 배경에 주의를 기울여야 하는데, 그중 첫 번째는 "송나라와 이전 왕조 사이의 정통성 계승 문제"이고, 두 번째는 "춘추학 부흥의 영향"이며, 세 번째는 "선대 역사를 편찬하면서 마주친 문제"이고, 네 번째는 "북송 외교의 좌절에 대한 반응"이라고 한다.[6] 종합하자면 역사상 한 국가가 어떻게 자리매김되느냐 하는 문제이며, 한 국가로서 송나라 왕조가 대체 정치적 합법성을 갖는지 그리고 그 정권이 어떻게 해서 전통과 경전으로부터 도움을 얻을 것인지, 또한 타인과 자신의 역사를 어떻게 서술할 것인지의 문제였다. 그리고 이 모든 문제는 결국 "적국이라는 외환敵國外患"[7]으로부터 비롯된 것이었다. 만약 그런 "상대방"이 없었거나, 혹은 "상대방"이 자기 국가의 존재 의미에 대해 의문을 갖도록 할 만큼 강하지 않았더라면, 그런 문제는 그렇게 심각하게 제기되어 논의되지 않았을 것이다.

이상의 여러 연구는 중요한 가치를 지니며 그 결론에도 의심스러운 점은 없다. 여기서 우리가 한 걸음 더 나아가 논해야 할 점은 이렇다. "중국" 관념은 내력이 오래됐고, 전통적 "화이" 구분의 배후에 있던 화하공동체의 집단, 지역, 문화는 계속해서 보편적으로 인정되었으며, 이민족의 존재 역시 현실적으로 부정된 적은 없었다. 그래서 "화이" "중국" "정통" 등의 관념은 북송 시기에 처음으로 등장한 것이 아니었다. 중국과 정통에 관한 북송대의 논의가 만약 과거의 언설을 단순하게 반복한 것이 아니라고 한다면, 정치사와 사상사의 관점에서 보았을 때 민족과 국가에 대한 북송대의 상상과 방향 정립은 전대前代와 대체 어떤 근본적인 차이점을 지닐까? 어째서 우리는 그 시대에 들어 비로소 “중국” 관련 의식이 진정하게 출현하기 시작했다고 말해야 할까?

2. 실제 정치와 관념 · 상상의 차이: 천하, 사이四夷, 조공, 적국

옛 중국의 “중화-오랑캐華夷” 관념은 적어도 전국 시대에 형성되었다. 그 시대 혹은 그보다 더 이른 시기에 중국인들은 자신의 경험과 상상 속에서 “천하”를 구축했다. 그들은 자기가 거주하는 곳이 세계의 중심이자 문명의 중심이라고 상상했다. 대지는 마치 바둑판 또는 회자형回字形과 같아서, 중심으로부터 외부를 향해 네 변이 계속해서 확장해나간다고 보았다. 중심은 왕이 거주하는 서울이며 중심의 바깥은 화하華夏 또는 제하諸夏이고, 제하의 바깥은 오랑캐라고 생각했다. 대체로 춘추전국 시대에는 남북의 오랑캐와 대응하는 “중국” 개념이 형성되었다. 옛 중국인의 공간적 상상 속에서는 바깥으로 갈수록 땅이 더 황폐해졌고, 그곳에 거주하는 민족도 그만큼 더 야만적이며 문명 수준도 낮은 것으로 인식되었다. 그런 관념과 상상은 그다지 이상한 것이 아니다. 서양 속담에 “배경이 없으면 중심도 없다”라는 말이 있듯이, 보통 사람들은 대부분 자기 눈을 통해 바깥을 보는데 자기가 선 그곳이 바로 관찰의 출발점이 되고 동서남북과 전후좌우를 확정하는 중심이 된다. 자기로부터 멀리 떨어져 있고 관심의 초점이 되는 지점 바로 뒷면이 곧 배경이 된다. 나는 너를 바라보는 하나의 시점이고, 너도 나를 바라보는 하나의 초점일 수 있다. 그렇지만 너는 다른 그 무엇을 위한 배경이 될 수 있고, 나도 그것의 배경이 될 수 있다. 옛 중국에서 역사를 기록했던 사람들은 중원·강하江河 지역에 살았기 때문에 당연히 그들은 그곳을 천하의 중심으로 여겼다. 그러면서 천하란 나를 중심으로 삼는 거대한 공간이라고 상상했다. 게다가 매우 오랫동안 중국 문명이 주위의 여타 민족에 비해 우수했던 것도 사실이다.

옛 중국인은 줄곧 그 점을 굳게 고집했다. 옛 중국인이 불교 이외에는 진정 강대한 문명적 도전을 받아본 적이 없다는 데에 그 고집의 원인이 있었다. 그들은 시종일관 자신들이 천하의 중심이고 한족의 문명이 세계 문명의 최고봉이며, 주변 민족은 야만적이고 미개한 민족이라고 믿었다. 한족의 윤리를 따르지 않는 사람은 구제될 필요가 있으며, 구제될 수 없다면 그들을 격리시키면 될 뿐이었다. 중국인들은 전쟁을 통해 천하를 통일하려는 경향이 약했다. 아울러 분명한 경계가 있어야 한다고 생각하지 않았으며, 문화적으로 "이민족의 나라를 위압해서 굴복시킬 수 있다威服異邦"고 생각했다. 그리하여 중국과 다른 나라 사이의 지리적 경계선은 문명의 전파와 수축 정도에 따라서 끊임없이 변했다. 서진西晋 시기 강통江統이라는 사람이 쓴 『사융론徙戎論』이 있는데, 이 글은 거주하는 지리적 공간에 따라 한족과 그 외 민족을 분리하고자 했지만 후대에 미친 영향은 그리 크지 않았다. 옛 중국인의 "중국"은 언제나 문명과 관련된 관념이었지, 명확한 국경선을 지닌 정치적·지리적 관념은 아니었던 것이다. 따라서 중국인들은 주위 모든 국가의 문명적 등급이 자신들에 비해 낮기 때문에 그들은 중국을 배우고 중국에게 조공을 바쳐야 하며 중국의 황제를 알현해야 한다고 믿었다. 옛날의 「직공도職貢圖」를 보면 변경 지역의 각 민족 대표가 중앙에 있는 황제를 향하여 조공을 바치는 장면이 그려져 있는데, 중국인 황제는 항상 크게 그려져 있고, 이민족 사절들은 매우 왜소하게 묘사되어 있다. 그렇지만 어떤 연구자가 지적했다시피, 옛 문헌에서 그렇듯 자아중심주의가 꽤 분명하게 드러났다 하더라도, 중심과 주변 사이의 분리는 결코 공간적인 것이 아니었다고 한다. 곧, 중심은 분명하지만 주변은 모호했던 것이다. 게다가 세계에 관한 상상 속에서 공간적 의미와 문명적 의미가 항상 충돌과 혼융을 일으켜서, 어느 때는 문명적 고하高下의 판단에 따라 공간적 원근과 인식을 대체해 버렸다고 한다. 따라서 첸무錢穆의 『중국문화사도론中國文化史導論』(수정본) 제3장 「고대의 관념과 생활」은 이렇게 말한다. "고대의 관념 속에서 사이四夷와 제하諸夏를 나누는 참된 기준은 '혈통'이 아니라 '문화'였다. 이른바 '제후가 오랑캐의 예禮를 차리면 그를 오랑캐로 대접하고, 오랑캐가 중국으로 들어오면 그를 중국인으로 대한다'는 말은, 오랑캐-중화의 구분을 문화로써 한다는 것의 분명한 증거다. 여기서 말하는 문화를 구체적으로 말한다면 일종의 '생활습관과 정치적 방식'일 뿐이다."[8]

이런 관념은 세계에 관한 옛 중국인의 상상 속에 탄력적 공간을 제공했다고 할 수 있다. 그런 까닭에 중국인들은 이민족이 부상하고 그 문명이 침투했다고 해서 마음속으로 전율을 느끼는 지경까지 이르지는 않았다. 그들은 그런 상황이 일어나면 여유롭게, "예禮를 잃어버리면 야野에서 구하거나" "뗏목을 띄워 바다로 나가거나" 혹은 "공자는 구이九夷에서 살고 싶어했다"[9]는 등의 논리를 동원하여 자신의 긴장을 해소했다. 그리하여 자신감이 충만했던 옛 중국의 수많은 유학자는 오랑캐와 중국 사이의 구별을 문명에서 찾았지, 지역·종족 등에서 찾지 않았다. 예를 들어 양웅揚雄은 『법언法言』「문도問道」에서 "중국"에 대해 말할 때, "예악禮樂" 곧 "문명"으로써 오랑캐로부터 중국을 구분해내야 한다고 말하면서, "예악이 없다면 금수이고 다르다면 오랑캐"[10]라고 말한다. 『삼국지三國志』「오환선비동이전烏丸鮮卑東夷傳」은 오랑캐와 중화의 구분을 말할 때 "오랑캐의 나라라 하더라도 제기祭器의 형상이 남아 있을 것이다. 중국이 예를 잃어버리면 오랑캐에게 가서 구하는 것이 오히려 믿을 만하다"[11]라고 말한다. 당나라의 황보식黃甫湜은 『동진원

위정윤론東晋元魏正閏論』에서 "중국이 될 수 있는 자격 요건은 예의이며, 오랑캐란 예의가 없는 것들이다"[12]라고 말한다. 옛 중국인들은 한족의 문명에 대항할 수 있는 또 다른 문명이 천하에 결코 존재하지 않는다고 마음속으로 믿었기 때문에, 자신의 문명에 부합하는 것은 "하夏"이고 그렇지 않은 것은 "오랑캐"라고 자신 있게 인정하고자 했다. 바로 이런 때에 민족적 요소, 공간·경계적 요소는 매우 희박했다.

이런 상황은 당나라까지 이어지다가 당나라 중엽에 이르러 근본적인 변화가 일어나고, 송나라에 이르면 그런 변화가 한층 더 격렬해진다. 일본 학자 니시지마 사다오는 9세기부터 10세기에 걸쳐 일어난 당나라의 쇠락을 거쳐 "송대에 비록 통일 국가가 출현했지만, 연운燕雲 16주는 요遼나라가 점유하고 있었고 서북방의 서하는 나라를 세워 송나라와 대항하고 있던 상황에서, 요와 서하는 자신들의 왕을 황제라고 칭하여 송나라와 대등한 위치에 서려고 했다. 게다가 송나라는 요나라에 매년 현금을 바쳤고, 서하와는 전쟁 상태를 지속했다. 이때 동아시아의 국제관계는 당나라 때와 매우 달라져 있었다. 당나라 때는 당나라만이 군주로 자칭했고 주변 나라를 책봉하여 번국蕃國으로 삼던 시대였다. 그렇게 변화된 상황을 보자면, 동아시아에서는 송나라 때부터 비로소 중국 왕조 중심의 국제질서가 흔들리기 시작했다고 할 수 있다.[13]

이런 변화는 극히 중요했다. 먼저 관념사의 측면에서, 이전에는 실제적 전략이었던 화이 관념과 조공체제가 이제는 상상의 질서로 변해버렸고, 중국의 군림을 보장해주던 과거의 제도적 환경이 이제는 상상적 세계 속의 자기 위안거리로 바뀌어버렸다. 정치사의 측면에서는, 과거 저 오만했던 천조대국天祖大國의 태도가 현실적인 대등 외교 전술로 바뀌었다. 사상사의 측면에서는, 천하·중국·오랑캐에 대한 사대부 지식계층의 주류적 관념이, '하늘 아래 왕의 영토 아님이 없다'는 천하주의에서 자기 상상의 민족주의로 바뀌었다. 이렇듯 국제정치의 실제 전략과, 세계질서에 대한 전통적 상상 사이에서 커다란 차이가 생겨났다. 그런 차이에는 당연히 관념적 내력이 있기 마련이다. 야오진성陶晋生이 거듭 강조했다시피, "중국 중심의 세계질서와 조공체제가 전통 중국 대외관계의 핵심 모델이었다 하더라도, 조공체제가 전통적 중국 역사의 모든 대외관계를 포괄할 수는 없고" "전통 중국이 실로 매우 강력한 전통으로 중국 중심의 세계질서를 유지하면서 이웃 나라로 하여금 신하로 자처하도록 하고 중국에 조공을 바치게 했다고 하더라도 또 다른 전통도 경시될 수 없는데, 그것은 바로 이웃 나라와 실제로 유지했던 대등 외교"[14]였다. 그러나 그런 현실주의 정책은 실제 정치운용 전략에도 있었지만 상상적 천하의 사상사에도 있었다. 그리하여 한당漢唐 이래 실제의 정치적 운영 전략에서는 "천하의 중심"과 "천조대국"의 관념이 세계에 관한 모든 이의 상상을 여전히 지배하고 있었다.

모리스 로사비Morris Rossabi가 편집했던 송대의 국제관계 논문집 『중국, 동등한 국가들 중 하나China among Equals』("세력균형 국가들 속의 중국"으로 번역하는 이도 있다)라는 제목이 보여주다시피, 그 시대부터 "중국은 호적수를 만나기" 시작했다. 또한 그 책의 부제인 "10~14세기의 중세 왕국과 그 이웃 나라The Middle Kingdom and Its Neighbors, 10th~14th Centuries"들이 보여주듯이, 10~14세기에 걸쳐 중국과 그 이웃 나라 사이의 관계에는 중요한 변화가 일어났다.[15] 어떤 변화였는가? 곧, 송나라는 이전의 당나라와 달리 당나라에 있었던 "하늘이 허락한 칸天可汗[16]의 기상을 다시는 갖지 못했고, 북방의 요나라와 서북쪽의 서하, 이후의 여진과 더 나아가 몽고가 시종일관 송나라를 포위하고 있었다. 송나라는 그런 현실을 생각하지 않을 수 없었기 때문에 영웅적 기상도 희박해졌다. 송 태조宋太祖의 전설 가운데에는 "침대

곁의 다른 사람이 코고는 소리는 들을 수 없다"는 이야기가 있는데, 이는 자기 위안의 큰 소리였다. 야오진성은 경덕景德 연간의 서약 이후 송나라와 요나라가 "남북조南北朝"라는 호칭을 함께 썼다고 언급한 적이 있다. 비록 이도李燾의 『속자치통감장편續資治通鑑長篇』 제58권(경덕 원년 12월 신축辛丑)은 경덕의 서약이 "대송大宋 황제가 대大거란 황제 각하에게 삼가 편지를 보낸 것"[17]일 뿐이라고 기록했지만, 사실상 이 구절은 "대거란 황제"라는 호칭을 사용하는 것이 이미 인정되었고 또 습관이 되어 있었음을 드러낸다. 때문에 야오진성은 "다원적 국제 체계"에 관한 송대인의 중요 관념 두 가지를 이렇게 들고 있다. 그것은 "첫째, 중원도 하나의 '나라'이고 요나라도 하나의 '나라'라는 점과 둘째, 국경의 존재를 인지했다는 점이다." 전자는 문건에 자주 등장하는 "이웃 나라隣國" "형제의 나라"라는 표현에서 잘 드러난다. 야오진성이 지적했다시피 후자를 통해 다음과 같은 내용을 말할 수 있다. 곧, "송대인이 국경을 중시했다는 것은 전통적 중국과 오랑캐 사이에 '분명한 법률과 권력의 경계'가 존재하지 않았다는 몇몇 근대인의 관점을 뒤집는 것"이다.[18]

3. 중국: "국경"의 출현

유럽의 근대 민족국가론에 따르면, 명확한 국경과 국경 의식이 있었는지의 여부는 민족과 국가 관념 속에서 매우 중요한 부분이다.[19] 하지만 유럽 근대 민족국가에서 구축된 역사적 관념은 중국의 역사와 잘 들어맞지 않기 때문에 민족국가에 관한 역사는 중국인 스스로 써야 한다. "하늘 아래 왕의 영토 아닌 곳이 없고, 온 나라에서 왕의 신하 아닌 사람이 없다"[20]는 말이 상징하다시피, 옛 중국에서는 "자아"와 "타자"의 차이가 그다지 분명하지 않았다. 『한서漢書』 제94권 하下에는 사이四夷에 대한 옛 중국인의 관념과 태도를 잘 보여주는 매우 흥미로운 이야기가 있다. 즉 "침입하면 징벌하여 통어하고 떠나가면 방비하여 막는다. 그들이 의義를 사모하여 공물을 바치면 예양禮讓으로 대접하며, 끊임없이 그들을 회유함으로써 이후 일어날 수 있는 잘못의 책임을 그들에게 돌린다. 이것이 성왕聖王이 오랑캐를 제어하던 변치 않는 방법이었다."[21] 이렇게 "원방의 사람들을 회유하는" 방식의 배후에는 도덕과 경제적 측면에서 자신이 남들보다 우월하다는 자족과 자만심이 있었다.

그렇지만 북송대에 들어 모든 것이 변했다. 민족과 국가에 명확한 경계가 그어졌고 천하는 중국으로 축소되었으며 오랑캐는 대등한 상대가 되었다.[22] 송나라와 요나라 사이의 "남북조"라는 호칭에서 보다시피 중국은 처음으로 대등 외교 의식을 갖게 되었고, '끝이 없는 천하'라는 환상이 사라진 뒤 국경의 획정, 조공품의 수량, 무역의 등가 교환, 사절使節의 예식 등으로부터 그들에게 이제 "타자the others"가 출현했음을 알 수 있다. "퇴락"한 현실과 "뽐내려는" 의식 사이, 사실상의 대등 외교와 여전히 사용되던 천조天祖라는 사령辭令 사이에 존재하던 커다란 간극은, 화하 문명의 자존감을 품고 있던 사인士人들을 엄청나게 곤혹스럽게 만들었고, 그런 상황은 당나라 이전의 중국에는 거의 없었던 것이었다.[23]

사상사와 문화사 두 분야에서 가장 주목할 만한 변화 중 한 가지는, 지식의 독점적 권리 의식이 싹트기 시작했다는 사실이다. 당나라 사람들은 중국이 전체 "천하"라고 생각해서 다소간이라도 오랑캐를 염두에 두지 않았기 때문에, 자신의 대문을 활짝 열어놓고 그런 태도야말로 "모든 하천을 받아들이는 바다海納百川"로 "천하의 주인天下共主"이 갖춰야 할 것이라고 생각

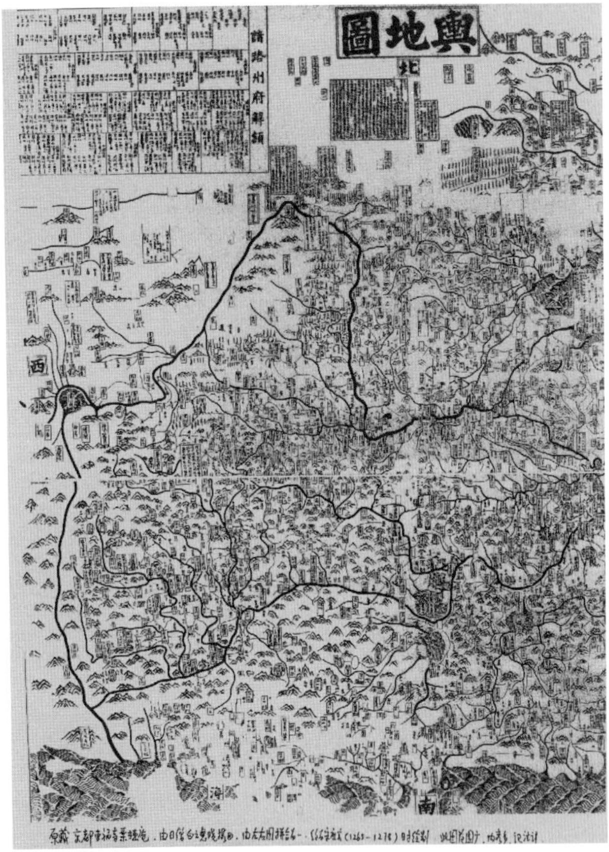

교토 도호쿠 사 소장, 송대 「여지도」

했다. 당대에 일본의 사신과 승려가 중국에 왔다가 되돌아갈 때가 되면 언제나 책을 많이 모아들였는데, 그 가운데에는 유가 경전과 불교 경전이 있었고, 심지어 군자의 당堂에 올리기 힘든 『유선굴游仙窟』이나 『소녀경素女經』 『옥방비결玉房祕訣』 같은 책도 있었다. 그렇지만 당나라 사람들은 그것이 국가의 기밀을 누설하거나 상국上國의 사문斯文을 방치해버리는 것이라 생각하지 않았고, 오히려 그런 책들을 통해 "중화가 오랑캐를 변화시킬 수 있다"고 여겼다. 다만 예외가 하나 있었다. 토번이 날로 강대해져 당나라를 좌불안석으로 만들었을 때, 휴열休烈이 「토번에게 서적을 하사하지 말 것을 청하는 소請不賜吐蕃書籍疏」[24]라는 상소문을 올린 적이 있다. 그렇지만 조정은 토번에 대한 서적 수출을 금하지 않았고, 보내줘야 할 것은 그전처럼 보내줬다. 일본인들 스스로 편집한 각종 『장래서목將來書目』을 보면 그런 "문화적 기증"이 당대唐代에 매우 호방했음을 알 수 있다.

그렇지만 송대부터 그런 "기증"에 제한이 가해졌다. 완전하지는 않지만 그와 관련된 자료에 따르면, 송나라 진종眞宗 때인 경덕 3년(1006)부터 조정이 명령을 내려서, 변경 지역 거주민은 아홉 가지 경전과 그에 대한 주석서를 제외하고는 여타의 서적을 지닌 채 무역소에 들어와서는 안 된다고 규정했다.[25] 인종仁宗 천성天聖 5년(1027)에는 신료들이 지은 문집이 웅주雄州의 무역소를 통해 북방의 요나라로 흘러들어 갔기 때문에 거듭 금지령을 내렸고, 아울러 "변경지역의 군대는 위의 책들을 들고서 국경 밖으로 나가는 일이 없도록 엄격하게 금지하라"[26]고 명령을 내렸다. 강정康定 원년(1040)에도 다시 금지령을 내렸고 더욱이 고발을 장려했으며, 아울러 개봉부開封府에 감독의 전권을 위임했다.[27] 또한 십 몇 년이 지난 뒤(지화至和 2년, 1055)에는 민족국가의 지위에 대해 상당히 예민했던 구양수가 「인쇄 문자를 논하는 문서論調印文字札子」를 써서, 시사時事 관련 글의 인쇄 금지 명령을 내려야 한다고 조정에 진지하게 요청했다. "제가 살펴보건대 서울에는 『송문宋文』이라고 인쇄된 문집이 20여 권 있는데 모두 현 시기의 정세를 논의한 보고서로 (…) 그 가운데는 북방 오랑캐에 관한 일을 진술한 것이 가장 많고 그 내용도 상세하므로 유포되어서는 안 됩니다만, 인쇄하는 사람이 상황을 잘 모르고 있어서 더 넓은 지역으로 유포되다가 오랑캐에게 전해져서 조정에 매우 불리하게 되지 않을까 걱정입니다. 더욱이 나머지 글들은 후학들에게 필수적인 것도 아니며 모범으로 삼을 만한 것도 아닌데 한군데에 편집되어 있으니 학도들을 오도할 것입니다."[28] 그리고 원풍元豊 원년(1078)에 황제는 다시 명령을 내려서 "무역소에서 아홉 경전과 그 주석서 외에 만약 여타의 책을 북쪽 사람들에게 파는 일이 있거나 오랑캐들에게 개인적으로 책을 파는 사람이 있다면, 그리고 그런 일이 3년 이상이 되었다면, 그런 상황을 초래한 무역소 관리는 1등급을 강등하고 이웃 주의 본성으로 귀양보내며, 상황이 심각할 경우 천 리 밖으로 귀양보낸다. 아울러 고발에 따른 포상금을 지급한다. 이를 명령으로 반포한다"[29]고 했다. 2년 뒤 다시 항저우杭州에 칙령을 내려 "변경의 기밀 사항을 언급한 글을 고려인에게 팔지 말도록 금하라"[30]라고 했다. 이어서 원우元祐 4년(1089), 이제 막 북방에 사절로 다녀왔던 소철蘇轍도 건의를 한다. "우리 왕조의 민간에서 인쇄된 글들 중 북쪽에 없는 것이 없다는 것을 신 등은 보았습니다"라고 하며, 특히 "신료들의 상소문과 선비들의 책론策論에서 조정의 득실과 군국의 이해관계를 말하고 있는 부분이 적지 않습니다. 아울러 어리석은 백성들이 이런 판국을 이롭게 생각해서 우스갯소리나 음탕한 이야기를 인쇄해서 유포하지 않은 곳이 없습니다. 만약 그런 책들이 북쪽으로 흘러들어 가면 위로는 기밀을 누설하고 아래로는 오랑캐들의 비웃음을 살 것이므로 대단히 불리합니다"[31]라고 말한다. 그리하여 원우 5년(1090) 예부禮部가 금지령을 내려 "시정의 득실과 변경의 군사

기밀을 논하는 글은 채록되어 유포되지 못하도록 한다"고 했으며, "여러 우스갯소리와 음란한 글들을 인쇄해서는 안 된다"[32]고 명령했다.

이는 일시적인 책략이나 우연한 경계심이 아니라 실제 정세의 변화에 따른 보편적 관념의 변화를 나타낸다. 또한 침입의 가능성이 있는 요나라와 서하에 대해서뿐 아니라 고려와 베트남에 대해서도 마찬가지로 조심성 있게 대했다. 그런 까닭에 북송의 장방평張方平과 심괄沈括은 고려 사신에게 "거쳐온 주현에 대해 지도를 다 그려서 바칠 것"[33]을 요구할 만큼 높은 경계심을 나타내고 있었다. 또한 대관大觀 원년(1107) 윤10월 10일에는, 서적을 사고자 요구하는 베트남의 조공 사신에 대해 이렇게 반응했다. 비록 서적을 파는 것은 허락하지만 허가 범위를 명확하게 제한해서 "금서禁書, 복서卜筮, 음양陰陽, 산수算數, 술수術數, 병서, 칙령, 시무, 변경 기밀, 지리" 등 국가 기밀을 다루는 자료 서적과 국가 간 강약의 변화를 초래할 수 있는 기술 서적은 "외인外人"에게 팔 수 없다고 규정했다.[34]

천쉐린은 이런 변화를 연구해서 다음과 같이 말한다. "송대 이래 집정자들은 걸핏하면 국방의 기밀이나 정치적 안위를 이유로 저작자의 권리를 침범하는 일이 없도록 예방했으며, 형법으로 민간의 일을 처리했는데, 이는 바로 왕권이 팽창한 결과였다. (…) 이런 추세는 송대부터 시작되었다. 유학을 높이고 도를 드높이며 문덕文德으로 나라를 다스리는 것을 모범으로 삼는 왕조가 그런 쪽에서는 사실상 정도에 어긋나게 달려가고 있었던 것이니, 사가들은 그 점을 깊이 생각해봐야 한다."[35] 당연히 맞는 말이지만 한 걸음 더 나아가서 묻는다면, 어째서 그 시대에는 서적 수출에 대해 그토록 경계심을 품었을까?[36]

4. 민족, 국가, 문화의 관념 : 반이교反夷敎 의식과 도통의 확립

경력慶曆 2년(1042) 구양수는 그 유명한 『본론本論』을 지어 전면적이고 근본적인 개혁 방안을 제시했다. 그 가운데에는 "재정을 균형 있게 하고 병력에 절제를 가하며, 법도를 세워 통제하고, 현인을 임명하여 법도를 지키게 하며, 명분을 높여 현인을 격려한다"는 내용이 있다. 그런데 병력(군사), 재정, 법도(제도), 현인(인재), 명분(질서)이라는 다섯 분야에서 국가가 근본적으로 개혁해야 한다는 요구의 정치적 배경을 자세히 살펴보면, 사실은 이민족의 강대함과 대비해 봤을 때 드러나는 문제점에 대한 우려감이 있었다.[37] 그는 당시 사람들을 향해 답하지 않을 수 없는 예민한 문제를 던졌다. 곧 지금은 모든 것이 굉장히 좋은 것처럼 보인다고 그는 말하면서도, "남쪽 오랑캐는 감히 천자의 명을 받든 관리를 살해했고, 서쪽 오랑캐는 감히 제멋대로 날뛰는 왕을 두었으며, 북쪽 오랑캐는 감히 송나라 황제와 대등한 예를 취하는 황제를 두었는데, 왜 그런가? 인구수가 점차 늘어나고 토지의 생산이 점차 많아지며 왕실의 행동은 날로 급박해지는데도 오랑캐가 불복하고 중국이 존경받지 못하며 천하가 참되지 못한 까닭은 무엇인가?"[38]라고 질문을 던진다. 그렇다 하더라도 그는 한편으로는 지금은 "천하가 하나이고 사해 안은 평안하다"[39]고 말한다. 하지만 다른 한편으로는 행간에 위기감이 가득 차 있었다.

당시 이런 위기감은 매우 보편적이었다. 외적外敵의 존재와 그 강대함 그리고 그에 대한 한족의 걱정과 긴장감 때문에 북송의 춘추학과 존왕양이尊王攘夷의 학문이 매우 흥성했고, 아울러 경력 이후의 몇십 년간은 개혁을 제창하는 것이 하나의 풍조가 되었다.[40] 구양수는 『신오대사新五代史』 제72권 「사이부록서四夷附錄序」에서 "예전부터 오랑캐는 중국에 대해서 중국

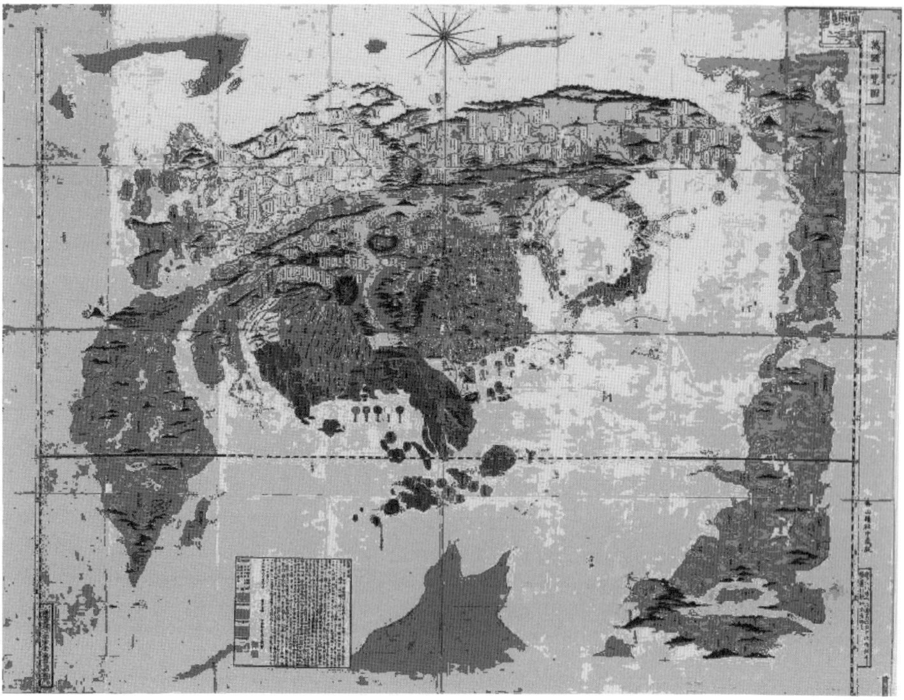

고야노 이시유센, 『만국일람도萬國一覽圖』(1809)

에 도가 있더라도 반드시 복종했던 것은 아니지만, 도가 없으면 반드시 침입하곤 했다"[41]고 말하는데, 뒤의 두 구절은 참으로 감탄해 마지않을 의미를 지니고 있다. 여태껏 중국을 천하와 동일시하던 사대부들은 서하와 거란으로 인해 진정으로 국가의 한계를 의식하기 시작했고 주변의 압력을 깊이 느꼈다. 구양수가 서하에 대해 언급할 때, "스스로 거란과 어깨를 나란히 하면서 중국과 맞먹으려 함으로써 삼국 병립의 형세를 만들어내려고 하는"[42] 서하에 대해 몹시 분노하기는 했지만, 그는 "멍하니 있으면서 조치할 바를 모르고 안팎으로 놀라고 떨면서 거동이 창황한"[43] 중국의 태도 역시 감지하고 있었다. 변방의 사무를 담당한 적이 있던 한기韓琦도, 거란이 "한나라 때의 흉노, 당나라 때의 돌궐과 달리 아예 오랑캐로 자처하면서 중국과 더불어 취향을 달리한다"[44]고 파악했다. 이때 거란이 송나라에 준 느낌은 이미 오랑캐가 아니라 자신과 국력이 비슷한 적국이었다. 그리하여 한기는 말한다. "거란이 강국으로 자칭하면서 북방에서 중국과 맞선 것이 170여 년이다. 석진石晋 연간(936~946) 토지를 할양해주어 그들은 한족의 강역을 소유하게 되었고 밖으로는 여러 오랑캐를 겸병했으니 더욱더 교만해졌다."[45] 그러나 그들이 더욱 두렵게 느꼈던 것은, 일부 중국인들이 택하는 방법이 제 귀 막고 방울 도둑질하듯 하는 미봉책에 불과하다는 사실이었다. 장뢰張耒는 「정주에 부임할 이단숙을 송별하며 쓴 서送李端叔赴定州序」에서 통탄에 차 말한다. "오늘날 중국의 걱정거리는 서쪽과 북쪽의 두 오랑캐다. (…) 북방 오랑캐가 전쟁을 멈추자 중국은 그대로 믿고 다시는 조사해보지 않았으며, 임금과 신하가 입에는 올리지 않지만 마음으로 걱정한 지가 수십 년이 되었다."[46] 이것은 소철의 견해와 같았다. 소철도 이렇게 말한다. "지금 저 오랑캐라는 걱정거리는 중국의 큰 병으로서", 그 병은 벌써 팔꿈치나 겨드랑이에 생긴 가벼운 병을 넘어 골수에까지 들어간 것이었다.[47]

골수에 들어간 병은 엄하게 다스려야 하지만 고질병은 완치되기 쉽지 않다. 소옹邵雍의 「걱정거리를 생각하며 읊음思患吟」은 "노복이 주인을 능멸하고 오랑캐가 중국을 침범하는구나. 예전부터 불평할 줄만 알았지 그런 상황을 막을 수 있는 방법이 없구나"[48]라고 하고, 이구李覯는 「범대제(역자 주: 범중엄范仲淹)에게 올리는 편지上范待制書」에서 근심 걱정에 싸여, 한편으로는 "관리의 명부가 그다지 깨끗하지 않고, 세속의 교화가 그다지 잘 이뤄지지 않았으며, 세금 부과는 그다지 평등하지 않고, 군사적 방비는 그다지 완전하지 않다"고 말하면서, 또 다른 한편으로는 "타국의 법도가 중국을 어지럽히고, 오랑캐의 임금이 천자와 맞선다"[49]고 말한다. 현실 생활에서 왕조의 범위가 축소되고 제국의 국경이 뚜렷해지자, 사방을 멸시하고 만국에 군림하던 한당漢唐의 심리는 주변의 압박 아래 변화하기 시작했다. "중국"이 "천하"와 동일하지 않다는 것을 앎으로 인해, 타국의 존재에 직면했던 송나라 왕조는 갖은 방법을 동원하여 이민족의 침략에 대항하는 것 이외에 자기 나라의 합법적 영역을 분명하게 하고 그 문화의 합리적 의미를 선양해야 했다. 그렇지만 자기 문화의 합리적 의미는 대체 어디에 있는가? 그런 문화의 혈맥을 믿고 견지하는 사람이 있었던가? 수많은 사대부는 그런 의문 때문에 도통의 상실을 걱정하기 시작했다. 더욱이 당대 중기의 변란과 오대五代의 분쟁을 거치면서 그에 대한 역사적 기억은 계속해서 사대부들을 곤혹스럽게 만들었다. 그리하여 그들은 어떻게 하면 "정통"을 확인함으로써 "외환"을 막을지, 그리고 어떻게 하면 "도통"을 다시 세움으로써 오랑캐 문화의 침입이라는 문제에 대항할지 진지하게 고민하기 시작했다. 이것이야말로 『중국론』과 『정통론』이 저술 배경이며, 송대 도학道學 또는 이학理學이 태어난 배경이다. 이에 대해서는 다른 글로 상세히 논해야 한다.[50]

그런데 민족과 국가의 국경 의식이 형성된 직접적인 결과는, 중국 특히 한족 사인들로 하여금 "타국"과 "다른 문명"을 진지하게 대하지 않을 수 없게끔 했다는 것이다. 그렇게 진지하게 대한 결과는 두 가지다. 첫 번째 결과는 그들이 "국경의 출입"에 제한을 가하기 시작했다는 사실이다. 국경을 조사하는 일 외에도 이들은 "외국인"의 거주 구역과 "중국인"의 출국 범위에 제한을 가하려 했다. 북송의 비교적 안정된 시대에도 그들은 이역인異域人의 활동에 상당한 경계심을 지니고 있었다. 예를 들어 천희天禧 2년(1018), 정부 당국은 주정신朱正臣의 건의에 따라, 중국에 와서 무역을 하는 "오랑캐 상인蕃商"에 대해 제한을 가했다. 또한 경우景祐 2년(1035), 정재鄭載의 건의에 따라 번객番客[51]이 처자식을 데리고 광저우廣州에 거주하거나 부동산을 사들이는 것을 금지시켰기 때문에[52] 번객들은 각 지역 관아 부근에서 부동산을 매입할 수 없었다. 이것은 공간적으로 종족을 구분하기 위해서였다. 동시에 기술 관련 서적과 그에 대한 지식을 갖춘 사대부들은 국경을 벗어나 이민족 지역으로 들어가서는 안 되었는데, 그런 조치는 지식과 기술이 밖으로 전파되는 것을 막기 위해서였다. 앞에서 서적 수출 제한에 대해 자세하게 소개했지만, 사실은 사람에 대해서도 그렇게 했던 것이다. 원우元祐 연간, 정부 당국은 "거인擧人 및 이전에 교육과 학업에 종사했던 사람, 아울러 음양과 복서에 대해 아는 사람, 주현州縣의 전직 관리, 무기를 만들 줄 아는 장인은 (…) 몬족이나 장족의 거주 지역에 가서는 안 되고, 조정에서 관직을 받은 남쪽 오랑캐와 만나서도 안 된다"[53]고 명령을 내렸다. 현존하는 자료를 보건대, 이렇듯 엄격한 조치는 북송과 남송 모두에 걸쳐 계속해서 집행되었다. 현대 민족국가와 마찬가지로 지식과 국토에는 엄격한 경계가 있었던 것이다.

두 번째 결과는 다음과 같다. 외래의 종교, 습속, 기타 문명에 대해서 사대부들은 일종의 민족주의적 입장에 바탕을 둔 반감과 매우 깊은 경계심을 지니고 있었기 때문에, 그들은 그런 참신한 것들을 기꺼이 받아들였던 당대唐代의 지식인들과 달리 경계심과 두려움을 품고서 외래 문명을 비판하기 시작했다. 외래의 종교·신앙에 취했던 그들의 매우 가혹한 태도로 인해 조로아스터교, 마니교 및 그 외 교단이 제재와 탄압을 받았으며, 이민족 지역의 문명에서 도래했을 가능성이 있는 종교를 포함하여 거의 모든 이단 종교가 그에 연루되었다. 예컨대 북송 원우 6년(1091) 포의布衣 신분의 설홍점薛鴻漸과 임명발林明發이 "요망한 글"을 썼다고 해서 처벌받았다. 왜냐하면 그들의 "종교가 원래 해상에서 비롯하여 중국에 들어온 지 이미 수십 년이 되었으며 근래에는 더욱 성황을 이루었는데, 그들은 간교하게도 감히 상소를 올려 그 세력이 더욱 커지기를 기도했기 때문"[54]이다. 아울러 민간에서 판각한 이교異教의 경전과 괴이한 신앙 행위도 모두 금지 목록에 올랐다. 예를 들어 숭녕崇寧 3년(1104)에는 각 주州에 명령하여 민간에서 판각한 『불설말겁경佛說末劫經』을 몰수하도록 했고, 선화宣和 2년(1120)에는 재당齋堂을 부술 것과 민간에서 편찬한 『흘사경訖思經』『증명경証明經』『태자하생경太子下生經』『부모경父母經』을 불태울 것을 명령했으며, 팔뚝이나 이마를 태우는 행위, 살을 베고 손가락을 태우는 행위, 투신하여 자살하는 행위 등을 누차에 걸쳐 금지시켰다. 이유는 "인체를 손상하고 백성의 교화에 해가 되는 점이 있으니, 어찌 중화가 이역인의 종교를 본받을 수 있겠는가?"[55]라는 것이었다. 현대에는 "문명"적이라고 여겨지는 화장火葬도 그것이 이역 문화에서 비롯되었고 한족 문명에 부합하지 않는다는 이유로 사대부 계층과 정이程頤, 사마광司馬光, 주희朱熹 등 이학자들의 끊임없는 저지에 따라 점차 금지되었다.[56] 이민족 문명과 그 영향에 대해 송대 국가가 상당히 깊은 경계심을 나타냈음은 분명하다. 아마도 이것은 송대가 시종일관 이민족의 위협 아래에 있었던 것과 관련이 있을 것이다. 이민족 문명에 대한 금지가 가장 널리 드러나는 곳은 고유 문명의 찬양과 과장이다. 북송 역사학의 "정통론"과 유학의 "양이론攘夷論", 그리고 이학에서 특히 두드러졌던 "천리天理"와 "도통"론에서도 각양각색으로 그런 경계심이 나타나고 있다. 또한 한족 중심의 문명적 경계선을 새롭게 구축하려는 데나 이민족 또는 이단 문명의 침입과 침투를 거부하려는 데에도 그것이 나타난다고 할 수 있다.

주희는 제자와 이야기하던 중 "중화와 오랑캐를 구분해야 한다는 것", 곧 한족의 전통을 확립해야 한다는 것을 매우 심각하게 지적했다. 그는, 현재 입고 있는 의복이 아직 "옛것으로 되돌아간 것"이 아니며, 심지어 당시 황제를 예로 들어서 "오늘날의 의복은 대체로 호복胡服이다"라고 하며 "오늘날 웃옷과 신발이 모두 호복이다"라고까지 비판한다. 그의 역사적 기억 속에서 오랑캐풍에 오염된 역사는 송나라에서 당나라로 거슬러 올라가며, 당나라는 다시 수나라로 거슬러 올라가고, 수나라는 원위元魏(북위)까지 거슬러 올라간다. 그의 이해에 따르면, 중국 문명은 오랑캐에 의해 이미 와해되었거나 또는 이역의 문명이 한족 고유의 문명을 대체해버린 것이다. 그리하여 그의 마음속에 있던 가장 큰 일은 "도통"을 확립하여 중화와 오랑캐를 분명히 구분하는 것이었다. 따라서 그는 "오늘날 의복이 아직도 옛것으로 되돌아가지 못했으니 장차 중화와 오랑캐를 구별해야 한다"고 말한다.[57]

5. 한족다운 것과 중국다운 것: 무엇이 한족다운 것이자 중국다운 것인가?

우리는 "민족국가"의 형성과 "근대 역사 진행"에 관한 서양의 이론을 무차별로 받아들였지만, 사실 그런 이론에는 서구의 특수한 배경이 있다. 중국 역사에는 중국 역사의 독해 방식이 있는데 송대 "중국" 의식의 형성이 그 한 예이다. 동시에 우리의 시야는 사학자들이 통상 사용하는 자료의 범위 안에 갇혀 있을 필요가 없다. 송대에 일어난 일련의 특수한 문화적 현상도 송대 "중국" 의식의 형성을 이해하는 데에 도움이 될 수 있다.

첫 번째 현상은 시가사詩歌史에서 나타났다. 원래 당대의 시가 중에는 중국과 외국의 전쟁에 관한 작품이 매우 많으며, 이들 작품은 "변새시邊塞詩"(변경 요새의 시)라고 불린다. 그런데 주목해야 할 점은, 대대로 전해졌던 당나라 사람들의 변새시 걸작품 가운데에는 전쟁에 찬성하는 것도 있고 반대하는 것도 있다는 사실이다. "사막의 무수한 전쟁에서 금빛 갑옷을 입었으니 누란을 격파하지 않으면 귀환하지 않으리라 서약하네"[58] "흉노가 다 격파되어 돌아가게 되었으니 커다란 금도장을 받을 만큼 공이 크네"[59]와 같은 구절에서는 전쟁을 주장하는 견해가 매우 분명히 드러나 있다. 반면 "해마다 전사자의 유골이 황야에 묻히고 있는데, 그 대가로 한갓 포도가 한나라 왕실에 들어가는 것을 허무하게 바라보네"[60] "새댁이 성 남쪽에서 애를 끓이고 있고, 출정한 사람은 계북에서 공연히 고개를 돌리네"[61]와 같이 그다지 전쟁을 찬성하지 않는 견해의 시도 있었다. 그러나 송대에는 사대부들이 취할 만한 견해로서 유일하게 "정치적으로 올바른politically correct" 것으로 인정되었던 것이 주전主戰의 주장이었다. 이민족과 타국에 대한 송대의 경계심으로 인해 "애국"이라는 주제가 문학의 주류로 자리잡아, 시詩에는 "오랑캐가 들짐승처럼 달아나고 날짐승처럼 흩어지니 어찌 하나하나 쫓아가는 수고를 하겠는가? 곧바로 오랑캐 수령의 목을 베어 보검에 피를 묻히리라"[62]라는 구절이 있었고, 사詞에는 "영웅이 강동에서 늙어가는 것을 생각해주지 않는데, 그를 등용하면 중국을 존귀하게 할 수 있을 것이다"[63]라는 구절이 있었다. 여기서 생각해봐야 할 것은, 원래 술자리나 꽃 사이에 있곤 하던 사

詞가 어째서 반복하여 "중국"을 논하고 "번호番胡"(오랑캐)에 대해 분노하게 되었는가 하는 점이다. 이렇듯 "중국"에 바탕을 두고 "번호"를 토벌하려는 생각이 어찌하여 송대의 시가詩歌 속에서 유일한 정의로 자리를 잡았을까?

두 번째 현상은 소설사에서 일어났다. 소설사 연구자들은, 당나라와 송나라의 전기傳記가 하나로 묶여서 취급되기는 하지만 당나라의 소설과 송나라의 소설 사이에는 큰 차이가 있다는 데에 주목한다. 예를 들어 송대에는 삼국 이야기가 대량으로 만들어졌는데, 그것은 송대에 도시나 기와집이 생겨서만도 아니고 『동경몽화록東京夢華錄』이 말하듯 "곽사구라는 사람이 천하의 3분"[64]을 말해서도 아니었다. 사실 구양수에서부터 장망지章望之, 소식蘇軾, 사마광에 이르기까지 정통 문제를 논한 이래, 그 "정통이냐 이단이냐正閏" 하는 화제 이면에는 국가에 대한 송대 문인의 고민, 곧 '어째서 촉한蜀漢이고 조위曹魏는 아닌가?' 하는 고민이 숨겨져 있었다. 그 배후에는 사실 '어째서 송나라이고 요나라·서하는 아닌가' 하는 문제가 있었다. 당연하게도 그런 화제는 동진의 습착치習鑿齒와 당대의 황보식 이래 사대부들이 줄곧 논해왔던 것이다. 하지만 송대, 특히 남송에 이르러서는 수많은 사람이 그 문제를 논했고, 게다가 모두 촉나라를 황제의 나라로 여기고 위나라를 원수로 여기게 되었는데, 이 현상은 실로 생각해볼 만한 것이다.[65] 송대인들이 촉한의 역사적 정통성을 거듭 강력하게 인정하면서 유비, 제갈량, 관우의 긍정적인 모습을 확립하고 아울러 기산祁山에서 일곱 번 출정하여 중원을 공략한 것에 대한 합법성을 강조한 이후, 금나라에서 원나라에 이르는 이민족 정권하에서도 일반적인 사상세계에서는 여전히 그런 관념이 우세를 점했을뿐더러 삼국과 관련한 후대의 모든 소설, 희곡, 서적의 정서적 방향에 영향을 미쳤다. 이 점은 사상사에서 이미 "중국"과 "정통"의 관념이 확립되었다는 점을 보여준다.

세 번째 현상은 송나라에서 원나라로 교체되는 시기 지식인들의 역사에서 나타난다. 고대에 이미 "주나라의 곡식을 먹지 않았던不食周粟" 백이와 숙제가 있었고, 자신이 동진東晋 사람이라는 이유로 유劉씨 송나라의 연호를 쓰지 않고 대신 천간지지와 기년紀年을 연호로 썼다는 도연명도 있었지만, 진한秦漢 교체기이건 한위漢魏 교체기이건 수당隨唐 교체기이건, 아니면 당송 교체기이건 간에 문화집단화한 "유민遺民"은 별로 많지 않았고, 설사 있었다 하더라도 그들은 민족 전통 본위의 이념을 견지하지는 않았다. 또한 유민화는 지식인들의 보편적 현상이 되지 못했고,[66] "도통"이라는 보편적 사상도 형성되지 않았다. 그렇지만 송원 교체기에는 지식인들 가운데에서 "유민" 집단이 출현했고 "도통" 의식이 형성되었다.[67] 이것은 어떤 의미에서는 "민족국가"의 의식을 반영하는 것이었다. 설사 그들의 마음속에서 "왕조"와 "국가"가 분명히 구분되지 않아서 "도통"과 "정치적 정통政統"이 한군데 얽혀 있었다 하더라도 그렇다. 하지만 결국 "중국"은 "외국"의 포위 속에서 자신의 공간을 분명히 했고 유한한 경계선을 획정했기 때문에, 관념적으로 하나의 "국가"를 이루기 시작했던 것이다. 또한 "한족의 문명"은 "이민족의 문명"이 가하는 압박 속에서 그 독특한 전통과 뚜렷한 역사를 확립했기 때문에 의식 속에서 "도통"을 형성했던 것이다.

"어찌 반드시 상간 땅에 이르러서야 요원한 변경이라고 하겠는가? 중류 이북이 곧 천애 낭떠러지다"[68]라고 하듯이, 남송에 이르러 "중국"은 여덟 척의 큰 침상에서 세 척짜리 행군용 침상으로 바뀌었다.[69] 건도乾道 6년(1170) 범성대范成大는 이렇게 기록한다. 원래 북송의 변경汴京이었으나 이제는 금나라의 남경南京이 된 곳에서 "사방을 바라보니 때로 누각들이 우뚝 솟아 있는 모습을 보았는데, 모두가 옛 도교 사원과 절로서 퇴락하지 않은 것이 없었다. 백성들도 오랫동안 오랑캐의 풍속에 익숙하여 그 태도와 기호가 그들에게 동화되었다. 가장 심한 것은 의복류로 그 제도가 모두 오랑캐의 것이다."[70] 그와 거의 동시에 누약樓鑰도 안숙군安肅軍(지금의 허베이 성)에서 이렇게 기록했다. "사람들의 의복과 장신구가 또한 하북(허베이 성)과 유사하지 않아, 남자는 대부분 머리를 드러냈고 부녀자는 대부분 '기포파耆婆把'를 했다. 수레꾼은 '백구白溝만 넘으면 모두 북인이며 사람들이 바로 구별됩니다'라고 말한다."[71] 머리를 드러낸다는 것은 변발하는 것을 말하며, '기포파'는 쌍조雙鳥(비녀)를 꽂는 것을 가리킨다. 모두 이민족의 복장이며 주희가 말한 대로 "모두 호복이었다." 다른 정권의 통제 지역 내에서 복장뿐만 아니라 문화·언어·습속이 모두 차이를 나타내게 되었고, 원래 한 왕조의 한 민족이 이민족의 지배 아래에서 이국의 풍속을 이루게 된 것이다. 그곳 사람들은 그래도 역사적 기억을 얼마간 갖고 있었다. 그리하여 누약이 옹구雍丘에 있을 때 수레꾼이 그에게 말하기를 "이전에는 사람들이 남쪽 사절을 보는 것을 허락하지 않았는데 요즘 들어서야 비로소 마음대로 볼 수 있습니다"[72]라고 했다. 또한 그가 진정부眞定府에 있을 때는 노파 서너 명이 송나라 사절을 가리켜, "저들은 우리 대송大宋 사람이다. 우리가 이제 한번 봤으니 죽어도 여한이 없다"고 말하며 서로 눈물을 흘렸다고 한다.[73] 그러나 역사적 기억은 시간이 흐름에 따라 점차 사라져, 원래 송나라에 함께 속했던 상주인相州人들은 사절을 보고서 "이들은 중화 불국佛國 사람들이다"[74]라고 말했다. 비록 흠모하는 기색은 있었지만, 그들의 말 이면에 있는 뜻이란 자기들은 이미 다른 나라 사람이라는 것이었다. 잔혹한 현실은 전통적 관념보다도 사람들의 마음을 더욱 잘 바꿔놓기 마련이다. 그리하여 북방에 갔던 사인들은 그런 현실을 보고 매우 놀랐다. 후대의 역사로부터 보자면, 그 당시 사람들의 관념적 세계 속에서 중국은 이후의 다민족 공동체로서의 "중국"과 같은 것이 아니었을 것이다. 하물며 나를 중심으로 놓고 사방의 오랑캐를 멸시하던 "천하"로는 더 이상 여겨지지 않았을 것이다. 한족의 중국은 시간이 지날수록 압도적인 오랑캐의 압박에 맞닥뜨리게 되었고, 그에 따라 중국의 유한한 국경과 그 존재의 긴장감이 두드러졌다. "중국"과 관련된 각종 관념과 담론 이면에서 우리는 당시 사람들의 느낌·고민·긴장감·정서를 꿰뚫어볼 수 있는데, 그런 것이 드러내는 일반적인 사상세계는 곧바로 엘리트적 관념과 주류적 사상의 배경 혹은 무대가 된다. 그로 인해 엘리트들은 언제나 "중국(송 왕조)"의 정통성과 "문명(한족 문화)"의 합리성을 증명하려 했으며, 그런 관념이 바로 근세 중국 민족주의 사상의 먼 기원이 되었다.

제2장

산해경山海經, 직공도職貢圖 그리고 여행 기록 속의 이역에 대한 기억

— 마테오 리치 입국 전후 중국인의 이역에 대한 지식 자원 및 그 변화

1. 상상과 지식의 차이: 이역의 상상

17세기 최후의 1년(1699), 선교사 이명李明(Le Comte, Louis, 1655~1728)은 자신의 저서 『현 시기의 중국Das Heutige Sina』(Frankfurt A.M. and Leipzig, 1699)에서 16세기 서양의 여행가와 상인들을 비판하면서, "그들의 중국에 관한 서술은 길거리에서 주워들은 말이나 비루하고 무료한 얘기로 가득 차 있다"[1]고 한다. 그런 비판이 일리가 없는 것은 아니지만, 거기에는 선대인들에 대한 후대인들의 근거 없는 자부심이 있었을 터이다. 이명이 그런 구절을 썼던 시대에는 동서양 사이의 선교, 통상, 외교적 교류에 따라 이역에 대한 지식이 날로 늘어나고 있었지만, 그전 100~200년간은 동과 서 두 세계의 교류가 그다지 순조롭지 못했기 때문에 이역에 대한 지식은 하나하나 어렵게 축적되어온 것이었다. 때문에 이역에 대한 기억은 상상과 추측을 면하

기 힘들었고, 저술할 때에는 과장과 조작이 가해질 수밖에 없었다.

이역인들도 중국을 그렇게 봤고 중국인들도 외국을 그렇게 봤다. 15~16세기, 곧 마테오 리치가 아직 중국에 오기 전 중국인들은 이역에 대해서, 더욱이 배나 수레로 가기 힘든 먼 땅에 대해서 여러모로 상식에서 벗어난 상상을 했다. 공정하게 말하자면, 그런 상상 모두가 아무 근거 없는 공상만은 아니었다. 왜냐하면 원방의 이민족에 대한 고대 한족의 이해는 우리가 아는 것보다 훨씬 이른 시기부터 형성되었기 때문이다. 당나라 때 장안에서 엄청난 비율을 차지했던 페르시아, 대식大食의 상인들은 말할 것도 없으며, 현존하는 각종 자료들을 보더라도 주변 이민족에 대한 고대인들의 이해가, 현대의 역사적 저작에서 늘 이야기되곤 하는 장건張騫의 서역西域 통과보다 훨씬 빨리 형성되었기 때문이다. 싱이톈邢義田 교수는 「고대 중국 및 유럽, 아시아의 문헌, 도상과 고고 자료에 나타난 "호인胡人"의 외모」라는 논문에서 이 점에 대해 매우 상세하고 훌륭한 연구를 했고,[2] 1980년대 저우위안周原에서 발굴된 것으로 기원전 8세기 무렵의 대합조개에 새겨진 인물상은 코카서스 인종의 특징을 갖고 있다고 여겨진다. 마이어Victor H. Mair는 한 논문에서 그런 추측으로부터 시작하여 일련의 대담한 추론을 하고 있는데, 그는 심지어 고대의 "무巫"자 발음을 고대 페르시아어 Magus(Magianism이라는 말의 기원)와 직접 연계시키고 있다.[3] 만약 그런 가설이 성립된다면, 이민족의 형상에 대한 고대 중국인의 지식은 상당히 이른 시기에 이뤄졌다고 보아야 할 것이다.

그렇지만 관념사 속의 이민족에 대한 상상은 생활사 속의 이민족에 대한 지식과 차이가 있다. 앞서 말한 대로 고대 중국의 한족이 매우 이른 시기부터 이민족에 대해 상당히 정확한 지식을 가졌다 하더라도, 관념적 세계 속에서는 이역에 대한 역사적 기억에서 비롯한 상상을 시종일관 하고 있었고,

15~16세기, 곧 명대 중엽에 이르기까지 사람들은 여전히 그런 상상에 익숙했다. 그런 상상의 소스는 주로 고전 문헌이었는데, 그런 문헌 가운데에는 일반적인 역사서와 문자 기록 외에도 「보련도步輦圖」「직공도職貢圖」「왕회도王會圖」 및 각종 불교 벽화 속의 이민족 관련 도상이 있었고, 또한 각종 해외 생활 기록, 예컨대 『불국기佛國記』『경행기經行記』 같은 여행기가 있었다. 그것들 말고도 상당히 중요한 자료로 『산해경山海經』『신이경神異經』『목천자전穆天子傳』과 같은 반 신화적이자 반 박물博物적인 전설이 있었다. 매우 오랜 기간 그런 상상적 자료와 사실적 자료들이 한데 섞여들어 갔기 때문에, 진실과 거짓을 구분하기 힘든 이역의 인상을 형성했다. 마테오 리치가 중국에 오기 전 중국의 지식세계 속에서, 그런 제반 인상은 공동으로 "상상의 이국"을 구축해냈다.

2. 이역의 상상을 구축한 세 부류의 자원:
여행기, 직공도, 신화 · 전설 · 우화

이역에 대한 고대 중국의 기록은 적지 않다. 당대 이전에도 서역을 통과하여 원방에 도달한 자의 수는 매우 많았다. 그렇기는 하지만, 장건과 반초班超 이후 대다수의 원행 기록은 이역에 가서 경전을 얻고 진리를 구한 활동과 관련이 있었다. 예를 들어 『석가방지釋迦方志』에 기록된 16차의 중국과 외국의 교류 가운데 장건을 제외하면 한대의 채蔡·진秦에서 당대의 현장玄奘에 이르기까지 대다수 원행은 불교도의 경전 획득 행위와 관련된 것이었고, 그 기록도 대부분 경전 취득 및 구법의 경력과 관련이 있다.[4] 그렇지만 실제로 당시의 이역과 이민족에 대한 지식은 이미 상당히 풍부했다. 이익을 좇아 못 갈 곳이 없는 상인들은 각종 이역에 대한 소문을 갖고 왔을 뿐만 아니라, 정부 당국과 호사가들도 상당히 주의를 기울였다. 현존하는 도상만을 예로 들어보면, 양나라 원제元帝를 위해 그려졌다는 「직공도」 외에도, 당대 주방周昉의 「만이집공도蠻夷執貢圖」, 북송 조광보趙光輔의 「번왕예불도藩王禮佛圖」 등의 도상에서 고대 중국인의 외국·이민족의 형상에 대한 지식이 적지 않았음을 알 수 있다.[5] 송대라 해도 그 국토가 요·서하·금의 압박을 받아 서역으로 통하는 길이 점차 차단되기는 했지만, 해상 교통은 오히려 그로 인해 점차 발달했기 때문에 세속세계는 통상 무역과 사신의 교류로 인해 이역에 대한 세속적 지식을 점진적으로 축적할 수 있었고, 그 가운데 일부는 직접 관찰한 기록이었다. 내용도 종교와 견문으로부터 생활세계의 각 영역으로 확대되어갔는데, 현존하는 『영외대답嶺外代答』 『제번지諸蕃志』 등이 그 사례다. 보경寶慶 원년(1225) 조여적趙汝適은 「제번지 서문諸蕃志序」에서 이렇게 말했다. 그가 복건로제거시박사福建路提擧市舶司를 역임하고 있을 때 일찍이 "틈을 내어 『제번지』를 읽었으며", 또한 "오랑캐 상인들로 하여금 자기 나라 이름을 대도록 한 뒤 그 풍토와 여정, 산택山澤의 축산을 말하도록 하여 중국어로 번역했고, 그중 쓸데없는 지엽적인 부분을 빼고 사실만을 남겼다."[6] 원대에 이르면, 국토의 개척이 끝 간 곳을 모를 정도로 확장되어 수로와 육로의 교통이 더욱 빈번해졌기 때문에 중국의 일부 한족 사대부들도 중국이 다만 세계의 극히 일부분일 뿐이라는 것을 의식하고 있었다. 곧, "'중국의' 열두 주州 안은 동서남북으로 1~2만 리를 넘지 못하는데, 외국은 걸핏하면 수만 리를 넘어서니 중국이 큰 줄을 모르겠다"고 하며, 아울러 만약 28개 별자리를 천하에 배분한다면 "중국은 겨우 두성斗星과 우성牛星에 배당될 뿐이다"라고 여겼다.[7]

원나라에서 명나라에 이르기까지 적잖은 사절과 항해자가 직접 기록을 남겼고, 그로 인해 이역에 대한 지식이 더욱 풍부해졌는데 『크메르 풍토기眞臘風土記』 『도이지략島夷志略』 등이 그 사례다. 게다가 각 왕조에서는 외국 사절들이 거의 끊임없이 조공을 바치러 왔기 때문에 이역의 인물과 풍속에 대한 지식은 실제로 상당히 많았다. 명나라 성조成祖대의 예를 들어보면, 구리古里(kalicut)에서 토산품을 바쳤고(1403), 베스발리크別失八里(Bešbaliq)에서 박옥璞玉을 바쳤으며(1404), 보르네오에서 편흉片胸을 바쳤고(1405), 콜람小葛蘭(Kollam)에서 진주 우산을 바쳤으며(1407), 호르무스忽魯謨斯(Hormuz)에서 말을 바쳤고(1412), 하례哈烈에서 사자를 바쳤으며(1413), 방글라데시에서 기린을 바쳤고(1414), 마린麻林에서 신록神鹿을 바쳤으며(1415), 브라바不剌哇(Brava)에서 코끼리를 바쳤고(1416), 파잘法祖兒에서 낙타를 바치는(1421) 등 대소와 원근에 관계없이 100회 이상에 달했다.[8] 바로 『사고전서총목四庫全書總目』이 말하는 대로, 남송 시기의 『제번지』가 "상선商船의 구전口傳으로부터 얻어 들은 것이 많다"면, 『도이지략』에 이르러서는 "직접 겪고서 기록하기" 시작하여 "공리공담이나 직접적인 경험이 없는 것들에 비할 바가 아니었다."[9] 이후 명대에는 정화鄭和가 인도양을 원정한 장거가 있었고, 마테오 리치가 중국에 오기 전 『영애승람瀛涯勝覽』 『성사승람星槎勝覽』 『서양번국지西洋番國志』 등 이미 "직접 겪고서 기록한" 책들이 있었다.

그렇지만 매우 이상한 점이 하나 있다. 이역에 대한 실측 지식이 점차 많아지기는 했으나, 평소 고전 문헌으로부터 받아들인 각종 지식에 익숙했던 중국 사대부들 쪽에서는 이역과 이민족에 대한 상상이 여전히 고전에 대한 추측과 이해로부터 비롯되고 있었다. 이역에 관한 지식을 제공하는 이른바 "고전"은 주로 고대의 역사 저작들이었다. 예컨대 『사기史記』 『한서』 등의 이역에 대한 기록은 후대 상상의 기초가 되었고, 게다가 그 기록들은 "역사"라는 명분으로 "진실"의 지위를 누렸다. 그로 인해 후대인들은 항상 문학과 역사가 구분되지 않던 시대의 문헌에 기록된 것 전체를 엄밀한 역사적 사실로 여겼다. 그 밖에 일반인들에 관해 말하자면, 그들은 주로 세 종류의 자료로부터 지식을 얻었는데, 그중 첫 번째는 여행기였다. 이것들은 원래 사실을 기록한 것이어야 했지만, 저자 자신의 지식과 경험으로 인해 본래 습득하고 있던 기억과 자원을 자신의 기록 속에 섞어 넣어버려서 이른바 "귀로 들은 허구"가 "눈으로 본 사실"을 차단해버리곤 했으며, 특히 이역의 "다름"에 대한 그들의 흥미가 각별했기 때문에 그들의 여행기는 부지불식중에 "실록"에서 "전기傳奇"로 변해버렸다.

두 번째는 「직공도」처럼 이역 인물의 도상에 관한 것이었다. 이러한 도상은 궁정에만 소장되었던 것은 아니고, 민간도 언제나 여러 사본을 볼 수 있었다. 또한 그런 도상은 일부 소설이나 백과사전류類書의 삽화로 복제되었다. 이것은 고대의 박물적 전통에서 비롯된 것이다. 주류의 지식·사상계와 신앙세계는 각종 기이하고 진귀한 지식을 기록한 책들을 정식으로 치지는 않았다. 곧, "변경 한 모퉁이의 진귀한 일들은 백가구류百家九流, 패관稗官, 야사野史가 나오는 곳이다遐陬珍怪, 則百家九流稗官野史之所自出"라고 보았다. 그렇지만 그들도 그런 지식을 아예 배제할 수는 없었고, 그것의 습득을 박문과 다식多識을 이루는 경로로 간주했다. 그래서 "성인은 괴이한 것에 대해 말하지 않았으나, 구주의 금속과 온갖 것에 대한 지식을 갖추었다"고 말하며, 그것은 "백성으로 하여금 신묘한 간계를 알게 하여 그들이 산, 연못, 강, 숲에서 기괴한 것을 만나지 않도록 하려는 것"이라고 설명하면서 "이에 기록한다"고 말한다.[10] 『박물지博物志』와 후대의 수많은 백과사전류는 각종 문헌의 기록을 최대한 많이 수집하려 했기 때문에, 진위를 불문하고 들은 대로 기록한 자료들 가운데에는 혹은 사실이나 혹은 허위인 각종 이역에 대한 기록들이 있었고, 이후에는 사실적이거나 상상적인 자원들도 채록하게 된다. 아울러 이역에 대해 언급한 수많은 삽화도 그러한 자원의 일부가 될 수 있었다.

세 번째는 고대 이래의 각종 신화, 전설, 우화에 포함된 상상으로서 『목천자전』 『장자』 『십주기十洲記』에서부터 『수신기搜神記』 등이 그것이다. 왜냐하면 이런 글 속에 기록된 신화와 전설에는 상상이 공간이 있었기 때문이다. 그 가운데 『산해경』과 같은 문헌은 특히 중시되어야 할 것이다. 바로 프랑크 디코터Frank Dikotter가 『근대 중국의 종족 관념The Discourse of Race in Modern China』에서 제시했던 대로,[11] 주위 지역의 각종 "인人"에 대한 『산해경』의 상상은 어떤 이역의 사물에 대해서 해석과 묘사를 하든 간에 그 바탕이 되었고, "사람 같지 않은非人" 특징을 지닌 이역인들의 형상에 관해 묘사할 때 특히 그러했다.

3. 상상에 상상을 덧붙이고 이야기에 이야기를 덧붙이다: 여인국, 개인간 나라, 시체 머리 오랑캐

마테오 리치가 오기 전의 옛 중국인은 이미 상당히 정확하고 분명한 이역에 대한 기억을 갖고 있었으며, 특히 외국에 사절로 갔던 경력이 있는 사람들의 서술이 그러하다는 점을 우리는 앞서 말했다. 여기서 예를 하나 들자면, 남송 순희淳熙 5년(1178) 주거비周去非가 지은 『영외대답』 제2권 「해외제번국海外諸蕃國」은 이렇게 말한다. "서남쪽의 여러 나라는 (…) 멀리는 로마大秦가 서천축西天竺 여러 나라의 중심이고, 또 더 멀리는 말라바麻離拔(Malabar)국이 대식大食 여러 나라의 중심이며, 또 그 바깥에서는 모라비즈木蘭皮(al Moaravids)국이 극서極西 여러 나라의 중심이다."[12] 또 제3권의 「대진국」 조목은, 그곳 국왕이 외출하는 일은 매우 드물고 "오직 경전을 외우고 예불만 하다가 일주일 중 제7일째에는 지하도를 통해 예배당에 가서 배불拜佛한다"고 하며, "나라에 성스러운 물이 있어 바람과 파도를 멈추게 할 수 있으니, 만약 바다에 파도가 일면 유리병에 물을 담아서 뿌리면 곧 멈춘다"고 말한다.[13] 역시 제3권의 「대식국」 조목은, 사람들이 "각각 금색 실로 복숭아꽃 모양의 수를 놓은 비단을 머리에 두르고 목에 걸치며, 금색 글자가 수놓인 흰색 월낙越諾[14] 옷감으로 옷을 만들어 입는데, 혹은 여러 색깔의 비단 옷을 입고 붉은 가죽으로 신발을 만들어 신는다. 5층 건물에 살면서 국수, 빵, 고기, 요거트를 먹으며, 가난한 이들은 생선과 채소를 먹는다"[15]고 기록한다. 또 가즈니吉兹尼(Ghazni)[16]국에 대해서는 "그 나라에 예배당이 100여 소인데 한 곳은 사방이 10리다. 나라 사람들은 일주일 중 제7일째에 예배당에 가서 예배를 드리고, 그 예배를 '주마除幭(Jum'at)라고 부른다"[17]라고 기록한다.

이 모든 것은 사실의 기록이며, 원래 이런 지식은 여행 범위가 점차 확대됨에 따라 더욱 증가하기 마련이다. 하지만 관념적 세계 속의 "이역에 대한 상상"은 그렇지 않았다.

명대 초기부터 마테오 리치가 중국에 오기 전까지, 이역 혹은 이민족에 대한 서적이 적잖이 편찬되고 출판되었다. 그러나 마환馬歡의 『영애승람』, 비신費信의 『성사승람』 류의 여행기를 제외하고는, 공진鞏珍의 『서양번국지』, 황충黃衷의 『해어海語』(가정嘉靖 초년), 엄종간嚴從簡의 『수역주자록殊域周咨錄』(만력萬曆 2), 유박游朴의 『제이고諸夷考』(만력 2)와 같은 책들은 습관적으로 "고전"을 그대로 옮겨 적었다. 때문에 원방의 국가와 민족을 서술할 때, 사실적 기록 외에 전설에서 비롯된 상상을 덧붙이곤 했다. 예를 들어 앞서 인용한 『제번지』는 대진국의 서쪽에 대해 말할 때 여러 사실적 기록을

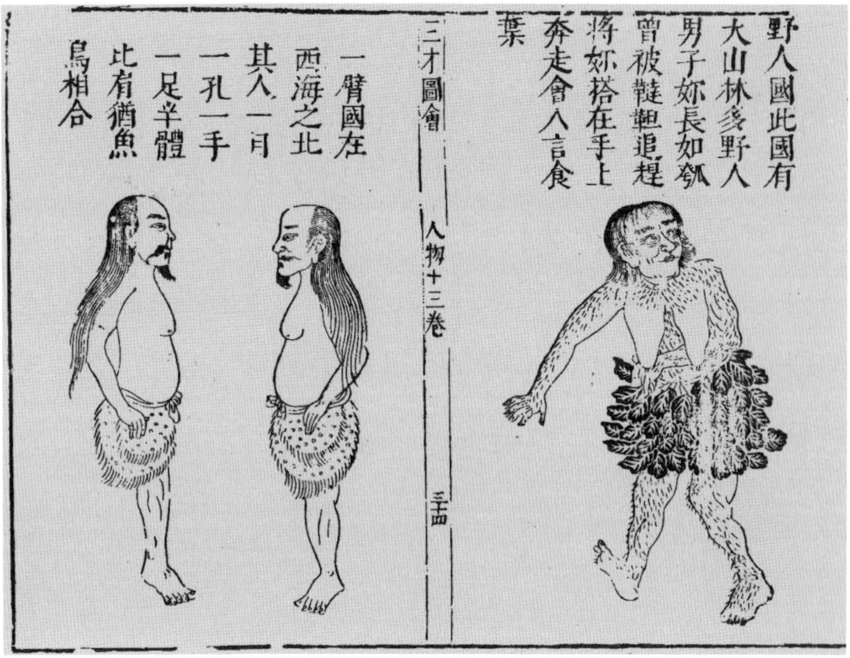

『삼재도회三才圖會』가 상상한 이역의 인물들

적은 다음, "어떤 이는 말하기를或云"이라고 덧붙인 뒤 "그 나라 서쪽에는 약수弱水와 유사流沙가 있으며 그곳은 서왕모西王母와 가깝고 해가 지는 곳과 매우 가깝다고 한다"[18]라고 말하는데, 이런 상상의 말이 가장 일찍 나오는 곳은 『사기』이며 그 몇 구절은 『후한서後漢書』에서 직접 채록한 것이었다.[19] 시간이 흐름에 따라 역사적 기록으로부터 형성됐던 당시의 상상적 지식은 역사적 문헌을 존중하는 관습으로 인해 마치 사실적 이야기인 것처럼 변해 버렸다.[20] 명대 만력 연간 유박의 『제이고』 제1권에까지 그런 상황이 이어져서, 이 책이 대진에 대해 말할 때에도 "약수와 유사가 있고 해가 지는 곳과 매우 가깝다"고 말한다.[21] 마찬가지로 1228년, 남송 소정紹定 원년에 해당되는 해에 야율초재耶律楚材가 쓴 『서유록西游錄』에는 흑색인도성黑色印度城에 관한 이야기가 있는데, 원래 이 책은 그 자신의 여행 기록이었지만 그는 전설을 사실적 기록에 포함시키면서 상상도 그 안에 집어넣었다. 그는 이렇게 말한다. "한여름에 주석 그릇을 모래 속에 넣어두었다가 다시 찾아보면 녹아 있을 정도여서, 말똥이 땅에 떨어지면 그로 인해 끓어 넘친다. 달빛이 사람을 쬐는 것이 마치 중원의 한여름 태양과 같기 때문에 밤이 되면 사람들은 달빛이 비추지 않는 곳에서 더위를 피한다. 이 나라의 남쪽에는 큰 강이 있어 넓이가 황하와 같고 얼음이나 눈보다 차갑다."[22] 연구자들에 따르면, 흑색인도성은 지금의 인도와 파키스탄 북부에 해당된다고 하는데, 밤의 추위에 대한 서술은 상상에 불과하다고 한다.[23] 그렇지만 이런 기록은 후대의 오랑캐에 관한 서적에 그대로 인용되었다. 고대의 상상에 후대의 상상이 덧붙여지고 이야기 위에 다시 이야기가 겹쳐져 더욱 많은 전설이 역사 속에 들어오게 된 것이다.

여기서 매우 전형적인 예를 하나 들어보자. 그것은 "여인국女人國"[24]에 대한 것이다. 여인국은 『서유기』에 나오며, 널리 기억되고 있는 전설은 사실 그 연원이 매우 오래된 것이다. 『산해경』에서는 「해외서경海外西經」과 「대황서경大荒西經」에 각각 "여자국女子國"에 대한 기록이 있다.[25] 『삼국지』 「위지·동이전魏志·東夷傳」에는 "바다 한가운데 있으면서 여자만 있고 남자는 없는"[26] 나라가 기록되어 있고, 『후한서』 「동이전」에는 "그 나라에 신성한 우물이 있는데 그 안을 들여다볼 때마다 아이를 낳는다"는 기록이 있다.[27] 이렇게 상상으로 만들어진 나라는, 한편으로는 역사적 간접 자료로서 『양서梁書』 「제이전諸夷傳」, 『남사南史』 「이맥전夷貊傳」 등의 역사서에 기록되었고,[28] 다른 한편으로는 일종의 박물적 지식으로서 『박물지』 『두양잡편杜陽雜編』 『태평어람太平御覽』 『책부원귀冊府元龜』 『사림광기事林廣記』에 채록되었다. 북송대의 유부劉斧가 편찬한 『청쇄고의靑瑣高議』에 이르면, 그 전집前集 제3권 「고언高言」 제1조목에 "동남쪽에 여자국이 있는데 국민이 모두 여자로서, 매해 봄 자연화自然花가 필 때면 여자들이 무리를 지어 태부석胎乳石, 생지生池, 망잉정望孕井에 가서 그 돌을 씹어 삼키고 그 물을 마시며 그 우물을 바라보면 곧바로 잉태하는데 낳으면 반드시 여자다"라고 기록되어 있다. 전해 들은 것이 시간이 갈수록 확대됨과 동시에, 있지도 않은 일을 덧보태는 형국이 되어갔음을 알 수 있다.[29] 남송 이후의 여러 저작, 예컨대 『영외대답』 제3권과 『제번지』 상권의 경우 한 걸음 더 나아가 브라흐마푸라Brahmapura(婆羅吸摩補羅)국 북쪽의 거대한 설산雪山에 "동녀국東女國"이 있다는 『대당서역기大唐西域記』 제4권의 상상과, 비잔티움 제국拂懍 서남쪽 해도海島에 "서녀국西女國"이 있다는 『대당서역기』 제11권의 상상을 받아들이며, 아울러 동과 서 각각에 "여자의 나라"가 있다는 『신당서新唐書』 제221 상권 「서역전西域傳」의 기록을 받아들인다. 동녀국이 강인羌人의 별종으로 "동쪽으로는 토번, 당항黨項, 무주茂州와 접하고, 서쪽으로는 삼파가三波珂에 속하고 북쪽으로는 전闐 땅에 걸쳐 있다"는 것은 사실적 역사 기록인 듯하지만, 이런 여행 실록과 역사적 저작 이외에 상상을 덧붙여서 동쪽과 서쪽에 각각 여인국이 있다고 말한다.[30] 게다가 조여적의 『제번지』에 따르면, 여인국의 사정과 관련하여 "어떤 지혜로운 자가 밤에 몰래 배를 훔쳐 망명해가서 마침내 그 일을 전했다"고 한다. 이렇듯 원래 "실증될 수 없는" 이야기가 "멀리 여행한 자"의 실증과 "정통 역사"의 기록을 거치고, 또한 "눈으로 보아 실증할 수 있는" 경험이 덧붙여짐으로써 그곳에 관한 기록이 실록의 표상을 지닌 채 사실적 기록 속에 섞여 들어가게 되었다. 후대 원나라의 주치중周致中이 지은 『이역지異域志』도 그런 설명을 받아들이기에 이르렀고,[31] 그렇듯 원래 풍문에 불과했던 이야기가 사실적 지식이 되어버렸다.

이역 야만족의 "사람답지 않음非人"과 "야만성"에 대한 이야기는 언제나 이역의 관찰로부터 온 것이 아니라 본토의 상상에서 온 것이었다. 옛 중국인들은 자신들이 "문명"적이라고 믿었고 당연히 사방 오랑캐는 "야만"적이라고 생각했다. 그들이 이런 역사적 전통에 처해 있으면서 본토의 상상력으로 이역의 생활을 바라볼 때, 두렵고 기괴하며 이치에 닿지 않는 상황을 자신들이 잘 알지 못하는 공간 속에 덧붙이곤 했다. 예를 들면 "불랑기佛郎機[32]국"이 어린이 잡아먹기를 좋아한다는 전설에 대해 『수역주자록』 제9권 「불랑기」는, 어떤 곳에서 전해 들었는지 잘 모르겠지만 이 나라는 자바Java와 서로 짝하기 때문에 자바와 마찬가지로 인육 먹기를 즐기고 특히 "어린이 먹기를 좋아한다"고 하며, 게다가 어린이 먹는 법을 상세히 상상하며 기록하고 있다. 곧 "큰 가마솥으로 물을 데우다가 펄펄 끓으면 철 바구니에 어린이를 담아서 가마솥 위에 매달아둔 다음, 쪄서 땀을 다 내고 땀이 다 나오면 바로 꺼내서 철제 솔로 쓴맛 나는 피부를 벗기는데, 아이는 아직도 살아 있다. 그러면 죽여서 그 배를 가르고 장과 위를 제거한 뒤 그것을 쪄 먹는다."[33] 특히 "개의 나라狗國"에 관한 기록은 이민족을 비인류非人類로 상상한 한 예다. 『양서』와 『남사』는 천감天監 6년(507) 진안晋安 사람이 바다를 건너 어떤 섬에 표류하여 본 일을 기록하고 있다. "여자는 중국인과 외모가 같지만 말은 알아듣기 힘들었고, 남자는 몸이 사람이되 머리는 개였고 그 목소리는 컹컹거렸다"[34]고 한다. 이로 인해 풍문은 역사로 변화되었고 상상은 지리地理로 변화되었다. 이후의 적잖은 서적이 이 이야기를 베꼈고, 원대와 명대에 이르면 거기에 상상을 덧붙인다. 예를 들어 『이역지』 하권은 그것이 "여진의 북쪽 곧 양이 줄어들고 음이 늘어나는 땅에 있어서, 천지의 기를 얻음에 잡박하고 순수하지 못하므로"[35] 남자는 자라서 개와 같은 형상을 띠고 말을 할 수 없으며 목소리는 개 짖는 소리같이 된다고 한다. 게다가 요나라 때에 어떤 상인이 그곳에 가본 적이 있다고 전한다. 그리고 명대의 『수역주자록』은 그것이 중국의 "정서正西 쪽에 있다"[36]고 하며, 『삼재도회三才圖會』는 그 형상을 직접 그려 보일 뿐 아니라 개의 나라가 응천부應天府[37]로부터 "걸어가면 2년 2개월"이 걸리는 곳에 있다고 한다. 게다가 『이역지』의 설명을 이어받되, 그곳 "여성들의 언어를 알아들을 수 없다"는 구절을 "그곳 여성들이 중국어를 말할 수 있다"로 바꿔버린다. 또한 유랑하다가 그곳에 도달한 중국 남자가 "고기로 개를 꾀는 방법"을 써서 중국으로 다시 도망쳐왔다고 한다. 이렇게 풍문으로부터 이끌어내어 소설을 만들 뿐만 아니라 중국 문명과 중국 남성의 자아중심적 관념을 그 소설 속에 깃들게 했는데, 그 이면에는 이역과 이민족에 대한 비웃음과 배척이 놓여 있었다.[38]

그다음, 시체 머리 야만족尸頭蠻은 『도이지략』의 "빈동룡賓童龍"조에 기록되어 있다. "시체 머리 야만족"의 여자들도 "부모로부터 태어나서 일반적인 여자와 다름없지만 다만 눈 속에 눈알이 없으며, 사람과 마주치면 머리가 날아와서 사람의 분뇨를 먹고 날아가버리는데, 만약 사람이 종이나 헝겊으로 자기 목덜미를 가리면 그 머리가 되돌아가고, 그 사람은 그것과 접하여 죽지 않게 된다. 사람이 어느 곳에 대변을 본 다음에는 반드시 물로 씻어 버려야 한다. 그렇지 않으면 시체 머리 야만족이 그 분뇨를 먹고 그 냄새를 쫓아와서 분뇨를 배설한 사람과 동침한다. 만약 그 여자를 범한다면, 범한 사람의 내장이 모두 먹히고 정신이 다 빼앗겨 죽게 될 것이다."[39] 주석자의 추측에 따르면, 이 내용은 『수신기』 『서역잡조西域雜俎』 등의 박물지적 괴기소설 및 『신당서』 「남평료전南平獠傳」 등의 역사 기록에 있는 '날아다니는 머리 이야기'로부터 파생된 것인데,[40] 그 이야기는 "사실"적 "역사"라 불렸던 책들에 있었기 때문에 "책을 증거로 삼는有書爲證" 것에 익숙했던 중국 사인士人들의 눈에 그 이야기는 진실성을 담은 것처럼 보였을 것이다. 원대에서 명대에 이르기까지 이런 기록들이 그대로 답습되어, 역사적 전통을 지닌 기록들 속에 반복적으로 채록되었다. 때문에 직접 배를 타고 이역에 가봤던 공진, 마환, 비신도 자신들의 『서양번국지』 『영애승람』 그리고 『성사승람』에서 동일하게 참파Champa(占城國)의 "시지우尸只于" "시치어尸致魚" 또는 "시두만尸頭蠻"을 전기傳奇처럼 기록하고 있다.[41] 그리고 명대의 황충은 『해어』 하권에서 "시체 머리 야만족"에 관한 설명을 인용할 때 그의 동료, 향촌 수령, 소금 상인 및 『쌍괴집雙槐集』의 설명을 증거로 삼음으로써, "천지와 사방에 없는 것이 없고 해외에는 신묘하고 기이한 것이 많지만, 성현은 보고 들은 것 이외에는 말하지 않는다"[42]는 말을 증명하려고 했다. 마찬가지로 이상한 점은, 원나라 성종成宗의 원정元貞 원년(1295)에 명령을 받고 크메르眞臘에 사절로 갔던 주달관周達觀이 다음과 같은 전설을 기록했다는 사실이다. 그 나라의 국왕은 밤에는 금탑 아래에 누워서 그곳의 아홉 머리 달린 뱀의 요정과 "동침하여 정을 통하는데, 그 아내라도 감히 들어가지 못하고 북이 두 번 울려야 나와서 비로소 자기 처첩과 함께 잘 수 있다. 만약 이 요정이 하룻밤이라도 보이지 않으면 번왕의 사망 일자가 하루만큼 다가올 것이다. 만약 번왕이 하룻밤이라도 가지 않으면 반드시 재앙을 당하게 된다."[43] 그는 다음과 같은 점에도 주의를 기울였다. 그곳에는 "양성인兩性人이 많이 있는데 매일 수십 명씩 모여 도시를 돌아다니면서 항상 중국인을 유혹하려 하고, 그 유혹에 응하면 반대급부로 후한 선물을 줘야 하니 참으로 추악하다"[44]고 한다. 이 모든 이야기는 대체로 풍문이거나 상상인데, 상상의 배후에는 오랑캐에 대한 천조대국(중국)의 경시와 경멸이 있었고, 그런 풍문과 상상은 사람들이 항상 읽던 고전에 기원을 두고 있었다. 그런데 풍문과 상상이라는 새로운 고전新典은 얼마간의 시간을 거치면 또다시 고전이 되고, 그 내용이 다른 책들에 채록되어간다. 때문에 명대에 이르러서도 그런 기괴한 이야기를 계속해서 베껴 쓰는 사람들이 있었다. 예컨대 엄종간의 『수역주자록』 제8권 "크메르"에 대한 기록은 이 이야기를 거듭 서술하고 있으며, 아울러 『오학편吾學編』 『송사宋史』 등을 인용하면서 "역사를 증거로 삼는다有史爲證"고 설명하고 있다.[45]

4. 마테오 리치 이전의 이역에 대한 상상: 고전 지식과 역사 기록에서 비롯한 것

도연명의 "주왕의 전기를 널리 살펴보며, 산해의 그림을 두루 관찰한다"는 구절은 매우 잘 알려져 있는데,[46] "주왕의 전기"는 『목천자전』을 가리키고 "산해의 그림"은 『산해경』 및 그 도상을 가리킨다. 옛날의 수많은 선비는 모두 그와 같은 독서 경험을 갖고 있었고, 그렇듯 "심흉을 열어젖히는" 책들 속에서 경전과 현실을 넘어서는 상당량의 지식을 얻었다. 서쪽 끝 곤륜崑崙의 『목천자전』과 중국과 그 변경 밖의 『산해경』에 대해 상상하고 기록한 것 말고도, 그런 지식 가운데에는 "우스갯소리로 하늘을 이야기했다"고 일컬어지는 추연鄒衍의 "대구주大九州" 학설이 포함되어야 할 테고, 그런 종류의 책들 가운데에는 도교적 상상이 깃든 삼도십주三島十洲의 『현중기玄中記』『십주기』 및 불교적 상상이 깃든 사대부주四大部洲의 각종 경전이 포함되어야 할 것이다. "하나라도 모르면 수치로 여긴다"는 유학의 박물적 전통은 유학자들이 유가적 지식의 한계를 넘어설 수 있는 동력이 되었으며, 그들은 그런 지식의 합리성을 설명할 수 있는 근거로 늘 도연명의 시구를 인용하곤 했다. 역외에 관심을 갖고 있던 허유임許有壬은 『안남지략安南志略』의 서문에서 이렇게 말한다. "선비의 학문이란 당연히 우주를 포괄해야 하므로 하늘 아래에 있는 것을 모두 알아야 하는데, 혹은 통달하는 데에서 막히거나 혹은 멀리 있는 것에 대해 잘 알지 못한다면, 보고 들은 것을 깊이 고찰해보지 못하게 될 것이다. 빈궁하고 치우쳐 있는 곳의 바깥, 혼륜의 터도 오히려 알 만하지 않은가? 도연명은 『주왕전』과 『산해도』를 보면서 유유자적했는데 그 마음에 있는 초세간의 극치를 떠올려볼 수 있을 뿐이다."[47]

옛날에는 천하의 지도를 「여지輿地」라고 불렀다. "여지"가 가리키는 것은 "배나 수레로 갈 수 있는 곳"이었다. 그런데 옛날의 배와 수레가 도달하는 곳에는 한계가 있었기 때문에 배와 수레 그리고 여행의 족적이 도달할 수 있는 공간 밖에 대해서는 추측과 상상을 할 수밖에 없었다. 하지만 오늘날 보기에 그런 지식의 소스는 상식을 벗어난 괴이한 이야기에 불과하다.[48] 왜냐하면 오랜 기간 확립되었던 유가의 경전과 전통적 역사서는 미지의 지역과 문명의 호기심을 풀어주기에는 그다지 도움이 되지 않았기 때문이다. 그리하여 이른 시기부터 사람들은 "비정통"적이고 "비중심"적인 지식을 빌려 쓸 수밖에 없었다. 당송대 일련의 분류서類書들, 예컨대 『북당서초北堂書鈔』『예문유취藝文類聚』『초학기初學記』『태평어람』 중 괴이하고 신묘한 일, 이역과 이민족의 풍속을 언급하는 곳에서는 언제나 『산해경』 『현중기』 『십주기』가 등장하는 것을 볼 수 있다.[49] 이역의 지식이 더욱 많았던 후대에 들어서도 그런 습관에는 큰 변화가 일어나지 않았다. 지정至正 10년(1350) 장저張翥가 왕대연汪大淵의 『도이지략』을 위해 써준 서문을 보면, 그가 비록 "대부분 옛 책을 답습하면서 직접 가보고 눈으로 안 것은 없다"고 사람들을 비판함에도 불구하고, 그 역시 추연의 설명을 인용하여 천하에 관한 새로운 지식을 뒷받침할 수밖에 없었다. 곧, "아홉 주는 굉장히 큰 대해를 둘러싸고 있는데 중국은 '적현신주赤縣神州'라고 불린다. 그 밖에서 주州가 되는 것이 다시 아홉 개로서 비해裨海가 그것들을 둘러싸고 있다. 백성들과 금수는 서로 오갈 수 없다. 한 지역의 가운데 있는 것이 곧 하나의 주가 된다. 이런 것이 추연의 말이다. 사람들 대부분은 그것이 황당하고 과장되었다고 말한다. 당시에 아직 변방이 중국과 오가지 못했거늘 어떻게 그 말을 실증할 수 있었겠는가?"[50]라고 한다. 바로 명대에 이르면 황충의 『해어』 하권이 "인어人魚"를 기록하면서 『산해경』의 "고야국은 바다 속에 있으며 열고야列姑射에 속하고 서남쪽에는 인어가 있다"[51]는 구절을 증거로 인용한다. 거의 동시에 황성증黃星曾은 『서양조공전록西洋朝貢典錄』 상권 「소록국蘇祿國」 제7조에서, 무게가 거의 여덟 량이 나가는 거대한 진주에 대한 『성사승람』의 기록을 이야기하면서 저절로 『열선전列仙傳』의 구절을 떠올리고 있고, 중中권의 「유산국溜山國」 제13조에서는 약수를 이야기하면서 역시 거의 자동으로 "『산해경』 등 여러 고서와 역도원酈道元이 인용했던 것"을 떠올리며, "보고 살핀 것이 비록 더욱 넓어졌으나 거대한 천지를 이루 다 궁구할 수는 없다"[52]고 탄식한다.

옛날의 상상적 지식과 사실적 지식은 꽤 긴 시간이 지나야 서로 분리될 수 있다. 원대 주치중의 『이역지』에서는 아직도 전설과 사실이 구별되지 않았다. 주치중은 당시 고전 문헌 속의 상상과 실제 여행 기록을 한군데에 섞어버렸기 때문에, 그의 책에는 "개의 나라" "여인국" "배가 없는 사람들의 나라無腹國" "외팔이 나라奇肱國" "뒤통수에 눈이 달린 사람들의 나라後眼國" "가슴에 구멍 뚫린 사람들의 나라穿胸國" "깃털 달린 사람들의 나라羽民國" "소인국" "다리가 엇갈려 있는 사람들의 나라交頸國" 등이 실려 있고 그 태반은 『산해경』이 출처다. 한편 왕대연은 『도이지략』에서 이런 지식의 기원에 주의를 기울여서 그 책 뒤에 특별히 "이문취류異聞聚類(기이한 풍문의 분류)"를 두어, 각각 『박물지』 『궁신비원窮神祕苑』 『신이록神異錄』 『추양잡조酉陽雜俎』 『신이기神異記』 『광주기廣州記』 『남초신문南楚新聞』 『옥당한화玉堂閑話』로부터 일련의 기이한 풍문을 채록하고 있다. 그 가운데 외팔이 나라의 '날아가는 수레飛車', 돈손국頓遜國의 조장鳥葬, 골리국骨利國의 '짧은 밤夜短', 대식국大食國의 산수화山樹花, 파등국婆登國의 '매달 벼를 수확함', 교복국繳濮國의 꼬리 달린 사람, 남방의 '출산한 아내 대신 방석에 앉는 남편産雍', 여인국의 '우물을 보면 아이를 낳는 것', 차필사국茶弼沙國의 '해가 질 때 우레 소리가 나는 것' 등은, 심증식沈曾植과 후지타 도요하치藤田豊八의 고증에 따르면 대체로 『태평광기』와 『사림광기』 등의 분류서가 그 출처다.[53] 왕대연이 이런 이야기를 "이문취류"에 집어넣었던 것은, 그런 제반 지식이 풍문일 뿐이라는 것을 마음속에서 분명히 알고 있었다는 것을 보여준다. 명대에 이르러, 마테오 리치가 중국에 오기 전에도 세계에 대한 중국인의 지식은 사실 이미 풍부해지기 시작했다. 탕카이젠湯開建이 그의 논문에서 일찍이 지적했다시피, 마테오 리치가 중국에 오는 것과 거의 같은 시기에 광저우포정사참정廣州布政司參政과 좌포정사左布政司를 역임했던 채여현蔡汝賢은 『동이도설東夷圖說』에서 불랑기인의 형상을 이미 정확하게 묘사하는데, 이는 당시 사람들이 서양 세계에 대한 지식과 인상을 이미 알고 있었음을 보여준다고 한다.[54] 그럼에도 불구하고 마테오 리치가 중국에 오기 전 옛 중국인들의 "이역"에 대한 상상에는 여전히 『산해경』이나 『십주기』 같은 것이 개입하고 있었다. 내친김에 말하자면, 최근 널리 유행하는 에드워드 사이드의 『오리엔탈리즘』은 서양의 '중국학과 이슬람학'의 지적 배경을 날카롭게 밝히면서 그런 지식이 어떻게 얻어졌고, 그런 지식 배후의 근거와 전제는 무엇이며, 이른바 "동양"의 역사적 진실을 창조하는 데에 담론과 지식이 어떻게 개입했는지를 매우 엄밀히 따진다. 그는 "지리 또는 문화적(역사는 말할 나위도 없고) 실체로서 '동양'과 '서양'이라는 지방과 지리적 구역은 모두 인위적으로 구축된 것이다"[55]라고 지적하는데, "동양"은 "서양"과 대응하기 위해 존재하는 일종의 상상과 구조물에 불과하다는 것이다. 그런데 우리가 머리를 돌려 천하의 상상에 탐닉했던 옛 중국을 바라볼 때, 그렇듯 반半 사실 반半 거짓의 풍문과 기이한 이야기로 짜였던 이역에 대한 지식을 보건대, 이역에 대해서는 옛 중국도 마찬가지로 어떤 상상을 했고, 그런 의미에서 옛 중국의 "이역"에 대한 묘사는 실제 세계에 대한 당시 사람들의 지식에 바탕을 둔 것이 아니라 "중국" 및 조공체제 속의 "천하"와 "사방 오랑캐四夷"에 대한 일종의 상상에 바탕을 둔 것이라 할 수 있다.

당시의 일반적인 지식과 사상의 세계에서 "이역"에 대해 갖고 있던 보편적 지식과 관념을 가장 잘 설명해줄 수 있는 것은, 마테오 리치가 중국에 오기 직전 저술된 것으로서 왕기王圻와 그의 아들 왕사의王思義가 공동으로 편찬한 『삼재도회』를 들 수 있다. 그 가운데에서도 특히 외국에 관한 그림과 글이 그러하다. 일반적으로 말하자면 분류서는 당시 사람들이 지닌 보편적 상식의 귀납이라고 할 수 있을 텐데, 이렇듯 그림이 실려 있는 분류서는 더욱이 형상을 통해 사람들의 상상을 나타내고 있다.[56] 매우 널리 유포된 이 분류서는 제12권 「인물」에서부터 고려, 여진 이하의 오랑캐 각국을 하나하나 열거한다. 겉보기에는 오랑캐에 대한 실제 지식을 다루는 듯하나, 오히려 그것은 사실적인 사방의 각 나라, 예컨대 고려와 시암Siam(暹羅; 태국), 크메르 등을 언급할 때 여인국(827쪽), 개의 나라(829쪽)와 같은 상상과 전설을 끼워넣고 있으며, 제13권에서 류큐, 일본국, 서양의 나라를 다룰 때에는 군자국(836쪽), 원숭이 나라猴猻國(848쪽), 저인국氐人國(848쪽), 외팔이 나라一臂國(851쪽), 외눈박이 나라一目國(848쪽)와 같이 『산해경』에서 나온 기문奇聞을 덧붙이고 있다. 마지막으로 제14권에서는 수많은 기괴한 나라를 기록하는데, 머리가 셋인 사람들의 나라三首國(856쪽), 몸뚱이가 셋인 사람들의 나라三身國(856쪽), 거인의 나라長人國(856쪽), 깃털 달린 사람들의 나라(857쪽), 소인국(858쪽), 움직이는 귀를 가진 사람들의 나라聶耳國(858쪽), 배가 없는 사람들의 나라(859쪽), 가슴에 구멍 뚫린 사람들의 나라穿胸國(860쪽), 털이 긴 사람들의 나라長毛國(861쪽), 교복국(862쪽), 유리국柔利國(863쪽), 외팔이의 나라奇肱國(864쪽), 파라차국婆羅遮國(867쪽) 등이 그 예이다. 대진大秦처럼 굉장히 멀리 있고 낯선 나라에 대해서는 상상을 빌려야만 비로소 그 국가에 대해 이해할 수 있었다.[57]

직접 경험으로부터 비롯한 기록을 갖고 있는 국가에 대해서도 예전처럼 전설을 답습하여 서술하는 경우가 종종 있었다. 그 행간은 터무니없는 상상으로 가득 차 있었다. 예를 들어 "섬라국暹羅國(태국)" 조목은 그곳의 풍속을 설명하고 있는데, "남자는 어려서부터 양물陽物을 제거하고 그 자리에 여덟 가지 보물을 박아넣음으로써 부귀를 받든다. 그렇게 하지 않으면 여자들이 그의 처가 되지 않는다"[58]라고 말한다. "흉노" 조목에서는 흉노에 다섯 종류가 있다고 하면서, 첫 번째는 "누런 머리털을 가진 자들로서 산의 귀신과 황소 암컷 사이에서 태어난 자들"이라고 하며, 두 번째는 "수퇘지와 야생 멧돼지 사이에서 태어난 자들"[59]이라고 한다. 앞에서 말했다시피 통상의 분류서들이 기록한 내용은 일상적인 지식이다. 옛 중국인들의 수많은 지식은 정통 경전에서 나온 것을 제외하면 그런 지식이 총집결된 분류서로부터 나왔다. 마테오 리치가 중국에 오기 전 그들은 이역에 대한 정확한 지식을 꽤 많이 갖고 있었지만, 관념의 세계 속에서, 더욱이 일반적 사상의 세계 속에서는 오히려 그런 상상의 타국에 의해 포위되어 있었다. 그런 까닭에 여타의 민족적 상상과 마찬가지로, 이역에 대한 옛 중국인들의 상상 역시 자신들이 이미 갖고 있던 고전이나 역사와 경험으로부터 시작되었다. 바로 폴 코너톤Paul Connerton이 말했듯이, "현재에 대한 우리의 체험은 과거에 대한 우리의 지식에 의해 상당 부분 결정된다. 우리는 과거의 시간과 사물에 내재하는 인과관계의 맥락 속에서 현재 세계를 체험하므로, 우리가 현재를 체험할 때 일찍이 우리가 체험했던 사건과 사물을 참고해볼 수 있다."[60] 보편적으로 인정되는 기준과 진리를 수립할 길이 없을 때, 역사와 전통에서 비롯하는 경험은 평가의 척도를 결정하고 상상의 탄생을 뒷받침한다. 마치 사람들이 늘 자신의 크고 작은 경험에 바탕을 두고서 사물의 크고 작음을 묘사하고, 언제나 자신의 교통 능력에 바탕을 두고서 지리의 원근을 이해하는 것과 마찬가지로, 배나 수레로 가서 세계를 직접 이해할 수 없었던 시대에 사람들은 오로지 『산해경』과 같은 신화나 「직공도」 같은 도상 및 여행기의 견문 지식에 의지해서만 세계를 구축할 수 있었으므로, 이렇듯 환상, 풍문, 실제의 관찰이 한데 뒤섞인 지식에는 관찰자 자신의 고집, 편견, 상상이 침투해 들어갈 수밖에 없었다.[61]

5. 마테오 리치가 중국에 온 이후: "천하"로부터 "만국"으로

만력 연간, 곧 마테오 리치가 중국에 왔을 때에도 『삼재도회』는 과거의 상상을 계속해서 이용하고 있었고, 우신행于愼行(1545~1608)이 편찬한 『곡산필주穀山筆塵』 제18권에서도 예전의 설명을 연용하고 있었다. 우신행은 중국을 중앙에 놓은 뒤 사예四裔에 대해서 이렇게 서술한다. "동쪽을 이夷라고 하는데 동쪽 사람들은 생生을 좋아한다. 만물은 땅을 저촉抵觸하여 생겨난다. 이夷란 저抵(거스름)이다. 이에는 아홉 부류가 있다. 남쪽을 만蠻이라고 하는데 임금과 신하가 같은 냇물에서 함께 목욕하여 격식이 없고 음란하다. 만蠻이란 만嫚(음란함)이다. 여덟 부류가 있다. 서쪽을 융戎이라고 하는데 싸우기를 일삼으며 살생을 하면서 중도를 얻지 못한다. 융은 흉凶이다. 여섯 부류가 있다. 북쪽을 적狄이라고 하는데 숙부·형수가 굴 하나에 같이 살면서 구별이 없다. 적狄은 벽僻(치우침)으로 그들의 행동은 사악하고 치우쳐 있다. 다섯 부류가 있다. 이것은 『풍속통』이 저술한 사이四夷의 명칭이다."[62] 그렇지만 마테오 리치가 중국에 온 이후, 특히 세계지도가 제작되어 나온 이후 그런 천하에 대한 상상은 근본적인 변화를 일으키기 시작했다. 마테오 리치의 세계지도를 본 뒤, 이지조李之藻는 새로운 세계에 관한 지식이 그 자신에게 전율감을 안겨주었다는 것을 인정하면서 이렇게 말했다. "땅이 이렇게 크지만 하늘 가운데에서는 곡식 한 톨에 불과할 뿐이다. 우리의 주州와 우리 마을은 한 톨 중의 털 한 올이다. 우리는 이처럼 작은 곳에 있으면서, 달팽이의 뿔과 같이 좁디좁은 곳에서 명예와 이익을 다투고 있을 뿐이로구나……."[63] 그리하여 그는 옛 설을 고수하는 사람들에 대하여 자기 귀를 틀어막은 사람들이라고 비판하면서 "귀와 눈으로 생각한 것 바깥에 이렇게 다른 나라와 풍속이 있을 줄 누가 알았겠는가? 그 토지 산천과 그 물산이 사실이며 거짓이 아니니, 사람의 인식에 한계가 있다는 것과 조물주의 무궁함을 거기에서 본다"[64]고 말한다. 그리고 조금 뒷시기의 구식곡瞿式谷은 『직방외기소언職方外紀小言』에서 "지도에 의거해 논해보건대, 중국은 아시아의 10분의 1이고, 아시아는 다시 천하의 5분의 1이므로, 적현신주(중국) 바깥에도 적현신주만 한 것이 열에 아홉이다. 그런데 보잘것없이 이 한 곳을 지키면서 천하 모든 것에 대해 오랑캐라고 배척한다면 우물 안 개구리라는 비난을 받지 않겠는가?"[65]라고 말한다.

마테오 리치의 새로운 세계지도가 갖는 의미에 대해서는 더 이상 설명할 필요가 없을 것이다.[66] 그 이후 선교사들은 그런 세계지도를 전파하는 데 시종일관 노력을 기울였다. 청나라 초기 루도비치 부글리Ludovic Bugli(利類思), 가브리엘 드 마갈라엔스Gabriel de Magalhaens(安文思), 페르디난트 베르비스트Ferdinand Verbiest(南懷仁)의 『서방요기西方要紀』, 줄스 알레니Jules Aleni(艾儒略)의 『직방외기』 등이 그런 지식을 더욱 많은 사대부에게 점차 전파해나갔다. 때문에 서학을 받아들인 사대부들뿐만 아니라 정부 당국과 민간에서도 천하에 대한 전통 중국의 도상圖像이 와해되며 붕괴되기 시작했고 사람들은 점차 새로운 세계를 받아들였다. 이로 인해 『산해경』 『십주기』 등에서 비롯한 기괴한 상상과 풍문은 서양인들이 전래한 사실적 지식에 의해 점차 대체되었다. 앞서 우리는 『삼재도회』를 예로 들어, 마테오 리치가 중국에 오기 이전 시기 세계에 대한 중국인의 상상을 설명했는데, 여기서 제시될 수 있는 확연한 차이점은 이렇다. 100여 년 이후 청나라 건륭 연간에 사수謝遂가 칙령에 따라 「직공도」를 그릴 때, 『산해경』에서 비롯된 국가와 그 형상이 사라져버렸다는 사실이다. 「직공도」 안에는 외팔이의 나라, 머리가 셋인 사람들의 나라, 외눈박이 나라, 가슴에 구멍 뚫린 사람들의 나라 같은 것이 이미 없어지고, 상상으로부터 생겨난 이역의 인물에 대한 형상은 사실에 근

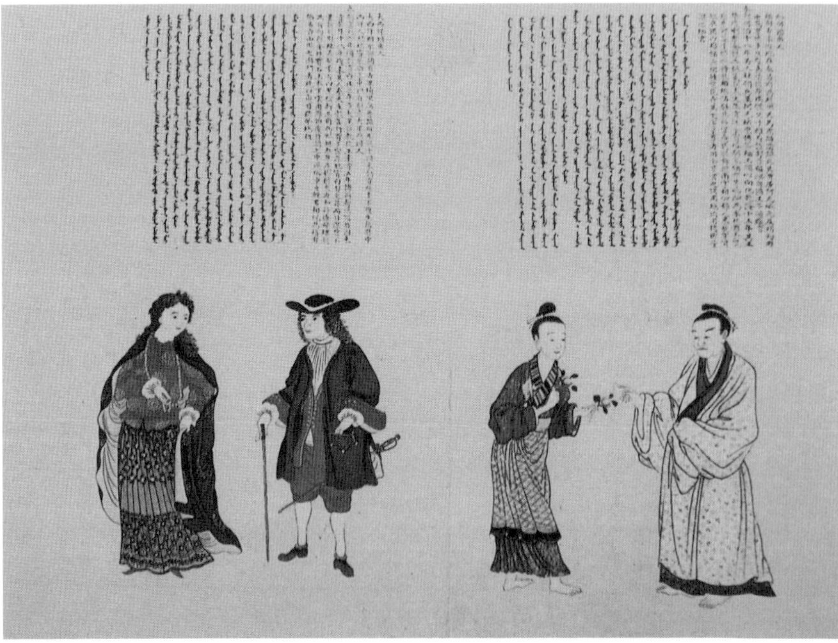

사수의 「직공도」

접한 사생화에 의해 대체되었다. 『삼재도회』의 시대에는 단지 아련한 상상에 속했던 "머나먼 서쪽 나라"는 대서양국大西洋國, 잉글랜드英吉利國, 프랑스法蘭西國, 스위스瑞國에 의해 대체되었다. 또한 과거 중국인의 얼굴과 복식에 비추어 상상되었을 뿐인 서양인은 더욱 구체적으로 특정 국가의 사람들로 분류되었고, 그들의 생김새와 복식도 다시는 과거처럼 상상되지 않았다.[67]

현재 베이징구궁박물원에는 작자미상의 「만국내조도萬國來朝圖」가 몇 폭 소장되어 있다. 대체로 건륭 연간에 제작된 이 그림들에서 네덜란드인, 잉글랜드인, 프랑스인들은 여전히 천조대국(중국)을 향하여 조공을 바치는 위치에 놓여 있기는 하지만, 이들의 외모는 벌써 사수의 「직공도」에 나타나 있는 이민족의 형상과 매우 유사하다. 말하자면 그들은 이미 『산해경』의 전설 속에 등장하는 "사람답지 않은 사람非人"이 아니었다. 이는 매우 긴 역사적 시간 속에서 타국과 이민족에 대한 상상이 사실적 견문에 자리를 넘겨주었음을 뜻한다. 건륭 연간의 그림에 붙은 제시題詩는 여전히 "광명이 거듭되어 은택이 두루 미치니 사해에 봄이 왔고, 황제 청나라의 공물은 만국이 균등하다. 문서의 문자와 수레의 궤철에서 누가 예외일 수 있겠는가? 발바닥이 네모꼴이고 머리가 둥근 꼴이라면 누구라도 친히 지낼 것이다"라고 말하는데, 이는 과대망상이기는 하지만 결국 "만국萬國"의 존재를 인정한 것이다.[68] 사수의 「직공도」는 이후 『사고전서』에 수록되는 「황청직공도皇淸職貢圖」의 저본底本이 되어, 그렇듯 정부 당국에 의해 편수된 총서에 수록된다. 이는 "만국"에 대한 인지가 이미 합법성을 지녀 정부 당국의 인가를 얻었다는 것과, 민중이 보편적으로 인정하는 관념과 지식이 되었다는 것을 뜻한다.

동시에 특별히 언급해둘 만한 상징적 문서가 하나 더 있다. 그것은 건륭 연간 칙령을 받아 편수된 『사고전서총목』이다. 권위를 지닌 이 정부 당국의 총서 목록은, 『산해경』 『십주기』 『신이경』이 과연 지리서로 분류되어야 할지 아니면 소설류로 분류되어야 할지를 논하고 있다. 이는 천하의 지리 관념에 대해 전체적인 변화가 일어났음을 나타낸다. 『사고전서총목』 제142권은 『산해경』에 대해서 이렇게 말한다. "이 책은 산수山水를 차례로 서술했는데 신기하고 괴이한 일을 참고한 부분이 많다. (…) 그곳에서 언급한 길과 산천은 대체로 고증하기 어렵고, 눈과 귀로써 언급한 것 100가지 중 한 가지라도 사실인 것이 없다. 여러 학자는 지리서로 분류하기도 하고 그렇게 하지 않기도 한다. 실제 내용을 살펴보고 개념들을 판정해보니, 사실은 소설 중 가장 오래된 것일 뿐이다."[69] 『신이경』에 대해서는 "수나라의 기록은 그것을 사부四部의 지리류에 배열하고, 당나라의 기록은 자부子部의 신선류神仙類로 분류했는데, 지금 그 말을 살펴보니 세속을 벗어난 황당한 일이 많아서 지도와도 다르고 도교의 수련修煉과도 다르므로 그 소속을 분류하는 것이 타당치 않다. 『문헌통고文獻通考』는 그것을 소설류에 넣었는데 대체로 사실에 부합하는 듯하다"[70]고 말한다. 『해내십주기』에 대해서는 "여러 학자의 저술은 그것을 지리에 넣기도 하지만, 명칭과 그 실제 내용을 따져보니 그렇지 않다는 것을 알 수 있다. 이제 『산해경』과 함께 소설가小說家로 분류한다"고 한다.[71] 서적 목록이 "학술을 변별하고 표장하며 원류를 고찰하는" 기능을 담당하던 이 시대에, 정부 당국의 권위 있는 목록 내에서 이역에 관한 상상적 자원이 사부의 지리류로부터 "자부의 소설가로 분류되었다"는 것은 그 책들이 "지리"로부터 "소설"로 변화하기 시작했다는 것과, 상상 속의 "진실"이 "100개 중 하나도 사실이 아닌 것" 또는 "황당한 일"로 바뀌었다는 것을 보여준다. 이것은 사람들이 "고증考索"과 "사실의 확인責實"을 받아들이기 시작한 결과였다. 말하자면 마테오 리치의 시대로부터 건륭 시대에 이르기까지 100여 년의 시간을 거치면서, 이역에 대한(마찬가지로 자기 자신에 대한) 옛 중국인들의 지식은 "상상의 천하"에 대한 것으로부터 "실제의 만국"에 대한 것으로 바뀌었던 것이다.

제3장

사상사로서의 고여도古輿圖

중국과 대만을 포함한 현대의 중국어권 학계에서, "지도"를 사상사의 근거로 사용함으로써 사상·관념과 의식 형태의 문제를 연구하는 것이 유행하기 시작했다. 이런 방법의 출현은 외국의 새로운 이론 및 관념의 도입, 특히 미셸 푸코의 영향과 관련이 있다. 푸코는 엄청난 상상력과 통찰력을 지녔을 뿐 아니라 전복성을 지닌 사상사 이론가로서, 원래 매우 단순하고 학문적이었던 "지리학"의 문제에 속하는 것을 "담론"과 "권력"의 이론으로까지 확장했다. 그의 말을 빌리자면, 모든 담론의 배후에는 권력이 있고 담론 그 자체도 권력이 될 수 있다. 따라서 "영토" "지평선" "등고선" 등 원래 지리학에 속했던 용어들 속에서 그는 배후의 "권력power"적 관계를 파악해냈다. 그는 지리학의 용어를 정치, 법률, 문화의 영역에 놓고서 사유하는데, 예를 들면 "영토가 지리학의 개념이라는 데에는 의문의 여지가 없지만, 그것은 먼저 법률-정치적 개념으로서 어떤 권력이 통제하는 범위다"라고 말한다. 이 분석은 상당한 통찰력을 지닌 것이다. 영토가 정치적 통제 범위인 것은 틀림없으며, 지도에서 국경선에 의해 구분되는 "영토"는 단순한 지리학의 범주에 속하는 것이 아니라 정치학의 범주에 속함을 나타낸다. 1976년 프랑스의 지리학 잡지 『헤로도트Herodote』가 푸코를 인터뷰할 때 그는 위와 같이 얘기했고, 이후 『지리학 문제』라는 대담집으로 발표되었다.[1]

지리적 공간의 구분과 서술이 정치, 역사, 문화의 결과라는 것은 틀림없지만, 뒤집어보면 지리 공간은 또한 신분의 정체성과 문화의 정체성을 위한 표지이기도 하다. 그러나 오랜 기간, 정말로 지도를 갖고서 중국 사상사의 문제를 논했던 사람은 그다지 많지 않았다. 왜냐하면 과거에 지도는 줄곧 지리학이나 측량학의 영역에 속했기 때문이다. 과거에도 지도에 관한 수많은 연구서가 있었다. 예를 들어 상무인서관에서 1938년에 출판한 왕융王庸의 『중국지리학사』 제2장 「지도사」, 리처드 스미스Richard J. Smith의 『중국의 지도Chinese Maps』, 시카고대출판부가 펴낸 『지도제작학사』 제2권 제2책의 『전통적 동아시아와 동남아시아 사회의 지도제작학』이 있다.[2] 그 외에 일본 학자 오다 다케오織田武雄의 『지도의 역사』, 우노 가즈타카海野一隆의 『지도의 문화사』에도 관련 내용이 있다.[3] 최근 몇 년 사이 고지도 영역도 적잖은 자료를 출판했다. 예를 들면 차오완루曹婉如 등이 편찬한 세 권의 책 『중국 고대 지도집』, 베이징도서관 선본특장부善本特藏部가 편찬한 『여도요록輿圖要錄』, 필립 앨런Phillip Allen의 『고지도집 정선古地圖集精選』이 있고, 최근 홍콩과학기술대학 도서관이 편찬한 『지도중국』 등이 있어[4] 연구하기에 매우 편리하다.

그렇지만 이런 자료서들은 어떤 이야기를 하지 않을뿐더러 더욱이 사상과 관념을 직접 드러내지는 않는다. 미리 이야기를 좀 하자면, 지도의 배후에 있는 사상과 관념에 대해 연구자 스스로가 "볼" 줄 알아야 한다. 때문에 여기서 논하고자 하는 점은, 어떻게 해야 지도로부터 사상사를 파악할 수 있는가, 또는 고여도古輿圖가 어떻게 해서 사상사의 자료가 될 수 있는가 하는 것이다.

1. 테두리와 중앙: 유럽의 고대 세계지도에 나타난 동양에 대한 상상

먼저 나는 유럽에서 제작된 옛 지도의 '변경邊境과 빈 공간'에서 드러난 동양 관련 상상, 의식, 관념을 보고자 한다. 알다시피 고대 중국의 지도는 대부분 종이로 만들었거나 비단으로 만든 것이다. 한편 마왕퇴馬王堆 백서帛書(비단으로 만든 문서)의 「지형도地形圖」 같은 것은 당연히 석각石刻되어 있기도 하다. 쑤저우蘇州의 「평강도平江圖」는 형식으로 보면 고대 중국의 회화와 큰 차이가 없고, 그 외에도 「명산승적도名山勝迹圖」 「성시지도城市地圖」 같은 지도는 아예 미술작품이라고 할 수 있을 정도다. 일반적으로 말하자면, 테두리를 갖고 있는 지도는 매우 적으며, 게다가 중국의 지리적 특징으로 인해 커다란 바다를 그린 지도도 흔치 않다. 때문에 공백이 거의 없고, 공백이 없으므로 수많은 장식도 있을 수 없다. 특히 고대 중국의 지도에는 언제나 큰 글자의 제목이 달려 있었기 때문에 기이한 사물을 그려 넣을 공간을 갖기 힘들었다.[5] 그러나 현대의 각종 지도는 현대 서양의 지도제작법의 영향을 받아 주위 테두리에 흑색과 백색을 사용해서 경도와 위도를 표시한다. 이것이 "과학"이자 "표준"이 되는 제작법이다. 거대한 바다 위에도 풍문 시대의 상상을 더 이상 기록해 넣지 않았고, 그곳에는 다만 수많은 섬과 항해도만 기입되어 있을 뿐이다. 따라서 대부분의 지도는 테두리의 장식과 같은 것을 하지 않게 되었다. 그렇지만 고대 유럽에서 출판된 각종 지도,

특히 세계지도에는 하나의 습관이 있었던 것 같다. 지도 테두리를 항상 도상으로 점철하고, 지도의 공백, 특히 대양 부분에는 각종 견문과 신기한 사물을 그려 넣었다. 그들은 항상 지도의 테두리와 공백에 어떤 것을 그렸다. 하지만 지도 테두리에 그려 넣던 장식적 도상과 빈 곳에 그려 넣던 기이한 사물은, 의식했건 그렇지 않건 간에 지도 속의 내용과 어떤 관계를 형성함으로써 일련의 관념을 노출하거나 암시하곤 한다.[6]

홍콩과학기술대학 도서관에는 유럽에서 출판된 고지도가 매우 많이 소장되어 있는데, 그 가운데 하르트만 셰델Hartman Schedel(1440~1514)이 그린 초기의 세계지도를 보면, 바람을 뿜고 있는 열두 사람의 두상이 테두리에 그려져 있다. 아마도 이는 12개월의 서로 다른 바람과 그렇게 다른 바람이 천하의 기후 변화에 끼치는 영향을 상징하는 것일 터이다.[7] 이런 그림은 아주 흔히 볼 수 있다. 유럽의 옛 지도는 언제나 그런 형상을 그림으로써 지리 공간과 하늘의 기후 사이에 어떤 관계가 있음을 나타낸다. 예를 들어 프톨레마이오스의 『우주지宇宙志』 1482년판과 『지리학』 1511년판에 덧붙여져 있는 지도도 그런 형상을 담고 있고, 바람 불고 있는 두상 아래에 구름을 그려 넣었다.[8] 그 밖에 마테오 리치의 세계지도도 오르텔리우스Abraham Ortelius(1527~1598)가 그린 세계지도의 전통을 이어받아 남극의 빈 곳에 세계 각지의 여덟 가지 동물, 예컨대 코끼리, 코뿔소, 타조, 사자, 날개 달린 괴수, 악어를 그려 넣었고, 대양 부분에는 아홉 척의 범선과 물을 뿜는 고래, 뱀처럼 생긴 큰 물고기 등 15종의 해양 생물을 그렸다. 그 후 남회인南懷仁이 그린 『곤여전도坤輿全圖』 역시 그런 박물적 전통을 계승해서 여러 도상을 그렸는데, 기린과 칠면조 등 마테오 리치보다 더 많은 동물을 그려 넣었다. 대체로 이런 도상은 대해大海를 뛰어넘는다는 것과 세계에 대한 인식을 상징하며, 다른 한편으로는 대해에 사는 각종 괴물에 대한 상상과 두려움을

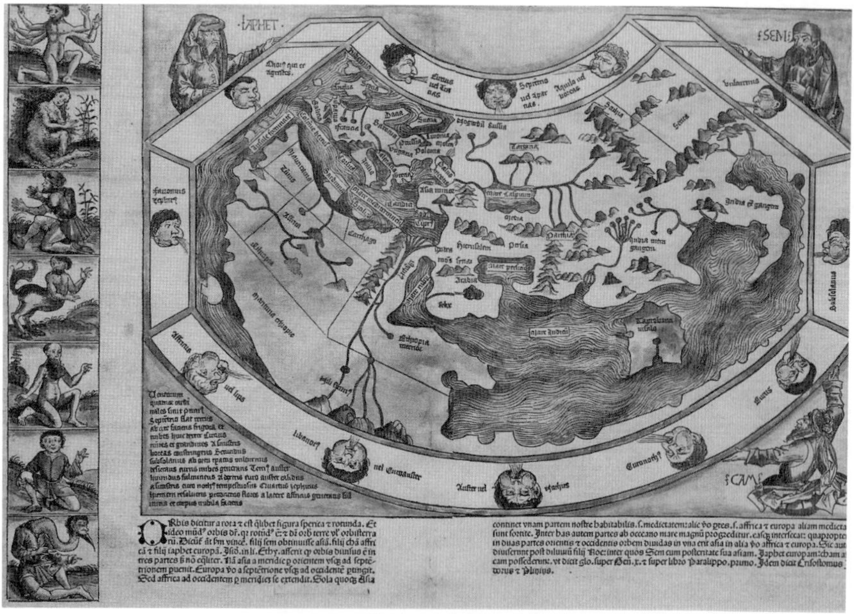

홍콩과학기술대학 도서관이 소장하고 있는 초기에 제작된 세계지도.

상징한다.

유럽에만 그런 관습이 있었던 것은 결코 아니다. 사실 옛 중국도 미지의 영역에 대해 그렇게 상상했으며, 그런 상상을 지도로 제작하는 전통도 있었다. 예를 들어, 『좌전左傳』 선공宣公 3년 조목에는 구정九鼎에 대한 유명한 전설이 있다. 구정은 무엇인가? 바로 하나라 때 각종 기괴한 사물의 형상을 솥단지鼎 옆면에 주조하여 백성들로 하여금 그에 대해 알도록 한 것이다. 만일 사람들이 그 괴물의 형상을 안다면 그런 괴물과 마주치지 않을 것이고, 설사 마주친다고 하더라도 피할 수 있다고 한다. 왜냐하면 사람들이 그 괴물의 정체를 간파했기 때문이다. 이에 대해 "가마솥을 주조하여 사물을 형상화하니 온갖 것이 다 갖추어져 있는데, 백성들로 하여금 사람을 해치는 괴이한 것들을 알도록 하기 위해서였다. 그리하여 백성들이 하천이나 연못, 산림에 들어가도 사람 같지 않은 것들을 만나지 않았으니, 용이나 귀신, 도깨비 중 그 어느 것과도 만나지 않았다"[9]고 한다. 이것이 바로 고대 전설 속의 구정이 중요시되었던 이유다. 이런 "박물"적 전통은 한편으로는 "조수와 초목의 이름을 많이 기억하게 한다"는 공자의 교육 방법을 뒷받침하여, 이후 장화張華의 『박물지』와 같은 분류서는 그런 지식주의적 전통을 이어받게 된다. 다른 한편으로 그것은 무술巫術의 신비함에 대한 상상을 뒷받침하는데, 이것은 이후 『산해경』에서 『백택정괴도白澤精怪圖』에 이르는 무술적 관념이 된다.[10]

15~16세기 이래 유럽에서 만들어진 세계지도의 도상도 대체로 이와 유사한 의미를 담고 있는 것 같다. 필자는 유럽의 일부 박물관을 참관한 적이 있는데 처음에는 그들의 식물도植物圖, 인체도人體圖, 지도가 지나치게 장식적이고 번쇄하다고 느꼈지만, 장식이 그냥 장식에 그치는 것이 아니라 매우 미묘한 상징적 의미를 갖는다는 것을 점차 발견하게 되었다. 서양의 지도가

동양에 전해진 뒤, 그 지도 제작의 전통도 중국과 일본에 영향을 끼쳤다. 예를 들어, 일본은 마테오 리치의 『산해여지전도山海輿地全圖』에 근거하여 지도를 그리고서 그 지도 안에 다양한 항해 관련 지식을 그려 넣었다.

또 예를 들면, 고베시립박물관에 소장되어 있는 것으로 정보正保 연간(1644~1647)에 판각된 「만국총도」의 테두리에는 대명선大明船과 일본선日本船이 그려져 있고, 정향貞享 5년(1688)의 「만국총계도萬國總界圖」 역시 위쪽 두 모서리에 대청선大淸船, 일본선이 그려져 있다. 그 밖에 마찬가지로 고베시립박물관에 소장된 「사도시도四都市圖」와 「세계지도」 병풍은 전적으로 유럽의 방식을 취하여, 좌우 양측에는 당시 알려진 각지 민족의 형상이 그려져 있다. 보영寶永 5년(1708)에 이르러, 이나가키 미쓰오稻垣光郎가 그린 「세계만국지구도世界萬國地球圖」는 양반구 중간의 빈 곳에 당선唐船과 네덜란드선의 양식을 그렸을 뿐 아니라, 위쪽에 공간을 만들어 세계 각종의 사람들을 표현한 16폭의 그림을 그려 넣었다. 이것은 양쪽의 전통을 한군데에 모으면서 세계여행에 대한 항해 기술의 자신감을 나타낼 뿐만 아니라, 저쪽 세계와 인류에 대한 이쪽 사람들의 지식이 날이 갈수록 환상에서 실제로 나아가고 있음을 보여준다.[11]

그렇지만 지도 제작에는 지식적인 전통 외에도 상상의 전통이 있다는 데 주목해야 한다. 일련의 유럽 고지도에서 우리가 주의해서 봐야 할 점은, 지도 테두리와 공백에 있는 상상적인 이역의 풍경화 속에는, 이민족에 대한 『산해경』의 도상을 방불케 할 만큼 동양에 대한 서양인의 판단이 드러나 있다는 사실이다. 16~17세기의 유럽인들은 동양이라는 낯선 세계에 대해서 한편으로는 많은 지식을 축적해나가고 있었지만, 다른 한편으로는 예전의 수많은 풍문을 그대로 간직하고 있었다. 그런 까닭에 새로운 실측적 지식과 옛 풍문의 상상이 한데 섞여 있곤 했다. 홍콩과학기술대학 도서관에 소장된

고베시립박물관 소장, 1645년 일본에서 제작된 「만국총도인물도萬國總圖人物圖」

『아주지도亞洲地圖』 겉면에는 이제 막 열리기 시작한 아시아의 큰 입구가 그려져 있고 유럽인을 상징하는 일군의 천사들이 있는데, 어떤 천사들은 지구의 위에서 유럽과 아시아의 거리를 측량하고 있고, 또 다른 천사들은 아시아 지도(동아시아 지도일 뿐이지만)를 열어서 자세히 살펴보고 있다. 이렇듯 입구 앞에서 무지한 상태로 한가로이 거니는 상황은 동아시아 대륙에 대한 유럽인들의 호기심, 무지, 환상을 매우 잘 반영한다.[12] 초기 유럽인들이 제작했던 세계지도, 아시아지도, 중국지도에는 이런 이역의 풍경도가 있었다.[13]

사상사의 측면에서 보자면, 이런 지도의 테두리와 공백에 붙어 있는 각 도상에서 가장 주의할 만한 것은, 바로 그 속에 섞여 들어 있는 이역에 대한 상상이다. 그 시대 유럽인들이 동양과 중국을 숭배하고 있었다고 말할 수 있을지라도, 그들은 오만으로 가득 찬 상상 역시 많이 하고 있었다. 이런 근거 없는 상상은 때로 실제 지식에 비해 그들의 마음속 깊숙이 감춰져 있는 편견을 더욱더 잘 폭로하곤 한다. 15세기의 『자연의 책Buch der Natur』(아우스부르크, 1478)에 보존되어 있는 이역에 대한 상상이 계속해서 후대에 다시 출현하고 있고, 심지어 지리적 대발견 이후의 지도에서도 사정은 마찬가지다. "우리 동족이 아니면 그 마음도 반드시 다르다"는 관념은 중국인에게만 있었던 것이 아니라 유럽인에게도 있었다. 미야자키 이치사다宮崎市定가 소장했던 1545년 제작 「아주도亞洲圖, Map of Asia VIII: Scythia beyond the Imaus」는 그 좌측에 거대한 다리 하나를 들고 있는 나체의 사람이 그려져 있고, 우측에는 얼굴이 배에 있는 머리 없는 괴인怪人과 개머리 모양의 사람이 그려져 있는데, 이는 그들로부터 멀리 있던 동아시아의 이류異類 인종을 암시했던 것이 아닐까?[14] 더욱이 홍콩과학기술대학 도서관에 소장된 1493년의 초기 세계지도에는 팔이 여섯 개이고 등에 갈기가 나 있으며 꼬리

16세기 서구에서 제작된 지구의.

가 달려 있고 새머리와 주둥이가 달려 있는 여러 종의 괴인들이 그려져 있다.[15] 『산해경』 이후 옛 중국의 한족들은 "이 몸이 천하제일天下老子爲大"이라는 생각으로 주변 세계에 대해 그와 비슷하게 상상했으며, 그런 상상은 원대 주치중의 『이역지』, 명대의 『삼재도회』까지 이어졌다. "개의 나라" "여인국" "배가 없는 사람들의 나라" "외팔이의 나라" "뒤통수에 눈이 달린 사람들의 나라" "가슴에 구멍 뚫린 사람들의 나라" "깃털이 달린 백성들의 나라"에서 보다시피 다종다양한 괴물들에 대해 쓰거나 그렸던 역사가 우리에게도 있었다는 것은 주지의 사실이다. 그런 형상을 갖고서 이역인들의 형상을 바라본다는 것은, 오랑캐를 "사람 같지 않은 것"으로 보는 매우 오만한 관념을 드러내는 것이다. 이전에 나는 매우 오랜 기간 그런 상상이 심지어 사실적 여행 기록보다도 더 보편적으로 이역의 지식으로 간주되었음을 말했던 적이 있다.[16] 그러므로 옛 중국은 언제나 "천하"에 대한 오만한 상상에 파묻혀 있었고, 그런 상상은 중국식의 근거 없는 오만과 제자리걸음으로 비판을 받았다. 하지만 유럽에서 건너온 고지도를 보건대, 그런 종류의 상상은 서양 역시 하고 있던 것이었다. 서양인들은 동양에 대한 호기심에 질시를 더하거나 상상에 상상을 덧붙이곤 했다.

지리학사를 살펴보더라도 그런 근거 없는 오만은 역사적 전통이었음을 알 수 있다. 중세기에 기독교는 자신을 하나의 세계로 상상했는데,[17] 그 당시의 T—O 형태 지도 중 T자 형태의 세계에서 중심은 예루살렘이었던 반면 위쪽은 아시아, 왼쪽 아래는 유럽, 오른쪽 아래는 아프리카였다는 것이 그런 상상을 보여준다.[18] 그 시대의 상상 속에서 아시아는 매우 신비로워서, 『동방견문록東方見聞錄』이 말하다시피 그것은 멀고도 먼 동방이었으며 거인, 식인종, 흑인도 있었다. 반면 아프리카는 매우 야만적인 것으로 여겨져 당시 지도에 그려져 있다시피 애꾸눈, 긴 다리를 가진 사람, 머리 없는 사람, 개의 머리를 지닌 사람들이 있는 것으로 알려졌다.[19] 이런 오만과 편견은 매우 오랫동안 지속되었다. 지리적 대발견이 이뤄지고 세계가 점차 지구화되며 교통이 점차 편리해졌기 때문에, 이치대로 하자면 그런 괴이하고 편집적인 상상을 모두 버렸어야 할 테지만, 무릇 편견은 지식보다 완고하고 상상은 관찰에 비해 더욱 유행하기 마련이다. 마테오 리치의 세계지도는 서양 지도의 관례에 따라 항해하는 범선(서양인의 발자취가 이르는 곳을 상징)을 그렸을 뿐만 아니라 "다른 나라의 기이한 사물", 예컨대 큰 물고기, 기이한 새, 괴수 등을 그렸는데, 그 지도의 배후에는 타국에 대한 서양인의 상상이 있었을까? 마테오 리치의 지도에 씌어 있는 문장도 그와 마찬가지로, 브라질伯西爾은 "인육 먹기를 즐기는데, 다만 남자만 먹고 여자는 먹지 않는다"고 하고, 혁리국革利國(대략 지금의 미국 서북부)은 "오직 뱀·개미·거미 등의 곤충만 먹는다"고 하며, 가이묵哥爾墨(현재의 러시아 북부 북빙양 연안)은 "죽은 사람을 매장하지 않고 다만 철사 줄로 시신을 숲에 매달아놓는다"[20]고 한다. 이것은 옛 중국 『산해경』식의 상상과 이방 문명에 대한 서양인의 멸시가 혼합된 것이 아닐까? 또 예를 들면, 메르카토르-혼디우스Mercator-Hondius의 1633년판 지도집에는 반구 두 개로 나뉘어 있는 세계지도 정중앙 아래쪽에 아시아, 아메리카, 아프리카 3종 인류의 형상을 그려 넣고, 그 세 인종이 유럽인을 향해 절하며 충성을 맹세하는 그림이 있는데, 이는 유럽인의 자만심을 상징한다. 18세기에 이르러서도 인류 평등에 관한 서양적 이성이 그런 오만과 편견을 모두 제거하지는 못했다. 예를 들어 1772년 제작된 다이쓰눠戴思諾의 「아주지도」에 그려진 중국의 경치는 당시 유행하던 "중국 취미"에 따른 것이라 할지라도, 상반신에 아무것도 걸치지 않은 사람이 바보같이 희죽거리며 노는 모습을 그리거나, 잔혹한 처형 장면을 그리고 있으며, 그 위에 쓰인 설명문은 특히 중국의 "전족纏足"을 말하고 있다.[21] 이는 결코 이상한 일이 아니다. 스스로 매우 문명화되었다고 여기는 서양인들은 동양에 남아 있던 형벌과 그 풍속에 대해 특별한 흥미를 보였지만, 그런 흥미의 배후에는 자기 문명에 대한 자신감, 이민족에 대한 호기심, 게다가 근거 없는 경멸이 감춰져 있었다.

과연 에드워드 사이드는 『오리엔탈리즘』을 써서 서양인이 상상 속에서 구축한 "동양"에 대해 날카롭게 비판하는데, 그렇게 구축된 "동양"은 "동양을 묘사하고 가르치며 식민화하고 통치하는 등의 방식으로 동양에 대처하려는 하나의 메커니즘"이자, 서양이 "동양을 통제하고 재구축하며 그것 위에 군림하는 일종의 방식"이라고 말한다.[22]

2. 천하에서 만국으로: 화이도, 여지도, 우적도에 나타난 옛 중국의 관념세계

문헌이 부족한 시대를 연구할 때, 예컨대 상고사上古史를 연구할 때 도상 자료를 사용하는 것에 대해서는 그다지 반대가 없는 것 같다. 신·구석기 시대에 관한 고고학 보고서가 초기의 제사 구덩이, 고분, 부장품을 설명하는 까닭은 어쩔 수가 없어서이다. 그러나 문헌이 충분한 시대의 사상사를 연구할 때도 도상을 대량으로 사용할 수 있을까? 사상은 매우 소실되기 쉬운 것이다. 만약 문자로 기록된 것이 사상사의 기본 문헌이라고 한다면, 사상으로부터 산출된 도상도 마찬가지로 이용되어야 할 것이다. 그렇다면 어째서 도상이 사상사 서술의 원본이 될 수 없겠는가? 핵심 문제는 사상사 연구자들이 어떻게 하면 공간적 도상으로부터 사상사에 필요한 관념적 의미를 이끌어내는가에 있을 뿐이다.

다시 지도 이야기로 돌아와보면, 우리는 지도가 표시하는 것이 공간임을 잘 알고 있다. 지도상의 공간에는 보통 세 종류가 있다. (1)자연세계에서 공간은 주로 "물리 공간"으로서, 예를 들면 지형, 식생, 광산, 기상 등이다. (2)정치세계에서 공간은 주로 종속관계와 관련이 있는 영역으로서, 예를 들면 국경선, 지자체의 경계선, 정치적 중심 등이다. (3)인류사회에서는 수많은 사람이 생활하고 필요로 하는 공간적 배치가 있는데, 예를 들어 도시, 읍내, 교통 노선 등이다. 그리하여 전통 지도에 일관되게 나타나는 것은 보통 이 세 가지다.

그렇지만 지도상의 이런 "공간"은 실제 공간에 대한 객관적 묘사와 결코 같지 않다. 왜냐하면 묘사에 사용된 그 어떤 도상도 "그것", 곧 면전의 구체적 공간상과 관련되어 있을 뿐만 아니라, "나", 곧 묘사자의 위치, 거리, 방위, 심지어 역사적으로 형성된 묘사자의 관찰 방식과도 관련되어 있기 때문이다. 예를 들어, 지도로서의 「만리장강도萬里長江圖」는 서로 다른 시간과 지점상의 양쯔 강 관찰 도상을 연쇄적으로 연결하여 매우 긴 하나의 그림(말하자면 동일 시간과 공간)으로 표현하고 있는데, 그것은 양쯔 강 수천 리의 지세에 대한 관찰과 이해 방식은 물론, 그렇듯 기나긴 지도의 전개 방식을 결정해버린다. 한 곳에서 다른 곳으로 갈 때 몇 날 몇 시간이 걸린다고 우리는 보통 말한다. 곧, 공간의 거리를 시간으로 전환시켜서 계산하고 표현한다. 그런데 「만리장강도」는 몇 날 몇 시간이 걸려야지 볼 수 있는 장면을, 조금씩 펼쳐지는 몇 척尺 몇 촌寸의 지도 속에 동시적이며 평행적으로 배열해 놓고 있다. 이는 시간을 공간으로 전환시킨 것이다.[23] 사실 지도 속의 "공간"은 인위적으로 전환된 것이기 때문에 더 이상 순수한 객관적 "공간"일 수는 없다.[24]

그러므로 지도가 100퍼센트로 "진실을 복원한다"고 믿어서는 결코 안 된다. 사실 지도라는 것은 어떤 특정한 시각에 따라 제작된 "유한한 진실"일 뿐이며, 그런 "유한한 진실"조차도 많은 문제를 안고 있다. 보통 우리는 지도의 몇 가지 요소, 곧 방향, 위치, 비례, 설명의 색채, 국가의 경계선 등이 관념의 변화에 따라 달라질 수 있다고 말한다. 방향을 예로 들면, 위쪽은 북쪽, 아래쪽은 남쪽, 왼쪽은 서쪽, 오른쪽은 동쪽으로 고정되어 있다. 그 밖에 다른 디자인이 있는가? 위치의 경우 원래 지리상의 위치는 고정되어 있다. 하지만 의외의 이동도 있을 수 있지 않을까? 비례의 경우 정확한 비례가 지도의 필수 요소이기는 하지만, 특정한 의도를 지닌 지도 제작자가 임의로 그것을 변화시켰을 수도 있다. 색채의 경우 동일한 색채가 동일한 정치적 영토를 가리키는 표지이며, 다른 색채는 다른 영토를 표시한다. 하지만 다른 목적을 지닌 지도 제작자가 색채로써 모종의 정치적 의도를 암시할 수도 있지 않을까? 경계선의 경우 실제 지리상에는 경계선이 있지 않고 그것은 지도에만 나타나는 선일 뿐이다. 그런 경계선의 권역으로 인해 형성된 판도의 모습은 그와 다른 종류의 정치적 연상을 일으킬 수 있지 않을까?[25] 공간에 대한 주관적 감각과 인상에 대해서 몇몇 요소는 지대한 영향을 미친다. 먼저 관찰자가 서 있는 곳立場이다. 한 방향으로부터 과거를 본다고 할 경우, 관찰자가 서 있는 곳에 비추어 확정된 상하좌우上下左右가 있을 것이다. 그 다음은 감각이다. 관찰자 자신의 감각에서 유래한 비례에 근거하여 묘사 대상의 크기를 확정한다. 그다음은 거리다. 지리상에서 "멀고" "가까움"은 모두 교통 능력과 관련된다.

마지막으로 색채의 경우 공간에 대한 지도의 색채 배치 배후에는 정치적 영토에 대한 승인이라는 의미가 놓여 있다. 그래서 우리는 이렇게 말할 수 있다. 사람이 그린 지도는 어떤 의미에서 "나"를 중심으로 삼는 주관적 투시도이자 "타자"를 기초로 삼는 객관적 투시도이다. 현대의 지도에서 볼 수 있는 지리 공간에 대한 묘사가 매우 합리적, 과학적, 객관적이라고 하지만, 사실 반드시 그렇지만은 않다. 왜냐하면 사람들이 그렇게 지도를 그린 뒤 지도는 곧바로 주관적 서술이 될 수 있고, 부각과 은폐를 하며 선택과 배제를 하기 때문이다. 그리고 묘사자의 관점, 회상, 기억, 묘사에는 그 사람의 감각, 심지어 관념까지 덧붙여진다. 따라서 지도의 지리적 상상geographical imagination은 실제로는 정치와 문명에 관한 상상이며, 그런 상상의 역사 속에는 수많은 관념의 역사가 숨겨져 있으므로, 그런 관념의 역사는 사상사의 내용이 된다.

여기서 옛 중국 지도 속에 포함되어 있던 "천하"의 상상과 관념을 한번 살펴보자. 알다시피 옛 중국에는 "하늘은 둥글고 땅은 네모이다天圓地方"라는 특수한 공간 감각이 있었고 그것은 매우 일찍이 형성되었다. 근래 고고학자들이 발견했던 것으로 푸양濮陽 지방의 조개에 새겨진 용호龍虎상, 증후을묘曾侯乙墓 뚜껑 위의 이십팔수二十八宿·북두北斗·용호龍虎의 도안, 각종 묘실 천정부에서 하나하나 연이어 나타나는 천문도상, 게다가 고대에 천원지방을 모방하여 점을 치는 데 썼던 "식반式盤"과 방향을 지시하는 옛 나침반, 그리고 『우공禹公』『주례周禮』 등 고전 문헌이 상상했던 오복五服·구복九服·구주九州의 사각형 대지 등은 모두 옛 중국에서 "천원지방"이라는 관념이 널리 존재했음을 나타내며, 스스로를 천지의 중앙으로 삼던 옛 중국의 관념을 그것들이 형성했음을 보여준다. 과거 필자는 여러 편의 논문에서, 고대 중국인의 마음속에 있던 천지의 형식은 대체로 다음과 같다고 설명한 적이 있다. 첫째, 자기가 거주하는 곳이 세계의 중심이자 문명의 중심이다. 둘째, 대지는 바둑판과 같은 형태이거나 혹은 회자回字 형태를 띤다. 중심으로부터 밖을 향하여 네 변이 끊임없이 확장해나가고, 중심 주위의 첫 번째 권역은 왕이 있는 서울이고, 그 주위의 두 번째 권역은 화하華夏 또

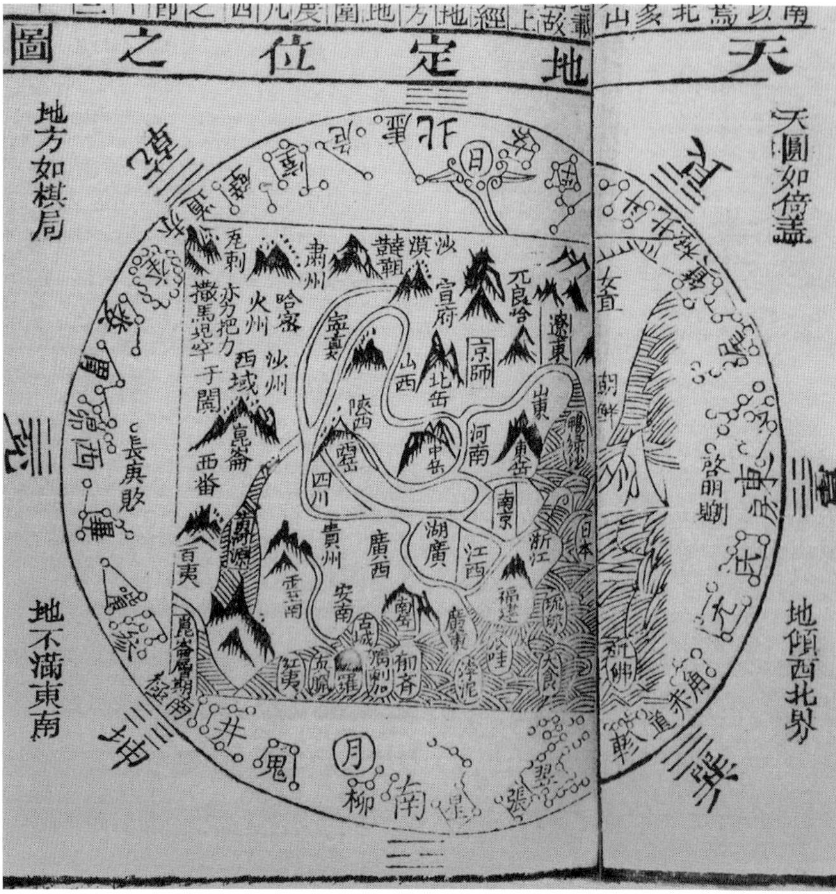

천원지방天圓地方의 「천지정위지도天地定位之圖」

는 제하이며, 세 번째 권역은 오랑캐다. 셋째, 지리적 공간은 바깥쪽으로 갈수록 황폐하고, 그곳에 사는 민족도 야만적이며 문명의 등급도 낮다. 남만南蠻, 북적北狄, 서융西戎, 동이東夷가 그런 민족이다.[26]

매우 긴 시간 동안 중국인들은 계속해서 그 점을 고집했다. 전통 시대에 불교를 제외하고는 중국이 진정한 문명의 도전을 받아본 적이 없다는 것이 그런 고집의 원인이다. 중국인들은 시종일관 자기들이 세계의 중심이고 한족의 문명이 세계 문명의 최고봉이며, 주변의 민족들은 야만적이고 미개한 민족이라고 믿었다. 그래서 조공관계를 유지하기 위한 일 외에는 그들에 대해 특별히 관심을 가질 필요가 없었다. 이런 이유로 옛 중국의 세계지도는 언제나 중국이라는 "천하"를 매우 크게 그리고, 중국보다 큰 세계 만국을 아주 작게 그렸다. 「화이도華夷圖」「우공도禹貢圖」「지리도地理圖」 등 송대의 것으로 남아 있는 몇 폭의 지도 중 "화이도"라고 불렸던 것은 화하에 사이를 덧붙인 것이며, "여지도輿地圖"라고 불렸던 것은 배나 수레로 도달할 수 있는 곳을 뜻했다. 그려진 지도는 당시 한족의 중국을 중심으로 삼은 것이었는데, 설사 주변 국가를 그릴 때라도 비율이 실제에 비해 매우 작았다. 마치 그 나라들이 중국이라는 대국의 몸에 붙어 있는 "기생"물인 것처럼 작게 그렸다.

이런 지도 화법畫法의 전통은 명대에까지 이어진다. 주목해야 할 점은, 중심을 크게 그리고 주변을 작게 그렸던 것은 실제로 지리적 위치의 문제일 뿐만 아니라 가치 판단상의 차별이었다는 것이다. 곧, 지도상의 중심과 주변을 그릴 때 나타난 생각이 "자아"와 "타자"의 관계를 확인할 때 그대로 다시 나타난다. 우리는 이 점을 한번 풀이해봐야 한다. 첫째, 세계에 대한 중국인의 실제 지식과 그런 차별적 인식은 관계가 없다. 한대漢代의 장건 이후 유럽과 아시아는 이미 비단길을 통해서 교류하고 있었고, 당대에 들어 중국은

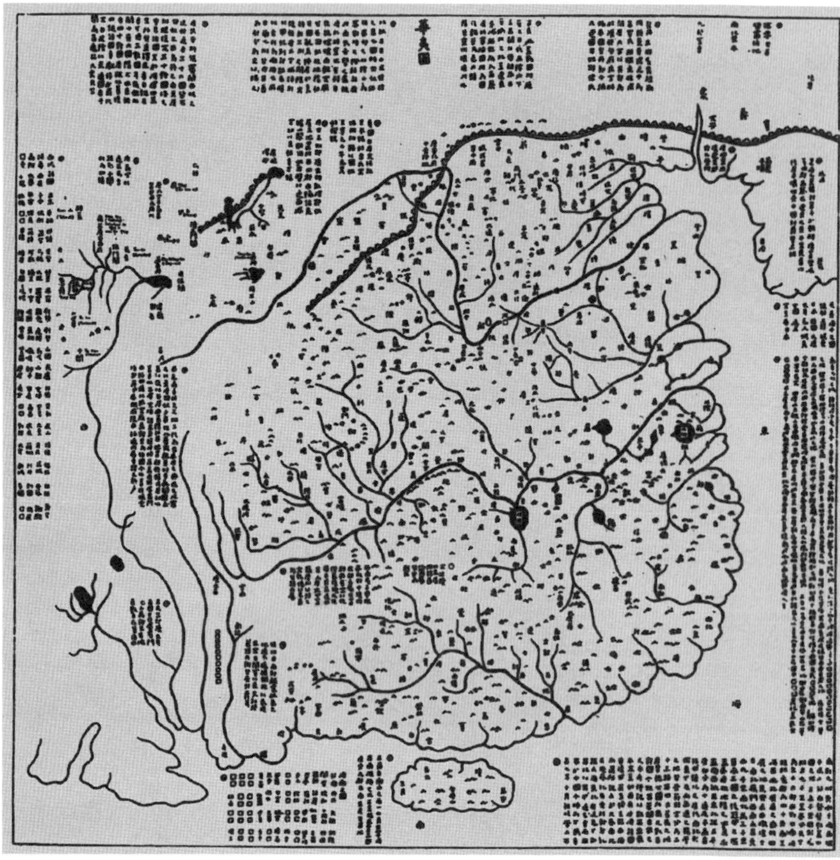

화이도흑선모본華夷圖黑線摹本

외국과 더욱 빈번히 교류했으며, 원대 제국의 강역은 거의 끝이 없을 정도여서 당시 아라비아에서 왔던 자말 알딘Jamal al-Din은 3대륙 7대양에다 경위선도 있는 "지구의"를 제작했다. 명대 초기에 들어 정화는 인도양으로 가서 아프리카 동해안에 도달했는데, 실제로 그가 거쳐간 공간은 중국 본토의 몇 배를 훨씬 넘어서는 것이었다. 따라서 중국인들은 각종 문명의 상황에 대해 이미 많이 알고 있었다. 다만 "천하" "중국" "사이"에 대한 옛 중국의 사상과 상상만이 시종일관 변화되지 않은 채로 남아 있을 뿐이었다.[27]

둘째, 중국인의 차별적 공간 인식은, 옛 중국인의 지리 이해 그리고 그들의 지도제작 기술과도 관계가 없다. 사실 옛 중국인들의 지리적 수준은 상당히 높았고 지도 제작 수준도 꽤 높았다. 1974~1978년 허베이 성河北省 핑산平山 현의 전국 시대 중산왕묘中山王墓에서 발굴된 동판銅版「중산왕릉조역도中山王陵兆域圖」, 1986년 톈수이天水 팡마탄放馬灘에서 발굴된 진대秦代의 목독木牘, 목간 지도, 마왕퇴 한묘漢墓에서 발굴된 비단 지도는 모두 수준이 상당히 높다.[28]

그러므로 중국인의 차별적 공간 인식은 그들의 실제적 인식이 아니라 관념적 인식일 뿐이다. 왜냐하면「화이도」「우공도」와 같은 지도의 배후에는 옛 중국인들의 "천하 관념" 또는 "세계관"이 있어서 천하 지도의 제작에 영향을 끼쳤기 때문이다. 바꿔 말하면, 한편으로 옛 중국의 "천원지방"이라는 공간 관념은 중국인들로 하여금 자신들이 천하의 가운데에 있으며 주변은 소소한 오랑캐일 뿐이라고 생각하도록 했으며, 다른 한편으로 화하 문명이 중심이라는 옛 중국인들의 관념은 역시 중국인들로 하여금 주변 국가들은 지리적 공간이 협소할 뿐만 아니라 문화적 가치도 낮다고 생각하게끔 만들었다.

바로 이런 이유로, 16~17세기에 마테오 리치의 세계지도가 중국에 굉장한 충격을 가할 수 있었던 것이다. 왜냐하면 그 지도는 중국인들에게 이렇게 말했기 때문이다. 첫째, 사람들이 살아가는 세계는 평면이 아니다. 이것은 천원지방의 오랜 관념을 와해시켰다. 둘째, 세계는 매우 크다. 중국은 아시아의 10분의 1에 불과하며, 아시아는 다시 세계의 5분의 1이다. 그러므로 중국은 결코 끝없는 유일한 대국이 아니라 오히려 매우 작다.

셋째, 옛 중국의 "천하" "중국" "오랑캐"라는 설명은 성립하지 않는다. 중국은 결코 세계의 중심이 아니며 오랑캐는 또 다른 문명국가일 수 있다. 그들이 보기에는 중국도 "오랑캐"일 수 있다. 넷째, "동해든 서해든 마음도 같고 이치도 같다東海西海, 心同理同"는 생각을 받아들여서 세계의 각종 문명이 평등하고 공통적이라는 점을 인정해야 하며, 진정 민족·국가·영토를 초월하는 보편주의적 진리를 지녀야 한다. 마테오 리치의 세계지도에 내포된 이런 전복적 관념으로 인해, 중국 사상계는 그동안 잠복해 있던 커다란 위기를 맞는다. 왜냐하면 그런 관념을 철저하게 받아들인다면, 전통적 중화제국이 천하의 중심이며 중국이 오랑캐에 비해 우월하다는 문화적 "가설" 혹은 "기초"가, 장차 "하늘이 무너지고 땅이 붕괴되듯" 허물어질 것이기 때문이었다.

3. 불교 지도: 다른 세계에 대한 상상

더 물어야 할 것은 옛 중국에 그 밖의 "천하 관념"이 설마 없었겠는가 하는 것이다. 당연히 있었다고 해야 할 것이며, 그것은 바로 불교의 "세계관"이다. 불교의 역사와 그 영향을 이 작은 글로 다 설명할 수는 없으며, 여기서는 다만 불교의 세계관만 설명하고자 한다. 곧, 불교에는 두 가지 공간 관념이 있는데 그것은 중국인의 관념과 매우 다르다는 사실이다.

첫 번째는 무한히 넓은 것을 포괄하는 불교의 전체 세계다. 불교의 설명에 비춰보면 세계는 결코 중국을 중심으로 삼는 한 덩어리 대지가 아니며, 중국은 사대주 중 하나의 주洲일 뿐이다. 불경에 따르면 수미산須彌山 주위로 4대 부주部洲가 둘러싸고 있는데 중국은 남첨부주南瞻部洲이며, 그 밖에 동승신주東勝身洲, 서우화주西牛貨洲, 북구려주北俱盧洲가 있다. 『장아함경長阿含經』『누탄경樓炭經』『법원주림法苑珠林』 등에 의하면 해, 달, 별이 모두 수미산을 둘러싸고 있으면서 널리 천하를 비추고, 사대주는 각각 중주中洲 두 개와 소주小洲 500개를 갖는다. 사대주 및 팔중주八中洲에는 사람이 거주하고, 2000여 소주에는 사람이 사는 데도 있고 그렇지 않은 데도 있다. 그 가운데 북주北洲의 과보果報가 가장 뛰어나서 즐거움은 많고 고통은 적으며 수명은 1000여 세이다. 하지만 그곳에는 붓다와 같은 위대한 지도자가 출현하지 않는다. 남주南洲의 백성들은 용맹하고 기억력이 뛰어나지만, 업을 짓는 행동業行을 하기 때문에 욕망을 제거하는 청정한 범행梵行을 해야 한다. 그러므로 붓다가 그곳 세상에서 태어날 수 있다. 동주東洲의 공간은 극히 광대하며 서주西洲에는 소, 양, 진주, 옥이 많다. 이러한 주 각각에만도 큰 나라가 36개, 작은 나라가 2500개 있다. 게다가 "나라 하나하나에 인종이 여럿 있어 호胡, 한漢, 강羌, 노虜, 만蠻, 이夷, 초楚, 월越이 있는데, 각각 자기 땅에 살고 있으며 생김새도 다르다"[29]고 한다. 주목할 점은, 이런 세계관과 중국의 천하 관념이 전혀 다르다는 사실이다. 곧, 중국은 유일한 천하가 아니며, 천하는 전통적 상상보다 훨씬 크다. 이것은 오히려 전국 시대의 추연이 설했던 "대구주大九洲"설과 좀 비슷하다. 그래서 나중에 그런 사주四洲설 혹은 구주설은 옛 중국인들로 하여금 새로운 세계의 도상을 받아들일 수 있도록 하는 하나의 자원이 되었다.

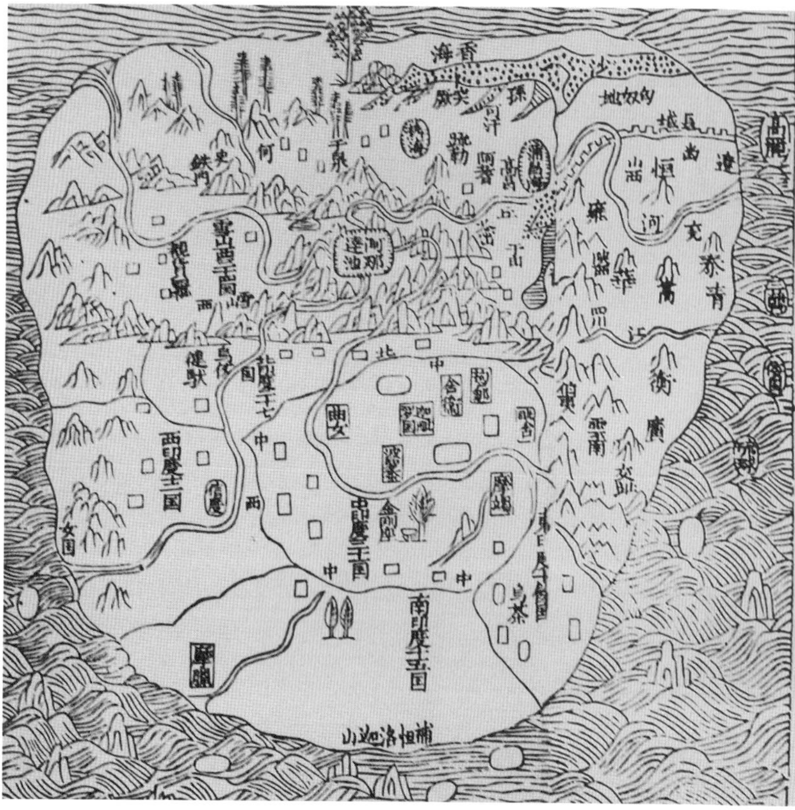

「남첨부주도南贍部洲圖」에 나타난 중국 동부 지역의 일부.

두 번째는 불교적 세계 중심관이다. 불교는 인도로부터 중앙아시아 또는 남아시아를 거쳐 전래된 것이기 때문에, 일반적으로 말하자면 불교도들은 음으로 혹은 양으로 중국을 유일한 중심으로 놓는 세계관에 반대할 수 있다. 이것은 매우 간단한 이야기다. 만일 중국이 유일하다면 인도 불교는 장차 어떻게 자처할 것인가? 불교가 천축天竺에서 왔고 진리가 인도에서 왔다면 인도가 당연히 세계 문명의 중심이어야 한다. 남북조南北朝 시대에 일어난 불교·도교·유교의 논쟁에서, 불교 측은 세계에 관해 수많은 묘사를 하면서 천하의 중심이 인도에 있음을 논증하려 했다.[30] 그렇지만 중국의 불교는 점차 그런 절대적 설명을 포기하고 인도와 중국을 모두 문명의 중심으로 인정하거나, 또는 한 걸음 더 나아가서 세계에는 여러 개의 병렬적 중심이 있다고 설명한다. 그 가운데 유행했던 설은 사방에 천자 넷이 있다는 것이다. 4세기 말의 『십이유경十二游經』, 6세기 말의 『경률이상經律異相』 제3권, 7세기의 『법원주림』 제44 중中권은 모두 그런 설명을 취한다. "동쪽에는 진晋의 천자가 있는데 백성들이 왕성하고, 남쪽에는 천축국의 천자가 있는데 그 땅에 코끼리라 불리는 것이 많으며, 서쪽에는 대진국大秦國의 천자가 있는데 그 땅에는 금은과 벽옥이 풍부하고, 서북쪽에는 월지月支의 천자가 있는데 그 땅에는 좋은 말이 많다."[31] 그리고 7세기 현장의 『서역기』 서문, 도선道宣의 『석가방지』 『속고승전·현장전續高僧傳·玄奘傳』에도 남첨부주가 으뜸이라는 설이 있다.[32] 어쨌든 그런 세계 도상과 전통적 중국은 오직 중국이라는 "천하"에 대해서만 다르게 설명한다. 과거 『시경』은, 온 하늘 아래에 왕의 땅 아닌 곳이 없고 온 땅의 백성 중 왕의 신하 아닌 이가 없다고 했으며,[33] 『맹자』는 하늘에 두 태양은 없고 나라에 두 임금은 없다고 했지만,[34] 이제 불교의 설을 받아들인다면 관념 속의 세계는 그와 크게 달라질 것이었다.

이후의 불교가 중국화되고 삼교합일로 나아갔으며 심지어 중국의 주류적 의식 형태와 유가학설에 굴복했을지라도, 그것은 중국 문명이 천하에서 유일한 것이라는 관념에 전대미문의 충격을 가했다. 불교가 전래되었을 때 일부 중국인들은 "화하 문명이 유일한 것은 아니다" "천하에서 중국이 한가운데 있는 것은 아니다"라는 사실을 인정할 수밖에 없었다. 불교 전래는 원래 세계를 새롭게 인식할 수 있는 기회였지만, 그런 계기는 결코 현실이 되지 못했다. 불교가 지닌 세계 관념은 다만 그들 자신의 저작에만 남아 있었기 때문이다. 우리가 현재 볼 수 있는 것 중, 옛 중국에서 중국을 천하의 정중앙으로 여기지 않던 것으로는 우선 『불조통기佛祖統紀』의 세 폭 짜리 지도를 들 수 있다. 송대 이전 시대에서 그것은 극히 보기 드문 다원적 세계관을 드러내는데, 그것의 「동진단 지리도東震旦地理圖」「한서역제국도漢西域諸國圖」「서토오인지도西土五印之圖」는 세 개의 중심을 동시에 갖는 세계를 구축하고 있다.[35] 그다음은 인도, 중국, 서역을 포함하는 「불교법계 안립도佛教法界安立圖」이다. 수미산, 사대부주, 중부 인도의 남첨부주에 관한 불교의 지리적 공간 관념이, 세계관을 바꿀 수 있는 잠재적 자원을 근대 이후의 중국·일본·조선에 제공했다는 점이 인정되어야 할 것이다.

예를 들면 일본인과 조선인들은 한편으로 서양의 새로운 지리적 지식을 받아들이면서, 다른 한편으로는 불교의 세계 관념을 기억하고 있었다. 이 때문에 불교의 수미산이라는 옛 개념에 서양 5대주라는 새로운 지식을 덧붙임으로써 새로운 세계지도를 그렸다. 고베시립박물관에 소장된 것으로 1709년 일본에서 제작된 「남첨부주만국도南瞻部洲萬國圖」와, 서울에 소장된 것으로 1775년 조선에서 제작된 「여지전도輿地全圖」[36]는 서양의 지식과 불교 사상을 한군데에 혼합한다. 여기서 이제 세계는 더 이상 중국을 중심으로 삼지 않으며, 일본과 조선인의 처지에서 말하자면 이 기회에 동양(중국),

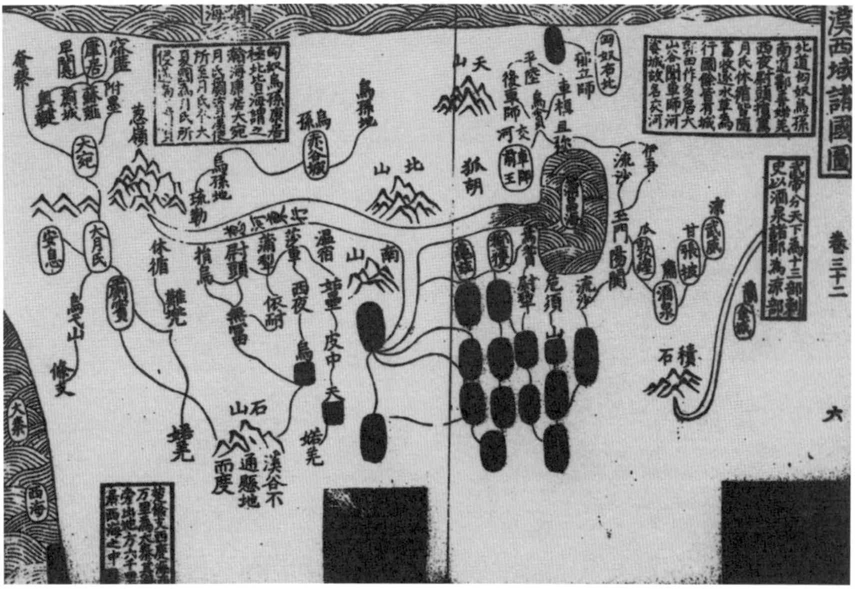

『불조통기佛祖統紀』의 「한서역제국도漢西域諸國圖」

대 서양(유럽) 그리고 자신(일본 또는 조선)의 3자 구도를 이루는 만국도상萬國圖像을 확립하려 했던 것이다.

그렇지만 그런 충격이 결코 중국인들의 세계관을 근본으로부터 뒤흔들어 놓지는 못했다고 할 것이다. 불교가 중국화한 이후, 중국 불교는 그런 담론을 다시 제기하는 경우가 매우 드물었다. 중국에서 불교 관념의 영향력 정도는 일본보다 훨씬 덜했고, 유가적 이데올로기 아래 굴복하기도 했으며, 불교적인 모든 것은 먼저 유가와 정부 당국의 척도에 따라 재단되어야 했기 때문에, 몇백 년이 더 흘러서 이미 충분히 세계화된 16세기에 이르러 서양인이 중국에 와서야 그런 상황에 비로소 변화가 일어난다. 바로 앞에서 우리가 설명했던 것처럼, 마테오 리치의 『산해여지도』(만력 12년, 1584)가 광둥에서 유포되자 중국인들은 비로소 "세계"를 참되게 볼 수 있었고, 사상사에서도 "하늘이 붕괴되고 땅이 파열하는" 징조가 나타난다.

4. 안의 제하와 밖의 제이: 명대의 해방지도海防地圖를 예로 들어

지도의 방향에 대해 깊은 경험을 했던 적이 한 번 있다. 한번은 친구가 어떤 해안선이 그려진 지도를 들고 와서 내게 감정해주기를 부탁했는데, 그 지도에는 지명, 도시, 교통 등 쉽게 판별할 수 있는 것들이 없고 오로지 지형만 그려져 있었다. 나는 그것이 어느 지방의 해안인지 전혀 파악할 수 없었다.

하지만 친구가 그 지도를 90도로 회전하자 우리가 매우 잘 알고 있는 중국 동해 연안이라는 사실을 알게 되었다. 그것은 위가 동쪽, 아래가 서쪽, 왼쪽이 북쪽, 오른쪽이 남쪽인 지도에 불과했던 것이다. 이런 일이 무슨 특별한 의미를 지니는 것은 아니고, 다만 사람의 감각이라는 것이 항상 선입

영파선주왕청천도寧波船主王晴川圖(도호쿠대학東北大學 소장)

견을 갖고 있으며 뿌리 깊기까지 해 심지어 인식의 습관이 되기도 한다는 점을 설명하고 있을 뿐이다. 그렇지만 옛 지도가 위쪽이 남쪽이고 아래쪽이 북쪽이었다는 것을 우리가 알고 있다면, 대체 어째서 사람들은 그것을 위쪽이 북쪽이고 아래쪽이 남쪽인 형식으로 바꿨으며 또 언제 그렇게 바꿨는지 우리는 더 추궁해봐야 한다. 만약 그 문제에 대해 쉽게 결론을 내리기 어렵다면, 위쪽이 북쪽이고 아래쪽이 남쪽인 형식으로 지도를 그리는 데 습관이 든 이후에도, 명대의 해안 방어海防와 관련된 지도는 왜 그런 습관을 바꿔서 '위쪽이 동쪽이고 아래쪽이 서쪽'인 지도 혹은 '위쪽이 남쪽이고 아래쪽이 북쪽'인 형식을 취했는지 다시 검토해봐야 한다.

중국의 처지에서 볼 때 해안 방어는 원래 그리 큰 문제가 아니었지만, 명나라와 청나라에 들어와서 중요하고도 또 중요한 것이 되었다는 사실을 우리는 잘 알고 있다. 외환外患은 주로 바다에서부터 다가오는 것이었다. 왜냐하면 왜구倭寇든 양인洋人이든 모두 바다에서 왔기 때문이다. 그리하여 명·청대를 "해안 방어의 시대"라고 부르는 사람들도 있다. 모든 군사적 중심지가 연해沿海에 있었기 때문에, 명대에는 해안 방어와 관련된 지도가 다수 제작된다. 그런 지도로는 가정嘉靖 35년(1556) 호종헌胡宗憲의 『주해도편籌海圖編』과 만력 19년(1591) 이화룡李化龍이 서문을 쓰고 판각한 『전해도주全海圖注』, 그보다 조금 뒤 사걸謝杰의 『건태왜찬虔台倭纂』 상권의 「만리해도萬里海圖」가 있다.[37] 매우 흥미롭고 또 특별한 점은 이런 해안 방어 지도가 '북쪽이 위이고 남쪽이 아래'인 관습을 따르지 않고, 대부분 중국 대륙을 아래쪽에 그려 넣고 침입 가능성이 있는 일본과 대해大海를 위쪽에 배치함으로써, '위쪽이 동쪽이고 아래쪽이 서쪽'인 형식을 취하거나 '위쪽이 남쪽이고 아래쪽이 북쪽'인 형식을 취한다는 사실이다. 아울러 중국 연안에 경계의 깃발 표시와 빽빽한 봉화대를 그려 넣고 있다. 그리고 그것들은 항상 일치되게 밖을 향한다. 여기에는 대체 어떤 의미가 있을까?

호종헌을 도와 『주해도편』을 편찬했던 정약증鄭若曾은 『정개양잡저鄭開陽雜著』 제8권 「도식변圖式辨」에서 매우 흥미로운 말을 한다.

> 지도에는 원래 두 종류가 있어 '바다가 위쪽이고 땅이 아래쪽인 것'과 '땅이 위쪽이고 바다가 아래쪽인 것'이 있는데 사람들은 그 시비를 판별하지 못한다. 내가 마땅한 이치로써 판단하건대, 중국은 안에 있고 가까운 반면 네 오랑캐는 밖에 있고 멀다. 고금의 화법은 모두 멀리 있는 경치를 위에 놓고 가까이 있는 경치를 아래에 놓았으며, 밖에 있는 경치를 위에 놓고 안에 있는 경치를 아래에 두었다. 그런데 안, 위, 밖, 아래의 위치는 만고로 바뀌지 않는 핵심이다. 우리 몸이 중국에 처해 있으면서 바깥의 오랑캐를 경략한다고 해야지 옳다. 만약 바다를 아래쪽에 놓는다면, 바다 속에 먼저 우리 몸을 두어야 할 것이고 그 결과 스스로를 바깥의 오랑캐와 나란히 세울 것이며, 결국 중국을 거꾸로 보게 될 것이니 그것이 올바른가?[38]

주목할 점은 위 글에서 핵심은 "안" "밖" "위" "아래" 그리고 "중국" "사예"의 구분이다. 고서古書를 조금이라도 아는 사람들은 옛 중국이 통상 안과 밖, 곧 "화華"와 "이夷"를 구분하려고 했다는 것을 잘 안다. 이것은 송대 이후 특히 민감한 주제가 되었다. 옛 중국인들은 자아와 타자에 대해 매우 분명하고 엄격한 관념을 갖고 있었다. 곧 "화"는 "안"이고 "오랑캐"는 "밖"이라는 것이다. 이것은 고대 경전에 나타나는 중요 관념이었다. 경학적 지식이 있는 사람들이라면 다음의 사실을 잘 알고 있다. 고대 중국에서 『공양전』이 중시되었던 까닭은, 그것이 "우리나라를 안으로 여기고 제하를 밖으로 여기며, 제하를 안으로 여기고 네 오랑캐를 밖으로 여긴다"는 관점을 표명했기 때문이다. 고대 중국의 "하夏"는 바로 "아雅"이자 문명이고 우리이자 "안"이며, 오랑캐는 "만蠻"이자 비문명이고 "밖"이었다. 이 두 개념쌍 사이에는 친소와 원근의 엄격한 차이가 있다. 그러므로 "분별分"해야 한다.

사실 명대에 들어서면, '남쪽을 위로 그리고 북쪽을 아래로' 그리던 초기의 중국적 지도 제작법은 이미 '북쪽을 위쪽으로 그리고 남쪽을 아래로' 그리는 방식을 취하고 있었다.

왜냐하면 송나라와 원나라의 지도 제작자들도 이미 그런 방위 배치를 습관적으로 따랐기 때문이다. 정약증도 '북쪽이 위쪽이고 남쪽이 아래쪽'인 것이 통칙임을 인정한다. 통상적 지도는 북쪽 오랑캐가 위에 있다는 사실에 괘념치 않는다는 것을 그도 알고 있었다. 다만 이론으로 말하자면 북쪽 오랑캐가 "밖"에 있는 것이다. 심지어 정약증은 "천지의 정해진 방향은 북쪽이 위쪽이고 남쪽이 아래"라는 설을 받아들이기도 했다. 그가 보통의 지도를 그릴 때에는 '북쪽이 위쪽이고 남쪽이 아래'인 규칙을 따르는 것을 볼 때 그 점을 확인할 수 있다. 예를 들어 『주해도편』에 있는 일반적인 행정구역 지도는 '위쪽이 북쪽이고 아래쪽이 남쪽'인 규칙을 따른다. 그렇지만 일단 국가와 민족과 관련되거나 국가·민족이 외적을 만나는 상황과 관련되기만 하면, 그는 "안팎에 구별이 있다內外有別"는 화법畫法을 반드시 지키고자 했다. 예를 들어 『정개양잡저』 제4권의 「동해도東海圖」를 보면, 일본을 위쪽 정중앙에 놓고, 명나라를 아래쪽에 놓는다. 또한 바다 쪽에다 "왜구가 직예直隸(수도 부근), 저장浙江, 산둥山東 등 여러 길로 온다倭寇至直浙山東諸路" "왜구가 조선, 요동으로 온다倭寇至朝鮮遼東之路"고 주석을 해놓았을 뿐만 아니라, 아래쪽 육지에는 왜구 침입 경로를 일일이 표기해놓았다.[39] 또한 그가 참여하여 편찬한 『주해도편』에서 보통의 행정구역 지도는 '위쪽이 북쪽이고 아래쪽이 남쪽'인 규칙을 따르는 데 비해, 「해안방어도」는 '바다가 위

정약증鄭若曾, 「만리해방도萬里海防圖」 제2폭(광둥廣東)

쪽이고 육지가 아래쪽'인 원칙을 따라 그려져 있다. 푸저우福州를 묘사하고 있는 제4권의 「푸저우부경도福州部境圖」가 '위쪽이 북쪽, 아래쪽이 남쪽'의 원칙을 따르는 것과, 제1권의 「해방도·푸젠7海防圖·福建七」이 '위쪽이 동쪽이고 아래쪽이 서쪽인' 원칙을 따르는 것을 대조해보자. 또한 광저우廣州를 묘사하는 제3권의 「광동연해총도廣東沿海總圖」가 '육지가 위쪽이고 바다가 아래쪽'인 원칙을 따르는 것과, 제1권의 「해방도·광7海防圖·廣七」이 '바다가 위쪽이고 육지가 아래쪽'인 원칙을 따르는 것을 대조해보자. 그러면 그런 이치를 분명히 알 수 있다.[40]

이것은 단순한 지도 제작 방향의 문제만이 아니다. 당시 사람들의 마음속에서 "안" "밖" "위" "아래"는 민족·국가에 대한 일체시·배척의 문제, 그리고 자아와 타자를 확립하는 문제와도 관련 있었다. 이는 옛 중국의 습관인 데서 그치지 않는다. 1930년 일본군이 「중국연해도中國沿海圖」를 제작할 때 그 지도를 그렸던 일본인 역시 동서남북의 관례를 따르지 않고, 자신들의 본거지를 지도 아래쪽에 그리고 한국과 대만을 각각 아래 양쪽에 그렸다. 마치 거대한 집게가 위쪽에 있는 축소된 중국을 마주하고 있는 모습이다. 이 지도의 방향이 상징하는 것에서 적敵에 대한 대립적 태도를 볼 수 있지 않을까?

5. 대"공"과 무"사": 명대의 지방지 지도에서 본 당대인들의 공사公私 관념

명대의 지방지를 읽던 중 지방지에 덧붙여진 지도를 한번 본 적이 있는데, 다 보고 난 뒤 깊은 인상을 받았고 그 지도 이면에는 논해볼 만한 세 가지 관념이 있음을 알게 됐다. 첫 번째는 이런 지도 제작자들의 "눈 속에 사람이 없었다目中無人"는 것이다. 여기서 "사람"이란 민중의 개인적 생활공간을 뜻한다. 역사가들에 따르면, 옛 중국에서 도시란 대체로 주州, 부府, 현縣, 진鎭의 치소治所로서 정치와 군사의 중심이었다. 상업과 소비의 중심이었던 근대 이래의 도시와는 달랐다. 그러나 옛 도시가 정치를 중심으로 삼기는 했지만, 도시에 관청이나 관저만 있을 수는 없었다. 백성들이 거주하는 시장이 없었다 할지라도 "민民"이 "관官"보다 많았음이 틀림없다. 량경야오梁庚堯가 남송의 도시에 대해 논한 적이 있는데, 그에 따르면 푸저우의 최고 관청 소재지州治의 관원 수와 민현閩縣과 후관현侯官縣의 관원 수를 다 합쳐도 800명을 넘지 않았고, 타이저우台州의 주州, 현縣 관원 수는 50여 명에 불과했다. 여기에 서리胥吏를 더해도 400여 인일 뿐이었다. 그러므로 도시의 대다수를 차지하는 것은 평민이었음을 알 수 있다.[41] 그렇게 많은 사람이 거주하고 그렇게 많은 사람이 먹고 마시고 놀며 즐기는 곳에는 주택, 상점, 시장, 기생집, 술집, 유흥가, 서점 등이 있기 마련이다. 송대의 평강平江 흥원부興元府에는 구란勾欄이라는 대중 공연장이 있었고, 호주湖州의 주성州城과 경원부성慶元府城에는 유흥가瓦子가 있었다.[42] 원대 진강鎭江의 경우 비록 "근년 이래 노역이 과중하고 수확이 잘되지 않아 도망가는 사람들과 가난한 사람들이 생겨나서 호구수가 감소했다"고는 하지만, 『지순진강지至順鎭江志』는 여전히 "주변 변두리가 일곱이고隅七" "방坊(주택 500호)이 스물여덟坊二十八" "시장이 다섯市五" "큰길이 일곱街七" "작은 길이 여든둘巷八十二"이라고 말한다. 도시 속에서 민중의 생활공간이 컸음을 알 수 있다.[43]

그런데 이상한 점은, 우리가 당시 도시 공간을 상상하는 데에 지방지의 도시 지도가 거의 도움이 되지 않는다는 사실이다. 우리의 상식에 따르면, 지도는 실제 공간에 비례하여 그려져야 한다. 그러므로 지면에서 점유하는 공간의 크기에 따라 지도에서도 그에 상응하는 크기가 되어야 한다. 한데,

명대의 각종 지방지 첫머리에는 도시의 부현도府縣圖가 적잖이 수록되어 있기는 하지만, 그것을 반복해서 보다보면 현대의 상식과 옛 지도가 잘 들어맞지 않는다는 점을 발견하게 된다. 명대의 지방지 지도에서 울룩불룩하게 그려진 성곽 안에 있는 것(이런 지도는 보통 사실적 화법에 따라 그려진 성곽 그림으로 성의 구역을 표시한다)은 정치와 종교의 몇몇 공공 건축물뿐이고, 시장, 거리와 마을, 그 밖의 개인적인 생활공간은 없다. 이런 지도에서 가장 눈에 띄는 것은 언제나 도시 중심에 있는 것으로서 부현의 관서나 아문衙門의 소재지다. 이것들은 정치권력의 상징물이다.[44]

사실 송대는 전적으로 그렇지만은 않았다. "큰 거리 및 마을 골목에서 크고 작은 상점에 이르기까지 문門조차 다 그려져 있어서, 그 안이 텅 빈 집이 하나도 없었다"[45]고 한다. 『몽양록夢粱錄』『도성기승都城紀勝』『무림구사武林舊事』를 보면 알 수 있다시피, 그 당시의 도시생활은 그렇게 적막하고 생기 없는 것이 아니었고, 오히려 「청명상하도淸明上河圖」에서 볼 수 있듯이 번화한 것이었다. 도성만이 아니라 각지의 지방 도시도 마찬가지였다. 잘 알려져 있는 송대의 「평강도平江圖」 비각碑刻의 경우 대체로 비례에 따라 그려졌음이 틀림없을 텐데, 그것은 크고 작은 거리, 성곽, 마을 하나하나를 표시한다. 또한 순희淳熙 연간에 편찬된 『엄주도경嚴州圖經』의 "건덕부建德府" 지도에는, 중요하게 표시된 관아 이외에도 민간 거주지의 위치가 얼마간 남아 있다.[46] 거주지의 수는 10여 방坊이었다. 하지만 거대한 관청의 억압 아래에 놓여 있었기 때문에 마을과 시장은 보잘것없는 수준으로 표시되어 있었다. 그렇기는 하지만, 우리는 그 지도로부터 고대 도시의 공간 배치를 얼마쯤은 상상해볼 수 있다. 그리고 『함순임안지咸淳臨安志』에 실린 「임안도」는, 서쪽의 그다지 크지 않은 대내大內(관청 안 마당)를 제외하고는 대체로 공간 비례에 따라 당시 임안의 민간 생활공간을 그렸는데, 이를 통해 민간 주택이 관청 수보다 많다는 사실을 알 수 있고, 임안은 정치적 공간보다 생활공간이 컸던 생기 넘치는 도시였음을 알 수 있다. 하지만 명대 지방지의 도시 지도에서는 그런 화법을 보기가 매우 힘들다.[47] 명대의 지도는 민중의 생활공간에 대해 의식적이건 무의식적이건 간에 다소 소홀했던 것이다.

명대의 지방지 배후에 있던 두 번째 관념은, 음지에 대한 관할과 양지에 대한 관할을 대응시키는 것이다. 정치적 건축물 말고도 명대의 지방지에서 중요하게 표시되었던 또 하나의 장소는 종교적 건축물이었다. 이 사실이 뜻하는 바는, 합법적 종교의 사원과 공인된 제사 장소에는 허가받지 않은 "음란한 사원과 음란한 제사 장소淫祠淫祀"가 포함되지 못한다는 것이다. 합법적 종교 건축물이 언제나 지방지의 지도 위에 뚜렷하게 표시된다는 사실로부터, 당시의 관원과 사대부들 그리고 지방지를 편찬한 선비들이 보기에 신에게 제사를 지내는 합법적 장소는 관청과 마찬가지로 "공공"의 "공간"으로 여겨졌음을 알 수 있다. 그래서 명대의 지방 지도를 보면 거의 모든 성城에 성황묘城隍墓가 분명하게 그려져 있다.[48] 또한 그 지도 각각에 각지의 유명한 불교·도교 사원이 표기되어 있음은 물론이다. 예를 들어 무주撫州의 천녕사天寧寺와 보응사寶應寺, 대동大同의 선화사善化寺와 태령관太寧觀 등이 그것이다.

그런데 사학자들의 연구에 따르면, 성황묘가 지방 지도에서 뚜렷하게 표기되었던 까닭은 명대에 성황묘가 극도로 중시되었기 때문이라고 한다. 명나라 체제의 기초를 놓았던 홍무洪武 연간, 명 태조 주원장朱元璋은 먼저 성황을 왕으로 봉했지만, 나중에 성황은 지방관과 동등해야 한다고 여겨져 왕의 호칭을 없애버렸다. 하지만 또다시 백성을 다스리는 데에 성황이 필요하다고 생각해서 천하의 주현에게 성황묘를 세우라고 명령을 내린다. "그것을 높고 넓은 곳에 배치하여 각각 관청 청사와 대등하게 하되, 궤안几案을

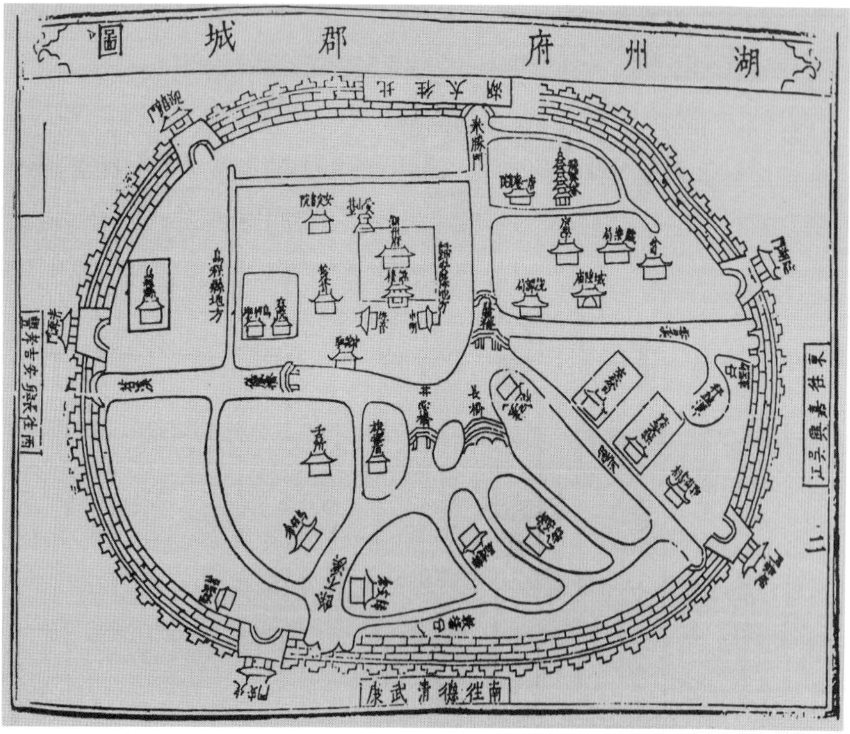

명대 만력 연간 율기栗祁 등 편, 『호주부지湖州府志』의 「호주성도湖州城圖」

모두 동일하게 하여 신주를 자리에 놓도록 한다. 옛 묘 중 사용 가능한 것은 고쳐서 그렇게 한다."[49] 이런 조치는 성황묘와 관청을 대응시켜서 음지의 성황신이 명계冥界의 지방관이 되게끔 한 것이다. 지방관은 이미 "부모관父母官" 또는 "주목州牧"으로 불려, 마치 부모를 대신해서 관리하고 가르치는 목자牧者처럼 여겨졌다. 그렇다면 성황도 당연히 후한 제사를 받아야 한다. 그리하여 명대의 이현재李賢在는 『하간신건성황묘기河間新建城隍廟記』에서 먼저 성황과 사직社稷을 나란히 열거한 다음, "사직이란 그로써 양민을 다스리는 것이고, 성황이란 그로써 백성을 보호하는 것"[50]이라고 말한다. 그가 보기에 성황은 전 경내의 백성을 보위하는 것으로 마치 주州나 군郡의 지방관이 전 경내의 백성을 다스리는 것과 같다. 또한 지방관은 성황에게 제사를 잘 지내야지만 "신과 덕을 합하여與神合德", 한편으로는 음지를 다른 한편으로는 양지를 관할할 수 있다. 옛사람들은 "상급의 사람과 만나면 성리性理(유학)에 대해 말하고, 하급의 사람과 만나면 인과因果(불교)에 대해 말하라"고 하곤 하는데, 신神의 도道로써 가르침을 베푸는 것과 관청이 백성을 다스리는 것도 그와 유사하다. 말하자면 옛 중국은 "왕도와 패도를 혼합할" 뿐만 아니라 "음지의 관할과 양지의 관할을 혼합"했던 것이다. 이런 조치는 상당히 효율성이 있어서, 옛사람들 중 "혹 법률을 무서워하지 않는 사람은 있을지언정 귀신을 무서워하지 않는 사람은 없다"고 한다. 그래서 일반적 관념의 세계 속에서 지방관과 성황신은 각각 양지와 음지의 관리자가 되었고, 그것이 지방의 지도로 표현된 것이 바로 성황묘와 관청이 동등하게 배치되어 각각의 영역에서 중요한 위치를 점하는 것이었다.

세 번째 특징은 정부 당국의 교육·양육 기능을 부각시키는 것이다. 앞에서 설명한 음지와 양지는 어느 하나라도 없어서는 안 되는 것이었다. 다만 그중 한쪽 면인 양지의 관부官府에 대해 말하자면 교육과 양육이 중요한 문제였다. 옛날의 관리는 오늘날의 정부 관리와 달리 전지전능한 자로 여겨졌으므로 "부모관"으로 불렸다. 관원들은 "부모"로 호칭되었고 백성들은 "자식이자 백성子民"으로 바뀌었다. 이는 정치를 가정사와 같은 것으로 상상한 결과다. 이런 관원의 권력은 컸지만 동시에 책임져야 할 일도 많았다.

정부의 전능한 성격을 지도에서 볼 수 있다. 명대의 지방지 지도에는 부와 현의 관청과 종교적 사원 말고도 특별하게 표기되어 있는 매우 특수한 건축물 유형이 있는데, 그것은 바로 관청이 기근을 대비해 지은 창고였다. 예를 들어 무주부撫州府의 지도에는 "의민창義民倉" "포정사 진제창布政司賑濟倉" "영풍창永豊倉"이 그려져 있다. 또한 『(만력)호주부지萬曆湖州府志』는 조정창烏程倉을 특별히 표기하였고, 『(정덕)가흥지보正德嘉興志補』는 성곽 안에 다만 일곱 개의 건축 표지만 있는데 그중 하나로 "창倉"을 배치했다. 하교원何喬遠의 『민서閩書』는 푸저우부福州府와 천주부泉州府 등지의 중요 건축물을 기록할 때는 언제나 관청 다음에 각종 창고를 열거했다. 예를 들면, 민현閩縣에는 예비창豫備倉 세 개와 상평창常平倉 하나가 있었고, 후관현에는 예비창 다섯 개와 상평창 하나가 있었으며, 고전현古田縣에는 예비창과 상평창 말고도 제류창際留倉과 복청창福淸倉 등이 있었다.[51] 창고를 지도 위에 표기하는 것은 송대의 지방지 지도에서 일찍부터 나타나는 화법이었다. 한대에 처음으로 상평창을 창립한 이래 수나라 때는 의창義倉이 출현했고, 남송에 이르러 주희는 사창社倉을 세우는 등 옛 중국에서는 식량 조절에 사용되는 세 종류의 창고가 상당한 수준으로 갖춰져 있었다. 량경야오의 「남송의 사창」에 따르면, 남송의 사인士人과 관원은 창고 설립을 대단히 중시했고 주희조차 창고의 설립을 제창할 정도였는데, 이들은 기근이 사회적 불안과 동요를 야기하지 않도록 하는 현실적 고려를 하면서도, 다른 한편으로는 이학자理學者들의 사회적 이상에 따라 상평창과 의창은 주로 도시에 설치하고 사창은 농촌에 설치함으로써 기근 구제의 불균등함을 조금이나마 조절할 수 있기를 바랐다고 한다.[52] 송대 이래로 재난에 대비한 시설이 이미 지방 정부의 중요 기능이 되었음을 위의 사실로부터 증명할 수 있을 것이다.

그렇지만 창고를 지어 기아를 구제함으로써 양육의 책임을 지는 것 말고도 옛 중국의 지방 정부와 관원들은 특히 교육을 중시했던 것 같다. "풍속을 변화시키는 것移風易俗"은 언제나 유생儒生 출신 관원들의 책임으로 여겨졌기 때문에 지방지 지도에서 적잖이 중요한 위치를 차지했던 건축물은 바로 부학府學, 현학縣學 그리고 서원이었다. 사실 당시에 관官에서 만든 학교만 있었던 것은 아니다. 송대에도 이미 민간이 창립한 지방 학교가 상당히 많았다. 『도성기승』의 "삼교외지三教外地" 조목은 "그 밖에 향교, 가숙家塾, 사관舍館, 서회書會가 마을마다 한두 개씩 있어서 거문고 타는 소리와 책 읽는 소리가 들리곤 했다"[53]고 말한다. 그러나 지방 지도 그리는 이들이 주목했던 것은 오히려 정부 당국의 시설물들이었다. 예전에 맹자가 백성이 중요하고 사직은 그다음이며 임금은 가볍다고 말했음에도 불구하고, 중국은 예전부터 항상 "민"보다 "관"을 중시했다. 때문에 각지에서 정부가 세웠던 교육 기관들은 지도상에서 관청 다음가는 공간적 위치를 부여받았다. 대다수 지방 지도는 그것들의 존재를 잊지 않고 있다. 예를 들면, 앞서 인용했던 『가흥부도기嘉興府圖記』의 「수수현경도秀水縣境圖」에서 천호소千戶所, 안찰사按察司와 같은 관청 건물을 제외하고 단독으로 표시된 곳은 바로 부학이었다. 그리고 『(만력)호주부지』에는 부학뿐만 아니라 귀안현歸安縣의 현학과 아울러 호안정胡安定(胡瑗)의 유풍이 있던 저 유명한 안정서원安定書院이 표기되어 있다.[54]

지방지의 지도가 특별히 표시하고 있는 저 두 종류의 건축물(옮긴이: 창고와 학교)은, 고대에서 현대에 이르는 중국의 정치권력이 노력을 기울였던 곳이 어디인지를 상징한다. "물질적 식량"이 있다면 백성들은 당황하지 않고 질서도 당연히 안정될 것이다. "정신적 식량"이 있다면 지식인들은 입신의 꿈을 실현하고 활발한 의론을 펼칠 만한 장소를 갖게 되며, 절대적 진리에 대해 토론할 공간도 갖게 될 것이다. 사민四民의 으뜸인 사대부에게, 나아갈 수 있는 학교와 바라볼 수 있는 관청이 있다면 마음이 산란해지거나 그들이 문제를 일으키는 일은 아마도 일어나지 않을 것이다.

롤랑 바르트는 이렇게 말한 적이 있다. 서양 도시의 중심지는 "언제나 빽빽하고 또 두드러지는 곳으로서, 문명사회의 가치 관념이 이곳에서 모이고 응결된다. 곧, 정신(교회), 힘(관청), 돈(은행), 상품(백화점), 언어(고대 그리스식의 큰 시장: 커피숍과 사람들이 산보할 수 있는 광장)가 그것이다." 그러나 그는 일본의 도쿄에서 비어 있는 중심을 보았고, 바로 그 비어 있는 중심은 "신성한 '공허'를 숨기고 있으며" "그런 중심의 공허함은 전체 도시의 운동을 지탱한다"고 말한다. 그는 도시 공간의 디자인 속에서 그 의식 형태의 상징성을 간파했던 것이다.[55] 마찬가지로 명대 지방 지도에서 중점적으로 부각된 것은 각급 관청(정치권력), 종교 사원(종교권력), 학교와 창고(문화와 경제권력)였고, 이것들은 옛 중국의 의식 형태를 나타낸다. 마을이 없고 시장이 없으며 오락 장소가 없다는 것은 지도 제작자의 시야에 "사람"이 없음을 드러낸다. 다시 말해서 지방 지도 제작자는 지나치게 "공"적일 뿐 "사"적이지 않은 사람으로서, 그가 그린 지도에는 민중의 생활도 없고 개인의 공간도 없었다. 만약 지방 지도가 하나의 사상사적 은유로 여겨진다면, 그것이 암시하는 것은 아마도 다음과 같을 것이다. 곧, 이 시대의 "국가"가 점차 전제專制의 면모를 뚜렷이 함으로써 "공"이 전면적으로 "사"를 압도해버리고 심지어는 "사"를 제거해버리는 지경까지 나아갔다는 점이다. 사대부들이 그린 지도에서 관청, 사원, 학교, 관창官倉 등 정부 시설물만 남고 일상생활과 개인 공간이 완전히 사라졌다는 것은 날이 갈수록 후자의 중요성이 감소되었다는 것을 뜻한다.

6. 맺으며

에드워드 소자Edward Soja는 지리학에 세 가지 위도緯度가 있다고 말한다. 그 첫 번째는 역사성historicity이고 두 번째는 공간성spatiality이며 세 번째는 사회성sociality이다.[56] 말하자면 지도 제작도 포함해서 지리학은 역사적 영향하의 공간 관념, 공간 관찰의 위치와 입장, 사회적 언어 환경의 영향 등을 모두 고려해야 한다는 말이다. 나는 지도를 독해할 때도 그렇게 해야 한다고 생각한다. 서로 다른 공간을 묘사하는 지도 한 장에서 우리는 지도 제작자 자신의 문화사를 파악할 수 있고, "자아"와 "타자"를 구별하는 지도 제작자의 입장을 파악할 수 있으며, 그의 마음속에 있는 "세계" 및 그런 세계에 대한 그의 "관념"도 읽어낼 수 있고, 드러내놓고 설명되지 않은 정치적 의도와 각종 관념 또한 파악할 수 있다. 더욱이 동일한 세계에 대해 서로 다르게 묘사한 지도들을 읽을 때는, 각 계층과 민족의 관념적 차이를 볼 수 있다. 바로 "모든 사람은 각각 타인과 다른 세계를 갖고 있다"는 명언이 말하는 대로다.

다시 처음의 문제로 돌아가보자. 본문의 서두에서 나는 "어떻게 해야 지도에서 사상사를 파악할 수 있는가, 또는 고여도古輿圖가 어떻게 사상사의 자료가 될 수 있는가?"라고 물었다. 이 물음은 연구 방법과 관련된 문제다. 사상사에서 지도를 자료로 사용하는 데에는 사실 어떤 문제도 없다. 수많은 역사적 기억은 문헌에 씌어 있을 뿐만 아니라 도상에도 남아 있다. 수많은 사상의 관념 역시 반드시 문자로 표현되는 것이 아니라 어떤 때는 도상의 제작을 지배하기도 한다. 지도 제작자를 포함하여 도상을 그리는 사람들은 모두 자신만의 관점을 가지며, 그런 관점은 방위·비례·위치·색채에 대한 그들의 선택에 영향을 미칠 수 있다. 그렇다면 서로 다른 도상 또는 지도에는 서로 다른 사상의 관념이 남아 있을 수밖에 없다. 따라서 사상사 연구자의 처지에서 말하자면, 역사상의 사상 및 관념을 서술하고 추적할 때 도상의 기능과 문자의 기능 사이에는 결코 큰 차이가 있을 수 없다. 나는 한 논문에서 이렇게 말한 적이 있다. "문제는 우리가 어떻게 해야 지도를 투시하여 옛사람들의 사상을 풀이해낼 수 있는가, 또는 어떻게 해야 무언無言의 도상을 유언有言의 역사로 바꿀 수 있는가에 달려 있을 뿐이다."[57]

【부록】 수수께끼의 옛 지도

일본의 신궁神宮과 절은 그윽하고 고요하여 중국의 도관道觀이나 절처럼 유람객들로 북적거리지 않는다. 그곳 수풀은 울창하고 짙어서 세속의 번잡함과 단절되어 있는 것 같고, 마치 수수께끼와 같은 신비감이 두드러진다. 어찌된 일인지 이렇듯 깊고 깊은 신궁과 절에는 거의 예외 없이 진기한 옛 물건이 소장되어 있는데, 때로 몇 건의 보물이 함께 나와서 역사에 파란을 일으킨다. 내 추측으로 거기에는 두 가지 원인이 있다. 첫 번째는 일본인이 중국인에 비해 신과 부처를 훨씬 더 경외하기 때문이다. 중국에서는 정치가 종교보다 비중이 높기 때문에 정치적 전쟁이 한번 일어나면 흙이나 나무로 만든 신상神像과 불상佛像을 돌볼 겨를이 없다. "연기가 옛 거리에 걸려 있으니 인적도 드물고, 달이 황폐한 마을을 비추니 귀신이 슬피 울"[58] 뿐 아니라, 도관과 절도 재앙을 면하기 어렵다. 그래서 역사서에는 "옥석이 모두 불탔다" "닭과 개가 남아 있지 않았다"는 관용어[59]가 빠지지 않는다. 반면 일본의 신궁과 절은 대부분 1000여 년을 이어온다. 나라奈良의 도다이 사東大寺와 도쇼 사招提寺 등은 지금까지도 옛 모습을 유지한다.

두 번째 원인은 물건을 아끼는 일본의 전통이 중국에 비해 강하기 때문이다. '집이 크면 재산도 많기 때문에 잃어버린 물건에 전혀 상관하지 않아서', 한번 불을 지르면 아방궁을 삼일 밤낮으로 태워버려도 괜찮은 중국과 달리, 일본인들은 자신의 것과 외래의 것을 하나하나 세심하게 소장한다. 미야자키 이치사다의 『수수께끼의 칠지도謎の七支刀』를 보면, 『일본서기日本書紀』에는 1600~1700년 전 백제의 왕이 왜왕에게 증여한 「칠지도」가 기록되어 있는데, 놀랍게도 그것이 이소노카미石上 신궁의 창고에서 발견되었다고 한다.[60] 또한 중국에서 사라진 지 오래된 왕희지王羲之의 『상란첩喪亂帖』이 뜻밖에도 일본 황궁에 소장되어 있었고, 1000여 년 뒤 상하이박물관이 이를 대여하여 전람함으로써 중국인들의 견문을 넓힌 적도 있다. 옛말에 "예절을 잃어버렸다면 재야에서 구하라"[61]는 것이 있다. 고대의 중국 문물이 사라졌다면 동쪽 인근 나라에서 구해도 될 것이라는 생각이 든다. 과연 송대의 구양수도 일본의 소장품에 대해 복잡한 심정으로 이렇게 말했다. "서복徐福이 일본에 갔을 때는 서적이 아직 불타지 않은 때였으니, 중국에서 일실된 책 100편이 그곳에는 아직도 남아 있구나. 일본은 그 책들이 중국으로 전해지는 것을 엄격히 금하지만 일본 어디에도 고문을 아는 사람이 없구나. 선왕의 대전大典이 오랑캐에게 소장되어 있지만, 창파가 거칠어서 배로 갈 수가 없구나."[62]

아래에서 설명하고자 하는 「혼일강리역대국도지도混一疆理歷代國都之圖」는 그 원본이 일본의 교토 니시혼간 사西本愿寺에 소장되어 있었고, 나중에 니시혼간 사가 세운 류코쿠龍谷대학 도서관으로 옮겨진 지도인데, 수수께끼로 가득 찬 옛 지도다.

1. 놀랍고도 이상한 「혼일강리역대국도지도」

이 옛 지도에는 어떤 비밀이 있기에 오늘날 우리가 진지하게 검토해야 할까?

몇 년 전 영국의 은퇴 선장이자 아마추어 역사 애호가인 개빈 멘지스Gavin Menzies가 쓴 책 『1421: 중국, 세계를 발견하다』가 일으켰던 한바탕 풍파를 여러분은 기억하고 있을 것이다.[63] 멘지스에 따르면, 세계를 발견한 것은 유럽의 콜럼버스나 마젤란이 아니라 중국의 정화다. 이렇듯 서양인의 립

서비스에 불과할 뿐 사실과는 거리가 먼 설명이 오랫동안 자신감과 자존감을 잃었던 중국인들을 만족시켰던 것 같다. 그리하여 수많은 중국인이 상당히 흥분했다. 그해 나는 홍콩에서 열린 토론회에 참가하고 있었는데, 봉황위성텔레비전의 사회자 한 사람은 회의석상에서 멘지스와 다른 관점이 제시되었다는 얘기를 듣고서, 뜻밖에도 그 학자를 향해서 "당신들 중 누가 멘지스처럼 온 세계를 돌아다니면서 자료를 찾았습니까?"라고 비판했다. 멘지스 선장이 온 세계를 돌아다니며 자료를 찾았던가? 온 세계에서 찾았던 자료 중 하나가 바로 「혼일강리역대국도지도」다. 그는 중국인이 아메리카에 갔다는 것을 증명하려 했고 그러기 위해서는 중국인들이 아프리카의 희망봉을 거쳤다는 것을 보여줘야 했다. 정화가 중국의 서쪽 바다로 가기 전에 그려진 지도가 바로 이 「혼일강리역대국도지도」였다. 그런데 지도에는 아래로 늘어져 있는 아라비아 반도와 송곳 모양의 아프리카가 그려져 있었고, 송곳의 끝 부분이 바로 아프리카 최남단인 희망봉이었기 때문에, 이 옛 지도는 멘지스가 제시하는 중요 증거 중 하나가 되었던 것이다. 멘지스에 따르면 입증하기 어려운 전설 하나가 있다고 한다. 곧, 이 옛 지도가 콘티라고 불리는 이탈리아 베네치아 상인에 의해 서양으로 전래되었고, 그 지도 때문에 비로소 이후의 "대항해 시대"가 열렸으며 콜럼버스와 마젤란이 있게 되었다는 것이다.

멘지스가 옳으냐 그르냐를 여기서 따질 필요는 없다. 사실 이 지도는 그의 발견물이 아니다. 그 문하에 중국 역사학자 가이즈카 시게키貝冢茂樹, 노벨물리학상 수상자 유가와 히데키湯川秀樹, 그리고 중국문학 언어학자이자 아들인 오가와 다마키小川環樹라는 뛰어난 인재들을 거느렸던 교토대학 교수 오가와 다쿠지小川琢治는, 20세기 초인 1910년에 이미 그 지도를 발견하고 그것을 모사하여 해설까지 붙였고, 그렇게 100여 년 전에 모사된 지도가 지금까지 교토대학에 보존되어 있다.[64] 그러나 이 지도는 정화가 세계를 발견했다는 멘지스의 설에 대해 그다지 많은 증거를 제공해주지는 못한다. 다만 이 지도 자체는 우리로 하여금 많은 것을 생각하게끔 한다. 왜냐하면 거기에는 몇 가지 의문점이 있기 때문이다. 포르투갈인 디아스Bartolomeu Diaz(1450?~1500)가 1488년 처음으로 희망봉Cape of Good Hope(당시에는 태풍곶Cabo Tormentoso이라 불리다가 나중에야 희망봉Cabo de Boa Esperanza이라고 명명되었다)을 돌았으며, 다 가마da Gama, Vasco(1460?~1524)가 그보다 늦은 1497년이 되어서야 희망봉을 돌아 인도에 이르렀다. 1508년 출판된 프톨레마이오스의 『지리학』 이전, 유럽인들에게는 완전한 아프리카 지도가 아직 없었다고 한다.[65]

그렇다면 정화 이전, 곧 디아스와 콜럼버스 이전에 어떤 사람이 그런 지리적 지식을 지니고 있었을까? 즉 아직 기록된 적도 없는 희망봉을 알고 있으면서 중국인으로 하여금 송곳 모양의 아프리카 지도를 그리게 했을까? 동쪽의 일본부터 시작해서 조선과 중국, 중앙아시아를 거쳐 아라비아 반도의 각 지명을 하나하나 표기한 사람은 누구인가? 그것은 몽골 대통일 시대의 세계지도였는가? 그것은 정말로 베네치아 상인에 의해 유럽으로 전해졌으며, 유럽인의 대항해에 영향을 끼쳤는가?[66] 최근 나는 이 지도를 철저히 연구한 책을 몇 권 읽었다.[67] 마치 학술사에서 100년 전후로 반드시 반향이 일어나고 같은 목소리가 나오는 것처럼, 연구자들은 100여 년 전의 오가와 다쿠지처럼 모두 일본의 교토대학에서 나왔다. 젊은 여류 학자 미야 노리코宮紀子의 저작은 현재에 이르기까지 이 지도에 대한 가장 정밀한 연구를 담고 있다. 그렇지만 의문은 여전히 남는다. 『몽고제국에서 산출된 세계지도』라는 제목의 그 책 겉면 띠지에는 "세계에서 가장 오래된 아프리카-유라시아 지도가 어째서 일본에 남아 있나"라고 씌어 있다.

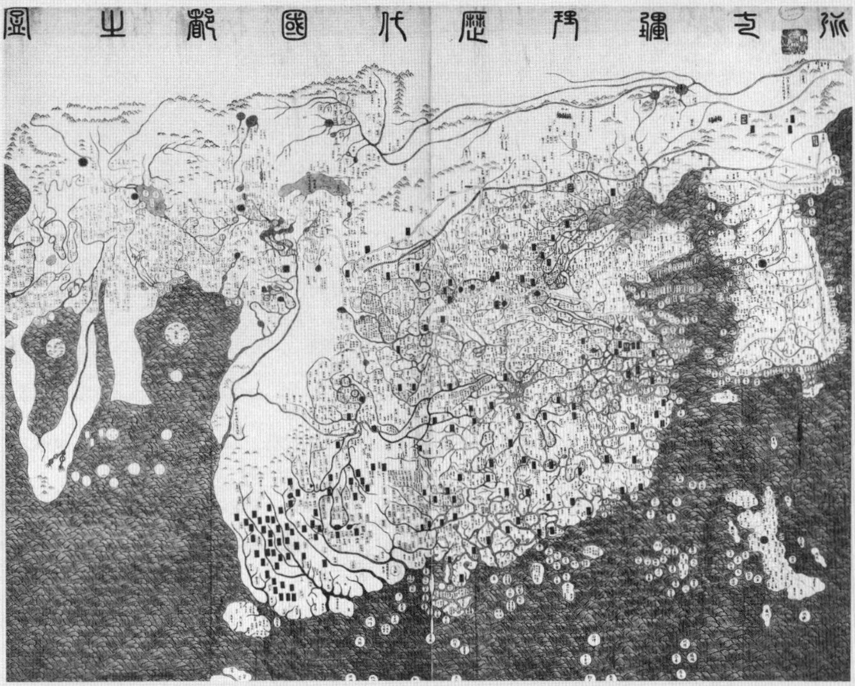

「혼일강리역대국도지도混一疆理歷代國都之圖」

실로 수수께끼의 옛 지도다.

2. 몽골 원나라 시대의 세계에 대한 신지식

명나라 건문제建文帝 4년(1402)에 견직물로 제작된 「혼일강리역대국도지도」는 길이 150센티미터, 폭 163센티미터의 고색창연한 지도로서 지금까지도 교토 류코쿠대학 부속 도서관에 소장되어 있다. 지도 아래쪽에 있는 조선 초기 관원 권근權近의 발문跋文[68]에 따르면, 당시 좌의정인 김사형金士衡과 우의정인 이무李茂가 중국인 오문吳門, 이택민李澤民의 「성교광피도聲敎廣被圖」와 승려 청준淸浚의 「혼일강리도混一疆理圖」를 보았는데, 이택민의 지도는 중국 바깥 지역에 대한 기록이 매우 상세했고, 청준의 지도는 당시 지명을 자세히 주석했을 뿐만 아니라 "역대의 국도"를 표시했다고 한다. 하지만 김사형과 이무는 "좋다면 좋다고 할 수 있겠지만, 완전하냐 하면 아직 그렇지는 않다"[69]고 생각했다. 왜 그랬을까? 왜냐하면 그 두 지도는 조선에 대해 빠진 부분이 아주 많았고 일본도 상세히 그려져 있지 않았기 때문이다. 이에 그들은 이회李薈라는 관원에게 명령하여 "더욱 상세히 교정하고 합해서 하나의 지도로 만들라. 요수遼水 동쪽 및 우리나라의 지도에 있어 이택민의 지도는 소략한 부분이 많으니, 이제 우리나라 지도를 특히 증보하고 일본을 덧붙임으로써 새로운 지도로 완성시키라"[70]고 했다. 이 "새로운 지도"가 오늘날 우리가 볼 수 있는 「혼일강리역대국도지도」다. 과연 지도 중앙의 방대한 중국을 제외하면 오른쪽에 있는 것은 지나치게 크게 그려진 조선이다. 조선 중앙의 원형 성곽 부호에는 크게 "조선"이란 두 글자가 새겨져 있다. 이처럼 조선을 크게 상상했던 것은 바로 새롭게 지도를 그렸던 사람이 조선인이었기 때문이다.

어느 민족이건 자아중심주의에서 완전히 벗어날 수는 없다. 자신을 중심에 놓고 주변을 상상하는 것은 중국인만의 습관이 결코 아니다. 자아를 과장하고 확대하는 것은 자신감과 자존감을 부각하려는 전략이며, 심지어는 무의식적으로 그렇게 할 수도 있다. 여기서 조선인의 자아중심주의를 논할 필요는 없고, 핵심은 지성사의 한 문제로서 그 지도의 기본 지식이 대체 어디서 비롯되었느냐를 고찰하는 일이다. 「성교광피도」를 그린 "오문, 이택민"은 누구인가? 미야 노리코의 책에도 상세한 고증은 없지만, 그녀는 다만 가정 34년(1335) 나홍선羅洪先이 편찬한 『광여도廣輿圖』로부터 다음의 사실을 알 수 있다고 한다. 『광여도』는 몽골 시대의 그림 두 종을 참고했는데 그중 하나는 주사본朱思本의 『여지도輿地圖』이고 다른 하나는 이택민의 『여지도』다. 그리고 지도에서 저장 연안에 "경원慶元" 두 글자의 흔적이 있는 것으로부터 그 지도들이 원나라 시대에 제작된 것임을 알 수 있다고 한다. 왜냐하면 원나라 말 주원장이 오왕吳王이라고 칭해질 때, 그는 이미 원나라 시대의 경원慶元을 "명주부明州府"로 바꿨으며, 홍무洪武 14년(1381)에는 그곳의 이름이 다시 "영파부寧波府"로 바뀌었기 때문이다.[71]

또 다른 지도인 「혼일강리도」를 그린 승려 청준에 대해서는 오히려 자세히 알 수 있다. 그는 원나라 태정泰定 5년(1328)에 태어나서 명나라 홍무 25년(1392)에 죽었다. 송렴宋濂의 「천연선사준공환사명서天淵禪師浚公還四明序」와 남석문수南石文秀의 『증집속전등록增集續傳燈錄』(영락永樂 15년 출간, 1417) 등의 문헌을 보면, 그는 타이저우泰州 황암黃岩 출신이고 속성俗姓은 이씨이며 별호가 수암隨庵이었음을 알 수 있다. 그는 서른 살 전후로 명주 아육왕사阿育王寺의 불조조암佛照祖庵에서 5년을 지내면서 「광여강리도廣輿疆理圖」를 그렸는데, 그때는 아직 원나라 말기였다. 협성叶盛(1420~1474)

이라는 사람은 그의 『수동일기水東日記』에 「광여광리도」 복제본을 수록한다.[72] 복제본 제작자인 엄절嚴節의 발문에 따르면, 그 그림은 청준이 원나라 지정至正 경자년庚子年(1360)에 그린 것이라고 한다. 그의 지도는 첫째, 원나라 시대의 지명을 사용하고 있고, 둘째, "중계방격中界方格" 즉 경위선이 그려져 있는데 대체로 1격格(격자)은 100리이며, 남북의 길이는 90격, 동서의 길이는 그보다 약간 짧아서 "땅 넓이가 1만여 리나 되廣袤萬餘"며, 셋째, 고향 곧 자신이 생활했던 경원(명주), 타이저우 일대는 특히 자세하게 표시했다.

이런 이유로 나중에 이택민과 청준의 두 지도에 따라 그려진 「혼일강리역대국도지도」는 원나라 시대의 옛 지명을 그대로 사용한다. 미야 노리코는 자신의 책에서 그와 관련된 적잖은 예를 든다. 예컨대 난징 부근의 "집경로集慶路", 둥팅 호洞庭湖 부근의 "중흥로中興路"와 "천임로天臨路", 베이징 부근의 "봉성주奉聖州"와 "선덕부宣德府" 등이 그것이다. 그녀는 이런 지명이 대략 1329년에서 1338년 사이에 사용된 것이라고 판단한다. 말하자면 「혼일강리역대국도지도」가 의거했던 원본 「성교광피도」와 「혼일강리도」가 나타내는 것은 원나라 시대의 제도와 지식이었다. 당연히 옛 지도는 오늘날의 지도처럼 지명의 시간적 일치성에 주의를 기울이거나 지성사의 측면에서 현재를 중심으로 삼지 않는다. 옛 지도는 과거와 현재, 국내와 국외의 지식을 한군데에 모으면서도 그 자초지종을 묻지 않고 그 모든 것을 동시에 드러내는 경향을 띤다. 천태종의 승려 청준이 역대의 국도를 상세히 기록했던 지도를 채택했기 때문에 「혼일강리역대국도지도」에는 때로 고대 역사의 지리적 지식이 섞여 있다. 예를 들면, 그 지도 안에 있는 "요도堯都" "순도舜都" "상도商都" "진도秦都"는 이미 소실된 역사적 지명이었다. 때로는 민족 내부에 잠재되어 있던 역사적 기억이 섞여 있기도 하다. 이 지도는 특히 "대금도大金都" "여진남경女眞南京"을 표기하는데, 미야 노리코에 따르면 그것은 숙신肅

愼의 후예였던 지도 제작자가 같은 기원을 지닌 여진족에 대해 특별한 경의를 표한 것이라고 한다.[73] 왜냐하면 이택민의 「성교광피도」를 이용하여 주변의 넓은 공간을 모두 과장되게 그리면서, 그것이 정말로 "통일된 원나라大元一統"에 종속되었는지의 여부에 상관하지 않기 때문이다. 새롭게 지도를 그리던 때는 이미 명나라에 접어들었기 때문에 현실에서 알게 된 새로운 지명도 당연히 들어가 있다. 그런 까닭에 명나라 건문제 시대의 "황도皇都(난징南京)"와 "연도燕都(베이징北京)"도 있다. 이렇듯 "황도"와 "연도"가 있음에도 불구하고 학계는 이 지도가 반영하는 것이 원나라 시대의 지식이라는 것을 인정하는 쪽이다.

그 지도는 분명히 원나라인의 지식을 반영할 것이다. 「혼일강리역대국도지도」가 조선에서 그려지던 1402년은 주원장이 죽은 지 얼마 되지 않아 일어난 3년간의 "정난지역靖難之役"이 이제 막 마무리를 짓던 때였다. 천하를 포위할 역량을 갖지 못한 당시에, 중국인들은 멀리 떨어진 아프리카를 돌아볼 겨를이 없었을 것이고 중국의 서쪽 바다로 사람을 파견할 여유도 없었을 것이다. 그러므로 그 지도에 실린 지식은 당연히 원나라 사람들의 것을 그대로 가져온 것이었다. 이택민의 「성교광피도」는 "안으로는 중국으로부터 밖으로는 사해를 모두 포괄하면서 몇천만 리인지도 모를"[74] 지리를 상세히 기록했다고 하는데, "영토가 한나라와 당나라를 훨씬 뛰어넘었던"[75] 원나라 사람들의 광활한 기상이 느껴진다. 미야 노리코가 물었다시피, 그 지도가 원나라 사람들의 지식을 담고 있다면 유럽인 이전에 아시아인들이 어떻게 먼저 아프리카의 지형을 알 수 있었는가 하는 점이 문제다. 어떤 연유로 원나라 시대에 그런 아시아, 아프리카, 유럽 지도를 그릴 수 있었을까? 그 저간의 사정을 분명히 설명하기란 실로 어렵다. 유럽 초기의 T-O형 지도에도 아시아, 아프리카, 유럽으로 나뉜 세계가 그려져 있기는 하지만 그것은 상상일 뿐이었다. 송대 조여적의 『제번지』와 원대 왕대연의 『도이지략』을 통해 중국인들이 일찍부터 아프리카를 알고 있었다는 점을 증명하려는 사람들도 있지만, 설사 아프리카에 대한 견문록과 여행기가 있었다 해도 아프리카 대륙의 지형을 그리는 것은 또 다른 문제다.

하지만 「혼일강리역대국도지도」는 아라비아 반도를 꽤 정확하게 그렸을 뿐 아니라 아프리카 역시 그려내고 있다. 굉장히 크게 강조된 호수는 오늘날의 "빅토리아 호"일까? 오른쪽 끝에 있는 갈라진 강으로서 남북을 꿰뚫으며 홍해로 유입하는 강은 나일 강인가? 왼쪽에서 대서양으로부터 동서 방향으로 관통하는 강은 나이저 강인가, 아니면 콩고 강인가? 이것은 정말로 이상한 지도다. 유럽인이 세계를 발견하고 아프리카를 발견했다는 신화가 이참에 깨질 수 있다고 생각하는 사람들이 있는 것도 당연하다.[76]

3. 이슬람인의 선물인가?

이런 지리적 지식의 연원이 무엇인지 충분히 설명할 수 있는 직접적 증거는 없기 때문에 그 문제는 지성사에서 풀기 힘든 수수께끼가 된다. 어찌되었든 수많은 학자는 색목인 중 회회인回回人과 그 문제가 관련되어 있다고 믿는다.

『원사』「지리지地理志」는 한나라, 수나라, 당나라, 송나라의 "면적은 모두 원나라에 미치지 못한다"[77]고 말하는데 그것은 분명한 사실이다. "원나라는 삭막朔漠(북방의 사막 지대)에서 시작하여 서역을 병합하고 서하를 평정했으며 여진을 멸망시키고 고려를 신하로 만들었으며 남조南詔를 평정하고 마침내 강남으로 내려와서 천하가 통일되었기 때문에, 그 영토는 북쪽으로는 음산陰山을 넘고 서쪽으로는 유사流沙 끝까지 가며 동쪽으로는 요수의 왼쪽 끝까지이고 남쪽으로는 해표海表를 넘는다"[78]고 한다. 천위안陳垣의 「원대 야리가온교 연구元也里可溫教考」와 「원대 서역인의 중국화 연구元西域人華化考」라는 유명한 저작[79]을 읽은 사람들이라면 다음의 내용을 알 것이다. 곧, 몽골인들이 유라시아를 석권한 다음 국경선이 점차 희박해져서 넓디넓은 공간에서 사람들이 왕래할 수 있게 되었다. 중국에 왔던 유럽인은 결코 마르코 폴로만이 아니었고, 중앙아시아와 서아시아의 이른바 서역인들은 중국에 더 많이 왔다. 이들은 한편으로는 중국의 문화를 배운다. 천위안은 당시 유학, 불교와 도교, 문학, 미술, 예속禮俗, 여학女學의 여러 영역에서 활동한 "외국인 전문가"를 열거한다. 그리고 그들은 다른 한편으로 아라비아의 문화를 가지고 왔다. 얼굴 가득 구레나룻을 기르고 두 눈이 벽안이며 코가 뾰족한 "색목인"들은 기예를 바꿔놓았을 뿐만 아니라 수많은 한족 중국인이 따라 하기 힘들어했던 "기묘한 기술과 매우 화려한 기교奇技淫巧"를 할 줄 알았다. 예를 들어, 화포를 만들 줄 알았던 알라오와딘과 이스마인, 탑을 세우고 석상을 만들 줄 알았던 아니고Anigo(1244~1306) 등이 있었다.[80] 비단길을 통해서 동쪽에 오는 외국인들은 한·당대에 비해 그 수가 몇 배나 늘었고, 연우延祐 원년에 바닷길 통행금지 정책이 느슨해진 뒤 배를 타고 취안저우泉州, 광저우廣州, 닝보寧波의 세 곳 시박사市舶司에 와서 장사를 하던 아랍 상인들은, 이제 더 이상 바다에서 요행히 살아남은 소수의 탐험가가 아니었다. 그들은 다종다양한 수입 유행상품 말고도 수많은 새로운 지식을 갖고 왔을 것이다.

그 당시의 "전지구화"에 대한 우리의 평가는 지나치게 낮다. 그러나 이역에 대한 수많은 지식은 중국에서 실로 광범위하고도 깊이 있게 전파되고 영향을 끼쳤다. 바로 류이정柳詒徵이 말한 대로, 원나라 시대의 문화는 "중국,

인도, 대식, 유럽이라는 네 종류를 모두 포괄하는 성격"을 지닌다.[81] 재삼 강조해야 한다고 필자가 줄곧 생각하는 예를 하나 들자면, 그것은 『원사』에 기록된 서역인 자말 알딘이다. 그는 원나라 세조 때인 지원至元 4년(1267) 만년력萬年曆을 바쳤을 뿐 아니라[82] 황제를 위하여 다종다양한 "서역의 관측 도구西域儀像"를 제작한다.[83] 그 가운데 "쿠라이알즈苦來亦阿兒子"라는 것이 있었는데 그것은 지구의였음이 틀림없다("쿠라이알즈"는 아라비아어 Kurahaiz의 페르시아식 독법인 Kuraiarz이며, "쿠라"는 "지구, 하늘"을 뜻하고, "이"는 속격屬格을 표시하며, "알즈"는 "육지, 토지 또는 국가"를 뜻한다고 한다).

> 그 제작은 나무로 원형 구체를 만들어서, 70퍼센트는 물로 그리되 그 색깔을 녹색으로 했고 30퍼센트는 토지로 그리되 색깔을 흰색으로 했다. 강, 하천, 호수, 바다를 그리되 맥락이 그 가운데를 관통하게 했으니, 작은 네모꼴을 그림으로써 폭과 둘레의 넓이와 거리의 원근을 측량할 수 있게 했다.[84]

지구가 원형이라는 것을 모르는 사람이 "원형 구체"를 알 수 있었을까? 만약 전체 지구의 대해와 육지를 충분히 이해하지 못한다면, "물이 70퍼센트이고 대지가 30퍼센트"라는 말을 할 수 있었을까? "작은 네모꼴"을 사용해서 지구의에 격자를 그렸다고 하는데 그것은 경위선이지 않았을까? 만약 "거리의 원근"을 계산할 수 있었다면, 멀리 있는 이역에 대해서도 어떤 지식을 가질 수 있지 않을까? 더욱이 자말 알딘이 지원 23년(1286)에 『대원일통지大元一統志』의 편찬을 주관할 때, 조정은 "황제 원나라의 강역이 무한히 크다는 것을 표명하기"[85] 위해 대신들로 하여금 일군의 "뛰어난 학자들을 초빙해서 각 부서를 설치한 다음 그로 하여금 그 일을 총괄하도록 했다"[86]고 하며 당시 "만방의 지도와 지방지를 많이 모았다"[87]고 한다. 그래서 자말 알

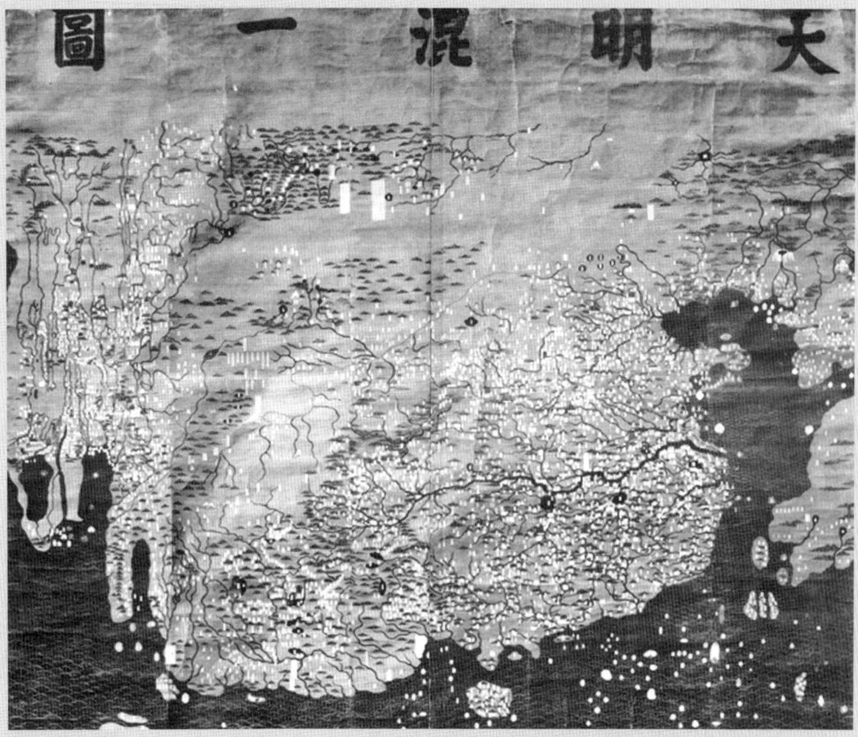

「대명혼일도大明混一圖」

딘은 황제에게 건의한다: 이제 한족 지역의 지도는 벌써 40~50책자가 되지만 현재 원나라의 지역이 지나치게 크다고 하면서, "지금 해가 뜨는 곳과 해가 지는 곳이 모두 우리 영토인데, 모아놓은 지도들이 있기는 하지만 멀리 있는 저쪽을 어떻게 이해할 수 있겠습니까? 제가 원래 이슬람의 지도를 갖고 있으니 모든 것을 합하여 하나의 지도로 만드십시오."[88] 그의 임무는 몽골을 포괄한 당시의 통일적 세계지도를 그리는 것이었다. 또한 그가 원래 이슬람의 지도를 갖고 있었다는 것을 그의 말로부터 알 수 있다. 아울러 지금 그는 한족인들의 지도도 갖고 있으며, 각종 "원방"의 지도를 수집 중인 것도 드러난다. 현존 자료로부터 보건대 그는 "소수 민족과 한족의 수재", 예를 들어 진엄陳儼, 우응룡虞應龍, 소유두蘇維斗 등을 모아서 함께 지리 도서를 편찬해야 한다고 조정에 요청한다. 그렇다면 「성교광피도」와 「혼일강리도」의 이역에 관한 지식은 그곳에서 비롯했던 것일까?[89]

이탈리아인 마테오 리치가 오는 것을 기다릴 것까지도 없이 몽골인을 따라서 한족의 중국에 들어왔던 서역인들이 이미 세계에 관한 지식을 갖고 왔지만, 오직 한족 중국인들만 그 의미를 이해하지 못했을 뿐이다. 그렇지만 중국인들이 이해하지 못했다 하더라도 설마 고양이를 베껴서 호랑이를 그릴 수야 있겠는가?

4. 영토를 넘어서는 지성사의 시각

여러 해 동안 사람들은 류코쿠대학에 소장된 「혼일강리역대국도지도」가 유일무이한 것으로 알고 있었다. 그러나 "유일한 증거는 성립하지 않는다"는 원칙 때문에, 사람들은 그런 기이한 지성사의 현상에 대해 반은 믿고 반은 의심을 품었다. 그러던 중 1988년 일본의 옛 시마바라한島原藩 마쓰다이라松平 가문의 보리 사菩提寺, 즉 나가사키의 혼코 사本光寺에서 권근의 발문이 있는 것과 똑같은 「혼일강리역대국도지도」가 발견되었는데, 이것은 길이가 220센티미터이고 폭이 280센티미터로, 류코쿠본보다 더 컸고 매우 두꺼운 종이로 제작되었다. 미야 노리코의 연구에 따르면, 그것은 류코쿠본과 기원이 동일하지만 약간 차이점도 있으며 류코쿠본보다 약간 후기의 것이라고 한다. 왜냐하면 그것은 이미 16세기의 자료에 근거해서 조선과 일본의 일부 지명을 보충했기 때문이다. 이 발견은 사람들을 매우 놀라게 했지만, 발견은 최근까지 계속되어 최근 일본 학자들이 또다시 구마모토熊本의 혼묘 사本妙寺와 덴리天理의 덴리대학 부속 도서관에서 똑같은 지도를 발견했다. 이 지도들은 마찬가지로 왼쪽에 아프리카와 아라비아 반도, 오른쪽에 거대한 조선과 일본이 있는 「대명국지도大明國地圖」였다.[90] 그리고 중국 역시 몇 년 전, 제1역사문서 보관소第一歷史檔案館에서 「대명혼일도」를 발견했다. 더욱 큰 이 지도에는 아프리카와 아라비아 반도가 그려져 있는데, 다만 이 지도 좌측의 아프리카와 오른쪽의 조선은, 앞서 든 몇 폭의 지도에 비해 약간 크기가 작았으며, 일본 열도는 지나치게 크게 그려져 있다.[91]

어째서 조선인이 그린 지도가 일본에 수장되었을까? 왜국이 조선을 침입했을 때 약탈해가서 도요토미 히데요시가 니시혼간 사에 하사한 것일까? 아니면 통신사의 왕래를 통해 조선 관원이 일본에 갖고 갔던 것일까? 혹은 근대에 들어 니시혼간 사의 오타니 고즈이大谷光瑞가 조선 반도에서 구입한 것일까? 이를 알 수는 없지만, 다만 흥미롭게 여겨지는 점은 이 지도의 지식이 실로 대단히 "전지구화"되어 있다는 사실이다. 곧, 먼저 아라비아에서 유래했을 세계 지리 지식을 자기 것으로 융해함으로써 자신들만이 알고 있던 아라비아 반도와 아프리카 대륙을 사람들에게 소개했고, 이어서 한족 중국인들이 제작한 지도를 변화시켜 중국을 세계의 중앙으로 상상함과 아울러 중국을 무한히 큰 것으로 바꿔놓았으며, 그런 뒤에 조선인들의 손에서 새롭게 그려지고 개조되어 조선 역시 지도에서 몇 배나 확대되기에 이른다. 그런 다음 다시 일본으로 전해져서 깊고 깊은 신궁과 절에서 조용히 숨어 있다가, 20세기가 되어서야 다시 햇빛을 봄으로써 학계를 경악하게 만든 것이다. 지식의 전파와 복제는 언제나 국경을 넘어선다. 더욱이 국경선은 현대의 국가처럼 여권과 비자가 필요 없던 옛날이었기 때문에, 지식이 발명되더라도 특허국에서 증서를 배부하여 그것을 어느 한 국가나 사람에게 귀속시키는 것과 같은 일은 일어나기 어려웠다. 한국인들은 그 본국에 보존되어 있지 않은 이 지도를 매우 자랑스럽게 생각한다고 한다. 2004년 그들은 「한국의 옛 지도」 우표 네 장을 발행했는데 그중 하나가 바로 「혼일강리역대국도지도」였다. 한국인들은 자신들의 선조가 세계에 대한 새로운 지식을 갖고 있었다는 것을 이 지도가 증명한다고 생각한다. 그렇지만 중국 학계는 「혼일강리역대국도지도」가 조선의 세계적 지적 발명물이라고 여기지는 않는다. 다만 조선이 세계를 위해서 보존했던 전지구적 지성사의 중요 자료라는 점만 인정할 뿐이다. 아울러 암암리에 그것이 중국인의 지리적 발명이기를 기원한다. 하지만 나는 그것이 한족 중국 고유의 지식이라고 생각하지 않는다. 그 시대 중국인들은 화하 바깥에 그렇게 광대한 사예가 있으리라고 믿지 않았을 것이다. 멘지스의 말이 듣기에는 좋지만 그다지 믿을 만한 것은 아니다.

나는 중국인이 희망봉을 발견한 것이 아니라는 사실이 중국의 자존심을 좌절시키지 않기를 바란다. 우리는 중국의 옛 지도가 그렇게 머나먼 아프리카를 기록했음에 대해 자랑스럽게 여길 이유가 있다. 설사 그것이 일본에 보존되어 있기는 하지만 지식은 결코 일본의 것이 아니다. 다만 일본인들의 소

명대 판각, 「푸젠연해도」, 바다가 위에 있고 해안이 아래에 있다.

장하기 좋아하는 태도와 습관에 감사할 뿐이며, 그들이 이 지도를 새롭게 발견한 것에 감사할 뿐이다. 그로 인해 인류의 지성사는 새롭게 쓰일 수 있었다. 이 옛 지도에서 우리는 지성사의 상호 미묘한 관련을 간파할 수 있다. 참으로 "아이슬란드의 한 차례 바람이 지중해에 파도를 일으키고, 지중해의 약하디 약한 파도는 자바에 난류를 일으키며, 난류는 다시 류큐의 돛단배를 격동시킨다."

제2부

아시아, 동아시아, 그리고 중국의 교착

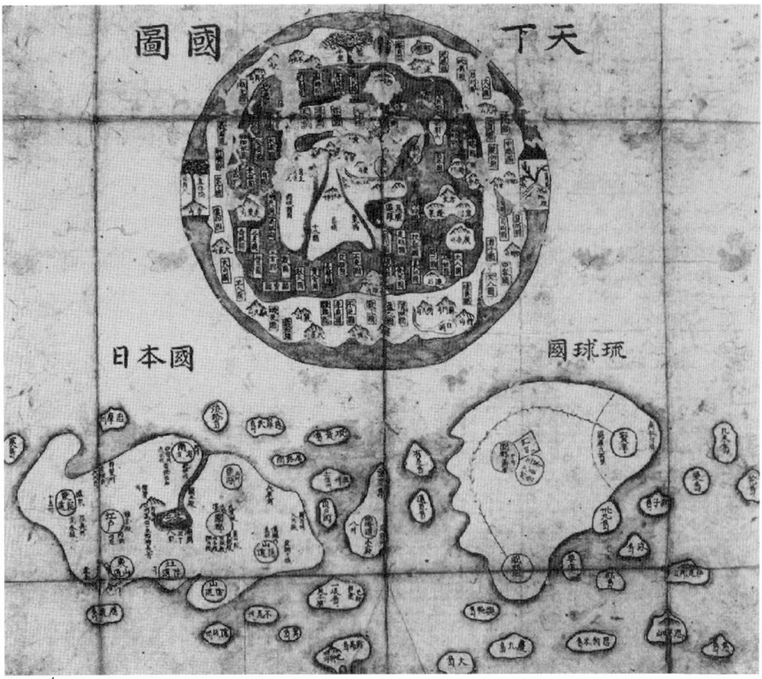

「천하국도天下國圖」(18세기)

제4장

서양과 동양 혹은 동양과 동양

— 청대 중엽 조선과 일본의 중국관

1. 누가 "동양"이고 무엇을 "중화"라 하는가?
17세기 중엽 이후 점차 멀어진 중국, 일본, 한국

청나라 말 이래 중국 학계는 "중국과 서양中西" 또는 "동양과 서양東西"을 비교하는 데에 익숙하다. 그런데 연구해보면, 이렇듯 서양을 중국의 배경으로 간주하는 연구 방법은 사실 청나라 말기의 "중체서용" 또는 "서체중용"의 관념과 일맥상통함을 알 수 있다. 따라서 문화교류 또는 비교사比較史 분야에서 사람들의 주의력은 시종일관 전체적인 "동양" 또는 "중국", 그리고 그것과 대조되는 것으로서 "서양(구미)"을 향하고 있어, 사람들이 걸핏하면 생각해내는 것이 바로 "동양"과 "서양"이다. 당연하게도 이런 현상은 이상한 일이 아니다. 왜냐하면 중국인들은 "중국"을 "동양"과 동일시하고 중국의 타자를 "서양"으로 놓는 것이 습관이었기 때문이다. 마치 "동양" 내부는 언제나 문화적 동일성을 갖추며 다소간의 문화적 차이도 없는 것처럼 여겨진다. 설사 문화교류를 말하더라도, 주요한 것은 중화 문화의 "빛이 사방을 밝히고"[1] "널리 사예에 전파된"[2] 역사를 논하는 것이었다. 그렇지만 이것은 타당하지 않음이 분명하며, 특히 명나라와 청나라에서 그러하다. 만약 우리가 명청사明淸史를 꼼꼼하게 읽는다면, 이른바 "동양"이라는 것은 17세기 중엽 이후 문화적으로는 더 이상 "중화"가 아니었고, 정치적으로는 이미 "국제"가 성립되었으며, 경제적으로는 "조공체제"가 계속해서 유지됐다 하더라도 일본·조선과 중국 사이에는 사실상 "무역 관계"가 형성됐다는 것을 알게 될 것이다. 동양(사실 동아시아) 내부에 원래 있었던 동일성의 기초가 와해되었고, 피차간의 문화적 일체감도 완전히 붕괴되었다. 바로 이런 붕괴로 인해 각 나라는 서양을 대면할 때 이후 역사가 보여주듯 큰 차이를 갖게 된다.

세 국가 사이의 문화적 일체감은 커다란 주제이기 때문에 여기서 세밀하게 말할 수는 없다. 이 글에서는 다만 청나라 중엽(한국은 조선 중기, 일본은 에도 시대)의 일부 자료를 통해, "동양" 내부의 서로에 대한 소감과 서로 간의 적의에 대해 한 측면에서 살펴보려 한다. 구미 학계든 아니면 중국 학계든 중국에 온 유럽인들의 여행기를 특별히 중시하는데, 그런 기록은 서로 다른 두 문명의 상대방에 대한 관점과 시각을 드러내어, 피차의 차이로부터 서로를 발견하고 자기를 발견할 수 있기 때문이다. 구미의 저작을 예로 들면, 이미 중국어로 번역된 조너선 D. 스펜스의 『칸의 제국』, 빅터 G. 키어난의 『인류의 주인』, 존 E. 윌스의 『1688』 등[3]은 모두 "동양"에 대한 "서양"의 관찰에 집중하며, 사용하는 자료도 대부분 "동양" "서양" 부분과 관련된다. 그렇지만 내가 여기서 특히 설명하려는 것은, 동양에 대한 서양의 관찰이란 다만 "다른 것" 대對 "다른 것"에 불과할 뿐이라는 점이다. 왜냐하면 서양과 동양은 원래 서로 모르던 상태에서 만났기 때문이다. 그래서 양측이 마주치자마자 발생했던 것은 의아함, 호기심, 상상이었다. 그런데 문화가 원래 "같았으나" 시간이 갈수록 점차 "달라졌던" 동아시아 여러 나라 사이의 상호 관찰은 동양과 서양의 상호 관찰과는 상당히 달랐다. 명청 시기 일본, 조선, 중국은 문화적으로 "원래 한 가족"이었던 상태에서 "서로 일체시하지 않는" 상태로 나아가는 과정을 겪었다. 이것은 "동양", 다시 말하면 원래 화하 문화의 기초에 있던 동아시아의 상호 일체감이 끝내 붕괴되고 말았음을 뜻한다. 이런 점진적 상호 불인정은 "동양"이라는 동일 문명의 내부에 거대한 분열이 생겼음을 가리킨다. 명나라에서 청나라에 걸쳐 동아시아 문화 내부에 일어난 정체성의 거대한 변화는 조선인, 일본인, 중국인의 상호 필담 속에서 분명하게 파악될 수 있다. 이 글에서 인용하려 하는 건륭, 가경 연간의 『연행록燕行錄』 몇 종류와, 나가사키 등지에 표류한 중국 상선에 대한 일본인의 필담 기록은 매우 좋은 자료로서 "동양"의 와해를 잘 드러낸다. 청나라가 최번성기였을 때 중국에 왔던 조선의 사신들은 이미 "중화"가 아닌 제국의 모습을 보았기 때문에 원래 앙모했던 종주국을 다시는 인정하지 않게 되었다. 또한 일본에 표류했던 중국인 상인들과 일본인들의 필담에서는, 자국과 자민족을 높이려는 데서 비롯된 경멸과 놀라움이 일본인과 청국인들 사이에서 미묘한 형태로 나타난다.

2. 명나라 이후 중화는 없다: 조선인의 소감

여행 또는 표류는 공간의 이동일 뿐 아니라 역사가 다른 지역으로 옮아가는 것이기도 하며, 게다가 문화적 경험의 변화이기도 하다. 사람은 한 세계에서 다른 세계로 갈 때 언제나 이질적인 느낌과 경험을 갖게 된다. 그러므로 여행기와 필담 기록은 매우 훌륭한 사상사 자료일 수 있다. 타국을 여행할 때 받는 느낌은 타국에 대한 일체감, 그리고 그 문화에 대한 일체감과 매우 밀접한 관련을 맺는다. "다른 나라"를 통해서 "우리나라"의 위치를 정립하는 것은 마치 거울을 통해서 자신을 비추어보는 것과 같다. 동시에 "우리나라" 문화의 자리를 어떻게 정할지의 여부는, "타국", 곧 타국 문화를 평가하는 데 큰 영향을 미친다.

청대의 건륭에서 가경 연간 사이에 중국인 대부분은 아직도 2000년 이래의 자아중심적 상상 속에 빠져 외부 세계를 바라보고 있었다. 반면 이 시기 중국에 대한 조선인의 감각은 그와 달랐다.

명나라가 패망한 지 이미 100년이 더 지났지만, 조선인들은 여전히 명나라에 대한 그리움과 어쩔 수 없이 알현할 수밖에 없었던 오랑캐 황제에 대한 원한을 드러내고 있었다. 이들은 청나라를 "북쪽 오랑캐夷虜"라고 불렀고 청나라 황제를 "오랑캐 황제胡皇"라고 불렀다. 건륭 연간 청나라에 사신으로 간 적이 있던 홍대용에게 김종후가 이런 편지를 보낸다. "제가 생각하는 것은 명나라 이후 중국中國은 없을 뿐이라는 데에 있으니, 저는 저들(인용자: 중국인)이 명나라를 생각하지 않는 것을 비판하는 것이 아니라, 중국을 생각하지 않는 것을 비판할 뿐입니다."[4] 그의 마음속에서 중화는 원래 문명의 뜻을 지닌다. 만약 중화문명이 더 이상 청나라에 있지 않다면, "우리가 차라리 기꺼이 천한 동이東夷가 될지언정 저들을 귀히 여기고 싶지는 않다"[5]고 그는 말한다. 이때 조선인들은 더 이상 청나라를 "중화"로 보지 않았던 것이다. 그래서 그들은 그토록 쉽게 만주족의 청나라에 귀순한 한족 사람들이 이해가 되지 않는다고 느꼈다. 건륭 연간 베이징에 사신으로 갔던 홍대용은 조선의 역사를 묻는 엄성嚴誠과 반정균潘庭筠에게 솔직하게 알려준다. "우리나라는 이전의 명나라에 대해 실로 재조再造의 은혜를 입었는데 그대들

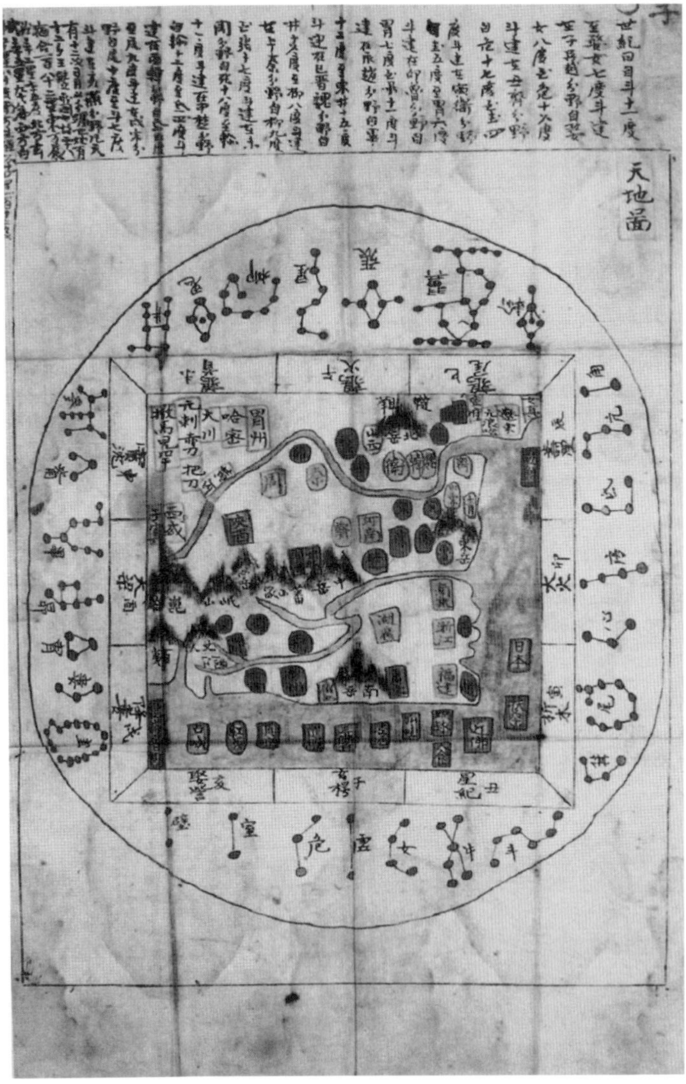

「천지도天地圖」

은 그 사실을 알고 있었습니까?"[6] 그 역사를 잘 알지 못했던 두 사람이 다시 물었을 때 홍대용은 그들을 동정하면서 설명한다. "만력 연간 왜적이 우리나라를 대규모로 침입하여 전국이 참화에 빠졌지만, 명나라 신종神宗 황제가 천하의 병사를 동원하고 천하의 재물을 소모하면서 7년이 지나서야 평정되었습니다. 그 뒤 현재까지 200여 년 동안 백성의 즐거움과 이익은 모두 신종 황제의 은택 덕분이었습니다. 또한 명나라 말년의 이자성, 장헌충 등의 농민 반란도 사실 명나라의 조선 원정 때문에 일어난 것이었기 때문에, 우리나라는 명나라가 우리 때문에 망했다고 생각해서 영원토록 슬퍼하고 사모하면서 지금도 그치지 않고 있습니다."[7] 청 제국 치하에 있는 사람이 보기에 그토록 파격적인 말이 조선인 사신의 입에서 나오자 청나라 문인 두 사람은 대답할 말이 없었다.[8] 조선인들은 자신들이 청나라에 온 것은 천자에게 인사를 드리기 위함이 아니라 다만 연도燕都(베이징)에 출장을 온 것일 뿐이라고 마음으로부터 생각하고 있었다. 그런 까닭에 사신들의 여행기 명칭도 대부분 "조천朝天(천자를 조문하다)"을 "연행"으로 바꿔버렸다. 명나라가 망한 지 벌써 100년이 훨씬 넘었지만, 건륭에서 가경 연간 사이의 조선인들은 "위대한 명나라大明"에 대한 역사적 기억을 이토록 분명하게 갖고 있었다.[9]

"명나라 이후 중국은 없어졌지만",[10] 조선에는 오히려 "명나라의 후예" 또는 "소중화"가 있었다. 여기서 우리가 주목해야 할 점이 있다. 조선인들은 자신들이 계속해서 명나라의 의관衣冠을 입는 것에 대해 특별한 자부심을 지니고 있었던 반면, 청나라 사람들이 의복을 바꿔 입으면서 오랑캐의 의관에 따르는 것에 대해서는 상당히 멸시했다는 사실이다. 그들은 한족에 관한 역사적 기억을 일으킬 수 있는 명나라의 의관을 입었기 때문에, 만주족의 청나라 사람들을 아래로 내려다보는 태도를 얼마간 지니고 있었다. 그들의 기록에 따르면, 한족의 사대부들은 조선 사신들의 면전에서 언제나 자신들의 옷차림을 부끄러워했다고 한다. 어쩔 수 없이 조공을 해야 했던 조선 사신들로서 그런 일은 심리적 보상이 되었을 것이다. 건륭 42년 이갑李岬은 『연행기사·문견잡기燕行紀事·聞見雜記』에서 "매번 그들과 이야기하면서 의복 제도에 대해 물었지만 한족 사람들은 그때마다 얼굴이 붉어지며 부끄러워하는 기색이 있었다." 왜 그랬을까? 왜냐하면 "우리의 복색을 물을 때 어떤 이가 이것이 중화의 제도라고 말했기 때문"[11]이다. 그래서 청나라의 풍속은 순수한 "화하華夏"가 더 이상 아니라고 조선인들은 생각하게 되었다. 왜냐하면 원래 유가儒家가 발명했으며 중국인 스스로 정통이라고 여겼던 예의禮儀가 오히려 중국보다 조선에 순수하게 보존되어 있었기 때문이다. 또한 청나라에서 일어난 정통 유학적 예절의 파괴와 주자학풍의 붕괴를 목도하면서, 조선인들은 청나라를 더 이상 인정하지 않는 마음을 갖게 되었다. 아울러 청나라의 그런 풍속과 학풍을 간파한 이후, 처음부터 청나라를 오랑캐로 여기던 조선의 사신들은 한층 더 청나라를 경멸하는 마음을 갖게 되었을 것이다.

"방관자가 현상을 분명하게 파악한다"는 것은 보편적 현상인 듯하다. 한족은 아마도 "일에 닥친 사람은 혼란스럽다"는 쪽에 해당될 것이다. 중국인들이 건륭과 가경 연간의 태평성세에 푹 젖어 있을 때, 오히려 조선인들은 냉철한 눈으로 만신창이가 된 중화제국을 발견하고 있었다. 『주자가례朱子家禮』는 원래 영원불멸의 예禮의 규범이었지만, 이제는 불교와 도교의 충격으로 생활세계에서 종전의 지위를 잃어버릴 처지에 놓여 있었다. 정주程朱(정호程顥·정이 형제와 주희)의 이학은 굳게 지켜야 할 신앙이었지만, 이제는 학문의 영역에서 겉치레로 변해버렸다. 이렇게 된 원인은 원래 한족 문화에 속했던 정통적 사상과 학설에 대해 청나라의 당권자들이 의심과 두려움을 갖고 있기 때문이라는 것을 조선인들은 알아차린 데 있었다. 때문에 청나라 당국은 진리를 독점하는 방법, 비유하자면 적을 위에서 감시하는 감제고지瞰制高地를 점령하는 방법을 채택했다고 그들은 여겼다. 다시 말해서 주자학설을 먼저 받아들임으로써 한족 사대부들의 입을 막았다는 것이다. 다른 한편으로 청나라 당국은 강압적인 탄압 정책, 곧 문자옥文字獄과 같은 사건을 일으켜서 독서인들을 위협했다고 한다. 조선인들은 이런 문화사적 변천의 원인을 국가 통치자의 종족적 변화에서 찾았다. 이 모든 일은 제국의 주인이 이제 더 이상 한족이 아니라 오랑캐이기 때문이라고 조선인들은 본 것이다. 그래서 청나라의 문화적 혈통은 더 이상 순수한 정통이 아니고 이미 철저히 몰락해버린 것이었다. 뒤집어 말하면, 조선인들이 상당히 자신감 있게 말하다시피 "오늘날 천하의 중화 제도는 오직 우리나라에만 존재했던"[12] 것이다. 조선인들은 과거에 추숭했던 문화적 중화가 아직도 청나라에 있다고 더 이상 여길 필요가 없었다.[13]

3. 누가 중화 문화의 혈통인가?: 표류한 당선 선원과 일본인의 필담

『연행록』이 중국에 왔던 조선인 사신들의 정치적 여행을 기록했던 것이라면, 나가사키의 당선唐船에 관한 기록은 일본에 간 중국인들의 상업적 여행을 다룬 것이었다. 비록 조선인과 중국인들의 신분 및 여행 목표는 달랐지만, 이 두 종류의 공간적 이동은 자신과 다른 문화로 나아갔다는 점에서 유사하다. 대략 청대 중엽 일본의 쇄국 정책으로 인해 일본과 중국 사이의 정치·문화적 교류는 점차 드물어져갔지만, 법정 개항지였던 나가사키에는 상선의 왕래가 꽤 빈번했다. 『오랑캐로 뒤바뀐 중화華夷變態』에는 나가사키에

왔던 중국인들에 대해 가했던 심문 기록이 상당히 많이 있는데, 심문의 책임을 맡았던 일본 관원들은 일본에 온 중국 배에 "천주교의 사악한 책들天主教邪書"이 섞여 들어 있는지에 대해 관심을 가졌을 뿐 아니라, 사실은 중국의 정치와 군사적 정보에 더 많은 관심을 기울였다. 위의 책에서 하야시林 학사學士가 말하다시피, "북방의 오랑캐가 중화를 약탈한 지 40년이 되었으나 그와 관련된 정통 역사서를 아직 보지 못했으므로 진위를 상세히 알지 못했다."[14] 그래서 그들이 물었던 것은 현재 중국이 평화로운지, 조정에 재상 말고는 인재가 없는지, 일본을 방어하는 중국의 요충지가 어디인지, 고금에 공통된 핵심 지역이 어느 곳인지를 물었는데, 이런 질문을 통해 일본인의 의도를 엿볼 수 있다.[15] 그 밖에 나가사키에서 무역을 하던 중국 선박이 풍랑으로 인해 그 외 지방에 표류하는 일도 있다. 그곳에서 정박할 때, 교섭하기 위해 파견된 일본의 문인들은 필담을 통해 중국인들과 이야기를 나누면서 진귀한 문헌 자료를 남겼다. 이런 자료로부터 당시 중국인과 일본인 사이에 복잡미묘한 관계가 있었음을 파악할 수 있다.

평상시에 잘 볼 수 없는 다른 나라 사람이 오면 언제나 그곳 사람들의 호기심을 불러일으키고, 처음 본 인상이 매우 중요하다. 조선인과 마찬가지로 일본인들은 청나라 사람들의 옷차림새에 의문을 품었다. 왜냐하면 그런 차림새는 역사에 기록된 화하의 의관 및 그들 상상 속에 있던 "중화의 문화人文"와 매우 달랐기 때문이다. 그들은 꼼꼼히 묻고 열심히 기록했으며, 아울러 중국인의 형상을 그림으로 그려놓았다. 그런데 그 형상이 꽤 엽기적이었다. 일본인들은 그렇게 중국인의 외관을 묘사함으로써 문화적 경멸감을 표현하려 했던 것이다. 이토 기덴伊東龜年(1734~1809)의 『유방필어游房筆語』는 청나라 선원들의 변발과 옷차림새, 그리고 신분에 따라 다른 선원들의 의복과 치장에 대해 상세히 기록해놓았다. 일본인들은 청조淸朝 중국인들의 복

고베시립박물관 소장, 「득태선도得泰船圖」 판화

식이 마땅치 않다고 여겼다. 이유는 매우 간단하다. 일본의 독서인들이 비록 역사상의 중화문화에 대해 연모의 뜻을 품고 있기는 했지만, 현실의 청나라라는 존재에 대해서는 상당한 경멸감을 갖고 있었기 때문이다.

시노부 세이자부로信夫清三郎의 설명에 따르면, 청나라의 출현이 원나라 원수元寇에 대한 일본인들의 기억을 일깨웠기 때문에 그들 마음속에는 청나라에 대한 적의가 있었다고 한다.[16] 때문에 의복의 모양을 기록한 뒤 그들은 다음과 같은 구절을 덧붙이는 것을 잊지 않는다. "대청의 태조 황제는 타타르(인용자: 북쪽 오랑캐)로서 화하를 통일하여 중국에서 황제가 되고 오랑캐의 복식을 제정했다는데 아마도 옳은 설일 것이다."[17] 청나라 사람들의 의관이 이미 전통을 잃었으므로, 일본인들의 고대 의관이 상고 시대의 전통에서 기원했다는 것을 증명하기 위해서, 그리고 옛 중화 문화가 중국이 아니라 일본에 있다는 것을 설명하기 위해서, 일본인들은 끊임없이 표류인들로부터 일련의 증거물을 찾고자 했다. 세키레 오사무關齡修라는 일본인은 일본에 보존된 심의深衣(상의와 하의가 연결된 고대의 의복), 폭건幅巾(비단으로 된 고대의 두건), 동파건東坡巾을 들어 "우리나라에는 심의深衣라는 상고 시대의 법식이 있는데 한결같이 예경禮經을 정통으로 삼습니다. 근세 이래 혹은 사마온공司馬溫公(사마광)과 주문공朱文公(주희)의 설을 따르기도 하는데 그것이 바로 이것입니다"[18]라고 중국인들에게 알려주며, 또한 일부러 "당신네 나라에도 이것이 있겠지요?"라고 묻는다. 중국 선원들은 자세히 본 뒤 "이것은 명나라 수재들의 복식입니다. 지금 청나라의 의관은 모두 제도가 바뀌었습니다. 전 왕조의 복식을 감히 남겨두어 소장할 수 없기 때문에 우리는 연희에서나 여러 왕조의 복식을 볼 수 있을 뿐입니다"[19]라고 곤혹스럽게 인정할 수밖에 없었다.

일본인들이 보기에는 복장뿐만 아니라 음악에도 정통과 이단의 구분이 있었다. 그들은 중국 선원들에게 묻는다. "조정의 악곡을 들어본 적이 있습니까?" 선원들은 "관현악細樂은 당나라 때의 악곡이지만 공자의 제사 때는 옛 음악을 씁니다"라고 대답한다.[20] 그렇지만 일본인들은 조선인들과 마찬가지로 청나라에 대해 선입견을 갖고 있었기 때문에 그 말을 전혀 믿지 않았다. 그들은 현재의 중국이 만주족에 의해 통치되고 있고, 만주족은 오랑캐이며 오랑캐가 받드는 문화는 분명 정통의 한족 문화가 아닐 것이라고 생각했기 때문에, 혼다 시메이本田四明는 청나라의 묘당廟堂 음악이 대체 옛 선왕의 음악과 어떤 차이를 갖느냐고 추궁한다. 한족 선원인 여삼광余三光은 줄곧 "요즘의 제사는 문왕 시대의 제사와 똑같다"[21]고 주장하면서 주희를 인용해 증명하려 한다. "주자양朱紫陽(주희)은 송나라의 위대한 현인으로서 사서에 대한 새로운 주석이 모두 그의 손에서 완성되었으니, 문왕의 음악을 그곳에서 알 수 있습니다"[22]라고 여삼광은 말한다. 그러나 혼다 시메이는 오히려 이렇게 말했다. "귀하의 가르침은 필요 없습니다. 저는 『사서집주』를 처음에 읽어보고서 이학은 공자의 본의가 아니라고 의심했습니다. 이윽고 여러 학자의 책을 널리 섭렵했지만, 옛 음악이 보존되어 있다고 말하는 것을 아직 찾지 못했습니다. 귀국의 나라는 최근 고대의 전적을 통해 청나라 음악을 새롭게 만들었습니까?"[23] 여삼광은 계속해서 "요즘의 청나라도 공자와 맹자의 책을 읽고 주공의 예에 통달하며, 음악을 새로 제정한 적은 아직 없습니다"[24]라고 대답함에도 불구하고, 혼다 시메이는 단도직입적으로 반박하면서 이렇게 말한다. "귀하 나라의 풍속은 머리를 삭발하고 의관은 옛것과 다른데 그런 것을 어떻게 주공의 예라고 할 수 있겠으며, 새로운 제도가 아직 만들어지지 않았다고 할 수 있겠습니까? 귀하의 말은 사실과 큰 차이가 있는 것 같은데, 어떻습니까?"[25] 이처럼 엄숙하고 정당한 말 앞에서 여삼광은 물러설 수밖에 없었다. 그는 억지로 이렇게 대답한다. "저는 보고 들은 것이 얼마 안 됩니다. 어려서부터 밖으로 다니며 상인이 되었기 때문에 시서예악에 대해서는 무지할 것입니다. 죄를 용서해주십시요."[26]

청 제국에 대한 적의는 일련의 근거 없는 풍문과 정보로부터 끊임없이 형성되었다. 노다 기이치野田希一는 득태선得泰船의 유성부劉聖孚와 이야기를 나눌 때 일부러 "귀국의 태조는 어느 주 출신입니까?"[27]라고 묻는다. 유성부는 사실을 숨기면서 "강남 출신입니다"[28]라고 대답했다. 그러나 노다는 즉각 사실을 폭로하면서 "제가 듣기에 귀국의 태조는 장백산(백두산) 출신이라고 하는데 이 산이 강남의 어느 주에 있습니까?"[29]라고 말한다. 이런 이야기는 매우 심한 것이었다. 만약 황제가 한족 지역 출신이 아니라 산하이관 이북 출신이라면, 어떻게 그가 한족 문화의 혈통이라고 할 수 있을 것인가? 노다가 그렇게 물었던 데 대해 사실을 숨기고 싶었던 한족 유성부는 어떻게 대답해야 할지 몰랐다. 그래서 옆에 있던 선주船主 양계당楊啓堂이 유성부를 변호하면서 이렇게 말할 수밖에 없었다. "선생은 박식해서 우리나라의 책에 모두 통달해 있습니다. 지금 바로 그렇게 물으시니 유성부도 그렇게 말했을 뿐입니다. 이런 일을 다른 사람들은 비밀로 여기지만, 선생하고만 얘기한다면 무슨 해가 되겠습니까? 중원의 화하가 외부 오랑캐에 의해 소멸되었기 때문에 주변머리를 삭발한 것인데, 이런 것 역시 천운순환天運循環의 도道입니다."[30] 결국 이 말에 대해 노다가 한 차례 가르침을 편다. "천운의 순환이란 성대하면 쇠퇴하고 쇠퇴하면 성대해지는 것인데, 천하가 성대한 지 오래되었습니다. 황각사皇覺寺의 중(인용자: 명나라 태조 주원장)보다 못한 사람이 나와서 다시 주변머리를 기르게 할지 누가 알겠습니까?"[31] 이 대화가 아직 끝나기 전에 노다는 곧바로 이어서 더욱 놀라운 풍문을 말한다. "우리나라의 에치젠越前(오늘날 일본의 후쿠이 현福井縣에 위치) 사람이 전년에 만주의 노아간奴兒干(헤이룽 강 하류의 동쪽) 지방에 표류한 적이 있는데, 문에 그려진 신神의 그림에서 판관 미나모토노 요시쓰네源義經의 상을 봤다고 합니다. 세간에서는 귀국의 태조가 미나모토노 판관의 후예라고도 합니다만, 귀국에도 그렇게 전하는 사람이 있습니까?" 동석하고 있던 주유교朱柳橋도 어쩔 수 없이 그런 말에 대답할 수밖에 없었다. "이전에 일본의 책을 보니 우리나라 천자의 성씨가 미나모토노源로서 일본인의 계보라고 했는데, 지금은 그 책 이름을 잊어버렸습니다. 우리나라에도 강희제康熙帝 자신이 그런 말을 했다고 전하는 사람들이 있지만, 모두 믿을 만한지는 잘 모르겠습니다." 황제조차 일본인이 되어버리고 마는 그런 실증할 수 없는 풍문을 통해 일본인들은 상당히 득의양양했던 것 같다.[32] 일본인의 마음속에서 한나라와 당나라의 중화가 이미 소멸되었기 때문에 중국과 사이四夷의 위치는 뒤바뀌어 있었다. 중국이 대국이고 일본이 소국이라는 사실을 인정하기는 했지만, 그들은 한족 중국인을 대면할 때 다음의 내용을 강조한다. "국토에 덕이 있다면 나라의 크기는 중요하지 않습니다. 군중이 반란을 일으키면 국토가 줄어드는데 걸 임금이나 주 임금이 그런 경우입니다. 백성들이 화목하면 천하가 통일되는데 탕 임금이나 무왕이 그런 경우입니다. 우리나라는 아주 먼 옛날 진구神功 황후가 삼한三韓을 정벌하여 빛이 바다 밖까지 비쳤고, 지금까지 천만 년 동안 성씨 하나가 끊임없이 이어지고 있으며 백성들이 그것을 앙모하고 있으니, 참으로 지극한 통치라고 할 만하지 않습니까? 이것이 우리나라의 영광을 이야기합니다."[33] 뒤집어보면 중국은 이미 영광을 다 잃어버렸다는 것이 그들의 말이다. 바로 학사 하야시 주싸이林述齋(본명은 하야시 다이라林衡)가 말했다시피, 만주족이 중원에 들어갔기 때문에 "오늘날 선왕의 예의 형식禮文과 의관 제도冠裳가 다 없어지고, 변발이라는 비린내·노린내 나는 풍속에 다 빠져버렸다. 그러니 저 나라의 풍속은 실로 물어볼 만한 것이 없다."[34]

이런 경멸감이 담긴 말은 당연히 중국인들을 매우 불편하게 만들었다. 중국인들은 비록 타국에서 곤경에 빠져 있기는 했지만 마음속에는 여전히 습관적 대국 의식이 있었다. 혼다가 그렇듯 일본을 위해서 놀랄 만한 발언을 할 때 장모제張謨弟라는 사람은 거기에 굴복하지 않았다. 그는 직접 반박하지는 않고 우회적으로 상대방을 비판할 수 있는 방법을 생각해냈다. 그는 나가사키의 풍속을 예로 들면서 말머리를 연다. "나가사키에서 보통 있는 일은, 형이 죽은 뒤 그 형수를 첩으로 삼는다고 하더군요."[35] 도광道光 6년(1826)에는 노다野田라는 사람이 고의로 청나라 사람의 금기 사항을 건드리면서, 여유량呂留良(1629~1683)은 매우 위대하며 "만촌晩村(여유량의 호)이 청나라의 신하가 되지 않았기 때문에 나는 만촌을 가장 신뢰합니다"라고 말한다. 주유교는 어쩔 수 없이 상대방을 공격해야 했다. 그래서 그는 말을 돌려 "묘족의 풍속에 도월跳月이라는 것이 있는데 사람들이 스스로 배우자를 찾도록 맡겨둡니다. 지금 일본의 남자와 여자들도 매파의 중재를 거치지 않고 야합하는 경우가 많지만 국법으로 금하지 않습니다"라고 말한다. 상대방의 지적에 대해 불복하면서 오히려 그를 풍자하고 비판하려는 의도를 담고 있다.[36]

결국 다른 사람의 처마 밑에 있었던 중국인들이 그렇게 반격했던 것은 어쩌다 한번 있는 일이었고, 오히려 일본인들의 자의식이 필담 기록 곳곳에서 드러난다. 심지어 산수 풍경에 대한 논의도 또 다른 "경쟁"이 될 때가 있었다. 일본인 간도簡堂는 "부악芙岳(후지 산)은 절경입니다만 귀국의 톈타이 산天台山은 어떻습니까?"[37]라고 물어본다. 중국인 선주 양사원楊嗣元은 "후지 산이 톈타이 산에 비해 아름답습니다만, 톈타이 산은 사람들이 올라가서 유람할 수 있습니다"[38]라고 대답한다.

하지만 간도는 그런 비교를 일종의 게임으로 만들어버렸다. 그래서 그는

가노狩野가 그린 남경선南京船 선주 정검남程劍南과 동창인董昌仁

곧바로 추궁한다. "텐타이 산은 한여름에도 꼭대기에 눈이 있습니까?"[39] 양사원이 "눈은 없습니다. 땅의 기운이 따뜻하기 때문입니다"라고 대답하자, 간도는 득의양양해서 "과연 부악산만 못하군요. 만약 텐타이 산이 부악산만큼 굉장히 높았다면 남해에 있더라도 일 년 내내 정상에 눈이 있었을 것입니다"[40]라고 보충한다. 이런 근거 없는 자부심에 양사원은 잠시 "할 말을 잊는다." 원래 조공체제의 중심에 있으면서 종주국의 지위를 누렸던 중국인들에게 그리 강렬한 국가의식과 민족의식이 없었다면, 조공체제의 주변에 있었던 조선인과 일본인들의 국가의식과 민족의식은 이미 상당히 짙어져 있었다. 그것은 대화 속에서는 중국인과 경쟁하려는 형태로 나타났고, 서로 이해를 도모하는 가운데서도 경계심으로 나타났다. 일본에 표류했던 중국 선원들은 일본인이 중국의 달력을 참고하거나 중국의 지식과 정치를 탐문하는 것에 개의치 않았으나, 일본의 정황을 전해 들었을 때 그들은 상당히 놀랐다. 양계당은 노다로부터 일본 지도를 빌려서 본 뒤 "이것은 우리나라에서 엄격하게 금지하는 것으로서 외인들이 보도록 허락하지 않습니다"[41]라고 말한다. 노다로부터 천문과 지리에 통달한 일본인에 대해 전해 들었을 때 양사원은 또 "천사부天師府 내의 일은 외인들과 말하지 않는데, 천기를 누설할까 두려워서입니다"라고 말한다.[42] 이 시기 일본과 중국은 상대에 대해 놀라움과 적의를 갖고 있었다.

4. 길을 나누어 달리다: 17세기 이후의 동아시아에 일체감이 있었는가?

서로를 바라보던 시선 속에서, 스스로는 발견하기 힘든 사각 지대와 피차간에 다른 시각과 처지를 파악할 수 있다. 조선 사신들의 청나라 여행기와,

일본에 표류한 중국 선원들과 나눈 필담에서 바로 그런 점이 확인된다. 『연행록』에서는 조선인이 명대明代를 일체시했던 반면 청나라를 경멸했다는 사실이 드러난다. 한편으로 당시 조선인들은 정치적 복종·경제적 조공과 문화적 일체감 사이에서 분열을 일으키고 있었다는 것을 알게 되고, 다른 한편으로는 당시 중국인들이 조선인을 본 이후 부지불식간에 명나라에 대한 그리움을 갖게 되었고 그로 인해 한족의 역사적 기억을 떠올리게 되었다는 것을 알게 된다. 이것은 역사의 큰 주제다. 동시에 일본 역시 "독자적 국제질서를 세우려는" 의도를 점차 드러내고 있었다. 야마가 소코山鹿素行에서 모토오리 노리나가本居宣長에 이르기까지 모두 일본이 중앙의 나라라는 사상을 계속해서 강조한다.[43] 때문에 도요토미 히데요시가 임진왜란(1592)을 일으킨 이후의 일본과, 명나라가 망한(1644) 이후의 조선은 대체로 청나라에 대한 일체시의 태도를 포기한 것으로 보이는데, 만청滿淸 제국에 대한 동아시아 여러 나라의 이런 관점 변화는 대체 당시의 국제적 형세와 후대의 역사 및 사상에 어떤 영향을 끼쳤을까?

근래 일본과 한국 및 중국을 포함한 수많은 학자가 "아시아"라는 화제를 즐겨 이야기한다. 언젠가부터 "동아시아"는 "유럽" 또는 "서양"과 대응하는 문화적 공동체로서 의심의 여지가 없는 존재가 된 듯하다. 그렇지만 설사 "동아시아"가 정말로 존재했다 하더라도 그것은 17세기 중엽 이전의 상황에 들어맞을 뿐이다. 명나라 중엽 이전 조선과 일본은 분명히 중화를 일체시하거나 심지어 앙모하기도 했다. 한漢, 진晋, 당唐, 송宋의 문화는 실로 조선과 일본으로 하여금 그것에 마음으로부터 복종하도록 만들었고, 매우 오랜 기간 중국 역시 '뭇 별이 달을 감싸는' 형세 아래에서 득의양양했다.

그렇지만 그 모든 상황은 17세기 이후 변화하기 시작한다. 먼저 일본은 도요토미 히데요시가 1587년 천주교 선교사를 추방하라는 명령을 내리면서 일본을 "신국神國"으로 선포했고, 다른 한편으로는 1592년 조선에 출병하면서 명나라 세력을 더 이상 고려하지 않았다. 사실상 일본은 벌써부터 중국을 존중하지 않았던 것이다. 도요토미 히데요시가 베이징을 중심으로 삼는 대제국을 세우려 시도했을 뿐 아니라, 수많은 중국 관련 지식을 배웠던 도쿠가와 시대의 학자들 역시 "화하"와 "이적夷狄"을 구분할 때 지리학의 공간 개념을 그다지 따르지 않았던 것 같다. 중세 불교의 "천축天竺, 진단震旦, 본조本朝(일본)"로부터 파생된 3국 정립의 관념은 그 시대에 이르러 점차 '국가는 서로 대등하다'는 의식을 낳았다. 청나라가 명나라를 교체하자, 그들은 한 걸음 더 나아가 옛 중국의 "화이" 관념을 받아들여서[44] 신도神道의 일본 대對 유가의 중국, 진정한 중화문화 대 "오랑캐"의 청나라라는 관념을 형성했다.[45] 연보延寶 2년(1674) 명나라와 청나라가 막 교체되었을 때, 하야시 나잔林羅山의 아들 하야시 시노부林恕가 『오랑캐로 뒤바뀐 중화』를 위해 쓴 서문에는 "숭정제崇禎帝가 죽고 남명南明의 홍광제弘光帝가 오랑캐에게 사로잡히자 당왕唐王 융무제隆武帝와 노왕魯王 주이해朱以海가 겨우 남쪽 귀퉁이를 확보했지만, 북방 오랑캐는 중원을 횡행했으니 이것이 중화가 오랑캐로 바뀐 모습이다"라고 썼다. 이 시기의 일본은 이미 중국을 오랑캐로 봤던 것이다.[46] 이어서 조선의 경우 명나라 때에도 "천조"에 대해 의심과 경계심이 없었던 것은 아니지만, 강력하게 유지되어왔던 문화적 공동체에 대한 조선인의 일체감과 충성은 근본적으로 변해버렸다. 그래서 이갑은 통탄해 마지않으며 말한다. "몽골인들이 쳐들어와서 중국의 황제가 되었을 때에도 천하는 머리를 깎지 않았는데, 지금은 중국 전역이 모두 오랑캐의 옷을 입어 100년 동안 그래왔으니 중화의 문물은 하나도 남지 않았다. 선왕의 법복法服은 이제 아이들의 노리갯감이 되어 제멋대로 바뀌고 있으니, 황명皇明의 옛 제도는 날이 갈수록 사라지고 있어 다시는 보지 못할 것이다."[47]

명대 중엽의 왜구 침탈과 명대 후기 조선의 임진왜란 이후 중국 역시 동쪽 이웃 나라에 대해 두려움과 경계심을 갖고 있었다. 명대 만력 연간의 주공교周孔教는 도요토미 히데요시가 조선에 침략하여 명나라와 대등한 지위에 서려 했던 사실을 지적하면서, "명나라 200여 년 이래 적국이 없었지만, 이제부터 적국이 있게 되었는데 이것이 어떻게 세월의 결말일 수 있겠는가?"라고 묻는다. 그는 일본의 위협을 간파하고 명나라에 일찍부터 준비해야 한다고 요구했다. "만일 의외의 일이 발생하여 재앙이 안에서부터 일어난다면 마음을 떨리게 할 만합니다."[48] 그러나 대다수 중국인은 아직 그런 의식을 갖고 있지 않았으며 청대 중엽의 만주족 통치자들 역시 그랬던 것 같다. 하지만 그것은 중국인들의 바람일 뿐이었고, 17세기 중엽 이후의 동아시아 세 나라는 이미 각각 다른 길을 걸어가고 있었다. 태평성대를 구가하던 건륭, 가경 연간에도 사정은 마찬가지였다. 청 제국의 사람들이 여전히 "만국이 와서 조공을 바치는" 상황을 기대하기는 했지만, 실제로 동아시아 세 나라의 관념적 세계 속 그 어디에도 "동아시아"라든지 "중화"(또는 현대의 "동아시아"라는 지역에 대한 일체감과 상응하는 것)는 없었다. 한, 당, 송나라 때에 형성되었을 문화적 공동체로서의 "동아시아"는 점차 붕괴해갔고, 현재 일부 사람들이 기대하는 새로운 문화적 공동체로서의 "동양東方"이 성립하려면 아직 한참을 더 기다려야 할지도 모른다.

제5장

상상한 것과 실재하는 것: 누가 "아시아"에 일체감을 가졌던가?

— 청말 민국 초 일본과 중국의 "아시아주의" 언설에 관하여

2001년 10월 일본에서 열린 어느 토론회에 참가했을 때, 도쿄대학의 구로즈미 마코토黑住眞 교수가 내게 일본의 아시아주의에 관한 논저 목록을 건네주었다. 베이징에 돌아온 지 얼마 되지 않아, 도쿄대학의 스에키 후미히코末木文美士 교수도 그 자신과 나카지마 다카히로中島隆博 선생이 함께 편집한 『비서구의 시각非·西歐の視座』이라는 책을 보내왔는데, 이 책에 수록된 그의 논문 「연대인가 침략인가—오카와 슈메이大川周明와 일본의 아시아주의」[1]가 수록되어 있었고, 이 글을 보고 나는 "아시아주의"라는 용어에 대해 새로이 흥미를 갖게 되었다.[2] 1960년대부터 다케우치 요시미竹內好 같은 일본 학자들이 "일본의 아시아주의"에 대해 집중적으로 토론한 이후, 적잖은 학자가 그 개념에 대해 부단히 연구를 해왔다. 1990년대에 들어선 이래 한 차례 새로운 논쟁이 일본에서 시작되었던 듯하다. 입수할 수 있는 자료를 바탕으로 예를 들어보면, 아시아주의와 일본주의 사이의 관계를 따진 것으로는 1997년 고지타 야스나오小路田泰直의 『일본사의 사상: 아시아주의와 일본주의의 충돌』이 있고, 이 문제를 직접 논한 것으로는 1996년 후루야 데쓰오古屋哲夫가 편집한 『근대 일본의 아시아 인식』이 있으며, 간접적으로 이런 시각을 견지하며 역사에 대해 사고한 것은 1992년 아라노 야스노리荒野泰典 등이 공동으로 편집한 『아시아 속의 일본사』가 있다.[3] 특히 최근 중국에도 상당한 영향력을 행사하고 있는 것으로서 일본 학자 미조구치 유조, 하마시타 다케시濱下武志, 히라이시 나오아키平石直昭, 미야지마 히로시宮島博史가 편집한 총서 『아시아로부터 출발하는 사고』는 1990년대에 거듭해서 그 주제를 이끌어냈다.[4]

"아시아"를 지리적 영역으로 여길 뿐 아니라 역사·문화·사상이 상호 관련된 공간으로 여기면서, 그런 배경으로부터 출발하여 과거의 역사와 미래의 전망을 생각하는 것은 나무랄 데가 없는 일인 듯하며, 나 역시 어떤 학술회의 때 발표한 논문에서 근대 불교를 예로 들어 근대 중국사상사를 연구할 때 일본, 한국, 중국이 서로 배경과 자원이 된다는 데 주의를 기울여야 한다고 주장한 적이 있다.[5] 그렇지만 언제 그것이 "아시아"가 되었고 나아가 "공동체"가 되었을까? 일본, 한국, 중국의 학자들이 "아시아"를 거듭 제기하는 것에는, 각 민족국가가 설정한 정치적 한계를 넘어섬으로써 상상적 정치 공간을 새롭게 구축할뿐더러 대내적으로 "국가 중심"을 해소하며 대외적으로는 "서양의 패권"에 대항한다는 의미가 있다는 점을 인정한다 하더라도, 역사를 보았을 때 대체 아시아는 어떻게 또는 언제 그런 공동체가 되었는가? 그 공동체는 서로를 일체시하고, 공동의 역사적 연원을 지니며, 공동의 "타자" 문화와 지식·역사를 갖고 있고, 심지어 정치적 공동체를 가져야 한다. 하물며 아시아의 서부와 중부에는 대체로 이슬람교를 믿는 국가와 민족이 있고, 문화와 역사적으로 동아시아와 상당한 차이를 보이는 남아시아의 여러 나라도 있다. 그런데 동아시아 곧 중국, 조선, 일본에서 언제 그리고 어떤 사람이 그런 공동의 공간을 인정했던 적이 있는가?

다케우치 요시미 외 상당히 많은 학자는 이렇게 지적한 적이 있다. 일본에서 생겨난 아시아주의는 탈아입구脫亞入歐를 통하여 근대화를 추구하려는 노력이 성공했던 배경 아래 형성된 것으로서, 그것은 "아시아를 부흥시켜興亞" 유럽과 대등하게 겨루려는 심정을 산출했다고 한다. 그로 인해 한편으로 일본은 아시아와 "연대" 관계를 재수립하고, 다른 한편으로는 아시아를 능가하거나 지도하려는 "침략"적 심정을 갖게 되었다고 한다.[6] 비록 현재의 학자 다수는 이런 분석틀이 상당히 낡은 것이라고 여기지만, 나는 여전히 그것이 꽤 설득력을 갖는다고 생각한다. 그렇다면 현대의 학자들이 "아시아" 또는 "아시아 공동체"라는 옛 이야기를 지금 다시 꺼내는 것이 만약 다케우치 요시미가 말했던 "연대와 침략"의 분석틀을 넘어서는 것이라면, 그들의 배경과 그 심정은 또 무엇일까? 특히 일본이 인정하는 "아시아", 게다가 중국과 한국 역시 인정하는 그 공동체, 다시 말하면 "아시아"는 대체 상상을 통해 구축될 필요가 있는 공동체인가, 아니면 이미 실재하는 것으로 인정되고 있는 공동체인가? 그것도 아니면 심각하게 검토되어야 할 것으로서 특히 역사적으로 의문점이 있는 공동체인가?

1. 일본 근대의 아시아주의에 대하여

가쓰라지마 노부히로桂島宣弘의 설명에 따르면 일본의 아시아주의 사조는 19세기 전반기, 심지어 18세기 말까지 거슬러 올라간다고 한다. 서양의 천문과 지리학이 눈앞의 세계를 바꿔버려 일본인들이 만국의 존재와 "동양” “서양”의 지도를 의식하게 되자, 중화를 문화 중심으로 놓는 전통적 화이 관념이 와해되기 시작했고,[7] 그런 세계 도상圖像의 와해는 일본이 새로운 정치적 지도와 문화적 지도를 새롭게 구축하는 계기가 되었다. 그러나 야마무로 신이치山室信一의 설명에 따르면, 일본에서 “아시아주의 관념”이 확립된 때는 18세기 초까지 거슬러 올라갈 수 있다. 니시카와 조켄西川如見(1684~1724)의 『증보화이통상고增補華夷通商考』에 수록된 「지구만국일람지도地球萬國一覽之圖」에는 “아시아적 시선”이 부각되어 있고, 아라이 하쿠세키新井白石(1657~1725)는 『서양기문西洋紀聞』에서 “서양”과 “동양”을 구분하고 있는데, 이들 두 사람은 사실상 중국을 중심으로 삼는 “천하관”을 바꿔 놓았던 것이다.[8] 그러나 역사적 연원이 위로 거슬러 올라갈 수 있다 하더라도, 보통 학자들이 주목하는 것은 일본이 신속하게 근대화하던 메이지 시기의 수많은 언론이었다. 왜냐하면 일본의 아시아주의 개념 및 “흥아론” “탈아론”뿐 아니라, 심지어 후대에 일어난 모든 사상적 변화가 바로 그 시대에 원인을 두고 있기 때문이다.

어떤 학자는 “흥아론”과 “탈아론”의 차이에 대해, 전자는 “동양-서양”을 일체감의 기초로 삼으면서 지역성을 강조한다면 후자는 “문명-비문명”을 일체감의 기초로 삼으면서 근대성을 강조한다고 지적한다. 그러나 실제로 “아시아주의”는 단순히 지역성만을 강조하는 것이 아니라 그것 역시 가치에 따라 일체시하는 경향을 드러내고 있다. 또한 “유럽화주의” 역시 유럽의 근대성에만 주목하는 것이 아니라, 일본이 아시아의 대표가 되어 청나라를 중심으로 삼는 전통적 중국의 관념세계로부터 동아시아 전체를 해방시켜야 한다고 요구한다. 때문에 탈아론의 주창자 중 가장 대표적 인물인 후쿠자와 유키치福澤諭吉(1835~1901) 역시 강렬하게 “탈아”를 호소할 때에도 아시아의 연대성을 잊지 않았다.[9] 잘 알려져 있듯 메이지 18년(1885) 3월 16일 『시사

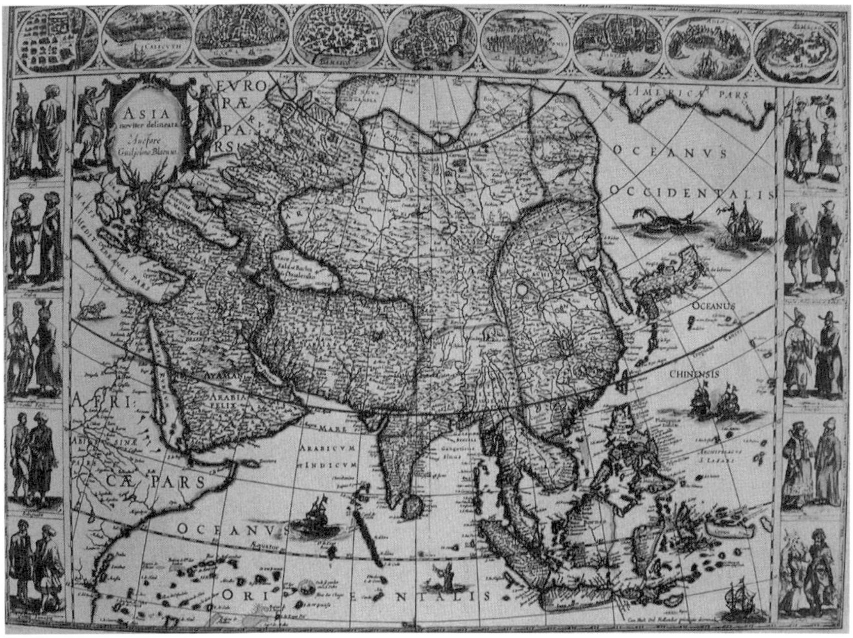

홍콩과학기술대 소장, 빌렘 얀손존 블라외(1571~1638)의 「아주신지도亞洲新地圖」(1662)

신보時事新報』에 발표한 「탈아론」에서 그는 이렇게 말했다.

> 우리 일본의 국토는 아시아 동부에 있지만, 국민정신은 이미 아시아의 고루함을 벗어나 서양의 문명을 향하고 있다. 그러나 (…) 오늘날을 위해 도모해보건대, 우리나라는 이웃 나라의 개명을 기다려서 함께 아시아를 진흥시켜야 한다. 그 대오를 벗어나서 서양의 문명국과 진퇴를 함께하는 것보다 중국, 조선을 받아들여 인도하는 편이 더 낫다.[10]

동시에 그는 이런 아시아의 동맹에서 당연히 일본을 맹주로 삼을 수밖에 없다고 말한다. 왜냐하면 동양의 문명화 과정에서 일본이 이미 맹주이자 지도자가 되었기 때문이다.[11] 아마도 후쿠자와 유키치만 그렇게 말했던 것은 아니었을 것이다. 메이지 시기 일본의 중앙 5대 신문 여론에 대한 시반하라 다쿠지芝原拓自의 조사와 연구에 따르면 메이지유신 이래 10여 년간, 개화한 일본에 대한 자만심과 아시아에 대한 경멸감이 보통 사람들 사이에도 침투해 있었다고 한다.[12] 그리고 이토 유키오伊藤之雄의 지적에 따르면, 메이지유신에서 1884년에 이르기까지 번벌藩閥은 물론 민간에서도 일본이 동아시아의 맹주라는 의식이 확립되기 시작했다.

1885년에서 1894년의 청일전쟁에 이르기까지, 일본은 유럽의 열강, 특히 영국과 러시아가 동아시아에 침투하는 것을 깊이 우려하면서 "과잉"된 경계심을 갖게 되었으며, 청일전쟁에서 일본이 승리하자 아시아 맹주의 관념이 더욱 강화되었다고 한다.[13] 당연히 여기서 보충되어야 할 점은, 1904년 러일전쟁 이후 그런 맹주의식이 패권적 야심으로 변모했다는 사실이다. 때문에 그런 관념에는 일본 민족주의의 확장이라는 의식이 담겨 있지만, 일본은 오히려 서양의 침략에 대항한다는 기치를 내걸어서 '보편적 아시아의 문명'

이라는 슬로건을 추구했던 것이다. 서양 문명을 아시아의 공통적 지향점으로 여기면서 근대적 관념을 합리적 근거로 간주하는 후쿠자와 유키치 같은 사람들 말고도, 동양 문명이 서양 문명에 비해 우월하며 그런 역사·문화적 공통성을 바탕으로 한 지역적 친화성을 직접 강조하는 사람도 있었다. 다루이 도키치樽井藤吉(1850~1922)의 『대동합방론大同合邦論』(1893)은 이렇게 말한다. "동방은 태양이 뜨는 곳으로 발육과 화친을 위주로 하고 그 정신은 청룡青龍이며 그 덕은 자애와 어짊이다. (…) 아시아는 유럽의 동쪽에 있는데 일본과 조선이 가장 동쪽에 있기 때문에 목木의 덕과 인애仁愛의 본성을 얻었으며, 청명하고 신선한 기가 훈훈하다. 그 성정과 풍속은 서북의 사나운 기풍과 다르다. 이것이 자연의 이치다." 그리하여 그가 부각시키는 것은, "일본과 조선의 관계는 입술과 치아의 관계와 같고, 두 나라의 세력은 두 개의 수레바퀴와 같으며, 감정은 형제와 같고, 의로는 친구와 같으므로" 일본과 조선이 동일한 문화의 동일한 인종이라는 것이다.[14]

간단하게 말하자면 "아시아주의"의 함성이 점차 고조되었던 것은 메이지유신의 성공과 관련 있으며, 메이지유신의 성공은 한편으로 일본으로 하여금 중국 중심의 조공체제라는 속박으로부터 철저하게 벗어나고 중국 문화의 굴레로부터 벗어나게 함으로써 일본의 자아와 타자를 새롭게 확립하도록 했고, 다른 한편으로는 일본으로 하여금 서양의 주변이라는 곤란한 처지로부터 벗어날 수 있는 소망을 품도록 했으며, 그것을 통해 지역·정치·경제·문화가 중첩된 "자아"를 다시금 확립할 수 있는 희망을 갖게끔 했다는 것이다.[15] 이때 근대화 이래의 강성함과 진보에 대한 자부심, 자신이 처한 동양적 전통에 대한 그리움과 지역적 일체감의 습관, 여기에 몇백 년간 이어져 온 서양 국가의 일본에 대한 하대下待가 덧붙여져서, 근대 일본인들의 상당히 복잡한 심경을 구성하게 되었다. 아시아를 벗어나려 해도 그럴 수 없고,

유럽으로 들어가려 해도 그럴 수가 없었다. 그래서 일부 일본인들은 점차 자기가 처한 동일한 공간으로 시선을 돌렸다. 원래 중국과 일본은 모두 서로에 대해 이웃의 "아시아"로 여겼던 적이 없지만, 이제 갑자기 타고난 친화감을 지닌 먼 친척으로서 서로를 느끼기 시작했으며, 마치 원래 자신과 같은 혈통이자 "유럽"과는 아무런 혈연관계도 없는 한 집안사람들처럼 되어버렸다.

히라이시 나오아키는 『근대 일본의 아시아주의』에서 후쿠자와 유키치의 "동양 연대론", 다루이 도키치의 "대동大東 연방국 구상", 고노에 아쓰마로近衛篤麿의 "동인종同人種 동맹론", 오카쿠라 덴신岡倉天心의 "해방자 일본의 상"을 열거하면서, 이 시대 아시아주의가 근거로 삼았던 것은 첫째, 같은 문화 같은 인종을 기초로 삼는 연방국가의 구상, 둘째, 동양의 먼로주의적 이념, 셋째, 문화적 일체감의 기초이자 아시아의 해방자로 일본을 간주하는 것이라고 보았다. 첫 번째는 역사와 문화적 일체감으로부터 비롯한 상상이고, 두 번째는 지리 공간과 정치 공간을 중첩한 구상이며, 세 번째는 "진보와 낙후"라는 근대 이념 위에 세워진 것이었다.[16] 그렇지만 세 번째 근거가 포함하고 있는 위험한 경향은 차치하고라도, 같은 문화 같은 인종이든 문화적 일체감이든, 첫 번째 근거는 문화적 일체시의 측면에서나 집단적 일체시의 측면에서 모두 근거가 취약하다. 예를 들어 중국·일본·한국을 한 문화로 간주하는 것은 당연히 한자문화권이라는 근거를 가질 터이며, 중국·일본·인도를 하나의 상호 일체적 공간으로 간주하는 것은 주로 불교 신앙에 의거할 터이다. 비록 중국이 불교 국가로 여겨질 수만은 없으며, 인도의 불교는 근대에 이미 세력이 예전만 못해졌지만, 아시아주의를 제창하는 사람들로서는 불교를 태동했거나 그것을 전파했다는 것 자체가 중국과 인도의 "인척 관계"를 인정할 이유가 된다. "서양"을 "타자"로 간주하는 배경하에서 "동양"을 구축하는 것은 이치에 맞는 일인 듯하며, 때문에 저명한 오카쿠라 덴신의 붓 아래에서 히말라야 산은 더 이상 중국과 인도의 두 문명 지역을 나누는 장애물이 되지 못한다.[17]

> 아시아는 하나다. 히말라야 산맥은 두 강대한 문명, 곧 공자식 공동 사회주의인 중국 문명과 베다Veda식 개인주의인 인도 문명을 분리해놓았지만, 히말라야 설산은 결코 장애가 되지 못하며, 그것은 보편적 "사랑"을 추구하는 사상을 단절시킬 수도 없다. 이런 "사랑"은 모든 아시아 민족 공통의 사상적 유산이며, 바로 그 점에서 그것은 인생의 수단만 추구하면서 아무런 목적이 없는 지중해 연안의 여러 민족과 아시아 민족을 구분해놓았다.[18]

이렇게 "아시아"의 역사와 일본을 하나로 묶고 또한 아시아 사상을 "일본"에 의탁하는 사유 방식은, 19세기 말에서 20세기 초 일본이 중국과 러시아에 승리한 뒤 더욱 고조되었던 것 같다.[19]

100여 년이 지난 다음 서양인 키어난Victor G. Kiernan은 당시 유럽인들의 보편적 근심을 기억하면서 이렇게 말한다. "1895년 일본은 중국에 대해 승리하자 아시아의 보호자로 자랑할 수 있었다. 어떤 서양 작가는 세계의 미래가 장차 아시아에서 결정될 것이라고 했다. 그는 쇠퇴한 서양에 대한 오쿠마大隈의 이야기를 인용했고, 아울러 일본이 아시아인을 대신해서 서양을 쫓아낼 것이라고 했다. (…) 1904년 러일전쟁 중 러시아인들도 아시아 문명의 수호자로 자부했다. (…) 상트페테르부르크에 머물던 어떤 영국인은 이렇게 썼다: 만일 일본이 전쟁에서 승리한다면 그들은 아마도 신속하게 황인종을 통합한 다음 안하무인격으로 행동할 것이다."[20] 사실이 바로 그랬다. 그 이후 "아시아"는 비로소 일본의 정치와 문화적 상상 속에서 "제휴"와 "연대"가 필요한 공간이 되었다.

2. 청말 민국 초 "아시아주의"에 대한 중국의 복잡한 반응

19세기 말에서 20세기 초에 이르기까지 신속하게 팽창하던 일본은 "중국과 제휴하려"는 열정과 "같은 문화 같은 인종"의 상상을 갖고 있었음이 틀림없다. 그 가운데 오쿠보 도시미치大久保利通, "진아회振亞會", 『태양太陽』 잡지, 동아동문회東亞同文會 및 『동아시론東亞時論』 등 일본인이 중국에서 세운 각종 동문학당東文學堂은 일부 학자들에게 모종의 "아시아주의"적 상징으로 보였다. 당시 중국과 일본의 접근 정도를 상당히 높게 추정하면서 그 당시가 중일 관계의 "황금의 10년"이었다고 과도하게 평가하는 사람도 있다.[21] 그러나 그것은 당시 중국인들의 진정한 심정과 감정을 소홀히 본 것이고, 더욱이 당시 역사를 오해하여 표면적 열정이 사실은 배후의 경멸감을 가리고 있었음을 몰랐던 것이다. 옛 속담에 "떠돌이 이발사의 한쪽 멜대만 뜨겁다"[22]는 말이 있듯이, 이 시대의 "아시아 일체"라는 구상은 대체로 일본 한쪽만의 바람이었다. 이미 충분히 근대화한 국가이자 청일, 러일전쟁에서 처음으로 승리를 거뒀던 국가로서 일본은 자신의 지리적 주변성으로 인해 세계체제의 불공평함을 깨달을 수 있었고, 특히 스스로 "맹주"로 자처하거나 심지어 "패주"의 역할을 맡으려는 마음을 갖기 쉬웠다. 그렇지만 아직도 전통과 근대의 전환기에 처한 중국과 같은 국가로서는 반드시 일본의 "아시아주의"를 받아들이려는 마음이 있었던 것은 아니다. 원래 중국의 지리 관념 안에는 "아주亞洲" 또는 "아세아亞細亞"라는 의식이 없었고 다만 "중조中朝"와 "사예四裔"라는 관념만 있었다. 근대에 서양의 지리학적 공간 개념을 받아들인 이후에야 비로소 "아시아" 의식을 갖게 되었다. 그렇다 해도 그런 지리학적 인식은 정치학적 인식과는 관련이 없었다. 화이 관념과 조공체제의 역사적 기억이 남아 있던 것 말고도, 중국이 아시아주의를 받아들이려

하지 않은 현실적인 이유는 매우 간단하다. 곧, 중국은 이미 국가와 민족을 기초로 삼는 사고틀을 갖고 있었기 때문에 일본에 의해 코가 꿰여 이끌려 가는 속국이 되려 하지 않았을뿐더러 역사·문화적 기초가 없는 상상의 "아시아"가 정치와 문화의 공통 공간이 되기를 바라지 않았다.

물론 그 당시에 일본에 대해 상당히 친근하게 이야기하면서 "아시아주의"의 슬로건에 영합하는 중국 지식인들이 있었다는 것도 틀린 말은 아니다.[23] 그런 지식인들 중 가장 이른 시기의 인물인 증기택曾紀澤은 일본의 주駐 영국 공사인 우에노 가게노리上野景範와 이야기하면서, 유럽이 강대한 까닭은 "합종合縱"의 뜻을 체득했기 때문이라고 한다. 그리하여 중국과 일본 두 나라는 "모두 아시아에 있으면서 수레와 수레덧방나무가 서로 의지하듯이 입술과 치아가 인접하듯이 상호 의존하고 있으므로 (…) 우리 아시아의 여러 나라는 크기와 강약이 다르지만 마땅히 공법公法으로 서로 지탱해야 한다"고 말한다. 그래야지 유럽에 대항하는 "아시아"가 될 수 있다는 것이다.[24] 1895년 이후 그런 의론은 더욱 많아져서 당시 일본에 있던 장빙린章炳麟(호는 타이옌太炎), 량치차오梁啓超도 동일한 취지의 말을 한다. 1897년 2월 장빙린은 『시무보時務報』 제18책 상上에 발표한 「아시아는 스스로 입술과 치아처럼 상호 의존해야 한다論亞洲宜自爲脣齒」라는 글에서 "상호 의존이 아시아의 이익"이라고 주장했고, 러시아를 가상 적국으로 간주했으며, 심지어 청일전쟁은 일본의 자구책이라고까지 인정했다. 이것은 거의 일본 측 언론의 판박이였다. 또한 1901년 『국민보國民報』 제4기期 상上에 쓴 글로 량치차오를 반박했던 「만주족 적대시를 바로잡으며正仇滿論」에서, 한족에 대해 말하자면 "일본을 친밀히 여기고 만주족은 멀리해야 하며" "민족적 관점에서 말하자면, 만주와 일본은 모두 황인종이지만 일본은 동족이고 만주족은 동족이 아니다"라고까지 여겼다.[25] 1907년 더욱이 그는 일본에서 "아주화친회

亞洲和親會"를 조직하면서 "제국주의를 반대하고 우리나라와 우리 민족을 스스로 보호해야 한다"고 주장했다.[26] 량치차오는 동아동문회의 간행물인 『동아시론』에 적잖은 글을 발표했을 뿐만 아니라, 아시아라는 구호를 강력하게 인정했던 시기가 있었다. 1898년 그가 주간했던 『청의보淸議報』 제1책 상上에서 그는 네 조목의 핵심 종지를 제창했는데, 그 가운데 세 번째와 네 번째가 바로 "중국과 일본 두 나라의 정보를 소통하고 두 나라의 우정을 돈독히 한다" "동아시아 학술을 밝힘으로써 아시아의 핵심을 보존한다"는 것이었다.[27] 그보다 조금 이후의 손중산孫中山은 아시아주의가 제기될 때마다 반드시 언급되는 사례다. 1913년 그는 일본을 방문했을 때 중국과 일본이 손을 맞잡고 아시아의 평화를 유지해야 한다고 주장했으며, "아시아는 우리의 한 가족이 되고", 심지어 "중국과 일본 두 나라가 협력한다면 세력이 팽창하여 위대한 아시아를 건설함으로써 영광의 과거 역사를 회복하기 어렵지 않을 것"이라고까지 말했는데, 이는 일본 쪽의 언론과 거의 일치하는 논조였다.[28]

문제는 그런 담론의 출현 배경을 상세히 분석해야 한다는 데 있다. 한편으로 그것이 출현한 언어적 환경을 보면, 언제나 서양 열강의 침략에 대한 경계심이 있었음을 알 수 있다. 바꿔 말하면, "서양" 또는 "구미"의 압박에 의해 부득이하게 도출되었던 것이 "동양" 또는 "아시아"였다. 일본과 연대해야 한다는 주장 이면의 구체적인 상황을 보자. 량치차오는 자신이 곤경에 처해 있을 때 일본이 도와주었던 것에 감명을 받았고, 장빙린은 반만反滿 한족 민족주의적 정서나 중국을 되돌아볼 때 갖게 되는 안타까움을 지니고 있었다. 그리고 손중산은 일본을 방문할 때 외교사령을 갖고 있었다. 이들 모두가 진정으로 "아시아"를 인정하고 있었던 것은 아닐 터이다.[29] 다른 한편으로 장기간에 걸쳐 약소국의 처지에 있었던 중국의 지식인들은 일본의 신속한 "부강"과 "문명"을 부러워했지만, 그런 부러움의 근저에는 바로 서양 문명 및 근대성에 대한 인정이 놓여 있었지, 일본 민족과 그 문화에 대한 인정이 있었던 것은 아니다. 청나라 말에서 민국 초에 이르기까지 중국의 지식인 상당수가 일본에 대해 탄복하고 감탄했던 것은 잘 아는 사실이다. 일본의 메이지유신이 중국에 가했던 자극은 지금으로서는 상상도 할 수 없을 정도였다. 그것은 전통 중국인의 자강自強 의식을 격동시켰다. 특히 청일전쟁 이후 패전국의 치욕적 정서가 시종일관 중국인들의 이성적 사색을 휘감고는 있었지만, 수많은 사람은 패전 이후부터, 일본이 중국에 비해 서양식 "문명"에 더 가까이 가 있으며 서양식 "문명"은 근대 국가와 민족의 "부강"과 동일하다고 생각하기 시작했다. 그래서 일본의 뒤를 따라가면서 문명적 진보를 추구해야 한다는 것에 의문을 제기하는 사람은 별로 없었다. 잘 알려진 예를 들자면, 1896년 왕강년汪康年은 『중국자강책中國自強策』에서 중국이 스스로 부강해지기 위해 이렇게 해야 한다고 주장했다. "우리가 만약 스스로 떨쳐 일어선다면 우리에 대한 서양인의 태도는 그들의 일본에 대한 태도와 같아질 것이다."[30] 중국을 패배시키고 아울러 중국에 치욕을 안겨준 일본은 이제 중국이 본받아야 할 대상이 되었다. 설사 과거에 일본이 중국에 부속된 "섬 오랑캐島夷" 중 하나에 불과했을지라도 말이다. 일본을 본받아야 하는 까닭은 바로 메이지유신 때문이다.[31] 1898년 손보선孫寶瑄은 일기에서 『명치신사明治新史』를 읽고 나서 큰 감명을 받았다고 쓰고 있다.[32] 특히 1899년 12월 30일 송서宋恕가 「손중개에게 쓴 편지與孫仲愷書」를 통해 당시 중국 지식인들의 심정을 잘 알 수 있다. 그는 이렇게 일본을 찬양한다. "오늘날의 일본은 그 문명 수준이 중국을 넘어서니 이 큰 나라가 그 한 나라와 비교될 뿐 아니라 (…) 일본인들이 중국을 평하면서 '문명은 일찍이 사라졌고 육경도 일찍이 소실된 나라다'라고 하는데, 그런 그들의 경멸을 들으니 참으로 마음이 아픕니다."[33] 심지어 보수파로 배척되던 왕셴첸王先謙도 다른 측면에서 일본의 의미를 파악했다. 광서 28년(1902) 출판된 『일본원류고日本源流考』 제22권 서문에서 그는 이렇게 지적한다. 일본이 흥성하게 된 까닭은 "서양인을 물리치고 배척한다는 것을 명분으로 책임을 정부에 귀속시키고서, 여러 번藩을 동원하여 그 호구와 토지를 거둬들인 다음 온 국민의 마음을 하나로 모음으로써 왕실을 받들었기 때문"이라고 한다. 반면 중국은 그렇지 않기 때문에 일본은 중국의 자강을 위한 거울이 된다고 했다.[34]

그런데 그런 관념과 심정의 거대한 변화는 어쩔 수 없는 것이었다. 그것을 와신상담이라고 하든 아니면 그것을 은인자중하면서 강력해지는 것을 도모하는 것이라고 하든 간에 분명히 해야 할 점은, 학습하고 본받아야 할 대상이 반드시 일체감과 친화의 대상은 아니었다는 사실이다. 그런 변화가 일어난 까닭은 주로 패전이 준 자극이었을 것이다. 광서 17~18년(1891~1892), 일본에서 공직을 맡고 있었던 정샤오쉬鄭孝胥는 일본의 유신을 인정하지 않으면서 이토 히로부미伊藤博文의 서양식 체제를 이렇게 풍자했다. "외관은 비록 아름답지만 나랏일은 더욱더 망가져간다." 심지어 일본이 간혹 내란을 겪는 데 대해 고소해하면서 "하늘이 일본에게 실패를 안겨줌으로써 서양식 체제를 배우는 사람들에게 경고를 하는 것이다"라고 말했다.[35] 그러나 광서 20~21년(1894~1895)에 이르러 일본이 중국에 패배하자, 이홍장은 일본과 담판할 때 이토 히로부미를 향해 "우리나라의 일은 관습에 빠져 있어서 마음대로 되지 않으며" 일본을 모범으로 삼아야 한다고 인정할 수밖에 없었다. 특히 그는 중국과 일본 두 나라는 "아주 가까이 있으며 같은 문화 계열인데 어떻게 서로를 원수처럼 대할 수 있겠습니까. (…) 아시아라는 전체 국면을 힘써 유지하여 영원히 우호 관계를 맺는다면, 우리 아시아의 황인종은 유럽 백인종으로부터 침략을 받지 않을 것입니다"[36]라고 말했다. 그렇다면 겨우 몇 년의 시간 동안, 역사와 전통이 남아 있던 천하 관념과 사이四夷 의식이 일본에 의한 패배라는 뼈에 사무치는 고통으로 인해 그토록 빨리 잊혔으며, 또한 그런 감정과 관념이 정말로 그토록 빨리 바뀌었을까?

3. 세계지도에 나타난 각자의 상상: 중국과 일본의 차이

1862년 일본인 다카스기 신사쿠高杉普作가 중국 상하이를 방문하고 귀국 후에 쓴 『유청여화游淸餘話』는 "중국은 고루하여 자멸할 것"이라고 경멸적으로 단언한다. 한편 그는 일본이 동아시아의 일체성을 강화해야 한다고 주장하면서 "순망치한脣亡齒寒"이라는 중국의 고사성어를 인용한다. 이러한 경멸과 연대의 이율배반적 의식은 이후 일본에서 오랫동안 널리 존재했다. 메이지 20년대에 이르러, 유신의 성공과 국력의 증대에 따라 일본에서 신속하게 팽창한 대일본주의는 중국을 "반개화"하고 "낙후한" 국가로 간주했기 때문에 현실의 중국에 대한 경멸감이 옛 중국에 대한 그리움을 훨씬 넘어섰다.[37] 앞서 인용한, 일본 여론에 대한 시반하라 다쿠지의 조사는 바로 그 점을 보여준다. 그러나 중국인 역시 그 점을 느끼고 있었다. 이소포李筱圃의 『일본기유日本紀游』는, 도쿄박물관이 중국의 아편 도구와 깨진 등, 옛 병기 등을 갖다놓고서 "중국물中國物"이라고 전시했던 것을 기록하고 있다. 황경징黃慶澄은 『동유일기東游日記』에서 나가사키 상인의 말을 기록하는데, 당시 일본에서는 중국에 대한 존경의 분위기가 사라지고 경멸의 분위기가 일어나기 시작했다고 한다. 이들 기록은 서로 간의 경계심을 분명히 나타낸다.[38] 그런데 중국 역시 일본에 대해서 영문 모를 경멸감을 품고 있었다. 유구한 역사가 있고 문화적 전통을 굳게 고수했던 중국은 천조대국과 조공체제의 상상 속에 오랫동안 머물러 있었기 때문에, 중국의 역사적 기억 속에서 일본은 결코 중국과 대등한 국가가 아니라 "손바닥만 한 섬 오랑캐 나라"에 불과할 뿐이었다. 마찬가지로 보편적 관념세계 속에서 "아시아"는 실체성을 지닌 지역이 아니라 단지 지리학의 한 용어에 불과했다. 전통적 중국의 관념세계에서는 필경 일본, 조선, 동남아 및 남아시아 여러 나라는 모두 똑같이 "사이四夷"일 뿐이었다.

옛 중국에 남아 있던 역사적 기억은 결코 자랑할 만한 것이 아니었기 때문에 청나라는 아직 패전하지 않았을 때는 일본에 대해 근거 없는 자부심과 오만함으로 가득 차 있었다. 그러나 패전한 다음에는 일본을 상당히 꺼리는 동시에 부러워하게 된다. 그렇지만 그런 기억은 역사적 존재였기 때문에 중국인이 서양의 압력을 받을 때에는 "중체서용" 아니면 "서체중용"이라는 말을 하곤 했다. 그래서 가치와 문화적 일체감의 영역에 있었던 것은 "중" 또는 "서"였을 뿐, 서양과 상대되는 "아시아"를 구축할 생각이나 상호 일체감이 이뤄지는 "같은 문화 같은 인종"의 공동체를 구축할 생각은 그다지 하지 않았다. 이 점을 볼 때 아시아주의는 상당 부분 일본의 "아시아주의"였지 중국의 "아시아주의"는 아니었다. 서양의 "타자" 자격을 지닌 "아시아"란 일본이 상상한 공동체였을 뿐, 실제로 존재하는 공동체는 아니었다. 특히 주의해야 할 점은 다음과 같다. 중국 입장에서 일본이란 결코 감정적 일체의 대상으로 여겨진 적이 없을 뿐만 아니라, 이성에 따라 일본을 학습하고 모방하고자 했던 것은 단지 일본이 거울과 매개체의 역할을 했기 때문이다. 다시 말하면, 일본은 하나의 거울로서 그 거울에 비춰진 것은 서양의 문명과 부강이었고, 또한 일본은 일종의 매개체로서 그로부터 중국에 전해져야 할 것은 서양의 새로운 지식이었다. 때문에 일본이 학습과 모방의 대상이 되기는 했지만, 중국인은 일본과 자신들 사이에 무슨 특별한 선천적 혈

연관계가 있다고 결코 생각하지 않았을뿐더러 "아시아"가 연대성을 지닌 공간이라고 여기지도 않았다. 중국의 지적 전통 속에 있던 "천하" 관념으로 인해 중국 지식인들은 세계주의 또는 보편주의를 지니고 있었다. "동해든 서해든 마음이 같고 이치도 같다"고 말하듯이, 중국인들은 하나의 중심과 하나의 진리를 인정하는 쪽이었으며, 게다가 중국은 자신의 시야를 전체 세계로 확장하는 데 익숙해져 있었다. 그래서 서양이 부강함으로써 우뚝 솟았다고 한다면, 중국은 서양의 길이 보편적 길이라는 점을 매우 쉽게 인정해버릴 것이다. 하지만 일본의 흥성함을 바라보면서는, 일본이 중국에 비해 한발 먼저 서양의 학문과 서양식 체제를 받아들였기 때문일 뿐이라고 중국인들은 생각했다. 설복성薛福成의 『주양추의籌洋芻議』는 이미, 일본이 "서양식 체제를 모방하여 여러 의론을 힘껏 배제했고, 기차, 배, 수레, 전보 및 일체를 제조했으며, 무역 관련 법이 잘 정비되어 있는 데다 서양인의 도움을 받았으니, 이것이 스스로들 '중국보다 낫다'고 말하는 이유다"라고 지적한다. 그러나 그는 중국이 경제적 실력, 기계, 인구의 세 측면에서 일본을 넘어선다고 여기면서, "자강의 권한은 중국에 있으니, 일본을 두렵게 하여 굴복시킬 권한 역시 중국에 있다"고 말한다.[39] 청말의 정치적 혁신이 아직 실패하지 않았을 때, 량치차오 역시 일본이 서양을 배워 변법變法을 했으며 그 점에서 중국이 본받아야 할 대상이 될 수 있다고 말했다. "우리는 유럽을 소로 여기고 일본을 농부로 여기며, 우리는 앉아서 그 수확물을 먹을 것이다. 천만금을 소비하지 않더라도 핵심적인 책은 다 모일 것이다."[40] 그 뒤 구정량裘廷梁의 『백화총서白話叢書』에 있는 『일본지략日本志略』 역시 이렇게 말한다. 곧, 중국의 유교 서적이 말하는 것은 모두 옛날의 사적일 뿐 현재 상황에 대한 논설은 극히 작은 데 비하여, 일본은 곳곳에서 유럽을 배워 현재 상황에 대해 해결책을 갖고 있다고 한다. 또한 13쪽에서는 "대체로 유럽인들이 읽은 책 중 일본인들이 안 읽은 것이 없으니 그 후로는 (…) 일본이 절대로 다른 나라로부터 기만을 당하거나 모욕을 받지 않았다"고 말한다. 그러면 어떻게 해야 하나? 바로 일본과 마찬가지로 서양을 배우되, 서양의 학문을 신속하게 배울 수 없다면 편의상 일본을 거쳐서 들여와도 된다. 마치 "길을 빌려서 괵나라를 멸망시킨다"[41]는 고사와 같았다. 또한 고명봉顧鳴鳳은 1900년에 쓴 「30년 동안 서양의 각종 기술을 숭상했던 우리 중화인三十年來吾華人崇尙各種西藝」에서, 중국의 자강은 일본을 스승으로 삼아야 하는데 왜냐하면 서양 언어는 배우기가 매우 어렵기 때문이라고 한다. "중국과 일본 두 나라는 이미 같은 문화권에 속하므로, 중화인들이 동양 언어를 배우는 것은 서양의 언어와 문자를 배우는 것에 비해 두 배로 쉬울 것이다"라고 그는 말하며, 또한 "일본은 유신 이후 서양의 정치와 기술 등 각종 유용한 서적이 모두 동양 언어로 번역되었는데 매우 잘 갖춰져 있다고 한다"고 말한다.[42] 그보다 조금 더 이후의 하주賀鑄는 친구에게 이렇게 말한다. "일본은 유신 초기에 서구화에 도취되었는데 몇 차례 충돌을 거치면서 오늘날의 일본이 되었다. 중국의 분위기가 처음으로 개방되고 있으니, 바로 이처럼 '서구화에 도취되었을' 때에 이 기회를 타고서 그 분위기를 이용하되 폐단을 신중하게 방지함으로써, 동양과 서양의 정치와 법제가 모두 우리에게 효용이 될 수 있도록 하여 저절로 중국의 정치가 되도록 한다." 또 다른 친구인 오공자五公子에게는 이렇게 권한다. "이미 동양 어문에 통달했으니 오로지 유럽 어문을 익혀야 하는데, 유럽 언어는 모든 학문의 근본이므로 유럽 어문에 통달한다면 한껏 높은 뜻을 펼칠 수 있을 테지만, 쓸데없는 공허한 얘기를 하면서 오로지 번역서에만 의존한다면 마치 끌채에 매인 노새처럼 운신이 협소해질 것이다."[43] 저 유명한 왕개운王闓運은 그런 이치를 몰랐기 때문에 광서 29년(1903)에 올린 상주문에서 당시 사람들을 비판하면서 "명칭은 서학이되 사실은 왜학"이라고 말했다. 하지만 사실을 말하자면 그의 비판은 앞뒤가 바뀐 것이었다. 왜냐하면 당시 그의 눈에는 세상이 왜학으로 가득 찬 것처럼 보였을 테지만, 사실 그것들은 일본을 거쳐서 중국에 들어왔던 서학西學이었기 때문이다.[44] 수많은 사람이 직접 서양 언어를 통해 진정한 근대의 학문을 학습할 수 있게 되자, "강을 건너면 다리를 철거한다"나 "뗏목을 버리고 강기슭에 오른다"는 속담처럼 도움을 주었던 교량과 강을 건너게 해줬던 배는 이제 더 이상 필요하지 않았다.

중국의 지식인들은 아마도 매우 뿌리 깊은 천하주의를 갖고 있었을 것이다. 하나의 문화적 자원으로서 역사적 연원이 오래된 천하주의는, 보편적 진리와 가치를 받아들이는 세계주의로 변화할 수 있었고, 더 나아가 가치의 일원주의를 낳을 수 있었다. 그리하여 그들은 서양의 "선진" "문명" "부강"을 전지구가 보편적으로 추구해야 할 노선으로 여기면서, 그로 인해 다른 문화와 제도를 신속하게 인정할 수 있었다. 그러나 사예를 멸시하는 유아독존식의 민족주의가 계속해서 남아서, 근대화와 부국강병을 통해 천하를 굽어보려는 웅심雄心이 그로부터 생겨날 가능성이 커졌다. 이런 역사적 기억과 전통적 관념 아래에서도 어떤 사람은 원래 "하이蝦夷(원래 일본의 아이누족을 가리킴)" "왜구" 또는 "섬 오랑캐"였던 일본에 대해 임시변통으로나마 친화하려는 마음으로 열심히 배우려는 생각을 가졌지만, 근본적으로 "같은 문화 같은 인종"이라는 것을 마음속 깊이 인정했던 것은 아니다.[45]

광서 원년(1875) 2월 25일, 정일창丁日昌은 상서를 올려 조정에 경고한다. "일본은 높은 관과 폭이 넓은 띠를 두르는 옛 풍습을 바꿨고, 기선과 대포의 새로운 제도로 배웠습니다"라면서 중국이 그런 변화에 주목해야 한다고 주장한다. 그는 또한 일본이 "용모를 꾸미는 것도 걱정할 만한 일이지만 극도로 막돼먹은 것은 더욱 근심할 만합니다"라고 말한다.[46] 그의 곳속에서

뿜어져 나오는 것은 일본에 대한 경멸감이었다. 하물며 청일전쟁 이전의 중국 지식인들은 한편으로 일본에 대해서 "왜구"라는 역사적 기억이 아직 남아 있었다. 설복성은 『주양추의』에서 "일본인의 성정은 사납고 교활하며 중국을 멸시한다. (…) 실로 오나라와 월나라가 서로를 공격하려 했던 마음을 갖고 있어 그들의 생각은 매우 급박하니 그들의 실정을 잘 알 수 있을 것이다"[47]라고 말했을 뿐만 아니라, 다른 사람을 대신해서 조선의 관원들에게 썼던 편지에서는 "왜인들의 성정은 사납고 탐욕스러우며 교활합니다" "근래 일본을 살펴보니 그들이 하는 일은 터무니없고 그 속셈을 알 수 없습니다"라고 경고한다. 아울러 그는 분석하기를, 일본은 서양의 체제를 학습하여 개혁한 이후 "창고가 텅텅 비었고 나라의 채무는 산더미가 되었기 때문에 사방에서 일을 벌여 야심을 펼침으로써 소비했던 것을 보상받으려 할 수밖에 없으니" 대비하지 않으면 안 된다고 한다.[48] 다른 한편으로, 천조대국의 역사적 기억이 계속해서 잊히지 않았기 때문에 설사 아시아 지역 공동체라는 관념이 있었다 하더라도 중국을 위주로 삼아야 했다. 어떤 일본인이 "아시아를 진흥하는 방법"을 자문하자, 요문동姚文棟이라는 문인은 이렇게 답한다.

> 무릇 아시아의 형세는 중국이 위주이고 일본은 돕는 것입니다. (…) 만약 중국만 놓고 본다면, 땅이 넓고 재물이 풍부하며, 한 면으로만 바다를 접해 있기 때문에 공격과 수비에 모두 편리합니다. 그러니 일본의 도움을 받을 필요는 없습니다.[49]

이런 말 가운데는 번속藩屬에 대한 천조의 자부심과 자만심이 가득 차 있다. 그는 조선의 친구에게 썼던 편지에서도 자신이 일본과 러시아를 신뢰하지 못한다는 것을 분명히 밝혔다. 그는 말한다. "일본이 조선을 엿봤던 것이 지금까지 수백 년으로 조선 사람들 중 그 사실을 모르는 이가 없을 것이며, 러시아가 아시아를 마음대로 하려면 먼저 조선에서 문제를 일으킬지도 모르는 일입니다."[50] 이 편지에서 나타난 것은 그 당시 중국 지식인들의 보편적 근심거리였다. 그러나 조금 이후인 광서 21년(1895) 정세가 역전되자 그런 경멸감, 자부심, 오만함, 걱정은 분노와 체념으로 바뀌었다. 6월 19일 절강학정浙江學政 서치상徐致祥은 상주문에서, 과거 영국과 프랑스의 침략은 "배상 비용으로 1000여만 냥을 내도록 했고 통상을 위한 개항지 두 세 곳을 설치하도록 하는 데 그쳤을 뿐 땅을 할양함으로써 강화하자고 한 적은 없었습니다. 지금 왜국은 작은 섬나라인데 중국은 전력을 다했지만 왜국에 의해 곤혹을 겪고 있으니 장차 어찌 해야 나라가 되겠습니까?"[51]라고 말한다. 그렇지만 옹동화의 "극도로 막돼먹었다"에서부터 요문동의 "일본은 중국을 돕는 위치에 있다" 그리고 서치상의 "작은 섬나라"라는 발언에 이르기까지, 중국인들의 마음속에는 시종일관 배척의 심리가 있었던 것 같다. 장빙린과 량치차오조차 겉보기에는 아시아를 진흥해야 한다고 주장했지만, 결국 마음속으로 아시아는 중국을 주인으로 삼아야 한다고 여겼으며 일본을 경멸했다. 장빙린은 「인도인의 일본관印度人之觀日本」이라는 글에서 인도인의 말을 빌려, 아시아와 일본에 관한 오쿠마 시게노부大隈重信의 언론을 비판한다. "러일전쟁 이래 일본인은 매우 오만해져서 동방의 거인은 자기 민족이라고 생각한다." 그는 계속해서 말한다. 만약 중국의 유서儒書와 문예가 없었다면, 그리고 인도의 불교가 없었다면, 심지어 『논어』와 『천자문』을 전해준 백제의 왕인王仁이 없었다면, 아마도 일본은 지금까지 "이무기나 대합조개 같은 존재에 불과했을 것이다蛟螭蜃蛤." "지금 비록 유럽을 모방했다고는 하지만 대부분 그 겉모습을 모방하여 완성해놓고 오만하게 구니 얼마나 후안무치한가?" 더 나아가서 그는 일본이 일어서기 전 아시아에는 혈흔이 별로 없었지만, 일본이 일어선 이후 별로 화평하지 않게 되었다고 말한다.[52] 량치차오는 「아시아 지리 대세론亞洲地理大勢論」에서 우회하여 일본을 비판한다. "일본은 진실로 오늘날의 영웅이지만" "그 의기양양하고 득의만면한 기개는 여기서 다 논하지 말자. 하지만 우리 중화가 어찌 아시아 대륙의 중심이 아니겠으며 수천 년 이래의 주인이 아니겠는가?"라고 말한다. 무엇을 "다 논하지 말자"는 것일까? 거기에 대해서는 제대로 설명하지 않았다. 무엇이 "주인"일까? 바로 그가 말한바, "관습대로 이 땅에 살면서 경험을 지닌 중국인들"이 아시아의 지도자이자 주재자가 되어야 한다고 주장한다.[53]

특히 일본인들이 중국 내부로 한 걸음 더 진입하고 심지어 중국의 내정에 간섭하자, 일본에 대한 경멸과 분노는 격렬한 반항과 거부로 바뀌었다. 일본과 중국이 각각 능욕을 가하는 주체와 능욕을 당하는 객체가 되자, 상상의 산물이었던 "한 몸인 아시아" 혹은 "같은 문화 같은 종족"에 대한 허구적 일체감도 연기처럼 사라져버렸다. 원래부터 내재했던 오만함, 적대감, 경계심은 곧바로 일체시와 거절의 경계선으로 변화했다. 광서 28년(1902) 양도楊度는 일본인 가노 지고로嘉納治五郎와 대화하면서 그래도 매우 공손하게 "우리나라의 존망은 실로 아시아의 존망이고 황인종의 존망입니다"라고 지적하고, "귀국의 정신이 현재 우리나라 현실에 적합할지의 여부는 여전히 큰 문제입니다"라고 말하는 동시에, "서로 사랑하고 보호하며 제휴하고 관계맺기"를 희망했다.[54] 그러나 5년 뒤인 1907년, 유사배劉師培는 「아시아의 현재 추세亞洲現勢論」에서 일본을 "아시아의 공적"으로 간주하면서, "아시아의 평화를 확보함으로써 아시아 여러 약소 인종의 독립을 도모하려면, 백인종의 강제적 권력을 배척해야 함은 물론 우리 아시아인을 강제적 권력으로 모욕하는 일본 역시 배척되어야 한다"고 지적한다.[55] 여기서 말하는 "아시아"는 이미 강권적 일본을 포함하지 않는다. 정치적 개입은 더 말할 나위도 없고, 일본인들이 아시아 공통 문화의 기초로서 여겼던 불교의 중국 개입에 대해서도 중국인들은 상당한 반감을 갖고 있었다. 일본의 승려들이 대거 중국에 들어왔을 때, 왕강년은 일본 승려들의 계략에 주목했다. 그해 『경보京報』에 그가 썼던 「중국에 와서 포교하는 일본 승려들에 대한 비판論日本僧人至中國傳教之非」뿐만 아니라, 그의 친구 항조형項藻馨이 그에게 보냈던 편지는 일본인 승려들에 대해 상당한 경계심을 드러낸다. 항조형은 "이후부터 일본인들은 포교를 핑계로 권한을 넓힐 것인데 이것은 전반적인 정세와 극도로 밀접한 관계가 있다"고 지적하며, 심지어 "우리의 피가 식지 않았다면 이런 일을 당해서 우리도 모르는 사이에 미치고 말았을 것이다"라고까지 말한다.[56] 상상된 공동체인 "아시아" 속에 그토록 많은 원한과 경계심이 숨어 있던 데에는, 과거 중국이 "천하의 중앙"이라는 상상이 끼친 역사적 영향이 있었던 것은 물론이다. 그렇기는 하지만 당시 현실의 일본이 "패도"와 "패주霸主"의 위협으로서 존재하는 이상 어떻게 "아시아"를 일체시할 수 있었겠는가?

1912년 10월 일본 국회의원 시찰단이 중국을 방문했는데, 그 가운데 이부카 히코타로井深彦太郎라는 이가 상하이의 『민립보民立報』 제752호에 「대아시아주의론大亞細亞主義論」을 발표해서 "아시아란 아시아인의 아시아다"라고 선전했다. 아시아주의가 점차 중국의 문제가 되어가고 있었지만, 그런 아시아주의는 여러 사람의 인정을 받지 못했다. 1917년 리다자오李大釗는 일본에서 발행되는 『중앙공론中央公論』 4월호의 「무엇을 대아시아주의라고 하는가?」라는 글을 읽고 곧바로 『갑인甲寅』에 「대아시아주의」라는 글을 발표한다. 그는 여기서 "대서양주의에 대항하여 대아시아주의의 기치를 드는 것은 대립적 항거다"라고 하는데 이것은 당연한 반응이다. 하지만 그는 아시아의 핵심은 "중화 국가의 재탄생과 중화 민족의 부활"이라고 생각했으며, 아울러 "만약 대아시아주의의 기치를 빌려 제국주의를 포장하면서 극동의 패권을 빼앗아가려 하거나, 타대륙 사람들의 약탈을 금지하면서 자신이 약탈하려 하거나, 또는 타대륙 사람들의 기만과 능욕을 거부하면서 자기가 기만하고 능욕하려 한다면" "전 아시아 동포에게 재앙이 될 것"이라고 가차 없이 비판한다. 1919년 1월 1일에 그는 또다시 『국민國民』에 글을 발표하면서, "근래에 일본의 일부 인사가 대아시아주의를 제창했지만, 우리 아시아인은 그 용어를 듣고서 매우 걱정하고 있다"라고 말한다. 왜 걱정할까? 왜냐하면 리다자오는 이미 "아시아주의" 배후에 "중국 병탄주의라는 결말"이 숨겨져 있음을 깨달았으며, "아시아주의"란 "대일본주의의 별명"임을 깨달았기 때문이다. 비록 그런 대아시아주의가 겉으로는 "아시아"를 부각시키면서 "구미"를 거부한다는 뜻을 갖고 있기는 했지만 말이다.[57]

4. 민족주의와 세계주의 또는 전통성과 근대성

청말 민국 초의 일본과 중국에서 "아시아"에 관한 지식계와 사상계의 언설 배후에는 이처럼 다른 정서와 사고가 있었다. 서로 얽혀 있기 때문에 분명히 구분해야 할 문제가 두 가지 있는데, 하나는 민족주의이고 다른 하나는 근대성의 추구다. 이 두 문제는 20세기 사상사의 기점일 뿐만 아니라 20세기 전체 중국 사상사에 영향을 끼쳤다.

"민족주의"라는 용어는 이제 부정적 의미를 갖게 된 듯하지만, 근대 국가의 건설 과정에서 그것은 빼놓을 수 없는 것이었다.[58] 민족주의는 공간, 언어, 신앙, 역사로부터 구축되는 표준을 제공하는 것 말고도, 극도로 강렬하게 자아와 타자를 구분토록 하는 일체감의 기초를 제공한다. 그러나 어떠한 "일체감"이라도 그와 비례하는 "배척"을 나타내고, 어떠한 "자아"라 할지라도 모두 내가 아닌 "타자"를 구분한다. 현재 앤더슨 등의 학자가 국가는 다만 "상상의 공동체"에 불과하다고 주장할지라도, 사실상 민족과 국가가 두말할 필요 없는 일체감의 기초가 되었던 시대에 민족주의는 항상 가치와 감정을 표현했고, 그런 가치와 감정은 늘 일반적인 지식, 사상, 신앙이 되었으며 보편적인 존재가 되었다. 아울러 그것은 각 민족국가 간에 서로 통약할 수 없는 요소이자 충돌을 일으킬 만한 요소가 되었고, 심지어 민족과 민족, 국가와 국가 사이에서 충돌을 야기하는 정서가 되었다.[59] 특히 19세기 말에서 20세기 초의 일본과 중국은 근대화와 민족주의 조류가 들끓던 시대에 처해 있었다.[60] 한편으로 장기간 한문화漢文化의 포위 속에 있다가 근대에 강성해지자 일본인은 언제나 "동양"에 대한 규정을 통하여 자기 위치를 확립하기를 기대했고, 다른 한편으로 이미 충분히 근대화와 세계화를 이룬 일본이 자신을 확립하고자 할 때는 마찬가지로 "서양"이라는 타자를 세울 필요가 있었다. 때문에 일본인들은 "아시아" 공동체를 매우 쉽게 상상할 수 있었고, "아시아주의"라는 구호로 "일본주의"를 부각시키고자 시도했다. 이와 달리 근대 중국인들은 한편으로 "천조대국"이라는 전통적 관념과 아직도 남아 있던 "천하와 오랑캐天下四夷"라는 조공의 기억을 계속해서 갖고 있었기 때문에, 그들은 자신과 대등하거나 심지어 자기를 능가하는 일본에 대해 아무리 해도 익숙해질 수 없었고, 마음속에는 시종일관 "섬 오랑캐"와 "일본놈들鬼子"이라는 멸시감이 있었다. 다른 한편 아직 근대화하지 못하여 세계의 인정을 받지 못하던 중국은 또한 늘 구미와 일본 모두가 자신을 기만하는 타자라고 생각했다. 그리하여 중국인들은 이른바 "아시아"라는 것을 인정하기가 매우 어려웠다.[61] 물론 청말 민국 초 일본의 민족주의가 강세를 띠면서 이성으로부터 팽창하여 비이성이 되고, 유한한 확장이 무한한 확장이 되었다는 점은 당연히 지적되어야 할 것이다. 반면 중국의 민족주의는 약세였기 때문에 비이성으로부터 이성으로 변하였고, 포위 속의 한없는 퇴각은 진정의 기미를 보이게 되었다. 그 사이의 전환과 변천은 실로 깊이 음미할 만하다.

그러나 근대 세계에서는 근대성 추구와 전통성 고수 사이의 충돌도 있었다. 보통 논리적으로 말하자면 민족주의는 전통성의 고수와 근대성에 대한 거절로 나아가는 경향이 있다. 그런데 일본이든 혹은 중국이든, 19세기 말과 20세기 초의 "민족주의"는 국가 전체적으로 근대성을 추구하려는 모습으로 나타났다. 간략하게 말하면, 부강의 추구를 통하여 민족의 존재를 부각시키려 한 것인데 부강의 추구는 보통 근대화와 서양화일 따름이었다. 그래서 민족주의적 입장과 세계주의적 가치가 항상 한데 뒤섞여 있었고, 근대성의 추구는 전통성의 고수를 감춰버렸으며, 민족주의는 세계주의를 거쳐서 표현되었다. 일본이 "탈아脫亞"를 통하여 "흥아興亞"의 단계로 진입하고자 했던 것은 근대성 추구를 실현한 다음 더 나아가 전통성의 보존을 제기했던 것이었다. 그것은 겉보기에는 분명히 합리성을 지니고 있다. 왜냐하면 근대성에 대한 경계심, 서양 담론의 패권에 대한 대항은 모두 "근대성" 또는 "서구성"을 넘어서는 의미를 지니기 때문이다. 그러나 실제로 일본은 "흥아"의 단계로 들어서는 것을 통하여 자신을 아시아의 지도자 위치에 놓으려 했으며, 동시에 "진보"와 "문명" 등의 근대적 담론을 통해 아시아를 평정하고 담론 권력을 확립하려고 했다. 반면 중국은 "중체서용"으로부터 급진적으로 "완전 서구화全盤西化"로 나아갔는데, 겉으로 보기에는 아직 근대로 전환되지 못한 배경 아래에서 근대성을 더욱 추구하여 세계로 편입하려는 것 같았지만, 그 바탕에는 "구망救亡" 곧 민족을 위기로부터 구하려는 정서가 있었다. 이후의 "세계 민족의 숲속에 서자"는 것이나 "지구의 시민권을 쟁취하자"는 종류의 세계주의적 담론은 모두 그 배후에 "민족주의"라는 내포가 있었고 전통성의 구원을 호소하고 있었다.

청나라 말에서 민국 초기에 이르는 시기의 정세는 참으로 기괴하다. 민족주의와 세계주의, 근대성 추구와 전통성 고수가 매우 복잡한 방식으로 서로 얽혀 있거나 연결되어 있기 때문이다. 대체적으로 말하자면, 일본의 "아시아주의" 언설 배후에는 일본의 민족주의 또는 "대일본주의"가 숨겨져 있다. 일본의 아시아주의에는 신속하게 근대화를 이룬 이후 자아 및 "타자"를 확립하려는 의식이 강렬하게 드러난다. 그러나 "탈아입구"와 같은 구호 배후에는 일본이 세계로 진입해야 하고 근대성을 추구해야 한다는 정서가 더 많이 드러나 있다. 이와 달리 중국에서 그다지 유행하지는 않았던 "아시아주의" 언설의 배후에는 반대로 강렬한 근대성 추구와 세계로 편입하기를 바라는 희망이 보인다. 중국의 "아시아주의"가 나타내는 것은 아직 근대화하지 못한 중국이 부강을 추구해야 한다는 의식이었다. 반면 "완전 서구화"라는 강렬한 세계주의적 슬로건 배후에는 민족과 국가를 부각시키려는 정서가 더 많이 숨겨져 있었다.[62]

최근 "아시아"에 관한 논쟁이 일본에서 다시 열기를 띠었고 중국에서도 상당한 반향이 있었다. 그런 현상은 아주 좋은 것이다. 그로 인해 새로운 정치적 상상의 공간이 구축되어, 민족국가를 넘어서 사고하기 위한 기초가 마련될 것임이 틀림없다. 그러나 우리는 계속해서 다음과 같은 점을 고려해야 한다. 지금 거듭해서 "아시아" 또는 "아시아 공동체"라는 옛 용어를 제기하게 된 역사적 배경과 기초는 무엇일까? 그러므로 특히 추궁해야 할 점은 이 글 서두에서 제기했던 문제다. 첫째, "아시아"는 어떤 "아시아"인가? 동아시아인가, 아니면 서아시아, 중앙아시아, 남아시아를 포괄하는 전체 아시아인가? 둘째, "아시아"는 지리학의 한 공간으로서 어떻게 문화적 일체감의 공간이 될 수 있을까? 셋째, 일본이 일체시하는 "아시아"는 중국과 한국도 일체시하는 정치 또는 문화적 공동체인가? 넷째, "아시아"는 대체 앞으로 구축될 필요가 있는 일체감의 공동체인가, 아니면 이미 일체시되었던 공동체인가? 바꿔 말하면 그것은 이미 존재했던 과거의 역사인가, 아니면 희망 속의 미래인가?

제6장

국가와 역사 사이
-중국 도교, 일본 신도, 천황제 사이의 관계에 대한 일본의 논쟁을 실마리로 삼아

이끄는 말: 작은 문제로부터 파생된 큰 주제

고대 중국의 도교가 일본의 신도神道에 영향을 주었을까? 고대 중국의 도교 문화는 고대 일본의 천황 칭호에 영향을 주었을까? 중국 도교와 일본 신도 사이에는 어떤 차이가 있을까? 이런 문제는 원래 문화 교섭사 영역의 것으로서 설명하자면 간단하다. 이 문제에 대한 논의는 고전 문헌과 고고학 자료에 바탕을 두고 확실한 증거를 찾으며 거기에 상세한 논증을 덧붙이기만 하면 해결되기 마련이다. 그러나 문제를 복잡하게 만드는 것은, 그렇게 간단한 역사적 문제의 이면에는 해소하기 힘든 입장과 지극히 중요한 관념이 언제나 자리잡고 있다는 사실이다. 왜냐하면 각종 역사적 증거는 언제나 특정한 관념을 지닌 사람들에 의해 해석되곤 하기 때문이다. 이 때문에 간단한 역사적 문제는 복잡한 견해 문제를 야기할 수 있고, 그로 인해 역사적

후쿠나가 미쓰지福永光司의 책

증거에 대한 해석은 사람과 시간에 따라 다를 수 있다. 이 장에서 논하려는 것 역시 예외가 아니다. 여기서 다루려는 문제는 세 가지다. 첫째, 중일 문화 교섭사의 이 문제가 일본 학계에서 격렬한 논쟁을 불러일으켰고 게다가 그 논쟁이 80년이라는 세월을 지속할 수 있었다는 것은, 역사성을 지닌 학술적 주제 이면에 언제나 현실성을 지닌 정치적 요소가 있음을 설명하는 것은 아닐까? 둘째, 서로 다른 국가의 역사학자들이 동일한 역사적 현상에 대해서 그토록 평가를 달리하고, 그 배후에 서로 다른 입장·정서·사고가 있었다는 것이 분명하다면, 일본의 "중국학"은 1차적으로 "일본학"으로 여겨져야 하지 않을까? 셋째, 문화 교섭사 내의 그런 주제를 접하면서 중국 학자들은 일본 학계를 "동정적으로 이해할" 수 있을 것이며, 아울러 자신의 학술사를 되돌아보면서 학술 연구의 민족성과 국제성에 대해 깊이 이해할 수 있는가?

1. 두 "복福"의 논쟁, 무엇에 대해 논쟁했는가?

중국의 도교, 일본의 신도, 그리고 천황제에 관한 화제는 1980년대의 이른바 "이복二福(후쿠나가福永와 후쿠이福井)의 논쟁"에서 시작되었다고 해도 무방하다. 1982년 3월 도쿄대학의 저명한 도교 연구학자 후쿠나가 미쓰지福永光司 교수가 출판한 저서 『도교와 일본문화』[1]는 그리 두껍지 않은 책으로서 논문 열일곱 편을 수록하고 있는데, 그 가운데 첫 번째 논문이 「일본의 고대사와 중국의 도교」이고 부제는 논지를 상당히 자극적으로 드러내고 있었다. 그 부제는 "천황의 사상과 신앙을 중심으로"였다. 두 번째 논문의 제목도 상당히 날카롭고 명쾌한데, 「일본 고대의 신도와 중국의 종교 사상」이었다. 그는 논문에서 중국 도교의 영향을 줄곧 부인하면서 신도가 일본 고유의 것이라고 여기는 일본 학계를 비판한다. 동시에 그는 일본의 저명한 학자 쓰다 소키치津田左右吉 이후로는 처음으로 "천황"의 명칭이라는 매우 민감한 문제를 다루면서 "천황" 칭호는 사실 중국 도교에서 비롯한 것이라고 주장했다. 이런 주장은 일본의 고전 『고사기古事記』와 『일본서기』의 전설을 바탕으로 형성된 "만세일계萬歲一系"의 천황 신화에 대해 상당히 심각한 도전이 되었다. 그의 또 다른 저작인 『도교와 고대 일본』 겉면 띠지가 표방하는 대로, 그런 주장은 "일본 고대 역사상의 전환"으로 간주되어야 할 것이다.

"일본 고대 역사상의 전환"이란 무엇인가? 주지하다시피 일본 학자 니시지마 사다오가 일본이 중국으로부터 받은 영향에 4대 영역(한자, 유가사상, 율령제 국가, 불교)이 있다고 주장한 이래 일본 학계는 일본사 속에 그런 "중국적 요소"가 있다는 데에 대체로 동의했다. 그러나 전통적 일본 학계는 일본 고대사에서 일본 문화의 주체성이 놓여 있는 곳 두 군데에 대해서만큼은 쉽게 동요되지 않는 듯하다. 첫 번째는 일본 문화가 독립적 문화로서, 마루야마 마사오丸山眞男가 말하듯이 항구불변의 "옛 층古層"을 갖고 있다는 것[2]이며, 그곳이야말로 일본 민족의 문화적 주체성이 뿌리를 내린 곳이라는 것이다. 두 번째는 신화적인 "천황"의 역사다. 규슈九州에서 "한의 왜노국왕漢倭奴國王"이라는 글자가 새겨진 금이 발견되었고 고훈古墳 시대의 벽화가 발견되었지만, 일본의 전통적 관념세계에서는 천황의 만세일계가 기본적으로 유지되었고, 제도·칭호·신성가족을 포괄한 천황은 순전히 일본 고유의 것으로 여겨졌다. 일본 고대사에서 이 두 가지는 동요되기 쉽지 않은 것이었다. 왜냐하면 그 두 가지 문제에 대해 어떤 의문을 던지건 간에 다음과 같은 근본적인 질문으로 귀착하기 때문이다. 곧, 오노노 이모코小野妹子가

명을 받들어 수나라에 사신으로 왔을 때 평등한 신분을 나타내는 말인 "해 뜨는 곳의 천자가 해 지는 곳의 천자에게 편지를 보낸다"는 말을 하기 이전에, 일본은 줄곧 중국 문화의 범위 안에 있었는가? 바꿔 말하면 일본이 자신의 신성한 독립국가와 자주적 문화를 확립하기 전 줄곧 중국 문화를 모방했는가? 이 근본적인 질문에 공공연히 "예"라고 대답할 일본 학자는 거의 없다.

학술 연구와 국민감정, 역사 문제와 민족적 입장, 객관과 주관 사이에서 복잡한 뒤얽힘이 그 문제에서 나타나기 시작하는 것 같다. 때문에 그 책이 출판된 해에 후쿠나가 미쓰지는 와세다대학 교수이자 저명한 도교학자인 후쿠이 후미마사福井文雅로부터 강력한 질문을 받는다. 그는 일본의 가장 중요한 도교학회 간행물인 『동방종교東方宗教』 제60호에 서평을 발표하여, 후쿠나가 미쓰지가 "도교"의 정의를 불명료하게 했다고 우회적으로 비판했고, 동시에 "천황" 등에 관한 문제에서 후쿠나가 미쓰지가 쓰다 소키치 및 그 밖의 일본 학자들이 했던 연구를 참고하지 않았다고 지적했다. 후쿠나가 미쓰지는 이듬해(1983) 『동방종교』 제61호에 「쓰다 소키치 박사와 도교」라는 제목의 논문을 발표하여 후쿠이 후미마사의 힐문에 대응하는 한편, 쓰다 소키치의 연구를 적극 제시했다. 이렇듯 도교와 신도에 관한 논제에서 천황의 칭호와 제도가 정면으로 다뤄지고 있다.[3]

2. 쓰다 소키치와 중국 도교에 대한 그의 판단

후쿠이와 후쿠나가가 언급한 쓰다 소키치는 대체 어떤 사람인가? 그 이야기를 하자면 80년 전으로 거슬러 올라가야 한다. 쓰다 소키치(1873~1961)

는 일본의 매우 저명한 학자로서 일찍이 "최대의 동양학자"로 칭해진 바 있다. 그의 연구 영역은 일본과 중국의 역사, 문화, 종교에 걸쳐 있다. 1913년에서 1938년까지 그의 『천황고天皇考』『신대사 연구神代史硏究』『고사기와 일본서기의 연구』『도가사상과 그 발전』『일본 상대사 연구』『중국사상과 일본』이 연이어 출판된다. 시라토리 구라키치白鳥庫吉의 사숙제자로서, 그와 시라토리 모두 메이지유신 성공 이후 일본 문화계에 나타났던 중국 멸시 정서를 체득하고 있었으며, 그런 정서는 일본이 중국 역사와 문화의 굴레에서 벗어나야 한다는 투쟁심으로 나타났다. 그의 저작은 한편으로 유럽 역사학의 영향을 깊이 받아 역사 연구의 객관성과 과학성을 추구하면서, 다른 한편으로는 일본중심주의적 입장이 상당히 강했기 때문에 그의 역사학은 대大일본주의적 입장과 떼놓을 수 없었다. 그의 여러 관념 가운데에서 중요한 사상은 바로, 일본의 역사와 문화는 독자적으로 발전해왔지 중국 문화의 영향 아래에서 성장한 것은 아니라는 것이다. 『중국사상과 일본』 서문에서 그는 되풀이하여 말한다.

> 일본과 중국은 각자의 역사, 서로 다른 문화, 서로 다른 세계를 갖는다. 일본 문화는 일본 민족의 생활과 독립적 역사를 거쳐 전개된 것이자 독립적으로 형성된 것이므로, 중국 문명과 전혀 다르다.[4]

쓰다는 이렇게 생각한다. 과거 일본 지식인들이 비록 중국의 고전을 신봉하고 읽어왔으며 그것을 신조로 삼기는 했지만, 중국 경전에서 비롯한 것은 일본의 생활세계에 기원을 둔 것과 서로 배치된다. 때문에 일본이 도교의 내용 및 심지어 "신도神道"를 포함하는 용어를 들여오기는 했지만, 그것은 단순한 용어 수입에 불과할 뿐 결코 일본의 생활세계에 영향을 끼치거나 신앙이 되지는 못했다.[5] 바꿔 말하자면, 비록 일부 지식을 들여오기는 했지만, 도교라는 종교 그 자체를 들여왔던 것은 아니었기 때문에 일본의 신도와 중국의 도교는 본질상 아무런 관련이 없다는 것이다.[6] 마찬가지로 고대 일본의 "천황"이라는 칭호도 비록 중국의 『침중서枕中書』 같은 문헌의 용어를 채택하기는 했지만, 그 칭호에는 중국적 의미가 전혀 없으며 그것은 마치 일본과 중국이 동일하게 별자리인 "북극"을 특별히 중시했던 것과 마찬가지라고 한다. 때문에 그는 "천황" 칭호를 사용하는 데 대해서 고민할 필요는 없다고 말한다. 『일본서기』 내 우주 기원설도 비록 중국식의 "하늘과 땅이 나뉘어 있다天地剖判"는 용어를 쓰고 있기는 하지만, 그것은 다만 일본인들이 한자를 차용했기 때문일 뿐이며, 글자가 같기는 하지만 그 배후에는 중국적인 종교적 의미가 전혀 없다고 한다.[7] 그는 반복해서 자신의 설을 편다. 6세기에서 8세기에 걸쳐, 한편으로 일본의 독서인들이 중국 문헌의 영향을 받아 일본의 역사, 전설, 고사故事를 늘 "중국화"함으로써 중국의 영향을 받은 지식인들의 사상이 일본 문헌에 점차 나타나고 있지만, 그것은 일본의 기층에 있는 민중 사상과 분리된 것이었다. 다른 한편으로 중국 문헌들에 내재되어 있는 "중국 사상"에 일본 본토에서 비롯한 새로운 의미가 첨가되었기 때문에 "일본화"가 나타났으며, 일본적 의미가 가미된 사상을 "중국에서 만들어진 것"으로 여길 수는 없다고 한다.[8] 종합하자면 쓰다 소키치가 강조하는 것은 일본 문화에 원래부터 주체성이 있었다는 것이며, 도교를 포함한 중국의 문화가 비록 일본에까지 파급되어 깊은 흔적을 남겼지만, 그런 파급은 일부 문자와 문헌상의 "차용"이었을 뿐 근본적인 "영향"은 아니었다는 것이다.

후쿠나가 미쓰지의 설명에 따르면, 쓰다 소키치는 메이지 시대에 성장한 동양 학자로서 일본의 유신 성공에 대한 자부심을 갖고 있었기 때문에 중국 도교를 포함한 중국 문화를 그토록 낮게 평가했다. 예를 들어 쓰다의 『중국사상과 일본』을 보면 경멸과 심지어 모욕으로 가득 차 있으며, 언제나 "중국인은 사유를 싫어하고 사유에 능숙하지 않다" "사물에 대한 탐구심이 결여되어 있고 감수성이 둔하다" "비논리적 사유는 중국적 사유의 특징이다"라거나, "과학 문화가 발달하지 못했기 때문에 정신 역시 우수할 수 없다"고 말하곤 했다. 더욱이 도교에 대해서는 "그 본질은 중국의 민간 신앙인데, 장수와 복을 비는 데서부터 생겨난 기도와 주술, 장생불사의 가능성을 믿는 신선학설을 모아놓은 것으로서 그 사상은 천박하고 관심을 가질 만한 것이 없다"고 말했다. 이렇듯 도교 연구에 대해 상당히 불리했던 그의 판단은 후대 일본 관동 지역의 학자들, 심지어 전체 일본의 고대사 학자들에게 영향을 끼쳤다.[9] 그러나 제2차 세계대전 이후 성장했고 기타큐슈 출신인 사람의 기억과 경험을 놓고 보자면, 쓰다 소키치의 판단이 반드시 정확한 것은 아니었다고 후쿠나가 미쓰지는 생각한다. 왜냐하면 기타큐슈에도 부엌신 신앙, 한발旱魃에게 기도드리는 일, 신사神社에서 대나무를 들고 물을 떠다놓고서 비 내리기를 바라는 일, 칠월칠석 날 별이 총총한 밤에 서책書冊을 갖다놓고 천신天神에게 기도드리는 등의 중국과 유사한 풍속이 있었기 때문이다. 따라서 중국의 풍속, 심지어 중국의 종교가 일찍이 일본에 전파되었음이 분명하다. 쓰다 소키치는 메이지, 다이쇼, 쇼와 초기, 곧 일본이 점점 더 중국을 경시하던 시대에 살았기 때문에 그가 일본인 및 일본 문화의 독특함과 우수성을 강조하기 위해 그토록 중국을 폄하했던 것은 아닌지 후쿠나가는 회의한다. 일본과 중국의 문화적 차이를 논할 때는 차라리 오카쿠라 덴신의 『동양의 사상』에 나타난 아시아 동일성의 입장을 채택하는 것이 낫다고 후쿠나가 미쓰지는 말한다. 그에 따르면 쓰다 소키치에게는 두 가지 오류가 있는데, 첫째는 중국의 사회, 문화, 사상을 "고정화"하는 것이며, 둘째는 4세기 말 이후의 도교 문헌과 그 사상·학설을 소홀히 했다는 것이다. 그리하여 쓰다는 경솔하게도 도교 및 일본 문화에 대한 그 영향을 부정함으로써 잘못된 결론을 내릴 수밖에 없었다고 한다.

이런 후쿠나가 미쓰지의 논의는 또다시 후쿠이 후미마사의 비판을 받는다. 후쿠이 후미마사는 『동방종교』 제62호에 발표한 평론에서 후쿠나가 미쓰지가 쓰다 소키치를 전혀 이해하지 못했다고 비판한다. 후쿠나가 미쓰지는 쓰다가 중국인과 중국 문화를 경멸했다고만 파악했는데 그것은 잘못 본 것이라고 한다. 그는 "중국을 연구할 때는 동정적 이해를 지녀야 하며, 그렇지 않으면 진실한 사상과 생활을 통찰할 수 없다"는 쓰다의 말을 인용하면서, 쓰다는 다만 중국 문화를 전적으로 숭배하려는 사람들, 예를 들어 유교 경전을 숭배하고 거기에 복종하려는 유학자 같은 태도를 지닌 사람들을 비판하려 했다고 한다. 아울러 쓰다는 후쿠나가가 말했던 것처럼 그렇게 도교를 경시하지는 않았다고 후쿠이는 말한다. 쓰다가 도교를 경시했다면 『도가의 사상과 그 전개』 『신선사상의 연구』와 같은 역작도 쓰지 않았을 것이라고 지적하는 것이다. 특히 후쿠이는 쓰다 소키치의 심리에 대한 후쿠나가 미쓰지의 추측에 의문을 표한다. 후쿠이에 따르면, 타국 문화에 대한 선배 연구자들의 연구를 판단할 때는 그들의 감정적 호오, 곧 타국을 존경했느냐 혹은 경멸했느냐를 따져서 비판하면 안 되고, 그들 연구의 결론이 정확했는지의 여부를 비판해야 한다. 연구자의 태도 여하만을 따지는 것은 학문 애호자에게 요구되는 태도이지 연구자에게 필요한 태도는 아니라고 한다. 그는, 후쿠나가가 '쓰다 소키치의 연구가 정확했느냐' 하는 문제를 '쓰다의 입장이 정확했느냐' 하는 문제로 바꿔버렸다고 풍자하면서 그것은 "궤변"이라고 비판한다.

도교와 일본 문화 사이의 관계에 대해서도 후쿠이는 비판을 계속한다. 도교가 일본에 실질적인 "영향influence"을 끼쳤는가, 아니면 다만 문헌적 지식의 측면에서 "차용borrowing"된 것에 그쳤는가 하는 문제에 대해서 후쿠나가는 쓰다를 결코 부정하지 못하고 오히려 쓰다의 결론을 "보완"하고 말았다고 지적한다. 기타큐슈 출신으로서 후쿠나가 미쓰지의 개인적인 경험은 비록 소중한 것이지만, 그것은 개별적 현상에 불과할 뿐이며 이를 "일본인의 실제 생활"로 확대할 수는 없다고 후쿠이는 주장한다.[10]

3. 쓰다 소키치의 곤경: "영향"인가 "차용"인가?

그렇다면 중국 문화(도교를 포함)와 일본 문화에 대한 쓰다 소키치의 판단은 성립될 수 있을까? 우리는 다시 쓰다 소키치의 시대로 되돌아가서 당시 학술사의 환경을 봐야 한다. 왜냐하면 중국 문화가 일본에 대해서, 더욱이 중국 도교가 일본의 신도와 천황 칭호에 대해서 "영향"을 주었는가, 아니면 "차용되었는가" 하는 논쟁은 당시의 학술적 환경과 분리될 수 없고, 당시 일본의 정치사와 문화사로 되돌아가 고찰해야 하기 때문이다.

주지하다시피 일본의 신대사神代史는 『고사기』와 『일본서기』를 바탕으로 삼는다. 일본의 국학자들이 보기에 그 역사에는 대체로 몇 가지 핵심이 있다. 첫 번째는 신이 천황의 지위를 부여했다는 것이고, 두 번째는 천황이 만세일계로서 면면히 끊어지지 않았다는 것이며, 세 번째는 천황의 신성함과 일본 신도의 신성함이 서로 관련이 있다는 것, 곧 합법성과 합리성 심지어 신성함이 모두 그 역사에서 비롯된다는 것이다. 메이지 이후 일본의 국가주의와 민족의식이 날로 강렬해지던 시대에 이런 역사적 관념은 끊임없이 강화되었다. 통일을 이루고 독립적이며 강대한 현대 국가를 건설하기 위해 "천황"은 신성화되었고 "신도"는 존숭되었다. 일본 메이지 시대의 "막부 측의 정권 반환大政歸還"과 "신도와 불교의 분리神佛判然"는 그런 조류의 산물이었다. 1882년부터 기초 작업을 시작하여 1889년 정식으로 반포된 「대일본제국헌법」 제1조와 제2조는 만세일계의 천황이 대일본제국을 통치하며, 천황의 신성은 침범될 수 없는 것이라고 규정한다.[11] 그리고 당시 일본에 유행하였고 제2차 세계대전 기간에도 여전히 사용된 "본국 역사교과서本國歷史教科書"에서는, 상고사上古史의 제1장이 바로 천조대신天照大神부터 천손강림天孫降臨의 "제국 및 황실의 기원"까지를 서술하고 있고, 제2장은 진무 천황神武天皇에서 시작하고 있으며, 제3장은 스진崇神 천황, 스이닌垂仁 천황 등을 서술한다. 신도의 역사와 천황의 역사가 여기서 신성한 계보를 구성하고, "대일본주의"적 감정을 지탱하고 있다.

쓰다 소키치가 감정적 일본주의자이기는 했지만 다른 한편 이성적 역사학자이기도 했다. 그래서 일본의 상대사를 연구할 때 그는 상당히 골치 아픈 곤경에 처한다. 한편으로 그는 일본 문화가 중국 문화의 영향을 받았다는 것을 인정하기 싫어했다. 앞서 서술했다시피 그는 중국 문화와 종교를 비판하면서, 도교를 포함한 중국 문화와 일본 사이의 실질적인 관계를 정밀하게 절단했다. 그러나 다른 한편으로 그는 역사와 문헌의 증거를 무시하면서까지 일본의 상대사를 스스로 체계를 갖춘 신화적 계보로서 간주할 수는 없었다. 이에 그는 "중국"과 "일본"을 분리하여 일본 문화의 독특함을 드높임으로써 중국 문화의 영향력을 부정하고 일본으로부터 중국 "냄새"를 씻어내는 한편,[12] 역사적 연구의 객관성을 추구하면서 오진應神 천황, 닌토쿠仁德 천황 및 이후의 역사가 모두 "만들어진" 것이며, 수많은 연대도 신뢰할 수 없다고 지적할 수밖에 없었다. 예를 들자면 천황의 나이가 지나치게 많아 신뢰하기 어려우며, 닌토쿠 천황에서 유랴쿠雄略 천황에 이르는 고사古史

기록의 경우 『송서』 「왜국전」의 기록과 비교해볼 때, 중국의 전설이 일본에 "반대로 전해져서" 역사가 되었다고 한다.[13] 또한 비교적 후대인 진무 천황의 '동쪽 정벌東征'에 관한 이야기도, 쓰다는 마쓰모토 노부히로松本信光의 연구에 동의하면서 그 이야기는 후대에 형성된 것이라고 인정했다.[14] 특히 그는, 일본이 국가를 건설할 때 역사와 사상의 측면에서 국가의 합리성을 논증하고 천명하기 위해 세심하게 꾸며냈던 것이 바로 일본의 신대사이며, 그것은 권력을 정당화하기 위한 역사 서술이라고 주장했다.[15]

흥미로운 점은 쓰다가 1920년대에서 1930년대까지 연이어 출판했던 저작들로 인해 1930년대의 일본에서 상당한 곤란을 겪었다는 사실이다. 이 시대에 일본은 점차 대동아전쟁의 환상을 좇는 극도로 흥분된 상태에 빠져들고 있었다. 1937년 7월 7일 루거우차오盧溝橋 사변이 일어나자, 8월 2일 일본의 신도, 유가, 불교, 천주교가 연합하여 "정신보국 대동맹"을 조직했고, 8월 17일에는 일본의 종무국장宗務局長이 각 종교가 떨쳐 일어나서 국민정신을 촉진해야 한다고 호소하자 바로 뒤이어 각 종교가 "보국 대회"를 거행했으며, 일본의 황군皇軍을 위문하기 위한 조직을 결성했다. 1938년 3월 30일 문부성은 신도, 유교, 불교의 세 종교 및 국민정신 총동원 중앙연맹과 함께 중국에서 포교를 하기로 협정을 맺었다. 1939년 3월 15일 도쿄의 야스쿠니 신사를 제외한 일본 전국의 초혼사招魂社가 모두 호국신사護國神社로 바뀌었다. 이렇듯 민족, 국가, 천황, 신도를 한 몸으로 만들고, 아울러 일본 중심의 대동아 공영권이라는 환상을 품던 시대적 분위기 속에서 일본의 우익들은 쓰다 소키치의 연구를 제멋대로 공격했다. 그 가운데서 미노다 무네키蓑田胸喜 같은 이들은, 천황과 신도에 대한 쓰다의 설명이 대역무도한 것이라고 말하면서 그를 "불경죄"로 고발했다. 거대한 정치적 압력 아래에서 쓰다는 1940년 1월 와세다대학 교수직을 사퇴한다고 선언했고, 같은 해 2월 그의 저작 『고사기와 일본서기의 연구』 등은 출판금지를 당했으며, 이 책을 출판했던 이와나미서점의 사장 이와나미 시게오岩波茂雄까지 함께 기소되었다. 1942년 도쿄 형사지방재판소는 쓰다에게 유죄를 판결했다.

각 민족은 자존과 일체감 형성을 위해 역사를 쓸 수 있고, "민족의 위대함을 증명하기 위해 역사의 유구함을 증명하고자 하는 것"에는 당연히 아무런 문제도 없다. 그렇지만 과거에 대한 서술이 전설에만 의지해야 할까? 과거의 기억을 되살리려면 오직 일련의 전설만 믿어야 할까? 역사학은 겨우 그렇게 하기 위한 도구일 뿐일까? 역사학자는 줄곧 역사가 과학과 같다고 선언해왔다. 과학적 역사학은 과거를 대면할 때 마치 집광등 아래에서 메스를 든 의사가 종양을 떼어내고 종기를 잘라내는 것처럼 해야지, 사랑이나 한스러움, 감정이나 적대감을 갖고서 이야기를 날조해서는 안 된다. 일체감의 구축과 진실의 추구 사이에서, 국가적 필요와 역사적 사실 사이에서 역사학자들은 대체 어디로 가야 하고 무엇을 따라야 할까? 그런 시대에 역사학자들에게 선택권은 없었다. 쓰다 소키치의 운명이 말해주다시피 학문은 언제나 정치의 인질이 되고, 역사 서술은 때로 사건 후 고의로 현장에 방치해둔 증거물이 된다.

4. "옛 층" 밑의 "옛 층": 신도와 천황에 대하여

그렇다면 일본의 신도·천황제와 중국 도교의 관계는 대체 어떻게 인식되어야 할까? 일본 학자 스에키 후미히코는 『일본종교사』 서두에서 마루야마 마사오의 "옛 층"설에는 난점이 하나 있다고 지적한다. 곧, "옛 층" 그 자체는 또 어디서 왔는가? 마루야마 마사오는 「역사의식의 옛 층歴史意識の古層」이라는 글에서 『고사기』와 『일본서기』의 신화를 가지고 말문을 열면서, "되다なる" "뒤따르다つぎ" "대세いきほひ"라는 세 단어를 골라냈고, 아울러 일본의 공간, 집단, 언어, 벼농사 방식 등의 요소야말로 일본의 "집요하게 지속하는 바탕음"이자 "고훈 시대 이래의 옛 층"이 된다고 했다. 그렇지만 스에키 후미히코는 그런 "불변적" 관념으로 "옛 층"을 바라보는 것은 적합하지 않고, "옛 층"은 점진적으로 세워지는 것이라고 주장했다.[16] 나는 스에키 후미히코의 견해가 올바르다고 생각한다. 일본은 내력이 오래된 "천황" "신도"를 항상 공언하지만, 사실 그것들은 역사 속에서 점차 형성된 것이었다. "옛 층" 밑에는 또 다른 "옛 층"이 있는 것이다.

먼저 "신도"를 보자. 사실 이미 1891년에 서양의 과학적 사관으로부터 영향을 받은 구메 구니다케久米邦武가 다음과 같이 주장한 적이 있다. "신도"는 하늘에 제사지내는 옛 풍속으로부터 생겨난 것으로 원래 종교가 아니었다. 때문에 신도에는 "선을 권유하고 생을 이롭게 한다誘善利生"는 사상이 없었다. 신도는 오직 하늘에 제사만 지냈기 때문에 재앙을 물리치고 복을 불러오는 활동이 그 실 내용을 이뤘다. 바로 그 때문에 그것은 종교성을 지닌 불교와 양립해도 무리가 없었고, "신을 경외하고 부처를 숭배하는敬神崇佛" 왕정의 기초를 이뤘다.[17] 이런 설명에는 근거가 있다. 역사적 문헌을 살펴보면, 『일본서기』의 "요메이 천황 즉위 이전의 기록用明天皇卽位前紀" "고토쿠 천황 즉위 이전의 기록孝德天皇卽位前紀"에 "불법佛法"과 상대되는 "신도"가 언급되고 있다. 곧 "천황이 불법을 믿고 신도를 존중했다天皇信佛法尊神道" "불법을 존중하고 신도를 경시했다尊佛法輕神道"라는 구절이 있다.[18] 그러나 쓰다 소키치는 "신도"라는 말 자체는 중국에서 건너왔을 것이며, 다만 일본의 옛 신도는 불교처럼 조직적인 종교는 아니었을 뿐이라고 여겼다. 또한 "신도"라는 말은 일본에서 여러 의미로 사용되었다고 한다.[19]

그보다 조금 이후의 학자인 구로다 도시오黒田俊雄는 『일본서기』의 "신도"가 세속적 제사와 신앙 가운데서 "신의 속성을 지닌 신성한 것"을 가리키지만, 그것은 결코 일본 고유의 것이 아니고 동아시아 세 나라에 공통된 민속신앙이라고 설명한다. 그리고 그는 종교적 면모를 여실히 띤 신도가 최종적으로 확립한 것은 에도 시대, 심지어는 메이지 시대라고까지 주장한다.[20] 이런 설명은 매우 센세이셔널한 것이었으며 구미의 학자들을 포함한 수많은 학자의 지지를 얻었다. 어떤 학자는 이렇게 지적한다. 일본 고대의 "신도"는 원래 무속적 방법, 『고사기』와 『일본서기』의 신화, 제사의식, 금기제도를 종합한 바탕 위에 공식 제도적 요소를 덧붙여서 비로소 점진적으로 성숙했다고 한다. 일본의 중세에 이르러 천황 통치의 정당화가 필요하자, 비로소 14세기에 와타라이 이에유키度會家行(1256~1341)의 『신의 본원에 관한 분류類聚神祇本源』[21]가 출현했고, 지헨慈遍의 『도요아시하라 신의 강림기豊葦原神風和記』에 수록된 「신도대의神道大義」가 출현했다. 더욱이 15세기 말 요시다 가네토키吉田兼俱(또다른 이름은 우라베卜部 가네토키, 1435~1511)의 『유일 신도의 개념과 원칙에 관한 핵심 집성唯一神道名法要集』(1484)이 출현하여[22] 유교와 불교의 구분을 촉진하면서 스스로 문호를 세우려는 자각적 의식이 형성된 뒤 비로소 신도의 내용과 규칙이 점차 체계화되었다고 한다. 더 나아가 스스로 활동할 만큼 성숙한 후 신사와 제사의 권위, 신관 계보의 정통성, 자연과 천황의 신성함을 강조했고,[23] 그로 인해 체계적 신도를 형성했다. 그러나 이때는 이미 일본의 중세 말기였다.[24]

그다음 "천황"을 보자. 일본 학자들은 장기간의 고증을 거쳐 720년 『일본서기』에서 "천황" 칭호가 확립되기 이전, 그와는 다른 자료에서 "천황" 칭호가 이미 사용되었음이 틀림없다는 것을 발견했다. 예를 들어 스이코推古 4년(596)의 원흥사탑노반명문元興寺塔露盤銘文, 13년(605) 원흥사 석가모니

광배光背의 명문, 15년(607) 호류 사法隆寺 명문 등이 그것이다. 또한 스이코 천황 16년(608)에 오노노 이모코小野妹子가 수나라에 사절로 가서 전달한 국서에 이미 "동쪽 천황이 삼가 서쪽 황제에게 아뢴다東天皇敬白西皇帝"[25]는 공식적 표현이 있었음을 일본 학자들은 발견했다. 중국 문화가 일본에 전해졌던 것은 아주 이른 시기인 6세기 말에서 7세기 초였기 때문에 설사 이런 자료들을 다 신뢰할 수 있다고 하더라도, "천황"의 칭호에 중국의 "흔적"이 없었다고 말하기는 매우 어렵다. 그래서 쓰다도 1920년에 발표한 『천황고天皇考』에서 그 명칭이 중국의 도교와 고전에 기원을 둔다고 말했다.[26] 다만 그는 그것이 중국의 용어를 "차용"한 데 그쳤을 뿐이라고 생각했다.[27]

그러나 구로다 도시오가 말하다시피 신도이든 천황이든, 전자는 일본 문화의 근간을 이루는 종교로서 그리고 후자는 일본 정치의 한 상징으로서 모두 그 역사적 기원의 자주성과 독립성을 옹호하는 것들이다. 그런 까닭에 "일본인의 입장에서 말하자면, 피할 수도 없고 선택의 여지도 없었으며 심층적이고 잠재적인 힘과 가치에 의해 그것들을 받아들일 수밖에 없다"고 그는 말한다.

5. 중국의 영향: 일본 학계의 새로운 관점

그렇다면 역사와 문헌을 볼 때 과연 천황과 신도는 중국적 요소를 갖고 있으며, 심지어 그로부터 영향을 받았을까?

일본에는 민족자존 의식으로 인해 자신들이 중국의 영향을 받았다고 인정하기를 바라지 않는 학자가 많이 있지만, 역사 연구에서는 객관적 입장을 지녀야 한다는 원칙을 지키는 연구자도 많이 있다. 이들은 중국과 일본의

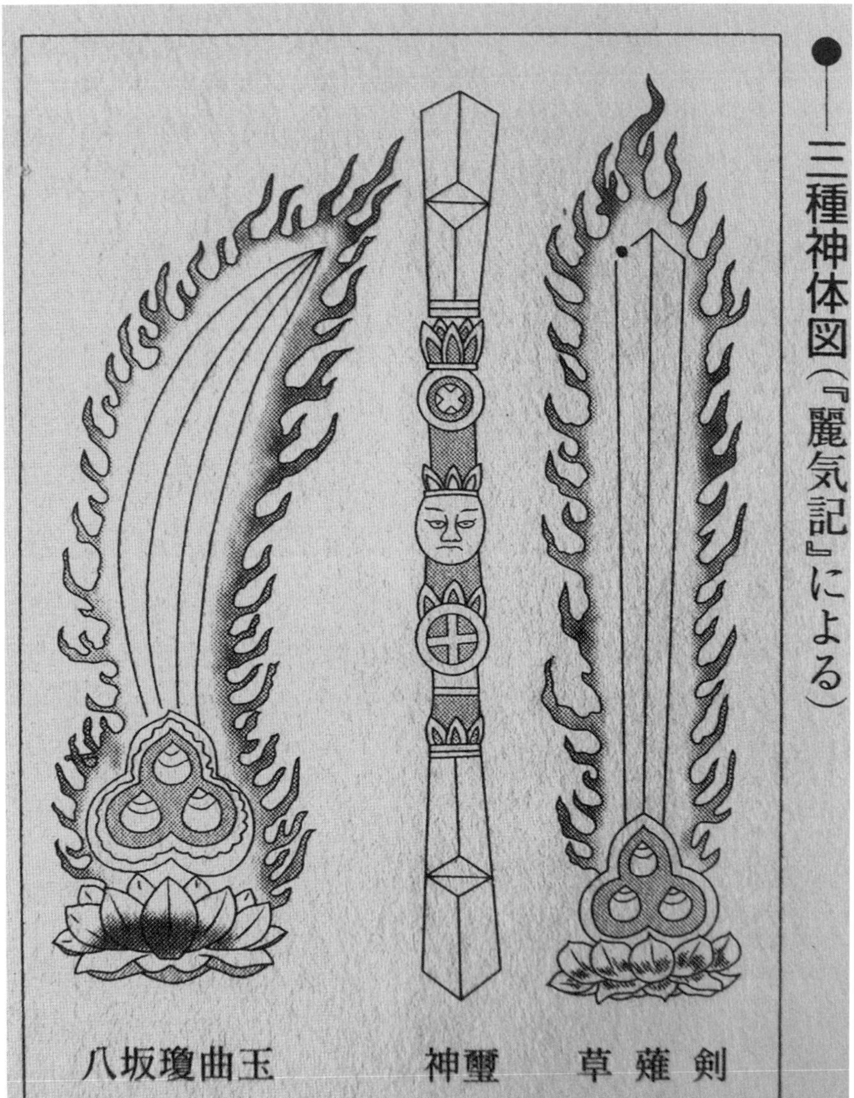

신도교삼종신체도神道教三種神體圖

문헌에서 적잖은 증거를 찾아내어 중국의 도교가 일본 문화에 깊은 영향을 끼쳤다고 설명한다(차용에 그치지 않았다는 말이다).

비교적 이른 시기의 저명한 학자들 중 구로이타 가쓰미黑板勝美는 「우리나라 상대의 도가 사상 및 도교」에서, 『고사기』와 『일본서기』 등의 문헌과 고고학적 유적으로부터 도교가 일본에 남긴 흔적을 논했다. 쓰마키 조쿠료妻木直良는 「일본에서의 도교사상」에서 헤이안 시대에 도교 경전이 일본에 전해졌던 일, 특히 『노자화호경老子化胡經』이 일본에 전해진 과정을 논했다.

오야나기 시게타小柳司氣太는 「도교의 본질과 우리나라에 미친 영향」에서 그 주제를 더욱 직접적으로 논한다.[28] 그 가운데 중국 연구를 전문으로 하는 중국학자들은, 중국 고대 도교의 연구가 일본 문화의 자아 인식에 대해 가치와 의미를 지닌다는 사실을 부각시키기 위해, 특히 각종 사료를 발굴해서 도교가 일본에 남긴 흔적을 증명한다. 예를 들어 나바 도시사다那波利貞는 1952년 발표한 장문의 논문 「도교의 일본 전파에 관하여」에서, 도가 사상이 일본에 처음으로 들어온 것은 귀화인 시대임에 틀림없으며, 그 뒤 적어도 나라奈良 말기에는 도교가 전래되어 불교와 결합神佛習合했다고 주장한다. 그때의 도교 의식 중, 예를 들어 사방배四方拜(천황이 연초에 사방에 절하는 의식), 사성祀星(별에 제사지내는 의식), 영부신사靈符神社, 경신庚申 신앙, 사록司祿과 사명司命에 대한 숭배가 일본에 들어왔다고 한다.[29] 이어서 도교연구자인 구보 노리타다窪德忠도 「일본의 경신일 지키기」에서, 나라 현 향촌에 대한 조사를 바탕으로 경신일 지키기의 전통은 중국 도교의 삼시三尸[30] 신앙으로부터 온 것이라고 주장했으며, 엔닌圓仁의 『입당구법순찰행기入唐求法巡札行記』의 기록에 근거하여 당나라 시대에 일본과 중국의 그 풍속은 완전히 같았다고 지적했다.[31]

사실 신도의 "천자의 3종 신령한 보물天子三種靈寶" 가운데 "세 종류의 신

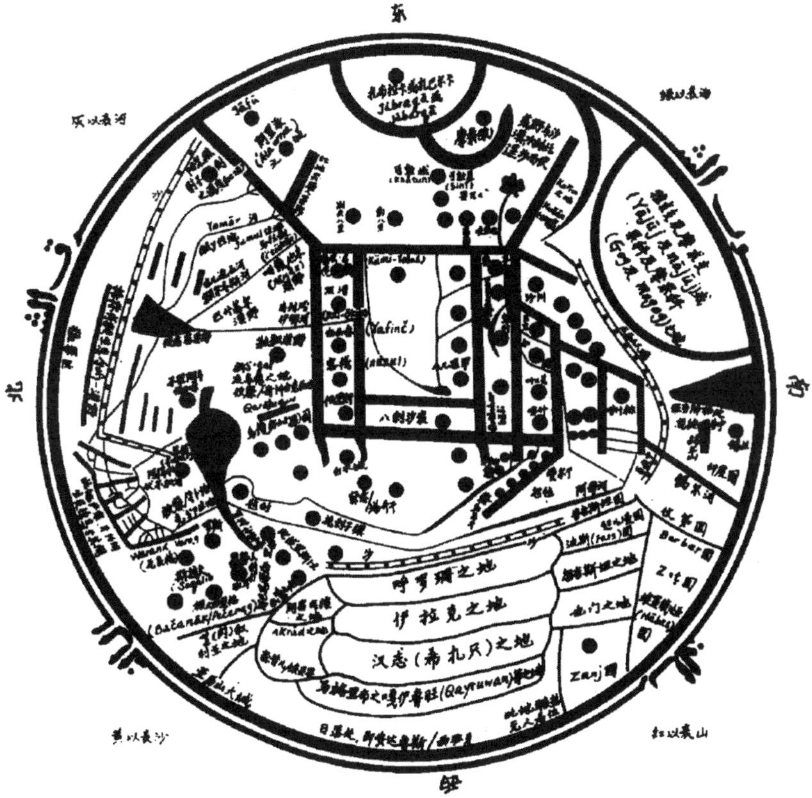

메흐무드 케시치리의 『튀르크어 어휘』에 수록된 원형세계지도(1070년대)

성한 기물三種神器", 곧 팔지경八咫鏡,[32] 천총운검天叢雲劍,[33] 팔판경곡옥八坂瓊曲玉[34] 속에서,[35] 마찬가지로 "거울" "검" "인印"이라는 신성한 기물을 숭배했던 도교와 이들 3종의 보물을 중시했던 신도 사이의 어렴풋한 관계를 이미 수많은 사람이 간파했다.

후쿠나가 미쓰지는 수년 동안 이 증거를 반복해서 강조해왔다. 최근 사카데 요시노부坂出祥伸는 더욱 적극적으로 야사카 경신당八坂庚申堂, 대장군팔신사大將軍八神社, 태산부군泰山府君 신앙과 세키잔 선원赤山禪院, 요시다吉田 신사 재장대원궁齋場大元宮 본전의 팔각형, 후시미 이나리伏見稻荷 산의 대일본대도교大日本大道教 도관道觀, 묘견보살妙見菩薩과 진택영부鎭宅靈符 등 일본의 여러 문화적 형상을 들어서 일본에 대한 도교의 "영향"을 증명했다.[36] 중국 도교 이후 형성된 일본의 신도가, 숭배 대상·의식·방법·용어의 측면에서 설사 중국 도교를 전적으로 모방하지는 않았을지라도, 중국 도교와 일본의 옛 풍속 양쪽의 영향을 받았음은 틀림없다고 이들 연구자는 시종일관 주장한다. 그러므로 이른바 "옛 층"에는 다시 "옛 층"이 있으며, 역사가 유구한 종교와 신앙에도 그 나름의 내력이 있는 것이다.

그렇다면 "천황"이라는 호칭은 어떤가? 쓰다 소키치 이후, 특히 제2차 세계대전이 끝난 이후의 자유로운 학문적 분위기에서 논지가 유사한 연구가 많이 나왔다. 예를 들면 시모데 세키요下出積與의 『일본 고대의 신들과 도교』, 야마오 유키하사山尾幸久의 『고대 천황제의 성립』 등이 그것인데, 이들 모두 그 문제를 논한다. 그렇지만 가장 중요한 인물은 역시 후쿠나가 미쓰지이다. 그는 1982년에 출판한 『도교와 일본문화』 이후 1987년에는 『도교와 고대 일본』을 출판했는데, 첫머리인 「여섯 가지 주제에 의한 천황 고찰天皇考六題」에서 여섯 가지 증거를 제시하여 "천황"의 칭호가 중국 사상의 영향을 받았음을 증명하려 했다.

(1)689년 구사카베 황자草壁皇子가 죽자 궁정 가수인 가키노모토노 히토마로柿本人磨呂의 만가輓歌에 "천황"이라는 단어가 나오고(『만엽집萬葉集』 제2권), 684년 곧 덴무天武 13년 "팔색八色의 성姓"을 제정했는데 중국의 도교신학 중 신선세계의 고급 관료와 관련된 명칭으로 명명하였으며, 686년 덴무 천황이 세상을 떠나자 그의 시호를 "영진인瀛眞人"이라고 했는데, 이는 바로 중국 도교 신선 전설 속의 "영주瀛洲"와 "진인眞人"이다.

(2)712년 완성된 『고사기』에는 천손이 강림할 때 "신경神鏡"이 있었다고 기록되어 있으며, 또한 "구사나기의 큰 칼草那蓺之大刀"을 바쳤다는 기록이 있는데, 이것들은 도교에서 거울과 칼을 숭배했던 것과 관련이 있다.

(3)도교의 신화에는 "팔각으로 환하게 빛난다"는 상상이 있고, 천황은 팔각형과 관련이 있다. 이른바 "팔굉일우八紘一宇",[37] 어침좌御針座, 이세 신궁에 소장된 것으로서 신이 머문다고 알려진 거울이 모두 "팔현팔엽형八顯八葉形"이다.

(4)중국은 고대에 보라색을 숭상했다. 이것은 최고 신인 태일太一과 관련 있다. 예를 들어 "자궁紫宮" "자미紫微"와 같은 것이다. 그런데 천황도 보라색을 숭상했다.[38]

(5)신궁의 제사와 도교의 제사는 늘 형식상 관련이 있다.

(6)"신도"와 "천황"은 서로 관련이 있다. "신도"라는 말은 『태평경太平經』 같은 도교 경전에 나오고, "천황"이라는 호칭은 중국 황제에 의해 사용된 적이 있다. 예를 들면 당 고종唐高宗이 그렇다.

이어진 논문에서 그는 종횡의 두 측면에서 도교가 일본에 상당히 많은 흔적을 남겼음을 말한다. 곧, 신사의 "반/하타幡(의식에 쓰이는 일종의 깃발)"와 "경鏡"이 신선을 상징하는 것으로서 신앙의 대상이 되었던 것에는 도교의 그림자가 어려 있으며, 덴무天武 천황, 덴무 황자, 지토持統 천황도 모두 도교와 깊은 관계를 지녔다고 지적한다. 1988년에 이르러 그는 저명한 학자인 우에다 마사아키上田正昭, 우에야마 준페이上山春平와 함께 『도교와 고대 천황제道教と古代の天皇制』를 출판하여 흥미로운 견해를 제시한다. 곧 고대 중국에서 묵자墨子의 유신론적 종교 사상 이래 동중서董仲舒의 천인감응 사상과 '선한 일을 하면 하늘이 상서로운 일로 감응하고 악한 일을 하면 하늘이 재앙을 내린다瑞應災異'는 사상을 거쳐, 『태평경』의 신도神道·신주神呪의 방법, 그리고 후한後漢대의 삼장三張 도교,[39] 북위北魏의 구겸지寇謙之, 남조南朝의 도홍경陶弘景에서 당나라 도교에 이르기까지 중국에는 오래되고 유구한 신도神道, 곧 "신"을 긍정하는 사상적 조류가 있었으며, 일본 고대의 사상적 관념은 바로 이런 조류와 관련이 있다고 그들은 인식한다.[40] 후쿠나가 미쓰지는 일본의 중국 도교 연구에는 응당 있어야 할 문제의식이 결여되어 있다고 비판하는데,[41] 중국 도교의 "경"과 "검"에 대한 그들 자신의 연구 논저들로부터 그들의 중국 연구에 일본적 문제의식이 들어 있음을 분명히 확인할 수 있다.[42]

때문에 일본의 "중국 연구"에 내재하는 문제의식에는 언제나 "일본적 배경"이 있음을 우리는 더욱더 믿게 된다.

6. 고구려를 경유했는가? 도교의 동아시아 전파 노선도

만일 우리가 "신도"와 "천황"이라는 민감한 문제에 얽매이지 않는다면, 중국 도교가 일본에 끼친 광범위한 영향을 확인할 수 있을 것이다. 『일본서기』 제14권 유랴쿠 천황 4년 2월 조에는 천황이 야마토의 가쓰라기葛城 산에서 봉래신선蓬萊神仙을 우연히 만났다는 기록이 있고, 22년 조에는 우라시마코浦島子가 초청을 받아 봉래를 구경하고 왔다는 이야기가 있다. 그런데 "봉래"는 중국의 전설이자 도교의 고사故事임이 분명하다. 구천황의 죽음과 신천황의 즉위 의식에서 행해졌던 "양음諒闇"[43] "봉축奉祝" "대상제大嘗祭"[44] "대향大饗"[45]과 같은 것도 중국 고대의 예식에서 기원한 것이었을 터이고 유가, 도교와 어떤 관련을 지녔을 것이다.[46] 초기 도교가 일본에 선파되어 일본 문화에 영향을 끼쳤다는 설을 우리가 받아들인다면, 그다음 문제는 중국 도교가 어떻게 일본에 전파되었는가 하는 것이어야 한다.

문헌과 실물적 증거가 별로 없기 때문에 이 문제에 대한 깊이 있는 논의는 아직 초보적 추론에 불과하다. 후쿠나가 미쓰지 자신은 "고대 일본과 강남 도교"의 관계를 매우 중시한다. 그에 따르면 예전부터 강남의 오吳나라는 고대 일본과 교류하고 있었고, "왜인"은 오태백吳太白의 자손들로 여겨졌으며, 더욱이 강남에서는 모산茅山 도교가 매우 중요했고 또한 흥성했다고 한다. 그리하여 그는 강남의 도교와 무속이 일본에 깊은 영향을 끼쳤던 것은 아닌지 추측한다. 또한 후쿠나가 미쓰지와 유사한 견해를 펼치는 우에다 마사아키는 720년경 "귀화인"이 집필했던 『연희식延喜式』의 궁정제례 주문 가운데 "황천상제, 삼극대군皇天上帝, 三極大君" 및 동왕공東王公, 서왕모 등 도교적 색채가 짙은 신의 이름이 있다는 사실로부터, 도교 신앙이 귀화인을 따라 일본에 전해졌을 것이라고 추측한다.[47] 그리고 "천황 칭호가 도교와 관련 있다"는 후쿠나가의 주장을 부정했던 나카무라 쇼하치中村璋八는 한편으로 "도관을 세우거나 도사道士의 포교를 위한 교단을 세우는 도교가 일본에 전해지지는 않았다"고 주장하면서도, 5세기 전후에(곧 오진, 닌토쿠 연간) 도교가 강남에서 합법적으로 전파되었을 뿐만 아니라 한반도와 강남 삼각주 지역의 귀화인들이 일본에 대거 유입되면서 도교와 관련된 각종 내용을 갖고 왔음이 틀림없다고 인정한다. 특히 야마토 시기의 귀화인들은 중앙과 지방에서 중요한 위치를 점했기 때문에 그들이 비록 도사는 아니었지만 도교적 신앙과 관련 지식을 전했을 가능성이 높다고 한다.

그렇지만 여기서 강조해야 할 것은 조선이 가장 중요한 중계지였을 것이라는 사실이다. 일본 학계는 점차 이 경로에 관심을 쏟고 있다. 앞서 인용한 우에다 마사아키는 이렇게 말한다. "고구려, 백제, 신라의 도교는 과거에 경시되었고 소홀히 다루어졌지만, 이제 우리가 이들의 도교에 대해 특히 논하려는 까닭은 조선·일본·중국의 도교 신앙 연구 추세와 그러한 논의가 관련을 맺기 때문이다."[48] 사실 고구려, 백제, 신라에 도교가 존재했다는 것은 학계가 일찍부터 인식하고 있었다. 1959년 출판된 이능화李能和의 『조선도교사朝鮮道教史』에서 저자는 중국 내지內地의 정권과 경계를 접하고 있던 고구려 왕조가 중국 도교의 한 분파인 오두미도五斗米道를 먼저 신봉하고 그 후 『노자』를 학습했으며, 그에 따라 점차 도교의 영향을 받았다고 지적한다.[49] 이런 관점은 차주환車柱環의 『한국의 도교』에서 더욱 다듬어져서 제시된다. 차주환은 『삼국사기』 제16권 「고구려본기 4」의 기록을 인용하면서, 그 영토가 대륙에 깊이 자리 잡고 있던 고구려를 통해 중국의 도교가 전래되었음이 틀림없다고 한다. 한나라 헌제獻帝 건안建安 2년(197) "중국에 큰 난이 일어났기 때문에 난을 피해 고구려에 들어온 한족이 매우 많았다." 때문에 난민들이 당시 유행하던 오두미도를 갖고 왔을 가능성이 매우 높다. 더욱 명확한 문헌적 증거는 『삼국유사』 제3권 "보장봉로寶藏奉老" 조의 「고려본기」에 있는데, 이곳에는 당나라 무덕武德, 정관貞觀 연간(618~649)에 고구려인들이 오두미도를 앞다투어 신봉했다고 기록되어 있다. 위진魏晉 이래 성행한 도교가 강과 해안을 따라 북상했고 그런 추세에는 큰 변화가 없었으며, 7세기 초에는 고구려에도 수많은 신봉자가 있었다. 이에 당나라 고조高

祖는 그런 정황을 듣고서 고구려 영류왕榮留王 7년(624, 무덕 7)에 도사 천존상天尊像을 고구려에 보내서 그로 하여금 『도덕경』을 선양하도록 했다. 또한 『삼국사기』 제21권 「고구려본기 9」 2년과 제49권 「개소문전蓋蘇文傳」에도 도교 관련 자료가 기록되어 있다. 그에 따르면 당시 연개소문이 국왕에게 보고하면서 이렇게 말했다고 한다. "3교는 마치 솥의 세 다리와 같으므로 하나라도 없으면 안 되는데, 지금 유교와 불교는 모두 흥성하지만 도교는 아직 그렇지 못하니 천하의 도술을 다 갖췄다고 말할 수 없습니다. 사신을 당나라에 보내서 도교를 구해오도록 한 다음, 나라 사람들에게 가르치기를 청했으면 합니다."[50] 결국 왕이 그의 말에 동의했고, 나중에 당 태종은 "도사 서달敍達 등 여덟 사람을 보냈으며 아울러 『도덕경』을 선사했다."[51] 고구려 국왕은 매우 기뻐하면서 이들을 절에 머물도록 했다고 한다.[52]

적어도 당나라 초기에는 제도적 종교로서의 도교가 고구려에 이미 뿌리를 내렸음이 분명하며, 그전에 이미 드문드문한 형태로 도교 신앙이 고구려와 백제에 전해졌을 것이다. 주지하다시피 일본은 백제 문화의 영향을 매우 깊이 받았다. 유가 경전이 백제로부터 전해졌을 뿐만 아니라, 도교 역시 그 길을 따라서 상당히 이른 시기에 바다 건너의 일본에 전해졌을 것이다. 『일본서기』에는 스이코 천황 10년(602) 겨울에 백제의 승려 관륵觀勒이 일본에 도착했는데 "역서曆書, 천문지리서 및 둔갑술, 방술에 관한 책"을 갖고 왔다는 기록이 있다. 이런 천문, 지리, 역법, 둔갑, 방술의 책들 가운데 도교적 내용은 없었을까?

7. 중국학 학자들의 논쟁 참여: 미야자키 이치사다의 설명

보통 중국의 연구자들은 "중국 도교가 일본 문화에 영향을 주었다"는 설을 받아들이고 싶어하며, "천황의 칭호가 중국에서 왔다"는 설도 거기에 포함된다. 예를 들어 옌사오탕嚴紹璗은 『일본의 중국학사日本中國學史』에서, "천황"은 도교에서 왔으며 천황의 관념 속에서 "초기 도교 문화가 일본에 전파된 흔적을 찾을 수 있다"고 주장한다. 그는 후쿠나가 미쓰지의 설에 따라서 천황 전설 속의 거울, 검, 옥에 관한 신앙적 흔적이 바로 도교 영향의 증거라고 한다. 그는 또 덧붙여서, 일본의 초창기에 최고 등급의 정치적 칭호는 "대왕大王"이었으며 7세기 초 들어 차츰 "천황" 관념이 확립되었다고 말한다.[53]

"대왕"에 대해 말하자면 미야자키 이치사다의 연구를 꼭 참고해야 한다. 걸출한 아시아 사학자로서 그의 시야는 언제나 중국을 넘어서서 전체 "동양" 곧 아시아를 포괄하지만, 중국 연구에 대한 그의 문제의식과 현실적 관심은 늘 일본 본토에서 유래한다. 그런데 그는 한편으로 역사적 자료를 존중하여 일본 문화에 대한 중국 문화의 영향을 가벼이 부정하지 않지만, 다른 한편으로는 중국 도교의 직접적인 영향을 부정하는 입장을 취하면서 인도 불교로부터의 간접적인 영향을 인정하려고 한다. 1978년 고대 "천황"의 칭호 이전에 "대왕"의 칭호가 있었다는 당시 일본 학계의 설에 대해 그는 회의를 품으면서, 일본과 중국의 역사적 뒤엉킴에 대해 새삼 상세한 연구를 진행했고, 그해 이와나미 출판사의 저명한 『사상思想』 지 4월호에 「천황 칭호의 유래에 관하여」라는 고증학적 글을 발표한다. 그에 따르면, 분명히 일본에는 "대왕"이라는 옛 칭호와 관련된 자료가 있다. 예를 들어 구마모토熊本현 에타江田의 후나船 산 고분에서 출토된 대도大刀에 새겨진 문장, 와카야마和歌山 현 스다隅田의 하치만궁八幡宮에 소장된 화상경명문畫像鏡銘文(상像을 그린 거울에 새겨진 문장), 호류 사 금당金堂의 금약사불金藥師佛 광배光背의 명문銘文 등이 그것이다. 그러나 "대왕"이라고 칭했던 시대는 대략 4세기에서 5세기 초까지이며, 당시 중국에서는 여전히 고대의 습관을 따랐는데 "대왕"은 그저 존칭일 뿐 정식 칭호는 아니었다고 한다. 일본 역시 한문 속의 습관적 용법을 따랐을 뿐이라고 미야자키는 지적한다.

그러면서 동시에 그는 추측 하나를 제시한다. 동아시아 여러 나라에는 "천왕" 칭호가 유행했던 적이 있는데, 특히 4세기에서 5세기에 걸쳐 중국 북방의 여러 정권에서 석륵石勒 같은 이들이 그런 칭호를 썼다고 한다. 그들은 불교에서 온 그런 칭호를 사용함으로써 옛 제도를 부활시키고 "왕"을 "천왕"으로 승격하려 시도했다. 때문에 중국에서 "천왕"이 가장 유행했던 시대(천왕 풍홍馮弘의 연나라는 436년에 멸망했고 이는 일본 인교允恭 천황 25년에 해당된다)에, 일본은 백제와 고구려를 통해 중국의 영향을 받아 최고 통치자의 칭호를 "왕"에서 "천왕"으로 승격시켰고, "천왕"을 다시 "천황"으로 승격시켰다는 것이다. 미야자키 이치사다는 궁내성宮內省 도서료圖書寮의 고본 『일본서기』를 통해 원래 "천왕"이라고 씌어 있던 두 곳이 후대에 모두 "천황"으로 개작되었다는 사실을 발견했다. 고대 일본에서 제도적으로 "천왕"의 칭호를 사용했던 것은 유랴쿠 천황 전후, 곧 이른바 왜倭의 오왕五王 시대이며, "천황"으로 바뀐 것은 쇼토쿠 태자가 섭정하던 스이코 시대였다고 미야자키는 추론한다.

이 추론을 실증하기 위해 그는 일본의 "칠지도七支刀"와 인도 불교의 "비사문천왕毘沙門天王"을 연구하는 동시에 중국 북조北朝 시기 유행했던 천왕의 칭호를 연구하면서, 역사적 증거의 측면에서 쓰다 소키치의 설명에 문제가 있다고 생각했다.[54] 쓰다 소키치는 "천왕" 칭호의 사용 역사를 부정하면서, 도교의 여러 신 가운데 일본 천황의 연원을 찾기를 바랐다. 미야자키 이치사다는 그런 관점이 불합리하다고 여긴다. 한편으로 그는 중국 "5호16국" 시대의 천왕 칭호가 일본에 영향을 미쳤다고 주장한다. 그 이유는 다음과 같다. 쇼토쿠 태자 이후 일본은 중국과 더불어 국가 간의 직접적인 교류를 시작했고, 호칭 문제도 외교 일정에 잡혀 있어서 일본은 합법적 칭호를 찾을 수밖에 없었는데, 인도 불교에서 비롯한 "천왕" 칭호가 그 결과 차용되었을 것이다. 미야자키는 다른 한편으로 쓰다 소키치의 도교 영향설을 비판한다. 그는 묻는다. "그런 설명의 전제는 일본이 도교와 도교 습속으로부터 깊이 영향을 받았다는 것인데, 그런 전제를 믿을 만한가? 한 나라 주권자의 칭호를 확립하는 것은 국가의 중대사다. 왜냐하면 불교 용어를 채용할지의 여부가 국가의 분열과 분쟁을 일으킨 적이 있기 때문이다. 그렇다면 어째서 당시에 도교의 신神 명칭을 채택하는데 거기에 아무도 반대를 하지 않았을까?[55]

8. 귤이 화이수이 강을 건너면 탱자가 된다: 중국 도교와 일본 신도의 차이

"귤이 화이수이淮水 강을 건너면 탱자가 된다"는 것이 하나의 보편적 현상임이 틀림없다는 것을 우리는 인정해야 한다. 문화가 전파될 때는 원래의 문화가 그대로 유지되지는 않으므로, 전파 경로와 접수·선택의 두 측면을 고려해야 한다. 다시 말해 문화의 전후 관계에 대한 역사학의 추적은 "원전주의原旨主義" 방법을 취하지 말아야 한다는 것이다. 일본 신도의 내용은 꽤 방대하고 복잡하며 그 기원이 하나인 것도 아니다. 스에키 후미히코가 말하듯이 "신도"를 정의하는 것은 "자못 번거로운 일"이다. 신도가 어떤 영향을

받았다고 간단하게 단언하는 것은 매우 곤란하다.[56]

중국 도교와 일본 신도 사이의 가장 큰 차이점은, 중국 도교가 아무리 유가와 불교의 요소를 대량으로 흡수했다 하더라도 교의·숭배 대상·의궤儀軌 혹은 교단의 측면에서 종교 자체의 시종일관된 독립성을 유지했던 반면, 일본의 신도는 그 기원이 착종되어 있고 경계가 모호한 데다 교의도 방대하고 복잡하면서 상당히 강한 관용성을 지니고 있다는 데에 있다. 종교적 절대성과 유일성으로 인해 종교와 종교 사이에는 숭배 대상, 신학적 원리, 의식의 방법, 교단 조직 등 여러 측면에서 차이가 있으며 항상 서로 융합하기에는 어려운 한계가 있는 것이 보통이다. 중국의 경우 황제의 권력이 모든 것보다 높은 곳에 있는 정치체제 아래에서 불교와 도교가 점차 합류하는 추세를 띠었다고는 하지만, 여전히 불교는 불교로 남았고 도교는 도교로 남았다. 절과 도관은 결코 하나가 된 적이 없고 승려와 도사들은 각각 자신만의 형식을 지니고 있었으며, 석가모니를 예불하는 것과 삼청三淸에게 절하는 것은 마치 우물물과 강물 혹은 맑은 징수이涇水 강과 탁한 웨이수이渭水 강만큼이나 달랐다. 그러나 일본에서는 "신불습합神佛習合"이라는 종교 현상이 출현한다. 일부 연구자들의 설명에 따르면 "신불습합"은 일본 고대 종교 최대의 특징으로, 원래 일본 토속의 신도 중 어떤 신이 뜻밖에도 불교 육도六道 가운데 "천天"의 범주로 간주되어 불교의 호법신으로서 붓다의 아래 자리에 처하기도 하고(이런 신은 비록 윤회를 벗어나지는 못했지만 이미 육도 중 최고의 도道라고 한다), 원래 천신을 받드는 신사가 뜻밖에도 그 옆에 진구 사神宮寺라는 것을 지어 불상을 제공하고 불경을 읽기도 한다. 고대 일본의 신도 이론에 관한 설명에 따르면, 신도는 바로 불교라고도 한다. 붓다의 법신法身(本身)이 때와 시기에 따라 달리 나타나 설법을 하는데, 신도의 신령이란 바로 붓다 혹은 보살의 화신化身(應身)이다. 예를 들어 "천태신도天台神道"에서 말하는 비예산比睿山 "산왕山王"은 석가모니의 화신化身(垂迹)이고,[57] "양부신도兩部神道"에서 말하는 이세신궁伊勢神宮의 천조대신天照大神은 대일여래大日如來의 화신垂迹이다. 이로 인해 비로소 "본지수적本地垂迹" 등의 학설이 있을 수 있었다.[58] 심지어 어떤 이는 "신도는 결코 특정한 종교가 아니라 전통적 습속이다"라고까지 말한다.

바로 이런 이유로, 일본 민족의 자주적 독립을 강조하거나 일본 역사와 문화의 유구함을 부각하려 하거나 혹은 천황의 "만세일계"의 신성함을 확립하려 할 때, 이처럼 점차 더 강력해지는 민족주의의 흐름 속에서 신도는 점차 불교와 분리되어간다. 14세기에서 16세기 사이에 출현했던 와타라이 이에유키, 지헨, 요시다 가네토키 등의 신도 역사와 이론에 관한 저작뿐만 아니라, 17세기에서 18세기 사이에도 요시카와 고레타리吉川惟足(1616~1694), 야마자키 안사이山崎暗齋(1618~1682), 가모노 마부치賀茂眞淵(1697~1769), 모토오리 노리나가(1730~1801) 등 정치학설과 종교신앙의 두 측면에서 일본 문화를 부각시키려 했던 유학자 겸 신도학자들이 있었고, 19세기에 이르러서는 히라타 아쓰타네平田篤胤(1776~1843)처럼 매우 복고적인 신도 고취자들이 있었다. 때문에 메이지 초기에 "제정일치"라는 강렬한 호소가 나오면서 저 유명한 "신불판연神佛判然(신도와 불교는 판연히 다르다)"의 사건이 일어났다. 일본 문화의 독립성을 설명하고 천황 제도의 신성함을 확립하기 위해, 신도는 유구한 역사를 옹호해야 했고 아울러 독립적인 종교가 되어 불교와 갈라서게 되었던 것이다.

이런 역사적 현상과 종교적 특성은 중국의 도교에는 전혀 없었던 것이다. 설사 신도와 천황 제도가 중국 도교의 영향을 받았다 하더라도, 그것들은 일본 풍토에서 성장한 것들로서 일본 자체의 문화적 연원을 더 많이 갖고 있으며 중국의 도교와 전혀 다른 운명을 맞게 되었다는 것을 우리는 인정해야 한다.

맺는 말: 도교, 신도, 천황제에 대한 논쟁의 배후

아직도 수많은 일본 학자는 도교가 신도와 천황제에 영향을 미쳤다는 설을 받아들이려 하지 않는다. 후쿠이 후미마사는 줄곧 후쿠나가 미쓰지의 설을 비판하며, 특히 그 뒤에 발표된 「일본 도교연구사와 그와 관련된 몇몇 문제」에서 도교영향설을 조목조목 반박한다. 그에 따르면, 후쿠나가 미쓰지는 『고사류원古事類苑』과 『군서류종群書類從』 내의 일부 문헌을 아직 이해하지 못했다고 한다. 또한 일본인 아우미노 미노후淡船三海(722~785)의 『당대화상동정기唐大和尙東征記』와 8세기 일본 정부가 도교의 수입을 거부했다는 사실을 들어, 도교는 불교처럼 조직적으로 일본에 들어오지 않았다고 주장했다. 더 나아가 그는 현재 열거되는 도교적 내용의 일부 요소는 일본이 아주 일찍부터 중국에서 받아들였던 민간 신앙이고, 5세기에 비로소 형성된 도교에서 비롯된 것일 수는 없다고 인식한다.[59] 그는 후쿠나가 미쓰지의 설을 받아들인 프랑스 학자들에 대해 상당히 분노했으며, 심지어 이 논쟁을 유럽에까지 확장시켰다. 1985년 9월 후쿠이는 파리에서 열린 "일본—프랑스 다영역 학술 토론회"의 '도교와 일본 문화' 섹션에서 「"천황" 호칭의 성립에 대한 문제점"天皇"號の成立についての問題點」이라는 논문을 발표했는데, "천황" 칭호가 중국 도교의 영향을 받았고 스이코 시대에 성립했다는 후쿠나가 미쓰지의 설을 프랑스 학계가 받아들였다는 데에 상당한 불만을 표시했다. 크리스토퍼 시퍼Kristofer M. Shipper는 당나라 고종 때 이미 "천황" 칭호가 쓰였기 때문에 일본의 "천황" 칭호는 아마도 지토持統 시대

(686~697)에 성립했을 것이며, 그 이전 시대의 "천황"이라는 기록은 후대에 개정되어서 그렇게 표기된 것임이 틀림없다고 주장했는데, 후쿠이는 이런 시퍼의 설이 전혀 타당하지 않다고 비판했다. 그는 이렇게 말한다. 천황 칭호의 "성립"이라는 문제에서 "서양의 중국학 연구자들(소수의 미국 학자들을 제외하고)은 대부분 일본 문화가 중국 문화의 모방이자 중국 영향의 산물이라는 관점을 견지하기 때문에, 일본의 상대사에서 중국 도교가 영향을 끼쳤다는 설을 받아들이곤 한다. 만약 그렇다면 나는 그런 연구 추세가 조장될 수 있다는 데 대해 우려하며, 그런 까닭에 '진정 살아 있는 종교적 도교'와 '지식뿐인 도교'를 구분하기를 바란다."[60] 여전히 그의 의도는 도교적 지식이 일본에 의해 '차용'되었다 할지라도 도교라는 종교는 일본에 "영향"을 미친 적이 없다는 것이다. 왜냐하면 도교는 유교나 불교와 달리 "조직적으로 전래된 적이 없으며, 도교 신상을 받드는 교단이 일본에는 없었기" 때문이다. 따라서 "천황"의 칭호도 중국 도교에서 왔다고 할 수 없다고 한다.[61]

도교, 신도, 천황제의 역사적 교착에 관해 확실한 결론을 얻으려면 계속해서 자료를 발굴하는 한편 논쟁도 계속해야 할 터이다. 그런데 내가 이 논문의 서두에서 말했다시피, 학술사와 사상사 측면에서 이 학술 논쟁으로부터 얻을 수 있는 교훈 세 가지가 있다.

첫째, 중국과 일본의 문화 교섭사 영역에서 이뤄진 이 논쟁을 통해, 역사성을 띤 학술적 과제 배후에는 시종일관 현실성을 띤 정치적 요소가 있다는 것을 알 수 있다. 어떤 특정한 시대적 환경에 처해 있는 학자들은 정치, 문화, 사회적 환경의 굴레를 벗어나기 힘들기 때문에 어떤 문제의식을 지닌 학술적 연구에는 특정한 현실적 관심의 흔적이 드러날 수 있다. 학자들은 "도道"와 "사史" 중 어느 것을 택할 것인가 하는 곤경에 빠질 수 있다.

둘째, 동일한 역사에 대해 다른 나라의 학자들이 서로 다른 입장, 정서,

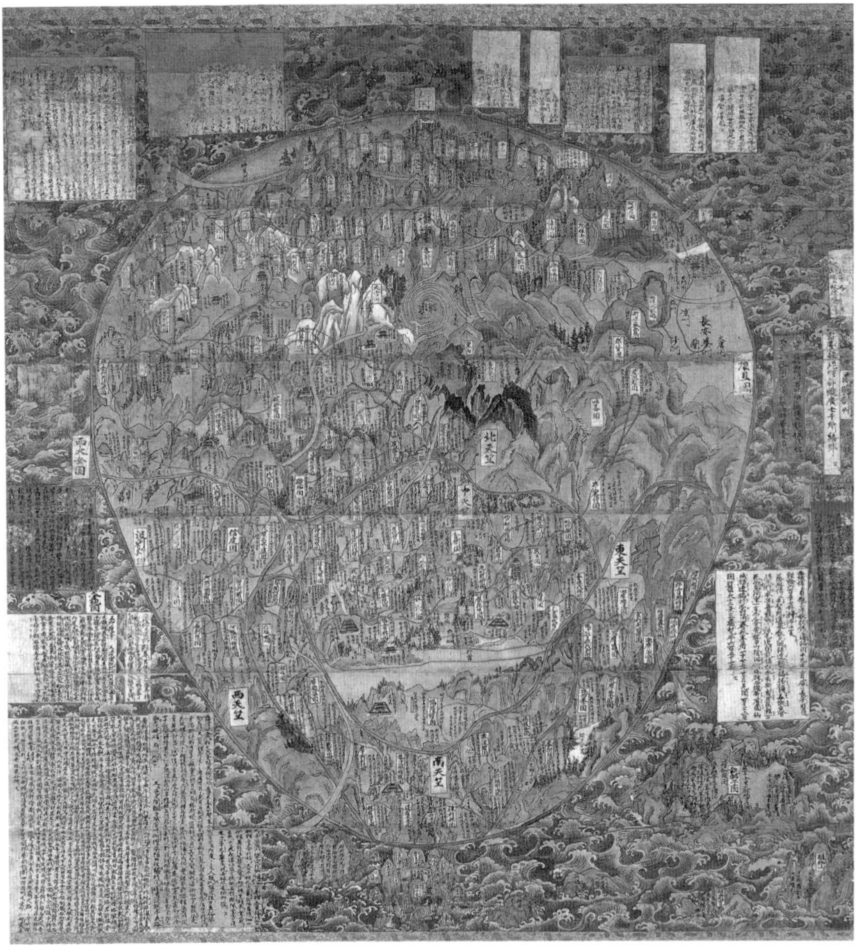

오천축도五天竺圖(정치貞治 3년, 1364)

사유를 지닌다는 것은 지극히 정상이다. 오늘날 우리가 일본의 "중국학"을 대할 때는 먼저 그것을 "일본학"으로 여길 필요가 있다. 그들 자신의 정치사와 학술사의 맥락으로부터 일본인의 문제의식, 생각, 연구 방법의 유래를 이해해야 한다. 그렇게 해야지 비로소 "해외 중국학"에 대한 참된 이해를 할 수 있을 것이다.

셋째, 문화 교섭사 분야에서 우리는 타국의 문화와 역사를 "동정적으로 이해할" 필요가 있다. 곧, 외견상 동일해 보이는 역사적 현상에서 피차간의 미묘한 차이점을 찾아야 하고, 아울러 그런 차이점에 대해 깊이 있게 파고들어야 하며, 결코 간단하게 비교해서는 안 될 것이다.

제3부

아시아 이해와 중국 역사의 방법

「천하도天下圖」(17세기 말, 윤형두尹炯斗 소장)

제7장

국경의 관문은 어디인가?

— 19세기 말 20세기 초 일본의 "만주, 몽고, 회족, 장족, 조선"학의 배경

이끄는 말

아주 오랜 기간 나는 중국의 역사·문화와 관련된 학술사 연구는, 중국의 연구이든 해외의 연구이든 간에 다음의 세 가지 핵심에 주의해야 한다고 강조해왔다. 첫째, 학풍의 기복과 변화 배후에 있는 정치적 요소를 이해해야 한다. 설사 현대 학문의 특징은 학문과 정치의 "분화"이며 학문이 독립적인 영역이 될 수 있다고 수많은 사람이 인정한다 할지라도, 나는 그런 "절단"이 "일도양단一刀兩斷"식으로 이뤄질 수 있다고는 믿지 않는다. 둘째, 학술 연구의 자료, 초점, 방법의 변화에 주목해야 한다. 학술사가 사상사와 다른 지점은, 그것이 구체적이고 전문적인 학문을 떠나서 고차원적이고 추상적인 관념을 논할 수 없다는 데 있다. 그러므로 중요한 판단을 하기 위해서는 언제나 작은 결론들이 필요한 것이다. 천인커陳寅恪는 어째서 "흐름에 참여하라

豫流"고 말했을까? 왜냐하면 학문은 마치 강의 흐름과 같아서 물결이 한 차례 지나가면 또 다른 물결이 뒤따라오기 때문이다. 다시 말해 자료, 초점, 방법의 변화는 언제나 역사적 회상, 문화적 일체감, 전통 해설에 있어 더욱 심각한 변화를 일으키기 마련이다. 셋째, 학문이란 서로 다른 학문 공동체 사이의 비교와 경쟁의 와중에 놓여 있다는 데 주목해야 한다. 초기 유럽 동방학과 일본 동양학 사이에서 서로의 장단점을 파악해보려는 심리가 있었을 뿐만 아니라, 중국 학자들 역시 해외에 나가본 적이 없던 천위안陳垣이든 아니면 서양 학문의 훈련을 받았던 천인커, 푸쓰녠傅斯年, 후스胡適든 모두 "한학漢學의 중심을 파리와 교토로부터 되찾아와야 한다"는 생각을 강하게 갖고 있었기 때문이다.

나는 이 장에서 19세기 말 20세기 초, 곧 중국의 청나라 말 민국 초기이자 일본의 메이지·다이쇼 사이에 해당되는 시기의 중국과 일본의 학술사를 대상으로 몇 가지 문제를 논해보려 한다.

첫째, 원래 한족 중국의 역사·문화에 관심을 가졌던 일본의 동양학계가 어째서 그 시대에는 중국의 사예, 곧 만滿(만주), 몽蒙(몽고), 회回(신장위구르), 장藏(티베트), 선鮮(조선)에 대해 강렬한 의미를 갖게 되었을까?

둘째, 그러한 학술사적 흥미는 일본의 정치적 배경과 어떤 관계를 가지며, 또한 서역·남해南海(동남아 일대)의 역사와 지리에 대한 유럽 동방학과 어떤 관계를 갖는가?

셋째, 어째서 그 시대에 중국 학계는 그와 유사한 학문적 흥미를 형성하지 못했을 뿐 아니라 민족국가를 재수립하려는 흐름과 호응하지 못했을까? 원래 일고 있던 서북西北의 역사와 지리에 대한 관심 및 몽고사에 대한 흥미는 어째서 결국 "고립된 분야絕域와 후속이 끊긴 학문絕學"이 되고 말았을까?

1. 청말 민국 초 또는 메이지 · 다이쇼 시기: "만주, 몽고, 신장위구르, 티베트, 조선" 연구에 대한 일본의 흥미와 동양사학의 형성

청말 민국 초는 일본의 메이지·다이쇼 시대에 해당되는데, 일본의 동양사학은 이 시대에 점차 꼴을 갖춰나가고 있었다. 나카미 다쓰오中見立夫는 자신의 논문에서 이렇게 말한다. "일본에서 '동양사학'의 학문 영역이 형성되었던 것은 대략 1894년에서 1904년에 이르는 10여 년간으로 곧 청일·러일 전쟁 사이의 시기에 해당되는데, 그 형성 시기의 시대적 배경(곧 대륙을 향한 제국주의적 침략의 초기)은 이후 동양사학의 전개에 엄청난 영향력을 행사했다."[1] 이런 설명은 매우 정확하지만, 우리는 동양사학의 "여명기"를 조금 더 확대하여 1891~1915년으로 잡고자 한다. 곧 청말 민국 초 시기 전체, 메이지·다이쇼 시기 전체를 놓고서 논해보려고 한다. 왜냐하면 일본과 중국이 똑같이 겪었던 격동의 거대한 변화의 시대를 전체적으로 봐야지 그 시대가 바로 일본의 정계政界에서 "중국" 관련 논의가 변화하던 시기였음을 파악할 수 있고, 또한 일본 학계에서 이른바 "만주, 몽고, 신장위구르, 티베트, 조선"의 학문이 발흥하던 핵심적 시기였음을 파악할 수 있기 때문이다. 그리고 이를 통해 "중국" 및 "주변"과 관련된 일본의 학술사적 변화와 그 정치사적 배경을 동시대의 중국 학술사와 대비해보는 것은 깊이 생각해볼 만한 문제다.

주지하다시피 중국 및 주변에 대한 당시 일본 학계의 연구는 중국의 동남부와 서북부를 둘러싼 지역뿐만 아니라, 각 민족과 지역의 역사·종교·언어·지리 등 여러 영역을 다루고 있어, 전체를 포괄하는 연구라 할 만한 것이었다. 간략하게 정리하면 다음과 같다.

(1)와다 기요시和田淸가 말하다시피, 메이지 이전의 일본에서는 오규 칸荻

生觀과 반 노부토모伴信友 등 소수를 제외하고는 만주의 역사와 지리를 연구하는 사람이 극히 적었지만, 1894년의 청일전쟁 이후 일본군 총참모본부가 『만주지지滿洲地志』를 출판했고, 그 뒤 학계에서도 다나카 스이치로田中萃一郎의 『만주의 국호에 대한 고찰滿洲國號考』(1903)이 출판되었으며, 아다치 리쓰엔足立栗園과 히라타 가쓰마平田骨仙의 『만주 고금사滿洲古今史』(1904)가 출판되었다. 일본 동양학의 중요 인물인 나카 미치오那珂通世, 나이토 도라지로內藤湖南, 시라토리 구라키치의 노력에 따라 "만주사 연구는 점차 큰 걸음의 진전을 보았고, 특히 중요한 곳은 시라토리 구라키치 박사가 설립했던 남만南滿 철도주식회사의 학술조사부였다."[2]

(2)조선에 대한 일본의 침투와 침략에 따라 학계에서도 조선 관련 논저가 무수하게 나왔다. 하야시 다이스케林泰輔의 『조선사』(1982), 『조선근대사』(1901) 이후 쓰보이 구메조坪井九馬三, 시라토리 구라키치, 이케우치 히로시池內宏, 이마니시 류今西龍, 하라다 요시토原田淑人, 후지쓰카 지카시藤冢隣 등 많은 연구가 있었다. 1908년 시라토리 구라키치는 만철滿鐵 총재인 고토 신페이後藤新平에게 만선滿鮮 역사지리 조사 기구를 설치해줄 것을 건의하는데, 이후 학계에 엄청난 영향력을 끼쳤던 학자들, 예컨대 야나이 와타루箭內亘, 쓰다 소키치, 이케우치 히로시 등은 만주·조선의 역사지리 조사에 참가한다.

(3)스기야마 마사아키가 지적하다시피, 일본은 "몽고의 침입"을 깊이 기억하고 있었기 때문에 몽고에 대한 관심은 오래전부터 있었지만, 진정한 의미에서 몽고의 역사·지리·언어를 연구했던 것은 나카 미치오, 구와바라 지쓰조桑原騭藏, 시라토리 구라키치부터였다고 한다.[3] 그 가운데 특히 주목할 만한 인물은 일본 동양사학의 개창자라고 불리는 나카 미치오다. 1902년 도쿄의 문구당文求堂은 그가 번역하고 교정한 홍균의 『원사역문보정元史譯文

補正』을 출판한다. 또한 그는 중국에 몽고와 관련된 새로운 사료가 있다는 것을 발견하고 문정식文廷式과 진의陳毅에게 그것을 대신 찾아줄 것을 부탁했다. 『황원 성무 친정기皇元聖武親征記』 『흑달사략黑韃史略』 『쌍계취은집雙溪醉隱集』 『원비사 이주보元祕史李注補』 등이 그것이었다. 특히 그는 교토의 나이토 도라지로를 통해서 문정식이 기증한 『몽고비사蒙古祕史』 필사본을 얻고서 2~3년간의 힘겨운 연구 끝에 1907년에 저 유명한 『칭기즈 칸 실록成吉思汗實錄』, 곧 『몽고비사』 교정·역주본 12권을 출판하여 일거에 일본의 몽고사 연구의 기초를 놓았고, 또한 일본 학계를 자극하여 몽고에 대한 고찰 및 몽고 연구의 분위기를 조성했다.

(4)서장西藏에 대한 연구도 이 시기에 시작했다. 일본이 중국에 대해 새롭게 인식해감에 따라 학계와 정계 모두 서장을 잘 파악해야 한다고 의식했다. 1901년 일본 정부로부터 특수 임무를 부여받았던 나리타 안키成田安輝는 티베트의 수도인 라싸에 도착하여 서장과 관련된 수많은 자료를 수집했다.[4] 한 해 전인 1900년에는 베이징에서 통역을 담당하던 데라모토 엔가寺本婉雅(1872~1940)가 황사黃寺(현 베이징 차오양 구朝陽區 소재)와 쯔푸위안資福院에서 장문불경藏文佛經(티베트어로 된 불경)을 발견했는데, 그는 경친왕慶親王[5]과 나동那桐[6]에게 장문불경 두 질을 자신에게 기증해달라고 설득했고, 이후 각각 도쿄대학(그전에는 황궁에 소장되었음)과 오타니大谷대학에 소장된 그 장문불경 두 질은 일본에서 큰 반향을 일으켰다. 이에 1901년 11월 『제국 동양학회 회보帝國東洋學會會報』 제1호는 그 사실을 특집으로 다루면서 "이 희소한 경전은 데라모토가 수년간의 고심 끝에 발견한 것이다"라고 보도했다. 또한 1901년에는 나리타 안키 말고도 저명한 가와구치 게이카이河口慧海(1866~1945)가 라싸에 도착하여 대량의 팔리어 문헌, 티베트어 문헌을 수집해서 돌아왔는데, 그 수집 목록에는 팔리어와 티베트어

『대장경』 및 여러 자료가 포함되어 있었다.[7] 이후 계속해서 도쿄와 오사카의 신문지상에는 티베트 견문기가 발표되어 티베트에 대한 일본인들의 호기심을 크게 불러일으켰고, 특히 1909년에 인도와 영국에서 출판되었던 영문판 『티베트에서 보낸 3년Three Years in Tibet』으로 인해 "'문명개화'와 '부국강병'의 시대에 처한 일본인들이 폐쇄 상태에 있던 티베트에 대한 호기심을 해결했고, 그 책은 사회적으로 큰 반향을 일으켰다."[8] 가와구치 게이카이는 일본의 티베트 연구를 위해 많은 문헌을 수집했을 뿐만 아니라 이케다 조다치池田澄達, 아베 후미오阿部文雄 등 일련의 티베트 연구자들을 길러냈으며, 이를 통해 일본에서 티베트 역사와 문화에 대한 연구를 창시했다.[9]

(5)일본의 서역(신장新疆의 이슬람교 지역) 연구는 당연히 유럽 학자들의 자극을 받아 형성되었지만, 비교적 이른 시기에 한편으로는 유물 약탈적 "탐험"을 하거나, 다른 한편으로는 군사·정치적 "정찰"을 함으로써 일본인들은 재빨리 신장에 깊숙이 개입하는 조치를 취했다. 1902년 오타니 고즈이大谷光瑞는 유럽 학자들의 노선을 따라 서쪽에서부터 동쪽으로 나아가 쿠차Kuchar(고차庫車)와 호텐Xoten(화전和闐)에 들어갔고, 그 뒤 계속해서 두 번에 걸쳐 신장에 들어가 탐험을 했다. 나중에는 도쿄와 교토에서 각각 『중앙아시아 탐험中亞探險』(도쿄, 1912)과 『서역 고고학 지도집西域考古圖譜』(교토, 1915)을 출판했고, 이것이 "일본 서역학의 기점"으로 일컬어진다. 1905년 사쿠라이 요시타카櫻井好孝는 외무성의 비밀 지령과 군부의 지시를 받고 신장 일대에서 여행과 조사활동을 한 뒤 일본에 돌아와서 내몽고와 신장에 관한 상세한 보고를 제출했다.[10] 그리고 그 외 일본 학자들, 예컨대 시라토리 구라키치, 구와바라 지쓰조, 후지타 도요하치 등의 학자들이 일찍부터 유럽 학자들의 영향을 받아 유럽의 동방학과 유사한 서역 연구를 시작했다. 이들은 한문으로 된 서역의 역사·지리 자료, 신장의 고고학적 신발견, 고대 서역

의 여러 언어와 문자에 대한 연구를 통해 동서 문화교류사, 고대 서역의 종교·예술·문화에 대해 인식상의 큰 진전을 이룩했다.

중국의 "주변"에 관한 일본의 학술사를 돌아보면, 한편으로 일본은 유럽 동방학의 영향을 받았다는 것을 발견할 수 있다. 메이지·다이쇼 시기 일본의 중국학자들 가운데 "중국을 넘어선" 중국 연구가 일어나기 시작했던 것이다.[11] 다른 한편으로 일본의 부상과 아시아주의 사조의 영향으로 인해, 일본 학자들의 중심적인 관심사가 전통적인 한족의 중국으로부터 "만주·몽고·신장위구르·티베트·조선", 곧 중국 주변의 역사·지리에 대한 연구로 옮겨갔다는 것을 알 수 있다. 19세기부터 중국에서는 서북西北의 지리와 역사 그리고 몽고의 역사·언어에 대한 학문이 관심을 받기 시작했고 풍부한 성과를 냈으며, 그로 인해 중국의 전통적 고증학도 국제적인 근대 역사학을 향해 한 걸음 더 다가서기는 했다. 하지만 중국의 "주변"에 대한 진정한 근대적 역사·지리 연구는 그보다 조금 뒤 유럽과 일본의 동방학(혹은 동양학), 곧 "서역·남해의 학" 또는 "만주·몽고·신장위구르·티베트·조선학"으로부터 받은 자극에 의해 비로소 발전하기 시작했다.[12]

"만주·몽고·신장위구르·티베트·조선"에 대한 일본 동양학계의 흥미와 "오랑캐의 학문四裔之學"(푸쓰녠은 "노학虜學"이라고 칭한다)에 대한 중국 학계의 태도를 자세하게 관찰하고 비교해본다면, 그런 시대적 배경 아래에서 두 나라 정치적 환경의 거대한 차이와 두 나라 학계의 서로 다른 역사 인식을 파악할 수 있을 것이다.

2. 유럽과 승부를 다투다: 일본 역사학자들이 중국의 주변에 대해 연구하게 된 동기 중 하나

일본의 동양사학 분야에서는 나카 미치오(1851~1908)의 영향이 매우 깊다. 원나라 역사와 만주·조선의 역사에 대한 그의 흥미는 그의 중국 역사 서술에 영향을 끼쳤고, 그 결과 그는 "중국" 역사에 대해 새로운 관념을 갖게 되었다. 곧 "중국"을 "동양" 속에 놓고 연구해야 한다는 관념이었다.[13] 에노키 가즈오榎一雄의 기억에 따르면 대략 메이지 27~28년(1894~1895), 바로 청일전쟁 발발과 시모노세키 조약이 있던 2년간 나카 미치오는 이미 그런 관념을 분명히 갖고 있었다고 한다.[14] 그의 이런 사유는 대학 안에서 일본 동양사학의 학과적 위치를 확립했을 뿐만 아니라, 후대의 일본 동양학계에 깊은 영향을 남겼다(예를 들어 일본 현대 사학의 개창자 중 한 명으로 일컬어지는 시라토리 구라키치도 그의 영향을 받았다). 그 뒤 메이지 30년(1897) 출판된 이치무라 산지로市村瓚次郎의 『동양사요東洋史要』는 특히 그 책의 원래 제목에 있던 "지나支那"를 "동양"으로 바꾸었다. 저자는 그것이 "당시 학계와 교육계의 추세에 순응하는 것"이었다고 한다.[15] 어떤 "추세"였을까? 다나카 마사미田中正美에 따르면 바로 메이지 20년대 이래, 특히 청일전쟁 이후 일본 민족의 자신감이 강화되던 배경에서 "일본은 자신이 아시아 민족으로서 서양 문명에 대응하는 동양 문명을 대표한다고 자각적으로 의식하는" 추세에 있었다.[16] 그보다 조금 이후 다이쇼 연간에 출판된 구와바라 지쓰조의 『중등 동양사中等東洋史』는 한 걸음 더 나아가 그 「총론」에서 역사 서술의 범위를 동아시아, 남아시아, 서아시아까지 확대했다. "이것은 이전에는 없었던 새로운 학문"이라고 미야자키 이치사다가 말했다시피, 그것은 한편으로 중국 중심의 역사 서술을 타파하여 "모든 민족을 포함한 동양의 운명을 해명하려는 것"이었으며, 다른 한편으로는 중국 중심의 문화적 관념을 타파하고 "동양 각 민족을 전적으로 차별 없이 평등하게 취급하려는 입장"이었다. 이런 현상으로 인해 일본 학계는 제도와 관념의 두 측면에서 "중국사"를 대체하는 "동양사"를 형성하게 되었는데, 동양사가 중국사와 달랐던 지점은 바로 만주, 몽고, 신장위구르, 티베트, 조선에 주의를 기울였다는 것, 더욱이 "서역"에 주목했다는 것이었다.[17]

이 시기의 도쿄와 교토 양쪽에서 상당히 많은 일본 학자가 그런 흥미와 연구 경향을 지녔다는 사실을 우리는 확인할 수 있다. 그 가운데 일본 메이지 시대 동양학의 기초를 놓았던 중요 인물이자 일본 아시아 연구의 주요 추진자인 두 인물이 있었는데, 한 명은 도쿄제국대학의 시라토리 구라키치(1865~1942)였다. 그는 매우 의식적으로 중국 연구를 주변으로 확대하고자 했고, 아울러 이 분야에서 "일본의 동양학을 떨쳐 일으켜 세계적 수준에 도달하거나 심지어 그것을 넘어서도록" 하는 것을 목표로 삼고 있었다.[18] 그의 튀르크突厥, 우손Uyson(烏孫), 흉노, 소그드粟特, 강거康居, 조선 연구는 유럽 학계로부터 상당히 높은 평가를 받았고,[19] 고토 신페이의 만철滿鐵로부터 지원을 받아 "만선 역사지리 조사부"를 설립하여 "백산흑수문고白山黑水文庫"를 편찬했다. 그리고 또 한 명의 주요 인물인 교토제국대학의 나이토 도라지로內藤湖南(1866~1934)는 만주, 몽고, 조선에 대해 엄청난 노력을 기울여 몽고어판 『몽고원류蒙古源流』를 수집했으며, 선양瀋陽에서는 4000여 장에 이르는 만주어 고문서를 촬영하고 이것을 『만몽총서滿蒙叢書』로 편집했다. 시라토리 구라키치와 나이토 도라지로 말고도 메이지·다이쇼·쇼와 시기에는 저명한 학자들이 계속해서 출현했다. 후지타 도요하치(1869~1928), 구와바라 지쓰조, 야나이 와타루(1875~1926), 이케우치 히로시(1878~1953), 하네다 도루羽田亨(1882~1955), 그리고 그보다 조금 이후의 이시하마 준타로石濱純太郎(1888~1968), 와다 기요시(1890~1963), 간다 기치로新田喜一郎(1899~1984), 미야자키 이치사다(1901~1995) 등이 있다. 이들은 몽고, 조선, 베트남, 서역, 티베트의 역사와 지리 분야에서 상당히 많은 연구 성과를 내 당시 일본 중국학의 새로운 흐름을 보여준다. 일본 학자들은 이런 연구들로 인해 세계의 학문 조류에 대해 상당한 자신감을 갖게 되었고, 심지어 일본인이 중국인에 비해 서양의 새로운 방법을 더 잘 이해하는 한편, 서양인에 비해서 동양의 문헌을 더 잘 읽을 수 있기 때문에 일본이야말로 "동양학"의 선구라고 생각했다. 중국의 학자들은 이런 생각에 굴복하지는 않았지만 다음과 같이 인정하지 않을 수 없었다. 곧 "중국 정통 역사서에 대한 연구에서 우리는 그들 연구 성과의 시비득실을 가릴 수 있어 그들과 겨룰 만하지만, 서역과 남해 그리고 고고미술사 연구에서 우리는 그들보다 한참 뒤처져 있다."[20]

당시 일본의 학문적 조류에는 원래 학술사적 특수 배경이 있었다. 학술사의 측면에서 보자면, 일본의 그런 학문 경향이 지닌 현대적 의미는 매우 분명하다. 일본 학계가 이전부터 갖고 있었던 관념은 일본인이 유럽인에 비해 중국을 해석하는 주도권을 더 잘 장악해야 한다는 것이었다. 서역과 남해 지역은 문화·종교·풍속의 측면에서 일본과 거리가 멀었고, 연구 수단, 자료, 방법의 차이 때문에 근대 이래 유럽인이 일본에 비해 한 걸음 앞서 나갔다는 것을 일본인들은 인정했다. 그리고 그 때문에 "중국"을 이해하는 데서 일본이 유럽에 뒤떨어졌다는 것이다.[21] 매우 상징적인 이야기가 하나 있다. 곧 구와바라 지쓰조가 다른 사람으로부터 프랑스 학자 샤반의 이야기를 들었다는 것이다. 그 사람은 구와바라에게 샤반Emmanuel-Edouard Chavannes(1865~1918)은 『오공행기悟空行記』를 읽었을 뿐만 아니라, 1895년에는 당나라에서 서역의 천축까지 수십 년이 걸렸던 저 불교 승려의 여행기에 대해 매우 뛰어난 주석과 고증까지 했다고 말했다. 그런데 구와바라를 포함한 일본의 어느 학자도 "오공"이라는 이름 자체를 들어본 적이 없었기 때문에 그들은 심각한 충격과 자극을 받았고, 이에 노력해서 서양인들을 따라잡아 그들과 대등한 위치에 서야겠다고 생각했다고 한다. 그래서 그들은 서양의 학문과 똑같은 도구·자료·방법을 통해서 서양 학계가 흥미를 느끼는 영역·과제·문제를 다루려고 노력했으며, 서양의 과학과 동일하거나 유사한 것, 곧 "중립"을 표방하는 이른바 객관주의적 입장에 서서 일본 "동양학"의 형성을 촉진하려 했다. 그리고 연구 분야와 시각의 측면에서 그들은 선교사와 인류학자들에서 비롯하는 유럽의 한학漢學 전통을 모방하고자 매우 노력하여 "중국학"을 "동양학"으로 변화시켰다.[22] 곧 연구 영역을 한족의 중국에서 점차 중국의 주변으로 확대했으며, 아울러 그것을 "서양"과 대응하는 역사적 공간으로 삼아 연구를 진행했다. 그러면서 일본 학자들은 한편으로 역사·문화·민족 면에서 "서양"과 병립하고 "동양"으로 불릴 수 있는 역사 서술 공간을 창출했으며, 다른 한편으로 일본을 "동양"으로부터 분리해내서 두 가지 "타자"를 지닌 "본국本國(일본)"을 성립시켰다.

그래서 나카 미치오가 일본의 "본국사" 외에 각각 "서양사"와 "동양사"를 설치해야 한다고 주장했을 때, 일본의 동양학계는 "동양사"를 "중국"에서 "주변"으로 점차 확대해나가고 있었고, "역대로 중국사만을 중심으로 삼았던 일본의 편협성을 제거하고 동양 여러 나라와 민족의 역사를 반드시 포함하고자 했다."[23] 메이지·다이쇼 시기 일본의 각종 간행물, 예를 들어 『동양철학』 등의 학술적 관심사, 시라토리 구라키치 등 학자들의 학문적 훈련, 만주·몽고·신장위구르·티베트 위주의 학문 과제를 선택했던 학자 모두는 일본의 그런 연구가 현대성을 추구했다는 것과 국제 조류의 추세에 융합하려 했음을 보여준다.[24]

3. 청국비국론淸國非國論: 만주 · 몽고 · 회족 · 서장 · 조선학이 일본에서 흥성했던 역사적 배경과 정치적 의미

정치사의 관점에서 보자면 그런 학문적 변화의 배후에는 매우 깊은 배경이 숨어 있었다. 메이지 이래 "국권확장론國權擴張論"이 점점 팽창하여 일본 민족주의가 "아시아주의"라는 표상을 띤 채 출현했고, 특히 1894년 청일전쟁이 청나라에 충격을 가한 이후 일본은 과거 아시아 최대의 적수였던 중국을 한 수 아래로 보면서 관찰하는 태도를 새롭게 취했으며, 중국 및 주변 영토에 대한 요구 역시 점차 강렬해졌다.[25] 나카노 세이고中野正岡는 일찍이 「대국, 대국민, 대인물—만주·몽고 방기론을 배척한다大國, 大國民, 大人物—滿蒙放棄論を排す」라는 글에서, 전통 중국의 역사적 흥망성쇠에 빗대어 일본의 쟁패와 확장의 필요성을 논했는데, 그에 따르면 중국의 약체화는 진시황이 만리장성을 쌓아 스스로를 보호하려 했던 데서 시작되었다고 하며, "우리나라(일본)가 새롭게 일어설 기회를 타고서 점차 대만과 조선을 병합하고 만주와 몽고를 향해 발전해나갈 서광이 비치고 있는데, 만약 조선의 국경에 장성을 축조하여 사방을 수비하고 그럼으로써 사기를 약화시킨다면, 그것이 어찌 망국의 전조가 아니겠는가?"라고 인식한다.[26] 그 가운데 가장 영향력이 있었던 부분은, 더 이상 과거의 청나라 곧 "중화제국"을 방대한 "하나"로 간주하지 않고, 유럽에서 유행하던 "민족국가"라는 새로운 개념을 빌려와 과거의 "중국"을 서로 다른 왕조들로 해석하면서, 이런 왕조들은 다만 각각의 전통적 제국일 뿐이라고 여기며 실제의 "중국"은 한족을 주체로 삼으면서 만리장성 남쪽과 신장 동쪽에 있는 하나의 나라라고 보는 생각이었다. 그리고 나카노 세이고는 중국 주변의 각 민족은 문화·정치·민족이 서로 다른 각각의 공동체로서 이른바 "만주, 몽고, 신장위구르, 티베트, 조선"

은 모두 중국 밖의 "주변"일 뿐이라고 여겼다.[27]

이런 사상적 조류는 당시 일본에서 꽤 유행했으며, 한편으로는 일본을 아시아의 구원자로 여기면서 일본의 영역을 넓히려는 시도로 나타났고, 다른 한편으로는 중국의 대외 역량을 강화하되 동시에 중국을 만리장성 이남의 한족 지역으로 제한하려는 사상으로 나타났다. 예를 들어 당시 고노에 아쓰마로의 지지를 얻었던 동아회東亞會와 동문회同文會는 "문명화", 곧 우승열패론으로 아시아에서 일본의 주도권을 논하였고, 또한 "인종론"으로 중국과 일본의 상호의존 관계를 주장했는데,[28] 이런 주장은 일본 문화계로 하여금 일본이 "맹주"가 되어 동아시아를 구원해야 한다는 야심을 품도록 했으며, 중국은 중앙을 강화하고 사예는 포기해야 한다는 생각을 형성케 했다. 일본 근대 사상의 기초를 놓았던 후쿠자와 유키치는 메이지 31년(1898)에 발표했던 「14년 전의 중국분할론十四年前の支那分割論」이라는 글에서 자신이 1884년에 주장했던 내용을 회고한다. 그 내용이란, 중국이 열강에 의해 분할될 급박한 위기에 처해 있으며 그런 상황을 피할 수는 없을 것 같기 때문에 이미 현대화한 일본이 자신의 안전을 위해 분할 경쟁에 참여하는 조치를 취할 필요가 있다는 것이었다.[29] 메이지·다이쇼 시기에 이런 사상은 매우 인기를 끌었다. 예를 들어 1912년 나카지마 탄中島端이 발표한 『지나 분할의 운명支那分割の運命』, 1917년 사카마키 데이치로酒卷貞一郎가 발표한 『지나 분할론支那分割論』은 모두 중국이 이미 전제專制의 숙명을 피할 수 없으며, 또한 분할의 미래를 피할 수 없다고 인식한다. 또한 저명한 동양사학자인 나이토 도라지로는 1914년에 발표한 유명한 글 『중국론』에서 비록 중국 분할론에 극력 반대하기는 하지만, 그 역시 중국의 영토 문제는 정치적 실력의 관점에서 고려되어 중국 영토가 축소되어야 한다고 인식하고, 이른바 다섯 종족 공화론五族共和論 같은 것은 공상적 논의로서 지배적 사상이 되어서는 안 된다고 주장하면서, 중국은 현실적 역량을 고려하여 차라리 일시적으로 주변의 영토를 포기하고 내부 통일에 도달하는 편이 낫다고 주장했다.[30] 일본 학자들이 말하다시피, 이런 사조는 "일본 국민들이 청일전쟁의 자극을 받아서 아시아 대륙에 대해 점차 관심을 갖던 배경에서 형성되었던 것이자, 일본이 근대국가로서 갑자기 부상하던 메이지 20년대에 일본이 아시아 민족이라는 자각이 날로 고조됨과 아울러 그들이 서양 문화와 접하면서 독특한 동양 문화를 주장하던 배경에서 형성된 것이었다."[31] 때문에 일본인들은 만주, 몽고, 신장, 티베트, 조선에 대해 "우리 땅과 같다"는 감각을 갖게 되었다. 하지만 바로 그런 민족주의, 심지어 제국주의적인 정치 배경은 학술 영역에서 흥미로운 관심사가 되었고, 이런 학술 영역의 연구 경향은 중국을 새롭게 이해해야 한다는 보편적 관념으로 점차 변화해나갔다.[32]

이러한 학문과 정치의 뒤엉킴은 당시 일본에서 상당히 보편적인 현상이었다. 전형적인 사례를 하나 들어보자. 1908년 만철 총재 고토 신페이의 지원을 받아 시라토리 구라키치가 마침내 "만선 역사지리 조사부"를 세우는데, 이 기구는 만주·조선과 관련된 문헌을 대량으로 수집해서 "백산흑수문고"를 세우고, 잇달아 『만주역사지리』(독일어판 포함), 『조선역사지리』를 출판했을 뿐만 아니라 저명한 학자들을 길러냈다. 이나바 이와기치稻葉岩吉, 야나이 와타루, 이케우치 히로시, 쓰다 소키치, 마쓰이 히토시松井等, 와다 기요시, 세노 바유瀨野馬熊 등이 그들이다. 이들은 전체 일본 동양학계의 분위기에 영향을 끼쳤다. 그런데 이것이 겉보기에는 동양사학계의 상황인 것 같지만 그 배후에는 정치적 사고가 있었다. 시라토리 구라키치는 『만주역사지리』 제1권 서문에서 솔직하게 말한다. "6~7년 전을 회고해보면, 러일전쟁의 사후 국면을 수습하고 남만주의 경제를 경영하며 조선을 보호하고 개발해야 할 중임이 역사적으로 일본 국민의 어깨 위에 놓여 있었을 때, 나는 학문 분야에서 만주와 조선을 연구하는 것이 학계의 급선무라고 제창했다." 어째서일까? 그에 따르면 첫째, 만주와 조선이 일본과 긴밀한 관계를 갖기 때문이었고, 둘째, 당시 만주와 조선이 점차 중국의 장막으로부터 풀려나 일본을 향해 개방되고 있었기 때문이다. 바로 이런 동기에서 비롯하여 그는 만주·조선·몽고에 대한 일본 학계의 연구를 추동했던 것이다. 고토 신페이는 이에 대해, "일본인들이 동양에 대해 특수한 사명을 띠고 있다는 것을 깨달아야 하며 (…) 역사·전통·풍속에 대한 조사는 식민 정책에서 매우 중요한 것으로서, 이 점을 분명히 인식해야 한다"[33]고 말했다. 그리고 1915년 출판된 『만몽연구회보滿蒙研究匯報』 제1호 "발간사"에서 시라토리 구라키치는 더욱 명확하게 만주·몽고 연구는 결코 순수한 학문 분야가 아니라고 말한다. 곧 "우리(일본) 입장에서 만주와 몽고는 한편으로 북쪽 문의 열쇠이고 다른 한편으로는 동양의 평화를 보장하는 곳인데, 이제 만주와 몽고는 일본이 유라시아와 연결되는 최첩경이 되어 미래에 동서 문명이 접촉할 권역 내에 있으니, 우리 국민이 어떻게 그것을 경시할 수 있겠는가? 하물며 우리는 만주에 전쟁 비용 20억을 쏟아부었고 희생된 인원도 5~6만 이상이었다"[34]라고 그는 말한다.

하나 더 지적할 점은, 이렇듯 학문과 정치의 두 의도가 뒤섞인 역사 연구가 제2차 세계대전을 전후한 시기에 계속해서 발전했고, 동시에 일본의 역사학계에서 제국주의적 성격을 띤 전략적 자원과 서술 주제를 형성했다는 점이다. 그 가운데 가장 대표적인 것은 만선 역사지리 조사부가 편찬한 10여 책의 『만선역사지리보고』였는데, 1931년 9·18사변이 일어나자마자 이 책은 곧바로 낙양의 지가를 올렸다. 중국의 동북부에 대한 일본의 야심과 흥미로 인해 뜻밖에도 이 보고서의 가치가 "백금百金"으로 폭등하여 사람들의 말문을 막히게 했고, 군부와 정계에서 모두 필요로 하는 "정보"가 되었다. 물론 이것은 뒷날의 이야기였다.

4. 국경인가 주변인가?: 역사와 현실에서 중국의 경계를 어떻게 정할 것인가

그렇다면 이 시기 중국 학계의 상황은 어떠했을까? 메이지·다이쇼 시기 일본 학계와 마찬가지로 청나라 중엽에 제국의 경계가 최종적으로 형성되고, 청나라 중·후기에 중국 국경지대에 대한 열강의 야심이 노골화됨에 따라 이른바 "사예의 학문四裔之學", 특히 서북의 역사·지리에 대한 학문이 점차 활기를 띠었다. 삼번三藩(1636~1681), 준갈Dzungar(准噶爾, 1681~1760), 대·소금천大小金川을 평정하고, 만주와 티베트에 공통된 불교적 신앙을 세움으로써 티베트를 붙들어 맸으며, 만주와 몽고 사이에 혼인 관계를 형성함으로써 몽고를 회유하면서, 청대 중엽에는 이미 광활한 강역의 제국 판도를 형성했다.[35] 서부 영토에 대한 개척과 서북 변경의 지속적 요동으로 인해 청나라 정부는 끊임없이 군사적 행동을 개시하는 동시에 외교적 교섭을 빈번히 시행했는데, 이런 현실적 배경이 학자들을 자극하여 그들로 하여금 서북의 지리, 민족, 역사에 대해 관심을 기울이게 했다. 왜냐하면 『사기』「대완열전大宛列傳」, 『한서』「서역전西域傳」, 『한서』「지리지地理志」와 같은 몇몇 기록이나, "추연의 황당한 이론과 『산해경』의 풍문" 같은 기억 및 상상에만 의지해 현실과 위기에 대처하는 것은 몹시 불충분했기 때문이다. 때문에 19세기 중엽 이후 중국 내지의 열여덟 개 성省을 넘어서고 삼황오제三皇五帝·한당송명漢唐宋明의 왕조사를 넘어서는 이 "후속 연구가 끊어졌던 과거의 학문絕學"(서역사)은, 한편으로 "고증학"으로서 자연스럽게 지속되어나가고 다른 한편으로는 "실용의 학문"으로서 시대에 응하여 일어나면서 점차 학문의 새로운 조류가 되었다. 특히 중국 학자들이 역외의 문헌 자료와 현지조사 발견물을 접하기 시작하면서 이런 학문 경향이 전통 학술의 변화를 야기했다.[36]

이 시대에 일부 민감한 학자들은 서북의 지리, 요遼·금金·몽蒙·원元의 역사, 역외 문헌의 번역, 중앙아시아의 각종 종교 연구 등 국제적 과제에 참여하기 시작했다. 이후 만주·몽고·신장·티베트 연구를 깊이 했던 일본 학계조차 메이지 시대에 첫걸음을 내딛을 때는 장목張穆, 하추도何秋濤, 이문전李文田 같은 중국 학자들의 저술을 인용할 수밖에 없었다. 왕궈웨이王國維는 "도광道光, 함풍咸豊 학문의 새로움"이라고 말했는데, 여기서 "새로움"이란 바로 이 시대 학자들이 건륭·가경 연간에는 다루지 않았던 새로운 영역으로 진입하고 있었음을 가리킨다. 또한 "경전에 대해 말하는 사람은 금문今文을 언급하고" "역사를 고증하는 사람은 요나라, 금나라, 원나라의 역사를 겸하며" "지리를 공부하는 사람은 사예에까지 미친다"고 왕궈웨이는 말했는데, 뒤의 두 구절은 "서역"과 관련이 있다.[37] 이때부터 이런 새로운 영역의 관심 대상은 전통적인 "한족 중국"에 국한되지 않았고, 더 중요시 여기는 곳은 이른바 "서역"의 연구였다.[38]

마음속에 아직 "외환外患"의 걱정이 없던 시대에, 그런 오랑캐의 지역은 제소남齊召南이 말했던 것처럼 "사슴을 몰고 개를 부리는 지역, 눈빛이 불처럼 빛나는 용과 얼음쥐의 고향, 물고기 가죽을 입고 양을 기르며 코끼리를 몰고 사자를 훈련시키는 나라"로 "이번원理藩院이 관할할" 일이었을 뿐이다.[39] 그러나 "변경" 지역의 분쟁이 현실에서 일어나자 그 국가·민족·영토 문제가 곧바로 초점이 되었다. 특히 열강이 주위에서 엿보고 나라가 나라 꼴이 아닌 상황에서 "변경"은 정계와 학계의 공통된 걱정거리가 되기 마련이었다. 1840년대 아편전쟁에 의해 중국이 어쩔 수 없이 개항한 이래, 1870년대에는 류큐琉球가 강제로 일본에 편입되었고 차르의 러시아가 이리Ile(伊犁, 신장위구르 북부)를 강점했으며, 1890년대에는 영국과 러시아가 파미르 지역에 진입했다. 게다가 청일해전 이후에는 조선과 대만이 일본에 점령되었다. 따라서 "영토"와 "국경"을 어떻게 정할 것인가 하는 것이 청말 시기 관심의 초점이 된 것은 두말할 나위 없었다.

사실 이미 19세기 중엽에 나온 공자진龔自珍의 「서역에 행성을 설치할 것에 관한 의론西域置行省議」에는 대외적 근심이 드러나기 시작했고,[40] 하장령賀長齡이 편찬한 『청나라 경세문 모음皇朝經世文編』의 "병정兵政" 항목에서 위원魏源은 특히 "변경 방어塞防"와 "해안 방어海防" 조목을 설정했는데, 이는 "동남쪽 해안 경계선東南邊海"의 방비를 고려했을 뿐만 아니라 서북쪽 변경에 대한 통제를 염두에 두었던 것으로서, 이 두 글에는 이미 근대 국가의 "국경" 의식이 나타나 있다.[41] 청나라 말기에 이르러 "국가"와 "변경"에 대한 걱정은 더욱더 분명해진다. 곽숭도郭嵩燾는 이렇게 지적한다. 위원이 『해국도지海國圖志』를 편찬할 때 새로운 국제적 변화를 파악하지 못하고 단지 "아편 금지라는 이유로 잉글랜드만을 경계했기" 때문에 조선·류큐·신장위구르를 소홀히 다뤘는데, 만약 이제 다시 『해국도지』를 쓴다면 러시아와 일본이 큰 걱정거리가 되고, 서북의 신장위구르와 동쪽의 류큐·조선은 "특히 대세상 반드시 쟁취해야 할 곳"이 되므로 더욱더 연구에 주의를 기울여 책에 써 넣어야 한다고 그는 말했다.[42] 청말 이후 발생한 일련의 변경 관련 외교 분쟁이 사예의 역사·지리학을 자극하자,[43] 왕지창汪之昌은 요영姚瑩의 『강유기행康輶紀行』을 예로 들어 요영의 저술 동기가 실은 국가의 변경과 관련이 있다고 말한다.

요영은 거쳐온 험난하고 평탄한 길을 서술하고 눈과 귀로 보고 들은 것을 기록했는데, 어떤 이유로 그 노고를 알렸고 이역에서의 행위를 많이 기록했는가? 중국을 논하다가도 아울러서 티베트를 고찰하고, 티베트를 논하다가 신장위구르를 언급했는데, 티베트와 신장위구르 두 곳은 중국의 변경이다. 잉글랜드 오랑캐가 인도 점령을 꾀하여 우리 티베트와 접하게 되었고, 신장위구르의 투얼보드Dörböd(杜爾伯特)와 탈바가타이Tarbagatay(塔爾巴哈台) 등은 러시아 오랑캐와 변경을 접하고 있다.[44]

이해할 수 없는 점은, 이후 학술사의 관점에서 보았을 때 이런 사예 관련 역사·지리학이 국제 학계와 전혀 융합하거나 소통하지 않은 채로 당시 중국의 새로운 학술 조류가 되었다는 사실이다. 더욱이 일본의 "만주·몽고·신장위구르·티베트·조선"학이 그랬던 것과는 달리, 사예의 학문은 청나라 말기의 정치적 배경에 편입되지 않았고 그 결과 당시 민족국가의 수립이라는 대세와 호응하지 않았다. 크게 보았을 때, 대청제국이 현실적으로 영토를 개척하려고 했다면 역사·지리 연구의 영역을 "사예"로까지 확장했어야 했다. 하지만 전통 중국의 오랜 역사적 의식으로 인해 중국 학자들은 시종일관 "중토中土(중원)"에만 관심을 집중시켰다. 왜 그랬을까? 그 원인은 매우 복잡하지만, 간단하게 귀납하는 것이 허용된다면 두 가지를 들 수 있겠다. 첫째, 아마도 청나라 정부가 위아래로 거대한 위기를 맞으면서 자신을 돌볼 여가가 없었기 때문에 청말 민국 초 시기의 정치가들도 학술사의 그런 흐름을 특별히 중시하지 않았고, 그 결과 중국을 다시 세우는 학문적 자원이 되지 못했다. 둘째, 외교적 담판만을 돕기 위한 역사·지리학은 국가의 변경 외교와 매우 직접적인 관련을 맺지만, 국제 학계의 언어학, 고고학, 민속조사 등의 새로운 방법을 받아들여서 학계의 새로운 경향으로 발전한 것은 아니었기 때문에 그것은 끝내 소수 학계 엘리트들이 종사했던 "고립된 분야絕域과 후속이 끊긴 학문絕學"으로 남았고, 범위가 좁은 "박학博學"으로 전해지게 되었다.[45]

중국의 역사 연구가 원래는 국가, 민족, 사예를 다뤘다는 데에는 의문의 여지가 없다. 그런데 이 시대의 중국 학계는 캉유웨이·량치차오든 아니면 장빙린·왕궈웨이든 간에 모두 "국가" "영토" "역사" 문제에 집중했다. 이치는 매우 간단하다. 대청제국이 "끝없는 제국"이자 "천조대국"이라는 상상을 품고 있다가, 서양 및 동양의 열강이 가한 위협과 타격으로 파멸한 뒤 비로소 사람들은 분명한 경계와 자주주권을 지닌 "국가"의 의미에 대해 주의를 기울이기 시작했다.[46] 역사적 중국의 서술에는 주변의 광대한 지역이 포함되어야 할까? 현실 중국의 정치적 판도에는 주변 민족들과 그 영토가 합법적으로 포함될 수 있을까? 이것은 정치적 영역의 중요한 문제이자 학계의 중요한 문제였다. 그렇지만 청말 이후 위로는 실권을 잡았던 재상들로부터 아래로는 사대부·학자들에 이르기까지, "중국" 역사와 "국가"의 경계에 대한 인식은 저마다 달랐다. "해안 방어와 서쪽 정벌은 힘써 노력해도 둘 다 고려하기 힘들었기海防西征, 力難兼顧" 때문에, 정부가 서역을 경영해야 할지 아니면 해안 방어를 우선시해야 할지에 대해 관료 집단도 의견 대립을 보였다. 이홍장은 해안 방어에 전력하기를 바라면서, 변경 방어를 철회하는 것은 결코 아쉬운 일이 아니라고 생각했다. 반면 좌종당左宗棠은 그런 의견에 극력 반대하면서, 청나라 조종祖宗의 근간을 포기해야 한다고 가볍게 말해서는 안 된다고 생각했다.[47] 또한 청말의 학계는 "국가"와 "민족"에 대한 인식 차로 인해 대청제국의 영토를 현대 중국으로 삼을 것인지, 아니면 만리장성 이남의 한족 중국을 현대 중국으로 삼을 것인지에 대해 두 갈래로 나뉘었다. 어떤 사람은 대청제국의 공간이라는 정치적 관념을 견지해, 청나라가 "몽고,

신장위구르, 티베트, 동북 3성의 대大중국을 열고 200년간 모든 것이 안정된 정부"를 형성한 것은 거대한 성과임에 틀림없다고 보면서[48] 본래의 방대한 제국 인구와 공간을 현대 국가로 편입시키려고 시도했다. 반면 어떤 사람은 청나라 왕조의 압력 아래에서 생겨난 반만주족의 정서와 유럽 근대 민족국가 관념의 영향을 받아, 한족이 거주하는 "열여덟 성省"만을 "중국"으로 인정할 뿐이었다. 그에 따르면, "중국의 역사라는 것은 한족의 역사였다中國歷史者, 漢人之歷史也." 따라서 "티베트, 신장위구르, 몽고의 세 변경지대는 자기 갈 길을 가도록 해야 하며西藏回部蒙古三荒服, 則任其去來也", 심지어 중국의 처지에서 말하자면 만주는 일본보다 가깝지도 않으므로 "일본과 친히 지내고 만주를 멀리해야 한다日親滿疏"고까지 말했다.[49] 이후 진정한 현대 중국을 실제로 창건했던 사람들 역시 혁명에 성공하기 위해서는 만주와 몽고 땅 전체를 일본에 넘기고 "만리장성 안에서 중국을 건국해야 한다"고까지 생각했다.[50]

현실의 정치적 사건을 중요시한 반면 주변의 학문적 사건을 중요시하지 않았기 때문일 것이며, 현실 위기가 몹시 심각하여 사예의 역사와 지리를 돌아볼 겨를이 아예 없었기 때문일 것이다. 창황의 지경에 놓여 있던 대청제국에서는 위로 황제에서부터 대신을 거쳐 아래로는 학자, 심지어 반대자들에 이르기까지 모두 역사·문화·언어·종족에 대한 학문적 관점을 결여하고 있었고, 또한 그로써 미래의 "국가"와 "국경"의 합법성을 논증하려는 자각이 없었으며, 더욱이 자신들의 학문을 자각적으로 사회적 주류의 관심대상으로 놓지 않았다. 1930년대 일본의 침략하려는 야심과 행동이 점차 분명해져 중국의 정계와 학계가 다시금 엄청난 공포감을 느꼈을 때, 사람들은 비로소 "사예의 학" 속에 그토록 심각한 배경과 거대한 의미가 있다는 것을 의식하기 시작했다.[51]

여기서 다시 한번 앞서 언급했던 이야기를 꺼내려 한다. 1931년 9·18사변 이후 "만주"에 대한 일본 연구자들의 관심이 날로 고양되어갈 무렵, 바로 그때 푸쓰녠傅斯年이 『동북사강東北史綱』이라는 전문적인 저서를 지었다. 비록 푸쓰녠은 "사학은 곧 사료학"이라는 현대 학문적 관념을 제창하였고 일본 학자들과 마찬가지로 "노학虜學" 곧 "사예"의 연구에 상당한 관심을 지녔지만, 이 책에서 그는 오로지 일본 학자들의 "만주·몽고 비非중국론"(시라토리 구라키치, 야나이 와타루, 나카야마 규타로中山久太郎, 야노 진이치 등)을 반박했으며, 특히 야노 진이치가 1931년 『외교시보外交時報』에 발표했던 「만주·몽고·티베트는 지나의 영토가 아니다滿蒙藏は支那の領土に非る論」를 논박했다. 푸쓰녠은 "만주"라는 말을 쓰지 않고 "동북"을 쓸 것을 고집하면서, "만주"라는 말은 "중국을 침략하고 분할하기 위해 만들어낸 명사로 아무런 민족·지리·정치·경제적 근거가 없다"고 주장한다.[52] 그리고 당시 푸쓰녠과 이미 점차 사이가 벌어졌던 구제강顧頡剛 역시 1934년 『우공禹貢』 「발간사」에서, 지리에 주목하는 이 잡지는 현실적 관심을 갖고 있는 것이라고 신중하게 지적하면서, 특히 "우리의 동쪽 이웃이 우리를 침략하려는 의도를 갖고서 '본 지역本部'이라는 명칭으로 우리의 열여덟 성省을 부름으로써 우리의 변경 지역은 원래 우리의 것이 아님을 암시하고 있는데, 우리의 저 멍청이들은 뜻밖에도 그들의 마취를 받아들인다"고 비판했다.[53] "동북"이라고 하든 "만주"라고 하든 "변경"이었던 티베트, 신장위구르, 조선에 대한 논의를 포괄하여, 중국과 일본 학자들의 사고와 연구 전략 사이에는 현격한 차이가 있음이 분명하다. 이 사실이 우리의 문학·사학 연구, 특히 역사 연구에 시사하는 바는 서로 다른 학문 전략과 사상적 입장이라는 문제를 대면하지 않을 수 없다는 것이다. 바로 필자가 앞에서 말했던 것처럼 "전통적 문학·사학의 연구는 결코 '국경이 없는' 보편적 과학이 아니라, 현대 학문의 변화와 민족국가의 새로운 경계 설정과 시종일관 걸음을 같이해온 것이므로, 문학·사학 연구는 일체감·관념·상상을 파괴하는 것이 아니라 오히려 일체감·관념·상상을 구축하는 것이다. 특히 우리가 연구하는 대상이 민족과 문화의 전통일 때는 더욱 그러하다."[54] 마찬가지로 "만주·몽고·신장위구르·티베트·조선"에 관한 일본 학계의 연구 열정은 학술사 측면에서는 일종의 현대 학문적 추구이고, 정치사 측면에서는 "동아시아 신질서"와 "동아시아 신세계"를 구축하려는 기초다. 하지만 청말 민국 초 중국의 학술사에서는 그처럼 명확한 학문 추구와 정치적 경향을 발견할 수 없다. 그럼에도 되돌아 반성해보면, "주변" 연구 또는 이른바 "노학"은 전통 중국의 연구 시야를 주변으로 확대하여 "이민족과 다른 문화"의 역사, 문화, 지리를 이해하고자 했던 것으로서, 그것은 현대 학문적 추구일 뿐만 아니라 통일된 "중국"을 새롭게 서술하고 확인하려는 것이었다.

제8장

"서역"에서 "황해"로

— 새로운 역사세계의 형성, 방법, 문제

이끄는 말

문명 교착의 공간: 지중해, 서역, 황해

1949년 페르낭 브로델(1902~1985)은 그의 명저 『지중해와 필립 2세 시기의 지중해 세계』를 출판한다. 이 책이 다루는 것은 1551년부터 1589년에 이르는 동안의 지중해였는데 역사학의 명저로서 영향력이 매우 컸다. 왜 브로델은 "지중해"를 역사 공간으로 삼아야 했을까? 사람들은 어째서 16세기의 지중해에 관심을 기울여야 할까? 왜냐하면 지중해는 종족·종교·정치가 매우 복잡한 지역으로, 이집트인·아시리아인·페르시아인·그리스인·로마인의 뒤엉킴, 유대교·기독교·이슬람교의 충돌, 그리고 매우 오랜 기간 교통로 역할을 한 해로海路로 인해 지중해를 둘러싸고 서로가 연관되는 "역사세계"가 형성되었기 때문이다. 브로델이 연구했던 그 시기는 터키와 에스파냐 양대

제국을 포함하여 그 밖의 민족·종교·문화가 이 무대 위에서 서로 교류하고 영향을 끼쳤던 때였고, 정치·종교·문화가 이 공간에서 교착하던 때였다. 때문에 이 시기는 사학자들이 연구할 만한 절호의 초점이 되었던 것이다.

브로델의 "지중해"와 마찬가지로, 중국의 사학자 장광다張廣達는 중세의 "서역", 곧 중앙아시아 일대도 당시 세계의 각종 종교·신앙·문화가 모여들었던 곳이라고 지적한다. 종교만 놓고 말하더라도 한족 중국의 유가와 도교, 남아시아 인도의 불교, 서아시아 심지어 유럽의 삼이교三夷教(경교, 조로아스터교, 마니교)가 모두 그곳에 흔적을 남기고 있다. 때문에 "서역"을 또 다른 "지중해"로 간주할 수 있다는 것이다. 비록 서역은 해상 교통로가 아니라 육로로 교류한 곳이긴 하지만 말이다.[1] 장광다의 설명은 매우 흥미롭다. 만약 중국의 처지와 관점에서 "교착된 문화사"를 고찰한다면, "서역" 지역은 원나라 이전에는 중국의 왼쪽에 자리 잡았던 곳으로서 종교·언어·문화가 합류하던 육상의 "지중해"였음이 분명하다. 한족의 문명이 그곳에서 외부의 각종 문명과 서로 영향을 주고받았기 때문에 "서역"은 극도로 착종된 "역사세계"를 형성하게 되었다.

그러나 원나라 이후의 시대를 놓고 "교착된 문화사"를 보자면, 우리는 "황해"(근세 유럽인이 해상 경로를 거쳐 도착한 동아시아의 "남해"도 포괄한다), 곧 중국의 오른쪽 지역이야말로 더욱 관심을 둘 만한 "지중해" 또는 새로운 "서역"이라고 생각한다. 역사와 문화가 교착하고 착종된 공간 속에서 원래 문화적 차이가 존재했지만 결국 "다름에서 같음으로 나아간" 지중해나 서역과 달리, 조선·일본·중국 및 베트남은 "같음에서 다름"으로 나아감으로써 역사적 전통의 공동 향유에서 피차간의 문화적 분리로 변화해나갔을 뿐만 아니라, 대항해 시대의 도래에 맞추어 서양 세계라는 요소가 이입됨에 따라 원래는 지중해·서역과 달랐던 이 문화적 지역은 정세를 예측할 수 없게 변화무쌍해졌다. 이렇게 문화적 교착이 일어난 역사적 세계를 연구한다면, 국경을 넘어서는 새로운 학문 영역을 형성할 수 있을 뿐만 아니라 "근대"에 들어선 이후 복잡해진 이 지역의 차이성과 특수성이 전지구적 문명사에 새로운 모형을 제공해줄 수도 있지 않을까?

1. 서역: 근대 유럽 동방학, 일본 동양학의 방향 전환으로부터 둔황의 대발견에 이르기까지

유럽이 중국을 철저하게 연구하기 시작한 것은 아마도 "선교사 시대"부터였을 것이다. 그렇지만 남해를 거쳐 중국에 들어온 대다수 선교사의 기록은 주로 전통적인 한족 중국의 역사·종교·언어를 중심으로 삼았다. 비록 유럽인들이 중앙아시아, 남아시아, 서아시아를 일찍부터 꽤 섭렵하고 있기는 했지만, 초창기의 그들은 "서역"을 하나의 통합적인 역사적 세계로 여기지 않았다.[2] 이런 상황이 근본적으로 뒤바뀐 것은 19세기에 이르러서였다. 급부상한 유럽 열강이 아시아에 대해 날이 갈수록 흥미를 느끼는 한편, 서아시아·중앙아시아·극동 지역에 대한 유럽인들의 "탐험"식 탐구열이 일어남에 따라 유럽 학자들이 중국의 "주변"에 주목하기 시작했고, 연구 시야는 계속해서 만주·몽고·신장위구르·티베트로 확장되었다. 또한 중국 연구 자료도 한문 문헌을 넘어서 중앙아시아, 남아시아, 서아시아의 각종 자료를 광범위하게 섭렵하기 시작했다.[3] 당시 서양의 일부 학자와 탐험가들은 아시아 오지에서 "실지 탐험"을 하는 것 말고도 각종 아시아 자료에 대한 "문헌 탐험"을 하기 시작한다.[4] 새로운 문헌이 대량으로 출현함에 따라 "동방 연구"는 언어와 문자, 공간과 범위, 역사적 현상, 또는 관심 초점의 측면에서 한족의 중국을 넘어 "주변"으로 확장되기 시작했고, 더욱이 그들의 연구 시야 가운데 현재의 이른바 "서역"이라는 역사적 세계가 점차 형성되었다.[5]

서양의 학문과 사상이 동양에 들어옴에 따라 "중국을 넘어서는" 중국 연구가 메이지 이후의 일본에서도 일어나기 시작했다. 대체적으로 말하자면 1890년대 이전 일본의 중등교육 분야에서 중국사를 소개할 때는 『십팔사략十八史略』을 썼고, 고등교육 분야의 중국 역사는 "한학"의 일부분으로 간주되었기 때문에 여전히 중국 문헌의 범위와 전통적 중국의 관념 안에 갇혀 있었다. 자료는 한문의 문헌을 넘어서지 못하고 공간은 전통적 중국 밖으로 확장되지 못했을 뿐만 아니라, 관점 역시 일본을 중국 동쪽의 인접국으로 여기는 것을 벗어나지 못했다. 그렇지만 메이지유신 이후 일본의 변화에 따라 이런 상황은 점차 다른 국면으로 나아갔다. 앞장에서 서술했다시피 나카 미치오의 『지나통사支那通史』 4권5책은 이 분야에서 지도적 위치에 있다.[6] 이 책은 "중국에서 전래된 옛 역사서를 일거에 바꾸어 서양식으로 천하의 대세를 이해하는 방식"을 취한 저작으로서, 서두에서 중국의 지리, 인종, 동서 교통의 얼개를 설명할 때 최신 지식의 유럽 문헌을 이용했다. 또한 그의 몽고사에 대한 흥미는 중국 역사에 대한 그의 인식과 서술에 영향을 미쳤다.[7] 이런 사유 노선은 후대에 일본 학자들에게 깊은 영향을 드리웠다. 예를 들어 에노키 가즈오의 회고에 따르면, 일본 현대 사학의 개창자 중 한 명으로 일컬어지는 시라토리 구라키치는 고등학교에서 공부할 때 그로부터 깨달음을 얻었는데, 이후 일본 아시아 연구의 주요 추진자가 된 그는 매우 적극적으로 중국 연구를 주변으로 확장시켰고, 아울러 이 분야에서 "일본의 동양사 연구가 서양 학계를 넘어서는 데"에 목표를 두었다고 한다.[8] 그 뒤 메이지 30년에 출판된 이치무라 산지로의 『동양사요東洋史要』와 다이쇼 연간에 출판된 구와바라 지쓰조의 『중등 동양사中等東洋史』는 모두 학문적 "공간 확대"를 위해 노력하여, 일본에서 "동양사"가 "중국사"를 대체하도록 하는 추세를 형성시켰다. 바로 앞장에서 말했다시피 동양사가 중국사와 매우 다른 지점은 바로 역사상의 한족 중국 말고도 만주·몽고·신장위구르·티베트·조선, 특히 "서역"에 관심을 기울인다는 데 있었다.[9]

사실 청나라 중기와 말기에는 서북의 역사지리에 대한 학문이 중국에서도 일어나기 시작했다. 앞장에서 설명했다시피 청대에는 한편으로 서부의 영토가 크게 확장되었지만, 다른 한편으로는 서북쪽 영토가 계속해서 안정되지 못해 대내적으로는 군사행동이 지속되었고 대외적으로는 외교적 교섭이 빈번하게 일어났는데, 이런 상황이 서북의 지리·민족·역사에 대한 관심을 자극하게 되었다.[10] 때문에 19세기 중엽 이후 중국 내지의 열여덟 개 성을 넘어서고 삼황오제·한당송명의 왕조사를 넘어서는 "후속 연구가 끊긴 과거의 학문"은 한편으로 "고증학"으로서 자연스럽게 지속되어나가고, 다른 한편으로는 "실용의 학문"으로서 시대에 응하여 일어나면서 점차 학문의 새로운 조류가 되었다. 특히 중국 학자들이 역외의 문헌 자료와 현지조사 발견물을 접하기 시작하면서 이런 학문 경향이 전통 학술의 변화를 야기했다. 몽고사를 예로 들면, 전대흔錢大昕 이후에 소원평邵遠平의 『원사유편元史類編』, 위원의 『원사신편元史新編』, 증렴曾廉의 『원서元書』가 있었고, 청나라 말기에는 홍균이 편수한 『원사역문증보』, 도기가 편수한 『몽골사기』가 있어 몽고 고유의 경계를 역사적으로 확인하려 노력함으로써 몽고사의 범위를 확장했다. 예컨대 도기가 인용했던 자료는 전통적인 한문 사료를 훨씬 뛰어넘어 고려의 사료, 윈난雲南의 사료, 서역의 사료를 이용했으며, 특히 각종 외국어 사료를 채택했다. 그런 외국어 사료 가운데에는 라시드 알 딘의 『몽골전사』, 사낭 세첸의 『몽골원류蒙兒源流』, 스웨덴 도손C. D'Ohsson의 『몽고사』, 미국의 제레미아 커틴의 『몽고사』 등이 있었다.[11] 그 시대의 일부 학자들은 튀르크의 3대 비석 토뉴쿠쿠暾欲谷 비, 퀼테긴Kül tigin(闕特勤) 비, 빌게카칸毗伽可汗 비의 고증·해석,[12] 원대 문헌의 번역,[13] 당대唐代 삼이교, 즉 조로아스터교·경교·마니교의 연구라는 국제적 과제에 참여하기 시작했다.[14] 중국 학술의 현대적 변형 속에서 그런 연구는 시각, 도구, 문헌의 측면에서 거대한 변화였다. 왕궈웨이는 "도광道光, 함풍咸豐 학문의 새로움"이라고 말했는데, 여기서 "새로움"이란 바로 이 시대 학자들이 건륭·가경 연간에는 다루지 않았던 새로운 영역으로 진입하고 있었음을 가리킨다. 이런 새로운 영역이라는 관심 대상은 이미 전통적인 "한족의 중국"에만 머물지 않았는데, 그것이 더 중시했던 것은 바로 "서역"이었다.

특히 언급해야 할 점은 중국의 20세기 4대 발견 중 하나로 일컬어지는 둔황 문서의 발견으로 인해 "서역" 연구가 엄청나게 촉진되었다는 사실이다. 그곳에서 발견된 1000여 년 전의 고문헌들은 학계의 주목을 받았을 뿐만 아니라 그 자료가 대부분 역외域外에 있었다는 점, 그 문헌에 나오는 언어가 여러 종류라는 점, 종교적 기원이 극히 복잡하다는 점, 역사적 지역이 서쪽에 편향되었다는 점 때문에 학계는 어쩔 수 없이 건륭·가경의 학문 방법을 넘어설 수밖에 없었고, 그 결과 국제 학계의 도전에 대응하여 신천지를 열어놓았다. 당시 중국 사학계의 지도적 인물인 푸쓰녠과 천인커가 그런 새로운 추세를 간파했고, 푸쓰녠은 선언식 글인 「역사언어연구소 연구 사업의 취지歷史語言硏究所工作之旨趣」에서, 중국의 연구는 "향후 한 걸음 한 걸음 서쪽으로 가서 중앙아시아에 도달해야 한다"고 간단명료하게 호소했다. 또한 천인커는 다음과 같이 우회적으로 표현했다. "현재의 대세를 묵묵히 고찰해보건대, 우리나라는 장래에 반드시 한당대漢唐代의 전철을 따라서 서북을 경영하는 데에 전력을 기울여야 할 것이다. 옛날부터 오늘날에 이르기까지의 국면 변화를 살펴보면, 선인들의 일시적 학문 취향 중 미세한 부분에서 시작했던 것이 후대에 이르러 마치 '무서운 우레가 기둥을 부수고' '성난 파도가 바다를 뒤흔들' 듯이 제어할 수 없는 것으로 성장하는 것을 종종 볼 수 있다." 서역 연구와 서북의 경영이 이처럼 서로 얽혀 있다는 것은 이런 학문적 추세의 발전 방향을 암시한다.[15]

2. 황해: 동아시아 근세에서 전통 문명의 교착과 분리

그렇지만 서역이 문화 교류의 공간이 되었던 것은 주로 중세였다. 그 후 진성陳誠(1365~1457)이 서역에 사신으로 가기는 했지만 원나라 이후에는 상황이 달라졌다. 예를 하나 들자면, 포르투갈인 보닛 드 고에스Bonit de Goes(1562~1607)가 익숙했던 해로를 경유하지 않고 중앙아시아 쪽에서부터 베이징에 도달할 육로를 개척하고자 했는데, 그가 최종적으로 중국에 도달하기는 했지만 그의 기록에 남아 있는 글은 "이전에 중국에 올 때보다 위험한 사건과 피로도가 더욱 증가했다. (…) 길은 위험하고 게다가 도적에 대한 걱정도 있었다"는 것이었다. 그 길 위에서 그는 "처음부터 끝까지 도적·수재·험산준령·눈보라와 싸워야 했을" 뿐만 아니라, 물과 식량이 없는 고비사막에서 온갖 고통을 겪었다.[16]

길이 잘 통하면 교류가 번성하고, 통로가 막혀 있으면 왕래가 어렵다. 정화가 일곱 차례나 인도양에 갔던 것은 황해의 해로가 점차 번창하기 시작했다는 것을 상징하며, 보닛 드 고에스의 경험은 서부의 교류가 점차 사라져갔다는 것을 상징한다. 때문에 아시아의 언어·문화·종교 교류의 중심이었던 "서역"의 역사는 원나라 시대 이후 거의 종언을 고한다. 사실 원래 당나라와 송나라 때부터 중국 서북쪽 비단길은 잇달아 토번·거란·서하·여진·몽고에 의해 차단되었고, “바다를 등지고 나라를 세운背海立國” 송나라는 점차 중심을 동남쪽으로 옮겨갔다. 설사 원나라 때에 이르러 유라시아를 횡단했다 하더라도 혹은 광활하고 혹은 협소하며 혹은 뒤엉키고 혹은 고요한 “황해”는 점점 “서역”을 대체해가서, 원나라와 명나라 이후에는 더욱 중요한 교류 공간이 되었다. 동시에 정치, 경제, 문화상의 여러 원인 때문에 일본, 조선, 류큐, 베트남, 중국은 이 공간에서 상호간의 교착과 분리라는 복잡한 역사를 연출했는데, 이로 인해 “황해”는 매우 의미 있는 역사세계가 될 수 있었던 것이다.

사실 동아시아 해역(남해를 포함)에 대한 연구는 그동안 죽 있었다. 16~17세기 이후 포르투갈과 네덜란드 등이 동진하면서 예수회 선교사를 위주로 한 유럽 선교사들 역시 동쪽으로 왔고, 그보다 조금 뒤에는 열강이 남해와 황해의 여러 지역에 침투하고 그곳을 점령하기 시작했는데, 이런 추세에 따라 동아시아 해역에 대한 연구도 점차 이루어졌다. 더욱이 새롭게 일어난 인류학(또는 민족지라고 할 수 있다), 비교언어학, 비교종교학은 “이민족 문화의 연구”가 번창하게끔 자극을 가했다.[17] 원래 유럽의 한학계漢學界에서 영향력이 비교적 컸던 학문은 줄곧 “서역”학이었다. 곧 토번, 페르시아, 자바, 크메르, 베트남, 몽고, 참파占城,[18] 고창高昌,[19] 인도, 토욕혼吐谷渾,[20] 여헌黎軒,[21] 계빈罽賓[22]을 다뤘다. 서역학에서 중점적으로 연구된 종교는 조로아스터교, 마니교, 경교, 불교, 그리고 이후 전래된 천주교와 기독교였다. 서역학이 가장 많이 인용한 전적은 『제번지』 『위략서융전魏略西戎傳』 『영애승람』 『크메르 풍토기』 『현장전玄奘傳』 『원나라 비사元祕史』 『장춘진인서유기長春眞人西遊記』 『송운행기宋雲行記』 『인도에 사신으로 간 기록使印度記』 등이었다.[23] 그러나 동인도 항로가 발견된 뒤 유럽인들이 일본, 조선, 중국 대륙, 대만, 베트남, 필리핀에 도달하기 시작하고, 연구 대상으로 삼던 시대가 명나라와 청나라로 옮겨가자 19세기 중엽 이후에는 "남해"에서 "황해"에 이르는 문화, 역사, 종교, 지리, 풍속이 유럽 동방학의 중심 시야에 들어가게 되었다.[24]

그러나 "황해"를 상호 연관된 역사세계로 간주하고 연구함에 있어, 환環황해권 여러 나라 학계의 발전 상황이 꼭 같지만은 않다. 중국은 역사 서술의 측면에서 자급자족해오면서 언제나 "주변"을 소홀히 했기 때문에 이 분야 연구의 발걸음이 조금 늦은 듯하다. 반면 일본은 자국의 문헌 기록, 문화의 기원, 정치적 교섭, 무역의 왕래 등 각 측면의 역사적 서술 가운데서 중국, 조선, 류큐를 언급하지 않을 수 없었기 때문에 일본 학계에서는 "동아시아 해역" "동아시아" "동북아" 등의 어휘가 언제나 출현한다. 특히 메이지 이후에는 "국권확장론"의 팽창으로 말미암아 한편으로는 "대아시아주의"라는 정치 사조의 영향을 받고, 다른 한편으로는 역사학의 새로운 학문적 흥미로 인해 일본 학계는 중국의 "사예"에 대해 비상한 열정을 보였고, 황해를 둘러싼 조선, 류큐, 대만 그리고 남쪽의 베트남, 북부의 사할린 섬에 대해 특별한 관심을 보였다.[25] 바로 일본의 학자가 말하는 것처럼 그것은 "일본 국민이 청일전쟁의 자극을 받아서 아시아 대륙에 대해 점차 관심을 갖던 배경에서 형성되었던 것이자, 일본이 근대국가로서 갑자기 부상하던 메이지 20년대에 일본이 아시아 민족이라는 자각이 날로 고조됨과 아울러, 일본이 서양 문화와 접하면서 독특한 동양 문화를 주장하던 배경에서 형성된 것이었다."[26] 앞장에서 말했다시피 만주·몽고·신장위구르·티베트·조선에 관한 학문이 메이지·다이쇼 연간에 매우 번성했는데, 예컨대 만주 연구의 경우 1908년부터 시라토리 구라키치가 만철滿鐵 총재 고토 신페이에게 조사부를 설립해줄 것을 건의했고, 그 후 일본 학계에서 야나이 와타루箭內亘, 쓰다 소키치, 이케우치 히로시 등이 모두 만주 조사에 참여했다. 조선 연구는 일본 세력이 서쪽으로 확장함에 따라 관련 논저가 대량으로 나왔다. 하야시 다이스케의 『조선사』(1982), 『조선근대사』(1901) 이후 쓰보이 구메조(1858~1936), 시라토리 구라키치, 이마니시 류(1875~1932), 이케우치 히로시, 오구라 신페이小倉進平(1882~1944), 하라다 요시토(1885~1974) 등의 많은 연구가 있었다. 이런 조류는 그 뒤 몇십 년을 거쳐 대략 1920년대 이후 중국에도 영향을 끼치기 시작했다고 해야 할 것이다.

하지만 만주·조선·대만·일본·류큐, 그리고 남해의 여러 지역에 대한 이 시대의 연구는 여전히 고립적으로 진행되었고, 이들 지역을 "동아시아 해역"이라는 하나의 전체로서 자각적으로 간주하면서 역사·문화의 관련과 상호작용을 고찰하지는 못했다.[27] 그렇지만 최근 "일국사"를 넘어서자는 호소가 점차 높아짐에 따라 "초국가"적인 "지역사"가 새로운 학문적 경향이 되었고, 그 가운데서 동아시아 해역에 대한 일본의 연구가 점차 많아졌다. 예를 들어 "조공무역 체제"와 관련된 연구가 새롭게 진전을 보이며 반향을 불러일으키고 있고(하마시타 다케시, 이와이 시게키岩井茂樹), 닝보·광저우·나가사키를 중심으로 하는 해상무역 연구도 상당한 성과를 올리고 있으며(오바 오사무大庭修, 마쓰우라 아키라松浦章, 고지마 쓰요시小島毅), "아시아로부터 출발하는 사고"의 이론과 방법이 일본 학계에서 유행하여 연구 모델에 자극을 가하고 있다(미조구치 유조, 히라이시 나오아키). 그리고 중국 학계도 이 영역의 연구에 점차 관심을 기울이기 시작한다. "동아시아 해역"을 하나의 새로운 "역사세계"로 한번 간주해 본다고 해서 "동아시아 해역"이 정말로 새로운 역사세계가 될 수 있을 것인가? 동아시아 해역 관련 연구가 새로운 연구 전범을 제공해줄 수 있을 것인가?

3. 연구 중심과 방법: 서역과 황해 연구의 차이

우리는 "서역"학의 발흥이 국제 학계에 사상과 학문적 변화를 얼마간 야기했음을 알고 있다. 간단하게 요약하는 것이 허락된다면 그 변화는 다음과 같을 것이다. 첫째, 그 변화로 인해 왕조의 강역을 기초로 삼던 중국사가 동양사 또는 아시아사로 바뀌었고, 전통적 한족 중국의 범위를 넘어섬으로써 중국 연구를 위한 문헌·언어·역사·문화의 공간이 확장되었다. 또한 민족국가의 정치사 이외의 영역에서 민족국가를 넘어서는 "문명사"의 틀을 새롭게 세웠고, 그로써 "강역疆域" "왕조" "정치"는 더 이상 역사 서술의 절대적 지표가 될 수 없었다. 둘째, 이런 연구의 시야에서는 종교·언어·민족·문화의 충돌과 융합이 새로운 내용이 되었고, 역사·문헌·예술·언어와 관련된 학문이 새로운 도구가 되었으며, 공통 문제의 형성으로 인해 그 연구는 국제성을 띤 새로운 영역이 되었다. 셋째, 이런 새로운 학문 연구는 전통 중국을 뛰어넘는 새로운 분야였기 때문에 그것은 문헌자료 범위가 엄청나게 확장되도록 촉진했고, 이로 인해 각종 중앙아시아·서아시아·남아시아의 언어·문자학이 필수적 도구가 되었다. 특히 "사본寫本"의 특징(전파 경로, 서사 방법, 감정 기술을 포함)이 중요 연구 지점이 되었고, 동시에 민족 조사와 유적의 고고학적 발굴도 새로운 자료를 발견하기 위해서 반드시 거쳐야 할 경로가 되었다. 1923년 이제 막 창간됐던 『베이징대학 국학 계간北京大學國學季刊』 제1권 제1호에서 왕궈웨이는 펠리오Paul Pelliot의 「근래 동방 고언어학 및 사학상의 발견과 그 결론近日東方古言語學及史學上之發明與其結論」을 번역했다. 바로 펠리오의 이 글이 말하다시피 그즈음 십 몇 년간 유럽의 동방학은 "지식이 더욱 풍부해졌고 방법은 더욱 진보했는데", 여기서 "풍부함"과 "진보"란 주로 "고물학古物學과 고어학古語學의 부흥으로서 그 소득은 이전 사람들에 비해 뛰어났다."[28] 고물학은 바로 고고학이고, 고어학은 중앙아시아, 남아시아, 심지어 서아시아의 각종 언어에 대한 지식을 가리킨다. 이런 새로운 지식과 연구는 전통적 "중국"의 공간·역사·문화·전적·언어를 훨씬 뛰어넘는 것이었다.

앞서 말했다시피 서양이든 동양이든 아니면 중국이든, 이런 새로운 역사의 영역과 연구 방법은 모두 매우 복잡한 배경, 의도, 입장을 지니고 있다. 민족국가의 현실적 경계와 정치적 영토를 약화시키거나 심지어 그것을 뛰어넘기 때문에 그런 연구의 배후에는 "중국"의 강역을 새롭게 설정하면서 중국의 "역사"를 새롭게 쓰려는 유럽과 일본의 정치적 의도가 있었다. 고대 왕조 및 현대의 중국에는 천조대국의 자부심으로 인해 "조공체제" 또는 "책봉체제"라는 상상이 남아 있기는 했지만, 근대 이후 중국이 낙후하고 쇠퇴하자 일본이 만주와 조선의 영토를, 러시아가 몽고와 신장위구르의 영토를, 영국이 티베트의 영토를, 프랑스가 베트남의 영토를 요구해왔고, 때문에 "중국"에 대한 새로운 국경 설정이 이뤄지기가 특히나 쉬웠다.[29] 그러나 우리가 정치적 의도와 배경을 잠시 제쳐두고 학문 연구의 방법론이라는 관점에서만 서역 연구의 의미를 본다면, 다시 말해서 한족 중국의 정치·언어·역사·문화의 경계를 넘어서는 서역 연구의 의미를 본다면, 바로 푸쓰녠이 말한 것처럼, 그것은 사료의 확충과 도구의 진보를 촉진할 것이다. 말하자면 학문의 진보를 촉진할 것이다.[30]

그렇다면 "근세 황해"의 연구는 어떤가? 두말할 나위 없이 어떠한 지역 연구라도 방법상에서는 공통성을 지닌다. "서역"을 연구하든 아니면 "황해"를 연구하든, 일단 전통적 민족국가의 중심 지역과 전통 역사를 넘어서고 당시 민족국가의 정치적 경계와 역사적 서술을 넘어서기만 하면 수많은 새로운 자료, 새로운 시각, 새로운 수단, 새로운 문제가 여기저기서 나타날 것이다.

서역을 연구할 때와 마찬가지로, 발굴된 각종 언어·종교·역사·예술 자료는 우리가 원래 갖고 있던 지식·도구·방법에 도전할 뿐만 아니라, 차후의 우리 시야·이론·영역을 풍부하게 만든다. 마찬가지로 황해를 연구할 때에도 학술적 국면 변화가 나타날 가능성이 있다. 매우 낯설었던 문헌이 해석되기 시작하면 각종 역사의 새로운 실마리는 역사에 대한 우리의 초점을 변화시킬 것이다.

그렇지만 "중세"와 "근세", "사본"과 "인쇄본", "중국의 왼쪽"과 "오른쪽"이라는 분명한 차이 말고도, "서역" 연구와 비교해봤을 때 "황해" 연구에는 좀 주의할 만한 문제가 있는 듯하다.

첫째, 수많은 상이한 종교와 문화가 계속해서 서로 격동하고 각축했던 "중세 서역"과 달리, "근세 황해"의 종교와 문화에는 그와 매우 다른 경향이 나타났다. 곧, 각 지역에서 유래한 종교와 문화가 이 공간에서 중복되어 겹쳐지지 않고(역사적으로 불교, 조로아스터교, 마니교와 이슬람교는 서역에서 빈번하게 오갔으며, 한쪽이 세력을 펴면 다른 한쪽은 쇠퇴하곤 했다), 원래 동일했던 전통·문화가 점차 중심에서 멀어져 독립하는 경향을 보였다는 것이다(예를 들어 근세의 일본, 조선, 베트남은 중국과 문화적으로 점점 더 멀어졌다). 바꿔 말하면 서역 연구의 중심은 중세에 있는 반면 황해 연구의 중심은 근세에 있어야 하기 때문에, 서역 연구는 "중첩"에 관심을 둘 필요가 있는 반면 황해 연구는 "분화"를 중시할 필요가 있다. "황해"라는 지역에 대해 말할 때 더욱 관심을 두어 연구해야 할 지점은, 매우 복잡한 문화적 교착이 "근세"에 일어났다는 사실이다. 말하자면 몽고·한족·만주가 교대로 중국을 통치하던 시대에 원래 동일성을 지닌 것으로 보였던 "동아시아" 또는 "동아시아 해역"의 문화에서는 "얽혀 있으면서도 분리되는" 현상이 나타났다는 것이다.

먼저 우리는 다음의 사실을 알아야 한다. "황해"는 지중해와 마찬가지로 해로를 통해 서로 관련을 맺었던 공간으로 거기에는 불교·유가와 같이 공통으로 신봉되던 종교와 사상이 있기는 했지만, 기독교처럼 국가(왕조)와 왕권(군주)을 초월하여 상호간 일체시의 기초가 되고 유대를 맺도록 해주는 공통 종교가 없었기 때문에, 이 지역에서는 국가 밖에서 국가를 넘어서는 문화적 공동체가 형성되기 매우 어려웠다. 그다음 황해는 각종 민족·종교·언어의 경계가 항상 이동하면서 서로 뒤섞이고 충돌하는 공간이 아니었다는 점에서 "서역"과 다르다. 황해의 경우 각 민족·종교·언어가 대체로 각자의 경계를 지키는 한편, 이들은 원래부터 공통으로 향유하던 전적·문자·종교가 있었다. 황해는 이런 상반된 성격을 지녔기 때문에 역사학자들이 주목해야 할 것은 문화적 변천이자, 문화적 일체감의 기초가 붕괴되어갔다는 것이다. 서역이나 지중해에는 이런 역사적 변화가 없었다. 그런 현상이 지속되었기 때문에 근대 동아시아 각국의 상호 일체감이 변화해갔고 그 문화도 변화했던 것이다.[31]

둘째, 중세의 서역에는 남아시아, 서아시아(심지어 더욱 서쪽 지역에서도), 북아시아, 동아시아 문화에서 비롯한 것이 있었고, 각 종교·언어·전적은 상호 간에 각축을 벌였다. 설사 가장 강성했던 한당대漢唐代의 중국 및 유가학설이라 해도 그곳에서는 모든 것을 쓸어버리는 독점적·포괄적 문명이 될 수 없었다. 이런 특수한 문화적 현상으로 인해 고고학적 발굴, 비교언어학, 역사지리학, 사본감정寫本鑑定의 방법이 대단히 중요해졌고, 민족·종교·예술 등의 영역도 그렇게 되었다. 이시다 미키노스케石田干之助가 하네다 도루를 회상할 때 말했다시피, 둔황·고창·쿠치Kutsi(龜玆)·코탄Khotan(于闐) 유적지가 발견되고, 『유사추간流沙墜簡』[32]을 통해 둔황의 고문서가 세상에 나오며, 폐사지廢寺址의 소상塑像과 벽화가 다시 햇빛을 봄에 따라 언어학적 지식을 어떻게 하면 원활하게 운용할 것인지, 새로 출토된 죽간과 전적을 어떻게 하면 충분히 이용할 것인지, 서양의 새로운 재료와 방법을 어떻게 하면 철저하게 장악할 것인지 하는 문제는, 천인커가 말했던 대로 학자들이 "흐름에 참여할豫流" 수 있을지 여부의 필요조건이 되었다.[33]

16~17세기 이전에는 "중화문화" 또는 "한자문화"가 포괄적 영향력을 행사했지만, 그 이후 아편전쟁을 겪은 청나라, 흑선黑船 사건을 겪은 일본, 강화도 사건을 겪은 조선, 그리고 동시대의 베트남은 밖에서 온 강대했던 서양문화와 보편적인 "근대성"의 영향 아래에서 모두 "쇄국에서 개국으로 나아가"는 과정을 겪는다. 때문에 "중세 서역" 연구와 비교해보면, 근세 동아시아 해역을 연구하는 데는 세밀하면서도 요긴한 이론·도구·방법이 필요하다. 다시 말해서 근세 황해 연구에는 각종 언어와 문자, 종교와 역사, 사본과 벽화에 정통하는 것이 아니라, 더욱 복잡하고 다원적인 시각, 입장, 관념이 필요하다. "근세 황해" 주변의 여러 나라에서는 수많은 문헌이 원래 한문으로 저술되었고, 각종 종교 학설도 대체로 공통으로 향유되었으며, 문헌자료도 대부분 인쇄되어 전파되었기 때문에 새로운 언어, 새로운 발굴, 새로운 자료에 의지해야 할 일은 그다지 많지 않다.

그렇지만 근세 동아시아 해역 연구에는 쉽게 눈에 띄지 않는 "암초"가 있다. 첫째, 연구자들이 어떻게 국가의 경계를 넘어서 "황해"라는 역사적 세계를 형성할 수 있을까? 대체로 동아시아 해역 주변의 각국은 오랜 기간 존재해왔고 영토도 고정적이며 문화도 꽤 지속적이었다. 이는 역사·문화·종교·정치의 상대적 안정성을 초래했을 뿐 아니라, 각자의 문화적 일체감과 정치적 일체감이 이뤄지는 공간적 경계를 구축했다. 때문에 "국가"(또는 "왕조")의 역사적 의미가 매우 크다. 그렇기에 어떻게 하면 "국가의 역사"라는 존재를 인정하면서도 동시에 환황해권 문화가 각 지역에 끼친 영향을 심층적으로 파악할 수 있을 것인지는 숙고와 균형감이 필요한 문제다. 둘째, 공통으로 향유한 전통으로 인해 각국의 문화가 겉으로는 유사해 보이기 때문에 연구자들이 어떻게 하면 "같은 문화 같은 인종同文同種"이라는 과거의 관습적인 역사적 관념으로부터 벗어나서, 각국의 "옛 층古層"과 "저음低音" 속에 있는 차이를 세밀하게 분리해냄으로써 서로의 차이점을 논할 것인지도 진지하게 고려되어야 한다. 셋째, 여러 나라가 모두 서양의 충격을 받았기 때문에, 이 지역의 역사를 연구할 때는 서양의 "충격"에 대해 각국이 보인 서로 다른 "반응"을 깊이 연구해야 하고, 그러한 "반응" 배후에 있는 원인과 서로 다른 근대성의 문제를 연구해야 한다. 아마도 "중세 서역"을 연구할 때는 이 세 가지 문제를 마주치지 못했을 것이다.[34]

마지막으로 황해 연구에서 주의해야 할 세 번째 문제는 이렇다. "중세 서역" 연구의 경우 오래된 전적과 고요한 유적지를 바라보면서 옛것을 생각하는 깊은 감정을 느낄 수는 있겠지만 우리에게서 감정의 파란은 일어나지 않는 듯하다. 그러나 근세 동아시아 해역의 연구는 그와 다르다. 역사 연구자들은 역사적 기억과 정서적 뒤엉킴에서 벗어나기가 상당히 힘들뿐더러 언제나 현실의 국가와 정치적 입장이 주는 제약을 받는다. 동아시아 해역 주변의 여러 나라는 각각 다른 역사적 기억을 갖고 있고 서로 다른 정치적 입장을 갖고 있음이 분명하다. 예를 들어 조공체제 속에서 종주국이었나, 아니면 조공을 바치는 나라였나? 전쟁 속에서 침략자였나, 아니면 침략을 받는 쪽이었나? 근대화의 과정에서 앞서나가는 쪽이었나, 아니면 뒤처진 쪽이었나? 여기서 서로 다른 기억과 입장이 시종일관 역사적 관찰에 영향을 끼칠 수 있다. 역사의 기원(단군, 천황, 황제에 관한 논쟁), 국가의 영토(고구려, 류큐, 베트남의 귀속), 문화의 교류(몽고의 침입과 왜구의 소요) 등의 문제에서 그런 의식·입장·감정이 끼어들 수 있고, 그로 인해 국가의 영토를 넘어서는 황해 지역 연구에는 수많은 비非학문적 요소가 섞여들 수 있다. 그렇다면 "동아시아 해역" 연구에서 "국가의 역사"를 넘어서는 동시에 어떻게 하면 이런 "국가적 감정"을 넘어설 것인가?

결론

흐름에의 참여豫流, 입장, 방법

문학·사학 연구의 새로운 시각을 찾아서

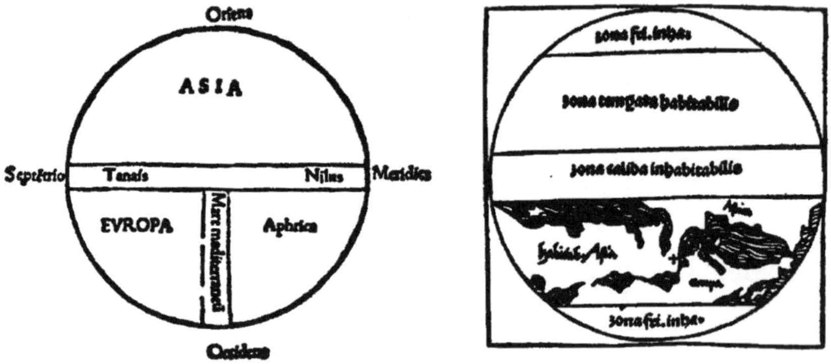

유럽 중세의 T—O형 지도와 원형 지도

이끄는 말: 학술사가 우리에게 알려주는 것은?

1990년대에 현대 중국의 학술사 연구는 "주도적 학문顯學"이 되었다. 그렇지만 학술사를 되돌아보는 의미는, 뜻대로 되지 않는 지금의 학계에 직면하여 옛날을 그리워하는 감정을 품는 데 있지 않을 뿐 아니라, "현인을 보면 그와 같아질 것을 생각한다見賢思齊"는 마음으로 학계 선배들의 고아한 풍모와 드높은 절개를 칭양하는 데 있지도 않고, 심지어 학통을 세우려는 목표로 그런 학인들의 학문적 성취를 서술하거나 종합하는 데 있는 것도 아니다. 나는 인문학, 특히 문학과 사학 영역에서 학술사 연구가 필요한 까닭은 다음의 세 가지 때문이라고 항상 생각해왔다. 첫째, 서양의 조류와 일본의 영향으로 인한 소용돌이 속에서 전통 학문이 어떻게 해서 근대적 학문으로 변형되었는가? 둘째, 근대 중국의 정치·문화·지식의 환경 속에서 서양에서 온 근대적 학문이 어떻게 중국의 학문적 관념과 방법을 형성했는가? 셋째, 자료, 방법, 도구, 관념의 측면에서 현대의 학문이 어떻게 하면 옛 중국을 새롭게 해석함으로써 현대 중국을 위한 상상과 설계에 영향을 끼칠 것인가? 학술사의 관점에서 보자면 이 세 가지 문제는 매우 핵심적이다. 왜냐하면 과거의 학술사를 어떻게 회고할지의 여부는 학문 발전 맥락이 어떻게 이어지는가 하는 점에 대한 우리의 이해 방식을 결정함으로써, 우리로 하여금 미래 학문의 조류와 경향에 대해 자각하도록 하기 때문이다.

1920~1930년대가 중국의 현대 학술사에서 매우 중요한 시기였다는 것을 수많은 사람이 주목하고 있다. 매우 오랫동안 나는 그 시기에 가장 성공을 거뒀던 연구기관 두 곳에 특히 관심을 가져왔다. 하나는 1925년에 세워진 칭화대학교 연구원으로 겨우 4년 동안 운영되었으면서도 영향력이 매우 컸던 "칭화국학원清華國學院"이다. 다른 하나는 1928년에 세워진 중앙연구원 역사언어연구소로 푸쓰녠이 주도적으로 창립했고, 나중에는 대북으로 건너갔던 "사어소史語所"다. 이 두 연구기관이 모범이 될 수 있었던 까닭은 당시 중국의 학문이 전통에서 근대로 변화해가던 핵심적 시기 중 그나마 평온했던 1920~1930년대의 사회적 환경 속에서 그 두 연구기관이 학계에 하나의 계기를 마련해주었고, 게다가 중국과 서양에 두루 통달했던 일군의 학자들을 보유했기 때문이다. 그 밖에도 학문의 관점에서 다음의 세 가지 이유가 있었다.

첫째, 이 두 연구기관은 줄곧 현대 국제 학계의 최전선에 있었다. 연구 영역의 측면에서 국제 학계의 관심을 받았을 뿐 아니라, 방법과 도구의 측면에서도 시종일관 국제 학계와 발걸음을 같이했다. 예를 들어 서북의 지리와 몽골·원나라의 역사에 대한 왕궈웨이의 관심 및 이중 증거법을 통한 그의 상고사上古史 연구, 과학적 고고학을 추진했으며 산시山西에서 고고학적 발굴을 했고 이후 안양安陽에서 은허殷墟를 발굴했던 리지, "다른 종족의 문헌과 변경의 역사"를 연구하고 서양인의 동방학 목록을 가르쳐줬으며 둔황 문서에 기록된 여러 언어를 고증했던 천인커, 음운학과 방언 조사의 자오위안런趙元任, 또한 "노학"을 한시도 잊지 않았던 푸쓰녠 등 이들의 주제 선정, 재료, 방법은 당시 가장 선진적이었다. 심지어 역사 연구법에 대한 량치차오의 설명과 그의 불교사 연구조차 국제 학계의 수많은 새로운 사유와 성과를 흡수했던 것이었다. 이것은 바로 천인커가 말한 대로 "세계 학술의 새로운 조류"에 들어갔던 것, 다시 말해 문제·재료·방법의 측면에서 국제 학계의 주류로 들어갔던 것이다.[1]

둘째, "흐름에 참여할" 뿐 아니라 중국 학자들의 중국 연구가 국외 학자들의 "한학"과 간단하게 동일시되어서는 안 된다. 중국 학자들은 중국의 입장, 문제, 방법을 반드시 수립해야 한다. 청말 민국 초 전체적 서구화의 거대한 조류를 거치면서 서양의 학과 제도와 연구 의식이 중국의 근대 학계 곳곳에 침투하던 때, 중국 학자들은 "중국"을 중심으로 삼는 입장을 줄곧 고수했다. 이들은 서양의 지식을 그대로 팔아먹지 않고 중국을 새롭게 해석하고자 시도했으며, 심지어 중국의 해석권을 다시 중국으로 갖고 와야 한다고 주장하기도 했다. 량치차오의 근삼백년近三百年 학술사 연구, 왕궈웨이의 고사신증古史新證, 리지의 중국 고고학은 모두 옛 중국에 대한 해석권을 되찾고자 시도했던 것들이다. 당시 중앙연구원 역사언어연구소가 제창했던 역사 연구에는 매우 분명한 이상과 방향이 있었다. 일을 주관했던 푸쓰녠의 목적은 "역사연구소를 대본영으로 삼아 중국에서 '과학적 동방학 전통'을 구축하는 것"이었다고 한다. 푸쓰녠의 "호소에는 사람들을 높이 격려하는 힘이 있었고 (…) 그는 이런 이상을 추구하는 운동의 지도자로서 중국 학자들로 하여금 최고도의 민족의식을 일깨우도록 했다."[2] 오랜 세월이 지난 이후 리지도 『감구록感舊錄』에서 그 점을 말했다. "당시 학계에는 (외국인의 문화적 침략에 대해서) '불만'과 '불복'의 정서가 널리 퍼져 있었고, 그런 문화적 침략에 반대하려면 스스로 수집하고 연구해야 했는데, 중앙연구원이 설립되고 그것이 국립아카데미의 지위를 획득하자 학계의 그런 정서가 올바른 궤도로 들어섰다."[3] 그래서 푸쓰녠은 선언식 글인 「역사언어연구소 연구 사업의 취지」 가장 마지막 부분에서 "우리는 과학적 동방학의 정통이 중국에 있게끔 해야 한다"고 외친다.[4] 이런 주장에는 아마도 학문적 민족주의 요소가 있기는 하지만, 그것은 현대 중국 학술의 독립을 촉진했고 그것이야말로 양대 연구기관이 성공할 수 있었던 기초였다.

셋째, 국제화에 참여하는 것이나 중국의 입장을 상대적으로 자각하는 것만으로는 충분치 못할 것이다. 칭화대학교 연구원과 역사언어연구소가 중국의 학문 연구에 영향을 끼치는 핵심 기관이 될 수 있었던 까닭은 "지리적 이점"의 덕을 입었기 때문이기도 하다. 여기서 내가 말하는 지리적 이점이란 바로 그 시대에 중국에서 끊임없이 출현하던 새로운 자료를 가리킨다. 은허의 갑골, 둔황의 문서, 쥐옌居延에서 발견된 한대의 죽간, 자금성에서 발견된 대내당안大內檔案이라는 이른바 4대 발견물은 모두 그 시대의 새로운 사고와 새로운 시각에서 이용되기 시작했고, 아울러 역사를 새롭게 이해하는 데 튼튼한 기초를 놓아주었다. 갑골문과 둔황은 모두 20세기 초에 발견된 것이므로 1920년대의 일은 아니라고 지적할 사람도 있겠지만, 새로운 사료는 새로운 시각이 있어야 비로소 연구 영역에서 발효될 수 있다. 갑골문의 복사卜辭(점치는 데 사용된 문자)와 둔황의 문서는 1920~1930년대에 이르러서야 비로소 이전의 역사적 문헌을 넘어서고 또 그것과 결합하게 됨으로써 역사를 새롭게 이해하는 데 이용되었기 때문에, 갑골문과 둔황 문서의 발견은 사료의 양적 증가가 아니라 역사의 질적 변화로 여겨져야 한다.

종합하자면 당시 칭화대학교 연구원과 역사언어연구소는 은나라와 상나라의 갑골문으로 상고사를 연구하고 한대 죽간과 둔황 문헌으로 중세사를 연구하며, 대내당안으로 근세사를 연구하면서, 새로운 사료를 추적해 새로운 영역을 개척했는데, 문학·역사 연구의 도구와 자료 측면에서는 고고학적으로 발견된 증거물과 여러 언어 사이의 대비, 변경 지역 자료의 사용을 특히 중시했고, 연구 시야의 측면에서는 사예의 역사에 주목하는 동시에 국제 학계와 동일한 주제를 논하고자 시도했으며, 연구 방법의 측면에서는 사회과학적 방법을 중시하고 언어학과 역사학을 연관시키기 위해 힘을 다했다. 이런 "새로운" 기풍과 "새로운" 방법은 "과학"이라는 명분을 지니고 "서학"의 영향을 빌렸으며, 또한 동양학의 "정통"을 쟁탈하려는 입장을 지니고 있었다. 그리하여 국제 학계의 선두에 서자마자 이 두 연구기관은 중국 학계 또는 국제 학계의 눈길을 끄는 중심이 될 수 있었다.

요 몇 년간 나는 국내 도서관에서건 외국 도서관에서건 그 당시의 해외 중국학 학술지를 읽으면서, 그 시대의 중국 문학·사학 연구가 지녔던 국제적 영향력을 깊이 느꼈다. 중국의 논저는 볼 만한 것이 없다고 생각했던 어떤 인사들과는 달리, 그 시대의 해외 중국 학자들은 언제나 중국학 저작을 번역하고 소개할 수밖에 없었다. 일본 교토대학이 지금까지 계속해서 출판하고 있는 저명한 학술지 『동양사 연구』를 예로 들어보자. 이 학술지는 1935년에 창간한 제1권부터 시작해서 중국 학문의 새로운 진전에 자주 관심을 보여왔다. 원이둬聞一多의 고당신녀설高唐神女說 연구, 『우공禹貢』파의 역사지리학, 커사오민의 『신원사』, 멍썬孟森의 "칠대한七大恨" 연구, 천인커의 각종 논저, 궈모뤄郭沫若의 선진 시대 천도관天道觀 연구, 그리고 야오시성陶希聖, 주시쭈朱希祖, 푸쓰녠, 구제강, 취안한성全漢昇, 천멍자陳夢家 등의 동태가 소개되어 있다. 칠칠사변 이후의 교전 상태에서도 일본 학자들은 계속해서 뤄건저羅根澤와 구제강의 『고사변古史辨』, 천위안의 『남송 초 하북의 신도교 고찰南宋初河北新道教考』 등을 소개했다.[5] 이 당시 중국의 문학·사학 연구는 어떤 지역의 중국학에 비해서도 뒤떨어지지 않았다. 푸쓰녠이 한시도 잊지 못했던 중국학 정통의 회수라는 목표는 성공할 가능성이 매우 높았다. 천인커는 "여러분이 동쪽 이웃 나라로부터 중국사를 받아들이고 있으니 중국의 선비들이 수치스러워 죽기를 바란다"[6]고 통한해 마지않았는데, 이제 그 시대 사람들의 노력을 통해 상황이 훨씬 더 나아지고 있었다.

그렇다면 현재 중국의 문학·사학계는 "세계 학문의 새로운 조류"에 어떻게 대응해야 하며, 장차 어떤 곳으로 나아가야 할까? 아래에서 진술할 것은 다만 내 개인의 생각일 뿐이다.

1. 국제적 시야: "노학"에서 "주변으로부터 중국 파악하기"로

80여 년 전 량치차오는 『중국사서론中國史敍論』에서 중국 역사를 세 단계로 나눴다. 곧 제1단계는 중국의 중국이고, 제2단계는 아시아의 중국이며, 제3단계는 세계의 중국이었다. 그리고 량치차오는 이 세 단계를 각각 "상세사上世史, 황제로부터 진나라의 통일까지" "중세사, 진나라 통일부터 청대 건륭 말년까지" "근세사, 건륭 말년부터 오늘날까지"에 대응시켰다. 이렇게 구분하는 것은 매우 흥미로우며 여러 가지 독해도 가능할 것이다. 이에 쉬줘윈許倬雲은 량치차오의 구분법이 종족의 교류와 경쟁에 착안점을 두었던 것으로서, 봉건·제제帝制·입헌立憲이라는 3종의 정체政體를 그 세 단계의 주요한 정치적 형태로 삼았다고 파악했다.[7] 그렇지만 나는 "중국의 자아 인식"을 중심으로 삼아 과거 중국의 역사를 세 단계로 구분해보려 한다.

첫 번째 단계는 "자아를 중심으로 삼는 상상의 시대"로 일컬을 수 있다. 이 시대의 중국은 대외 교통이 어려웠고, 한漢 문명 전통이 강했으며, 중국에 거대한 충격을 가할 만한 외래 문명이 없었다. 바꿔 말하면 거대한 "타자"가 없었던 상황이었다. 그래서 중국은 마치 자신을 비추는 거울이 없었던 시대에 처하였고, 이로 인해 자아를 중심으로 삼는 "천하 관념"(주변에 대한 멸시와 오만함)을 형성했으며, 자아를 종주宗主로 삼는 "조공체제"(비록 송나라 때부터 변화가 일어나기는 했지만)를 이루었다. 고대의 구주九州·오복五服에 대한 기록, "북적, 남만, 동이, 서융"이라는 설명, 『순자』「왕제王制」의 "오방의 백성五方之民", 그리고 옛날의 천하 지도와 『조공도朝貢圖』로부터[8] 다음과 같은 점을 파악할 수 있다. 곧 실제의 세계지리에 대한 지식이 일찍이 한족의 중국을 넘어섰건만, 중국인들은 관념적인 천하의 상상 속에서 여전히 자아를 중심으로 삼으면서 천하의 한가운데 있는 "중국"을 상상하는 데 익숙해져 있었다.

그렇지만 명나라 말기 서양인이 점차 동방에 진입한 이래, 특히 청나라 말기 서양인의 철선과 대포에 의해 중국이 어쩔 수 없이 전반적으로 서구화를 진행한 이후, 중국인의 "자아" 인식에는 거대한 "타자The Other" 곧 서양이 등장하기 시작했다. 그리고 이때부터 두 번째 단계, 곧 "한 면 거울의 시대"로 들어선다. 레븐슨Joseph R. Levenson이 말했다시피 이 시대는 천하에서 만국萬國으로 나아가는 실제로 거대한 변화의 시기였다.[9] 서양이라는 "타자"가 중국을 비추어주었기 때문에, 중국인은 비로소 중국을 새롭게 인식하기 시작했다. 이것은 거대한 진보임이 당연하다. 그렇지만 그런 새로운 인식은 "서양"을 기준으로 삼은 것이었을뿐더러 영원히 동일한 것으로 여겨지는 "서양"을 거울로 삼은 것에 불과했다. 청나라 말기의 "중체서용"과 "서체중용" 사이의 논쟁이든, 리다자오·천두슈나 량수밍의 중국—서양 문화 비교와 관련된 관념이든, 아니면 서양을 비교 대상으로 삼아 중국을 새롭게 읽어내던 5·4운동 시대의 사조와 루쉰 이후의 "중국 국민성" 분석이든, 아니면 1980년대에 이르기까지 지속되었던 "문화열文化熱" 관련 토론이든, 사실 그 모든 것은 한 면 거울을 앞에 놓고서 자아를 인식했던 것이다.

그렇지만 우리는 이제 그 거울이 정확한 거울이인지 아니면 요술 거울인지 물어봐야 한다. 그것은 자신을 인식하기 위한 유일한 거울일까? 그것은 전체적으로 자아를 인식하게끔 할 수 있을까? 이발소에서 두발을 정리할 때 눈앞의 거울에 의존하는 것만으로는 충분치 않고, "마름 꽃 무늬의 거울로 앞뒤를 비춰야지菱花前後照"[10] 비로소 뒤통수를 볼 수 있다. 그렇다면 우리에게는 아직도 서양이라는 한 면 또는 다면의 거울만 필요한 것일까? 그런데 우리는 스스로 "타자"가 되어 우리 주변의 일본, 조선, 베트남, 인도, 몽고와 우리가 어떤 점에서 다른지 명확하고도 자각적으로 인식했던 적이 별로 없다. 중국인들은 언제나 그 나라들을 자기 문화의 "주변"이라고만 여기고서 그런 주변국의 시선을 통해 자신을 관찰하는 것은 잘하지 못했다. 하지만 정말로 그래야 할까? 중국과 "서양"의 차이점을 대비할 경우 대大척도상에서 소략하게 중국의 특징을 파악할 수 있을 뿐이다. 그렇지만 차이가 매우 적어 보이거나, 심지어 하나의 문화적 전통을 공통으로 향유했던 다른 나라들과 중국을 비교해볼 경우, 진정으로 세부의 차이를 인식할 수 있고 무엇이 "중국적" 문화인지 확인할 수 있을 것이다. 때문에 오늘날의 글로벌화한 보편적 동질성의 시대에 바로 우리는 세 번째 단계, 곧 "다면 거울을 통해 자아를 인식하는 시대"로 들어갈 수 있다. 『송고승전宋高僧傳』 제5권에는 당대唐代 화엄종의 큰 스승 법장法藏이 설계했다는 유명한 장치가 기록되어 있다. 그는 학생들에게 "거울 열 개를 준비해서 팔방에 배치하라"[11]고 말했다. 곧 위아래와 여덟 방향에 각각 거울을 걸고서 각 거울이 서로를 마주보게 배치한 다음, 그 한가운데 불상 하나를 안치하고, 횃불로 그것을 비춤으로써 서로 그림자가 생기게 하고 또 서로를 빛나게 하여, 끊임없이 중첩되게끔 조영하도록 했다. 법장은 "불법은 무한하며 이것과 저것은 상호 작용한다"는 것을 가르쳐서 "학생들로 하여금 온 세상이 무한한 불법에 포괄된다는 이치를 깨닫도록" 했던 것인데, 우리가 하려는 일은 당연히 법장의 그런 가르침은 아니다. 대신 우리가 하려는 것은, 마치 입체 영화를 촬영하는 것처럼 촬영기 여러 대를 사면팔방에 배치하여 촬영한 다음 하나의 입체적 중국을 조합해내는 일이다. 따라서 주변으로부터 중국을 관찰하여 타자와 자아의 관계를 새롭게 확립하는 것, 바꿔 말하면 주변 각 지역의 중국에 대한 인식으로부터 역사적 중국, 문화적 중국, 정치적 중국을 새롭게 인지하는 것이다.

여기서는 이 문제와 관련한 사상사적 의미를 상세하게 논할 수 없고, 다만 문학·역사 연구의 측면에서 이런 연구 방향이 지닌 학술사적 의미를 논해보겠다.

중국의 학술사를 회고해볼 때, 중국 학술 국제화와 현대화의 제1파는 청대 중엽의 서북 지리와 몽고—원나라 역사에 대한 연구로 거슬러 올라갈 수 있을 것이다. 전대흔 이후 고증학 발전의 내적 경로(고증 영역의 개척과 확장)와 국내 정세 변화의 외적 배경(가경·도광 이후 국제 정세의 변화)으로 인해, 사람들은 서북의 지리와 요遼·금金 및 원사元史 연구를 의식하기 시작하면서 거기에서 한족의 중국 전통 공간을 넘어선다는 의미를 발견했다. 먼저 이 연구는 고증학자들이 섭렵했던 "한어漢語" "한족" "한문 문헌"에서만 그치지 않았다. 그다음으로 연구 범위도 고증학자들에게 익숙했던 유가적 세계와 전통 경전에 머물지 않았다. 마지막으로 그 연구의 내용도 정치사의 범위에만 국한되지 않았다. 여기서 몽원사蒙元史 연구를 한번 들여다보는 것도 좋을 것이다. 전대흔 이후 소원평의 『원사유편』, 위원의 『원사신편』, 증렴의 『원서』, 홍균이 편수한 『원사역문증보』, 도기가 편수한 『몽골사기』가 있었는데, 이들 저작은 몽고 고유의 경계를 역사적으로 확인하려 노력함으로써 몽고사의 범위를 확장했다. 예컨대 도기가 인용했던 자료는 전통적 한문 사료를 훨씬 뛰어넘어 고려의 사료, 윈난의 사료, 서역의 사료를 이용했으며, 특히 외국어 사료를 채택했다.[12] 앞서 말했다시피 그 시대 이후 중국 학자들은 이미 국제 학계의 주제 속에 참여하고 있었다. 돌궐 3대 비에 대한 고증과 해석, 몽골—원나라의 문헌 독해, 당대唐代의 화천교火祆教, 곧 페르시아의 조로아스터교, 경교, 마니교에 대한 연구 등 국제적 성격을 띤 과제에서 자만심 가득했던 저 러시아인들마저 심증식沈曾植의 돌궐 비문 해석에 대해서는 놀랄 수밖에 없었다. "심증식의 번역이 세상에 알려져서 서양인들의 책도 그 설을 누차 인용했으니, 그렇게 인용된 것은 총리아문 장경章京이었던 심증식이 쓴 책이었다."[13]

청말 민국 초 시기 중국이 정치·경제·문화적으로 "압박"을 받아 점차 세계로 진입해갈 때, 학계에도 매우 중요한 변화가 일어났다. 바로 앞에서 말했던 것처럼 1920년대를 전후하여 일군의 매우 뛰어난 학자들이 출현했던 것이다. 그들은 시야를 넓혔을 뿐만 아니라 상당히 민감했다. 철학·문학으로부터 사학으로 나아갔던 왕궈웨이든, 해외에 나가보지 못했으면서도 국제적 학술 조류를 숙지하고 있었던 천위안이든, 완전 서구화를 주장했던 후스든, 중국 문화 본위를 굳게 지켰던 천인커든, 모두 학문적 측면에서 "흐름에 참여하려고", 곧 "세계 학문의 새로운 조류에" 진입하려고 노력했다. 바로 이때 "4대 발견"이 이뤄졌는데, 특히 둔황 문서의 발견과 연구 분야에서 당시 왕궈웨이가 둔황의 문헌을 고증했고, 천위안은 『둔황겁여록敦煌劫餘錄』을 편찬했으며, 더욱이 후스와 천인커는 둔황 문서 연구의 대가였다. 이들의 노력은 중국 학술 국제화의 제2파를 형성하도록 촉진했다.[14] 이렇게 된 배경으로 네 가지를 들 수 있다. 첫째, "서역 이민족 언어로 된 문헌胡語文獻"

이 언어학과 역사학의 결합을 야기했기 때문이다. 예를 들어 천인커는 팔리어와 티베트어, 한문을 통해서 둔황의 문헌을 대조·교감했다. 둘째, 둔황에서 출토된 초기 문헌으로 인해 이전의 문헌에 대한 회의가 생겨났고 그것을 논증하려는 시도가 일어났다. 예를 들어 후스는 선종의 문헌을 고증했다. 셋째, 정치·종교·문화적 중심 지역이 아니었던 둔황에 이방의 언어로 된 문헌이 남아 있었다는 사실로 인해 중국과 외국의 교통, 문화적 접촉에 관한 연구가 흥미를 끌었다. 넷째, 각종 비非정부 문서와 비非유가 문헌의 출현으로 인해 경제사(둔황 사원의 경제), 종교사(삼이교, 불교, 기타 종교), 지방사(귀의군歸義郡, 토번, 서역)를 중시하게 되었고, 이로 인해 역사 연구의 영역에서 전통적 중심과 주변이 서로 자리를 바꾸었다.

그렇다면 제3파는 대체 무엇일까? 감히 단언할 수 없지만 나는 "주변으로부터 중국을 바라보는" 과제는 학술사의 변화에 어느만큼은 자극을 가할 수 있을 것이라고 생각한다.

먼저 우리는 앞의 제1파와 제2파의 학술사 변동 속에서 관심 공간은 모두 서북 지역으로서 전통적 비단길과 중첩된다는 점을 확인했지만, 이 두 파의 학문은 동쪽 지역, 곧 일본, 류큐, 조선, 베트남 등에는 별로 주의를 기울이지 않았다. 그렇지만 이 지역에 보존된 중국 관련 문헌은 상당히 풍부하다. 과거 우한吳晗 선생이 『조선왕조실록』 가운데서 중국 관련 진귀한 사료를 열 몇 책으로 편집해낸 적이 있었다. 하지만 그런 사료는 거기에서 그치지 않는다. 예를 들어 한국의 경인문화사에서 영인한 『한국역대문집총간』은 거의 3000책에 달하는 거책巨冊인데, 그 가운데 절대 다수는 한문으로 씌어 있고, 대체로 중국의 명청 시대에 해당되는 사료들이다. 그리고 한국의 동국대학교 임기중 교수와 일본 교토대학의 후마 스스무夫馬進 교수가 각각 편집한 『연행록전집』과 『연행록전집 일본소장편』 106책은 거의 5만쪽에 달하는 자료를 싣고 있고, 기본적으로 명·청 양대의 중국에 대한 조선인들의 관찰과 기록을 담고 있다. 또한 조선통신사가 일본에서 남긴 각종 일기와 시문詩文에도, 중국에 대한 일본인과 조선인의 관찰·상상·평가가 대량으로 기록되어 있다. 일본 에도 시대에 나가사키와 그 외 지방에서 청나라 선박을 접대했을 때 남겼던 각종 기록, 이른바 당통사唐通事(중국어 통역을 담당했던 일본 관원 및 그 사무소)의 자료도 있고, 『오랑캐로 뒤바뀐 중화』『당통사 회소 일록唐通事會所日錄(중국어 통역사무소 일일 기록)』『고금화이통상고古今華夷通商考』, 그리고 발굴을 기다리고 있는 사료가 대량으로 있다. 이들 자료는 이미 중국과 다른 길을 걷고 있던 일본인의 중국에 대한 냉정한 관찰을 담고 있다.[15] 베트남에 남아 있는 이른바 "한남漢喃 문헌"에도 중국 관련 기록이 상당히 많이 전한다. 속담에 "당사자는 혼란스러운 반면 방관자는 분명히 안다"는 말이 있듯이, 우리는 이런 자료로 인해 "중국을 뛰어넘어 중국을 되돌아볼" 수 있을 테고, 그럼으로써 중국의 참된 특징을 이해할 수 있을 것이다.

그다음, 근대 이후로 우리는 동서 문화를 대비하는 것에 익숙해졌다. 최초에는 시간적 선후를 기준으로 삼아 우열을 따졌던 "서양 문명의 중국 기원설西學中源"이 있었고, 그 후 정신문명과 물질문명이 다르다는 관점에서 본질과 말단을 따졌던 "중국의 학문이 본체이고 서양의 학문은 작용이다"라는 설이 있었으며, 5·4 시기 이래로는 "동서 문화" 논쟁과, "완전 서구화"와 "중국 문화 본위" 사이의 논쟁이 있었다. 가장 마지막으로는 지금까지도 계속되는 "오리엔탈리즘" 또는 "탈식민주의" 이론이 있다. 중국 문화를 논할 때 이들 설은 모두 "서양"이라는 거대하면서도 애매모호한 "타자"를 배경으로 삼아 논지를 전개하면서, 서양과 중국이 얼음과 재처럼 다르고 더위와 추위처럼 상이하다고 주장하기 때문에 겉보기에는 매우 분명한 듯하다. 그렇지만 이렇듯 분명해 보이는 문화적 서술 가운데에는 매우 애매모호한 내용이 포함되어 있다. 따져 물어보자면, 대체 저 "서양"은 어떤 "서양"이며, 이 "동양"은 어떤 "동양"인가? 바로 이런 이유 때문에 문화적 차이가 그다지 큰 것처럼 보이지 않는 주변을 "타자"로 삼을 경우, 오히려 그들과 "자아" 사이의 미묘하면서도 지극히 중요한 문화적 차이를 파악할 수 있다. 예를 들자면 표면상으로는 모두 똑같이 주희의 학문을 신봉하지만, 고집스레 주자학설을 고수하면서 일말의 동요도 없었던 조선의 양반 선비들과, 과거제도가 없었던 일본의 유학자들, 그리고 만청 왕조의 고증학과 이민족 문화라는 이중의 영향 아래 있었던 중국의 사대부들은 서로 매우 달랐다. 그런 까닭에 각종 문헌에서 조선인들이 청나라의 학문과 사상을 비판하고 조롱했던 일을 흔히 볼 수 있고, 또한 조선인과 일본인들이 중국 문명은 몰락했다고 여기고 스스로를 "중화"로 칭하는 모습도 볼 수 있다. 이런 차이를 보자면, "동방" 또는 "동아시아"가 사실은 오카쿠라 덴신이 상상했던 "하나"가 결코 아니었음을 분명히 이해할 수 있다.[16]

그다음, 푸쓰녠이 「역사언어연구소 연구 사업의 취지」에서 말했다시피 사료의 확충과 도구의 진보는 바로 학문의 진보다. 그는 말한다. (1)자료를 직접 연구한다면 진보인 반면, 이전 사람들이 연구해놓았던 것이나 만들어놓은 체계를 간접적으로 연구하는 것, 그리고 그들의 연구 내용에 포함된 사실을 복잡하고 치밀하게 참고하지 않는 것은 바로 퇴보다. (2)연구 자료를 확장시킬 수 있는 학문은 진보이고, 그렇지 못한 것은 퇴보다. (3)연구할 때 이용했던 도구를 확충할 수 있다면 진보이고 그렇지 못하다면 퇴보다.[17] 1928년 그는 "노학(이민족에 관한 학문)"이 매우 중요한데도 불구하고 중국의 학계 "대부분은 사적史籍에 있는 사예 문제를 해결할 줄 모른다"고 생각했다. 그에 따르면 변경 민족의 역사와 지리, 중국—외국 관계사의 연구 분야에서 중국은 외국의 동방학자들에 비해 낙후되어 있었으며, 흉노·선비·돌궐·위구르, 거란, 여진, 몽고, 만주 등의 문제에 대해서도 유럽인만큼 주의를 기울이지 않았다. 그러므로 연구 사료와 사용 도구를 확장하고 발전시키기 위해 역사 비교와 언어 비교의 방법을 모델로 받아들여야 한다고 푸쓰녠은 주장했다. 게다가 그는 중국의 연구가 "장래에는 한 걸음 한 걸음 서쪽으로 가서 중앙아시아까지 가야 한다"고 구상했고, 또한 광저우에 "남양학南洋學" 센터를 세울 구상을 하면서 "남양학은 중국인의 학문이어야 한다"고 인식했다. 이것은 매우 중요한 판단이었다. 앞에서 우리가 제시했던 중국 학술 국제화의 제1파와 제2파는 바로 그가 말했다시피 한 걸음 한 걸음 서쪽으로 가고 있었다. 곧, 둔황과 과저우瓜州(간쑤 성甘肅省의 서부 변경 지역에 위치)로부터 중앙아시아로 나아갔고 그 중심은 서북(비록 우연히 남하하기는 했지만)에 있었다. 그렇지만 제3파는 동쪽으로 방향을 틀어야 하지 않을까?

1938년 후스는 중국의 대표로 스위스 취리히에서 열린 국제역사학 대회에 처음으로 참가했는데, 「최근 발견된 중국 역사 관련 신자료Recently Discovered Material for Chinese History」라는 영문 논문에서 당시 그가 중국사와 관련하여 가장 중요하다고 생각했던 사료를 제시했다. 그런 사료에는 대발견으로 칭해졌던 갑골문, 둔황 문서, 대내당안 및 금서禁書와 일서逸書(과거 일실되었으나 다시 발견된 책) 말고도, "일본과 조선에 보존된 중국 사료"들이 나란히 포함되어 있었다.[18] 하지만 거의 70년이 지났건만 우한이 그 뒤 『조선왕조실록』에서 자료를 수집한 것 말고는 중국 관련 조선의 한문 자료가 잘 정리되거나 연구되지 않았던 것 같고, 나가사키의 중국어 통역사 자료 같은 일본의 중국 관련 자료도 충분히 이용된 것 같지는 않다. 학술사의 거대한 추세를 내가 예측할 수 없음은 물론이다. 하지만 만약 "주변"으로 점차 방향을 돌린다면, 과거 우리가 그다지 중시하지 않았던 상술한 역사 자료와 주변의 각종 언어가 새로운 영역과 도구가 될 것이다. 이를 경제학계의 용어로 표현하자면 그것은 아마도 학문적인 "새로운 신장점增長占"이 될 것이다.[19]

2. 중국의 입장: 해외 중국학과의 비교

"중국"의 주변에 주목하는 것은 결코 중국 문학·사학계만의 독점적 권리도 아니며 심지어 중국 학자들의 발명물도 아님은 의심의 여지가 없다.[20] 유럽과 일본의 학자들은 중국의 학자들보다 더 발빠르게 19세기 말에서 20세기 초에 벌써 현대적 학술의 의미를 지닌 "중국 주변 연구"를 시작했다. 이들은 이 연구에서 역사학·문헌학·고고학·언어학을 종합하는 방법을 써서 상당히 중요한 성과를 거두었다. 예를 들면 프랑스의 샤반, 펠리오, 페랑G. Ferrand, 마스페로H. Maspero 등이 그렇다. 우리는 그들을 보통 "한학가漢學家"로 부르고 그들 관심의 중심도 중국인 것은 분명하지만, 그들의 연구 범위는 언제나 사예에까지 미쳤다. 그래서 펑청쥔馮承鈞이 번역했던 『서역·남해의 역사·지리 고증 연구물 번역 모음西域南海史地考證譯叢』 세 권을 보면, 그 논문 제목에 항상 보이는 지명은 토번, 페르시아, 자바, 크메르, 베트남, 몽고, 참파, 고창, 인도, 토욕혼, 여헌, 계빈이었고, 제목에서 언제나 보이는 종교는 조로아스터교, 마니교, 경교, 불교, 그리고 후대의 천주교와 기독교였으며, 항상 보이는 전적은 『제번지』 『위략서융전』 『영애승람』 『크메르 풍토기』 『현장전』 『원나라 비사』 『장춘진인서유기』 『송운행기』 『인도에 사신으로 간 기록』 등이었다.[21]

유럽의 영향을 받아 메이지 이래로 학문이 근대적 형태를 갖춘 뒤, 일본의 중국학자들은 "만주·몽고·신장위구르·티베트滿蒙回藏" 및 중국의 주변에 더욱더 관심을 쏟았다. 조선사와 몽고사를 연구했던 나카 미치오 이후, 메이지·다이쇼에서 쇼와 연간의 일본 학자들 중 상당수는 중국의 사예에 관심을 갖는 경향을 보였다. 저명한 학자 시라토리 구라키치(1865~1942), 후지타 도요하치(1869~1928), 구와바라 지쓰조(1871~1931), 야나이 와타루(1875~1926), 이케우치 히로시(1878~1953), 하네다 도루(1882~1955), 와다 기요시(1890~1963) 등은 몽고·조선·베트남·서역·티베트 등의 역사와 지리 분야에서 상당히 뛰어난 연구 성과를 거뒀다. 그 가운데에서도 일본 메이지 시대 동양학의 기초를 놓았던 중요 인물인 시라토리 구라키치는 튀르크, 우손, 훙노, 소그드, 강거, 조선 연구에 관해 유럽 학계로부터 상당히 높은 평가를 받았는데, 이는 당시 일본 중국학의 새로운 조류를 보여준다. 이로 인해 일본의 학자들은 세계 학술 조류에 진입하는 것에 대해 상당한 자신감을 갖게 되었고, 심지어 그들은 일본인이 중국인에 비해 서양의 새로운 방법을 더 잘 이해하고 있으면서 또한 서양인에 비해서는 동양의 문헌을 더 잘 읽을 수 있기 때문에 일본이야말로 "동양학"의 선두라고 생각했다. 이런 조류에 참여했던 하네다 도루는 이 시기 일본의 동양학이 고고학·문헌학·어문학 분야에서 진보를 이뤘다고 평가했다. 그에 따르면, 메이지·다이쇼 연간에 이뤄진 일본 동양학의 발전은 "미술사·풍속사·역사지리 분야의 연구 수가 적지 않고, 중앙아시아에서 발견된 사료로 인해 중국의 역사적 사실을 더욱 많이 밝혀낼 수 있었다. (…) 만약 중국사, 특히 변경 지역의 역사 연구에 종사한다면, 최근 학자들이 어느 쪽으로 노력해야 하고 학문의 큰 추세가 결국 어느 쪽으로 나아갈지를 상술한 경향으로부터 알 수 있을 것이다"라고 한다. 그 가운데서도 그는 "제1의 무기" 곧 언어 지식이 새로운 연구에서 갖는 의미를 특별히 언급했다.[22] 중국의 학자들은 이런 생각에 굴복하지 않았지만, "중국 정통 역사서에 대한 연구에서 우리는 그들 연구 성과의 시비득실을 가릴 수 있어 그들과 겨룰 만하지만, 서역과 남해 그리고 고고미술사의 연구에서 우리는 그들보다 한참 뒤떨어져 있다"고 인정할 수밖에 없었다.[23]

이것이 당시 구미, 일본, 중국을 석권했던 국제 학계의 조류였다. 이런 조류는 그 자신의 동일성을 지니고 있으며 세계의 일치된 유행인 듯 보인다. 그렇지만 자세히 살펴보면, 유럽이든 아니면 일본이든 이런 경향 이면에 정치사와 사상사의 특수한 배경이 있었음을 알 수 있다. 중국과 가장 밀접한 관계에 있던 동쪽 이웃 일본을 예로 들어보자. 학술사의 측면에서 봤을 때 그런 연구는 학문적 근대화와 세계화가 낳은 결과로서 그 현대적 의미를 잘 드러내고 있다. 그렇지만 사상사의 관점에서 보자면 외견상 순수한 학문적 경향, 학문 방법, 학문 주제 배후에는 중국에 대한 일본의 특수한 의도가 숨겨져 있었다.

학술사의 관점에서 봤을 때 일본의 그런 학문적 경향이 지녔던 현대적 의미는 매우 분명하다. 그런 경향으로 인해 일본에서는 중국 연구 전통에 대한 위기가 나타났고, 중국에 대한 과거의 전통적 지식이 전복되다시피 했으며, 중국을 이해하던 과거의 습관적 방식도 바뀌어버렸다. 바로 고야스 노부쿠니가 말했다시피, 자신들 연구 방법의 현대성과 전통 중국의 학문에 대한 경멸감으로 인해 "지나학"에 대한 자부심이 형성되었고, 서양 학문의 방법이 성행함에 따라 전통적 학문이 전복되었으며 그로 인해 위기의식이 나타났다고 한다. "이런 위기의식은 근대의 일본 학문 제도를 지배했던 서양 근대 인문과학으로부터 초래되었던 것이다."[24] 그렇지만 그것은 일본 중국학이 현대적 형태를 취하게끔 촉진했다. 메이지 이래 중국과 오랜 관계를 맺어온 일본이 유럽인에 비해 중국 해석의 주도권을 더 잘 장악할 수 있다고 여겨졌기 때문에 일본은 (1)서양 학문과 동일한 도구를 사용해서, (2)서양 학계가 흥미를 느끼는 영역, 과제, 문제에 종사함으로써, (3)서양 과학과 동일하거나 유사한 것, 곧 "중립"을 표방하는 객관주의적 입장을 취함으로써 일본 "동양학"의 형성을 촉진했다. 그리고 연구 시야의 측면에서 그들은 선교사와 인류학자들로부터 유래한 유럽의 중국학 전통을 모방하려고 매우 노력했다.[25] 그렇게 함으로써 그들은 연구 영역을 한족의 중국에서 점차 중국의 주변으로 확대해나갔고, 아울러 의식적으로 그것을 "서양"과 대립하는 역사적 공간으로 삼아 연구해나갔다.[26] 한편으로 그들은 역사·문화·민족의 측면에서 "서양"과 병립할 수 있는 "동양"이라는 역사 서술 공간을 세웠고, 다른 한편으로는 일본을 그 "동양"으로부터 분리해내서 두 가지 "타자"를 갖는 "본국本國"으로 만들었다. 그리하여 나카 미치오가 일본 "본국사" 이외에 "서양사"와 "동양사"를 설치해야 한다고 주장했을 때, 일본의 동양학계는 "동양학"을 "중국"으로부터 "사예"로 확장시켰고, "대대로 중국사를 중심으로 삼았던 편협성을 폐기하고, 동양의 여러 나라와 여러 민족을 포함하는 역사를 하기" 시작했다.[27] 메이지·다이쇼 시기 일본의 각종 간행물, 예를 들어 『동양철학』 등의 학술적 관심사, 시라토리 구라키치 등 학자들의 학문적 훈련, 그리고 만주·몽고·신장위구르·티베트 위주의 학문 과제를 선택했던 여러 학자 모두는, 일본의 그런 연구가 현대성을 추구했다는 것과 국제 조류의 추세에 융합하려 했다는 것을 보여준다.[28]

그렇지만 이 책 제7장에서 말했다시피, 사상사의 관점에서 봤을 때 이런 학문적 방향 전환의 배후에는 매우 심각한 정치적 배경이 감춰져 있었다. 메이지 이래 점차 팽창하던 일본의 민족주의가 이른바 "아시아주의"라는 표상을 띠고 나타났고, 일본은 과거 아시아 최대의 적수였던 중국을 한 수 아래로 보면서 관찰하는 태도를 새롭게 취했다. 그 가운데서 가장 영향력이 있었던 생각은 이러했다. 곧, 더 이상 과거의 "중화제국"을 방대한 "하나"로 간주하지 않고, 유럽에서 유행하던 "민족국가"라는 새로운 개념을 차용하여 과거의 "중국"을 서로 다른 왕조들로 해석하면서, 이런 왕조들은 다만 각각의 전통적 제국일 뿐이라고 본 것이다. 게다가 그들은 실제의 "중국"은 한족을 주체로 삼으면서 만리장성 남쪽과 신장 동쪽에 있는 하나의 나라라고 보았으며, 중국 주변의 각 민족은 문화·정치·민족이 서로 다른 각각의 공동체라고 여겼다.[29] 메이지 시대 이래 "국권확장론"이 팽창함에 따라 안전과 이익이라는 것을 명분으로 삼아 중국 및 그 주변 영토에 대한 일본의 요구는 시간이 갈수록 강해졌다. 때문에 메이지 시대의 일본 중국학 연구자들은 "중국"의 "사예"에 대해 예사롭지 않은 열정을 보이면서, 조선·몽고·만주·티베트·신장에 특별한 관심을 보였으며, 더 이상 중국의 각 왕조가 변경과 이민족을 포괄하던 동일체였다고는 보지 않았다. 일본의 학자가 말하다시피, 이런 사조는 "일본 국민이 청일전쟁의 자극을 받아서 아시아 대륙에 대해 점차 관심을 갖던 배경 속에서 형성되었던 것이자, 일본이 근대국가로서 갑자기 부상하던 메이지 20년대에 일본이 아시아 민족이라는 자각이 날로 고조됨과 아울러, 일본이 서양 문화와 접하면서 독특한 동양 문화를 주장하던 배경에서 형성된 것이었다."[30] 당시 이런 민족주의적 정치 행위 때문에 학술 영역에서 새로운 관심이 일어났고, 이런 학술 영역의 연구 경향은 또한 중국을 이해하는 보편적 관념으로 점차 변화해갔다.[31] 그런 관념은 제2차 세계대전 전후로 일본 역사학계의 뜨거운 논쟁거리가 되었다. 그 가운데 가장 대표적인 것은 앞서 몇 차례 언급했던 야노 진이치의 『근대지나론』이었다. 야노 진이치에 따르면, 중국은 민족국가로 일컬어질 수 없고 만주·몽고·티베트도 본래 중국 영토가 아니다. 또한 그는 만약 대중국大中國의 동일성을 유지하려 한다면 만주족의 청나라 왕조를 전복할 필요가 전혀 없고, 민족국가를 수립하려 한다면 변경 지역에 대한 통제권을 즉각 포기해야 하며 그곳을 정치적으로 종속시키려 하거나 중국 역사의 일부로 서술하려는 태도도 버려야 한다고 말했다.[32]

여기에는 학술사의 국제적 시야와 현대적 방법, 그리고 사상사의 민족적 입장과 서술 전략이 복잡하게 얽혀 있다. 그렇다면 지금 우리가 제시하는 "주변으로부터 중국을 관찰하는 것" 역시 이런 문제와 맞닥뜨리게 될까? 약간 빗나가는 이야기지만, 이 물음은 전통 관련 학문 연구의 근본 문제와 연관된다. 곧, 전통 관련 문학·사학 연구의 의의는 대체 어디에 있을까? 나는 그것이 사람들에게 지식의 만찬을 제공하고 사람들의 지력智力을 훈련시키는 것 이외에 국가와 민족(문화적 의미의 국가이지 정치적 의미의 정부는 아니다)에 대한 인식 태도를 확립하게 하는 것이라고 생각한다. 역사를 세우고 현재를 주조鑄造해야 할 필요가 있는 현대의 국가에서, 과거의 전통은 기억을 제공하고 공통의 인식을 형성하며 일체감을 확립시킨다. 미국 학자 바버라 터치먼Babara W. Tuchman은 『역사 저술로부터 본 역사학從史著論史學, Practicing History』에서, 이스라엘이 어떤 이유로 고고학에 대해 특별한 흥미를 갖고 있는지를 설명할 때 "한 민족이 자기가 국가라고 생각하려면 독립성과 영토가 필요할 뿐만 아니라 역사도 필요하다"고 말한다.[33] 메이지 시대의 일본 학계가 의식적이든 무의식적이든 중국을 동양 가운데 놓고, 동양 각 민족의 역사와 문화를 중국과 동등한 위치에 놓고 그것을 중시하면서 연구했던 것은, 비록 현대 민족국가의 평등 관념에 부합하기는 하지만 중국에 대한 정치적 의도를 품고 있었다. 그렇다면 우리가 지금 제창하는 "주변으로부터 중국 관찰하기"는 어떻게 우리의 자각적 문제의식과 독립된 연구 관점을 확립할 것인가?

여기서 강조해야 할 점은, 내가 제창한 "주변으로부터 중국 관찰하기"는 결코 과거 유럽 동방학과 일본 동양학의 학문적 흥미를 다시 계승하려는 것이 아니라는 사실이다. 순수 학문의 관점에서 보자면 일본·조선·류큐·베트남·몽고·인도 등 지역의 역사와 문화에 대한 그들의 연구는 "지역 연구"로 귀결될 수 있고, 이런 연구는 현대 "민족국가"의 공간적 제한을 벗어날 수 있다는 의미를 지닌다. 그로 인해 역사·문화적 공간은 정치종속적 공간을 넘어서고, 그에 따라 역사·문화적 교류와 접촉의 진상을 인식할 수 있다. 그렇지만 우리가 제창하는 "주변으로부터 중국 관찰하기"는 중국사에 초점을 맞춘다. 근세에 형성된 문명의 공간이자 이미 현대적 꼴을 갖춘 정치적 국가로서의 "중국"이 문화와 정치적 측면에서 강력하게 모든 것을 포괄하는 상황에서, 중국이라는 "민족국가"를 중심으로 삼는 역사적 연구는 여전히 그 나름의 뜻을 지닌다.

실마리 글에서 나는 이렇게 말했다. 민족국가를 넘어서는 것이 민족국가로부터 역사를 구원해내는 것이라는 생각은 유럽 역사를 배경으로 삼는 탈현대적 사유일 뿐 중국에서 반드시 그대로 통용되는 것은 아니라고 말이다. 왜 그럴까? 한편으로 중국은 유럽과 달리 그 정치적 영토와 문화적 공간이 중심으로부터 주변을 향해 계속해서 확장해갔다. 하·은·주 3대는 차치하고서라도 진나라와 한나라 시대에서부터 시작하여 "수레는 수레바퀴의 치수가 같고, 글은 문자가 같으며, 행동은 절차가 같다"[34]라고 일컬어지듯이, 언어·윤리·풍속·정치적 동일성이 중국이라는 공간을 점차 응고시키기 시작했다. 특히 송나라 때에는 국제 정세의 변화로 말미암아 이미 중국만의 독특한 근세적 "민족국가"가 이뤄졌는데, 이것은 "민족은 원래 인류 역사상 가장 늦게 생겨난 새로운 현상"이라는 유럽인들의 인식에 부합하지 않는다.[35] 다른 한편으로 중국은 일본과 달랐다. 일본의 단일 민족·언어·문화는 그 범위가 분명했던 공간과 중첩되었기 때문에 근대 민족국가를 형성하던 과정에서 민족·공간·문화·언어상의 복잡한 문제가 있을 수 없었다. 그러나 중국은 근대 민족국가를 세울 때 처음부터 끝까지 전통 왕조의 연장선상에 있으면서, 끊임없이 변화하면서도 전통적인 유산을 이어받았다. 때문에 중국의 전통적 제국과 현대적 국가를 두 시대로 구분하는 이론은 중국 역사에 들어맞지 않으며, 중국의 국가의식과 국가 생성의 역사에도 들어맞지 않는다. 중국은 제국帝國에서 민족국가로 나아갔던 것이 아니라 끝없는 "제국"이라는 의식 속에서 유한한 "국가"의 관념을 지녔던 것이고, 동시에 유한한 "국가"의 인식 속에 끝없는 "제국"의 상상이 보존되어 있었던 것이다. 근대 민족국가는 전통적 중앙 제국으로부터 탈피해 나왔지만, 근대 민족국가에는 아직도 전통적 중앙 제국의 의식이 남아 있기 때문에 그것은 뒤얽히고 공생하는 역사다.

전통에 대한 문학·사학적 연구는 결코 "국경 없는" 보편적 과학이 아니다. 현대 학문으로의 변화와 민족국가의 경계 재설정은 시종일관 발걸음을 같이했기 때문이다. 문학·사학 연구는 일체감·관념·상상을 파괴하는 것이 아니라, 바로 일체감·관념·상상을 구축하는 것이었다. 특히 우리가 연구하는 것이 민족과 문화의 전통일 때는 더욱 그러하다. 당시의 인식에 따르면, 민족국가는 "공공의 신앙"이자 "일체감의 기초"였다. 그 당시 딩원장丁文江이 발표했던 「중앙연구원의 사명」이라는 글은 문학·사학 연구의 뜻을 이렇게 밝힌다. "중국이 통일하기 쉽지 않은 가장 큰 원인은 우리에게 공통의 신앙이 없다는 것이다. 이런 신앙의 기초는 우리 자신에 대한 우리의 인식 위에 구축되어야 한다. 역사학과 고고학은 우리 민족의 과거를 연구하고, 언어학과 인종학, 그 외 사회과학은 우리 민족의 현재를 연구하는 것인데, 우리 민족의 과거와 현재를 명백히 연구함으로써 우리는 비로소 자신을 충분히 인식할 수 있다."[36] 여기서 말하는 "우리 민족의 과거" "우리 민족의 현재" "우리 공통의 신앙"은 언제나 공통으로 향유될 수 있는 것은 아니다. 그래서 똑같이 주변의 역사와 문화를 연구하더라도 유럽·일본인의 "안中"과 "밖外"은 우리의 그것과 다르다. 만약 그들이 관심을 쏟는 대상이 "주변"이라면 우리가 관심을 두는 곳은 "중국"이다.

동아시아, 중앙아시아, 서아시아, 남아시아에 주목하는 것은 100여 년 전 구미, 일본 학계의 유행이었을 것이다. 민족국가를 넘어서서 국경에 의존하지 않는 지역을 연구 공간으로 삼는 것은 현재의 연구 경향이다. 그렇지만 이론이라는 것이 오래 묵을수록 좋은 것은 아니라 해도, 새로울수록 잘 팔리는 것도 결코 아니다. "역사적 중국"을 문명·전통적 의미를 지닌 공간으로 여기면서, 주변(일본·한국·베트남·인도·아랍·티베트·몽고 등)을 "타자"로 삼는 새로운 참조 체계를 다시 세움으로써 역사적 의미를 지닌 문화적 중국을 인식한다면, 전통에 대한 문화·역사적 연구가 일체감의 의미를 확립할 수 있을 뿐만 아니라, 사람들로 하여금 과거의 변동했던 역사적 중국과 현실의 정치적 중국을 분명하게 구분하도록 할 수 있을 것이다. 동시에 우리는 "주변"의 반응으로부터 역사·문화·전통이 끊임없이 변화했던 "역사적 중국"을 관찰할 수도 있다. 사실 그러한 관찰은 "현실의 중국" 그 자체를 새롭게 인식하려는 시도이기도 하다. 내가 앞에서 말했던 것처럼, 현재는 "다면 거울이 필요한 시대"일지도 모른다. 주변의 각 지역은 오랜 기간 중국이라는 "방대한 타자"에 대해 서로 다르게 인식하고 있었기 때문에 그런 제반 인식은 바로 미세한 부분을 간파하도록 하고 중국을 더욱 정확하게 인식하게끔 하는 거울이 될 수 있다. 중국과 밀접하게 접촉했으며 "동질"적이었던 이들 문명체와 비교해보면, "이질"성이 매우 강했던 "서양"은 한 면만 있는 흐릿하고 모호한 청동거울이라 할 수 있을 것이다. 비록 그것을 통해 중국 문화의 전체적 윤곽을 볼 수는 있겠지만, 아무래도 세부의 구체적 중국 문화를 분명히 볼 수는 없을 것이다.

3. 교착의 문화사: 선을 그어놓고 그 안에만 갇히면 안 된다

관심을 중심에 두고 "중국의" 문화와 역사를 연구의 주요 영역으로 삼으려 시도하는 것은, 결코 선을 그어놓고 그 안에만 갇히는 식으로 시선을 전통 중국의 자아 인식에만 집중하는 것이 아니다. 중국의 문학·사학계는 중국 및 주변의 각 문명체가 문학·종교·예술 분야에서 상호작용했던 것을 연구하는 것이 필요하다. 과거 비교종교학의 창시자였던 막스 뮐러F. Max Müller는 "하나만 아는 것은 아무것도 모르는 것이다"라는 괴테의 명언 한 구절을 인용한 적이 있는데, 이 구절은 우리에게도 영원히 필요할 잠언이 될 것이다. 중국의 학자로서 "주변으로부터 중국을 관찰하는 것"이 우리의 연구 중심이라 할지라도, 피차간의 교착에도 마찬가지로 관심을 기울여야 한다. 옛날 어떤 선사禪師는 이런 말을 했다. "물결 하나가 움직이자마자 물결 수만 개가 잇따른다." 근세 중국과 주변의 관계 역시 그러했다. 피차간의 접촉, 교착, 영향을 변환시켜, 단순하고도 융통성 없는 "소는 말보다 크고, 말은 양보다 크며, 양은 고양이보다 크다"는 식의 비교로 만들어버리는 것은 우리가 바라지 않는 바다. 대신 문학·종교·학술·예술·언어상의 구체적 접촉사를 통하여 이 문화적 대연쇄가 대체 어떻게 하나하나 단단히 연결되면서 접하게 되었는지 파악할 수 있기를 바란다.

1940년 미야자키 이치사다는 「동양의 르네상스와 서양의 르네상스」라는 글에서 다음과 같은 가설을 제시한 적이 있다. 곧 15~16세기의 유럽에는 성모 마리아를 그린 형상이 매우 많은데, 프랑스 샹티이의 콩데 미술관에 소장된 15세기의 성모상, 앙게랑 샤롱통과 장 페레알의 성모상 등은 관음보살의 형상으로부터 영향을 받았을 가능성이 높다는 것이다. 예를 들면, 그들의 성모상의 얼굴은 수박형의 긴 타원형이고 손은 합장하는 동작을 취하고 있다. 그 후 관음과 성모의 형성이 그렇게 비슷해졌던 까닭을 지적한 사람이 있었다. 그에 따르면 일본 나가사키의 천주교도들이 핍박을 받아 비밀리에 신앙생활을 한 이후, 중국의 취안저우泉州에서 제작된 관세음상 도자기, 특히 동자童子가 관세음상에게 절하는 도자기를 입수해서 그것으로 성모 마리아의 동상을 대체했고, 그렇게 하면서도 일본의 천주교도들의 마음속에는 여전히 천주天主를 향한 숭배감이 있었다고 한다.[37] 또한 1943년 팡하오方豪 선생이 글을 하나 써서, "십자가 밟기"라는 것은 일본이 천주교 신앙을 금지·억압했을 때 썼던 "후미에踏繪"에서 유래한 것인데, 이것이 옹정雍正 이후의 청나라에 영향을 주었고, 중국 정부는 그 방식을 써서 중국의 천주교 신도들을 검증해냈다고 주장했다.[38] 이 두 가지 예에서 "성모 형상"과 "후미에식 검증"이 흥미로운 문화사적 연관 관계를 관통하고 있음을 알 수 있다.

사실 근세의 중국과 주변에서는, 지식·사상·신앙이 서로 관련을 맺으면서 혹은 분명하거나 혹은 그렇지 않은 커다란 연관 관계를 형성했던 예가 매우 많다. 세 가지 예를 들어보자. 첫 번째 예는 종교사 및 예술사와 관련된 것으로서 명대의 국가 제전祭典, 특히 문묘에서 공자를 제사지낼 때 쓰였던 음악과 무용이다. 벨기에 학자 니콜라스 스탠대에트Nicolas Standaert에 따르면, 만력 연간의 왕족이었던 주재육朱載堉은 『악률전서樂律全書』에서 이들 음악과 무용에 대해 창조력 넘치는 해설과 수정을 가했는데, 비록 그의 의견이 국가의 제전에서 실현되지는 못했지만 그의 책은 멀리 유럽에까지 전해졌다고 한다. 이는 그의 책이 예수회 선교사였던 프랑스인 조세프

마리 아미오(1718~1793)의 눈길을 끌었기 때문이다. 그는 『중국의 역사, 과학, 예술, 풍속, 관례에 관한 비망록Mémoires concernant l'histoire, les sciences, les arts, les moeurs, les usages, etc. des Chinois』(파리: 니옹, 1780)이라는 자신의 저서에서 주재육의 무용도를 최초로 수록했을 뿐만 아니라, 총 면수가 1400쪽을 넘어서는 주재육의 무용도 그림을 유럽에 보냈다.[39] 그렇듯 질서정연하고 규모가 방대한 국가의 음악과 무용, 그리고 그 이면의 유가적 함의가 유럽에 어떤 영향을 주었는지 연구될 필요가 있다. 그뿐만이 아니었다. 마찬가지로 만력 연간, 문묘에서 유가의 창시자인 공자를 제사지내기 위해 필요한 음악과 무용을 마련하고자 국가는 천주교의 저명한 학자인 이지조(1565~1630)에게 그것을 개정해줄 것을 의뢰했다. 이지조는 자신의 『반궁예악소泮宮禮樂疏』(1618, 1619) 전반부에서 향교鄕校(곧 반궁泮宮[40]) 내의 성사聖祠를 논할 때, 제기祭器에 대해서는 물론 제사에 쓰이는 음악과 노래를 다 기록해두었는데, 그 가운데는 세 항목에 걸쳐 대하무大夏舞[41]를 기록한 부분이 있고 각 항목에는 모두 32개의 자세가 그려져 있었다. 그런데 더욱 흥미로운 사실은, 명나라가 멸망한 이후인 1672년 일본으로 망명했던 경건한 유학자 주순수朱舜水(1600~1682)가 이지조의 『반궁예악소』에 바탕을 두고서, 미토코水戶번 도쿠가와 가문을 위해 공자 제사 시 필요한 전례典禮를 제정해주었고, 이것이 이후 일본에서 공자를 제사지낼 때 사용된 음악과 무용의 기본 형식이 되었다는 것이다.[42] 음악과 무용이 전파되던 과정으로부터, 문화 접촉 시에 일어나는 "동산에서 종소리가 울리면 서산에서 경쇠 소리가 응하는東山鍾鳴, 西山磬應" 현상을 볼 수 있다.

두 번째 예는 조선 천주교 선교사와 정치사에 관련된 것이다. 18세기 말에서 19세기 초에 걸쳐 조선에는, 베이징의 서양인 선교사 알렉산더 구에바로부터 세례를 받아 종교서적, 십자가, 천주교 회화를 갖고 귀국해서 양반 계층에서 선교활동을 시작했던 이승훈과 같은 인물도 있었지만, 또 다른 중요한 종교적 지도자로서 중국 쑤저우蘇州 출신의 주문모周文謨(Jacques Vellozo)도 있었다. 그는 구에바의 명령을 받아 "국경에서 만날 약속을 한 다음 마부로 변장해서, 낮에는 숨고 밤에는 걸어가 사람들에 섞여 수도로 들어온 뒤 수년간 숨어 있으면서 천주교도들의 우두머리가 되었다"[43]고 하며, 게다가 고위 정치권에 들어가서 정조대왕의 이복동생인 은언군恩彥君의 아들 상계군常溪君의 부인 송씨宋氏와 그 며느리 신씨申氏에게 선교하여 송씨가 천주교를 깊이 믿게 되었고, 송씨는 이후 1849년 즉위한 철종哲宗의 조모가 되었다. 이런 활동 속에서 그는 천주교의 조선 선교를 국제적 정치활동으로 변모시켰고,[44] 아울러 서양·청나라·조선과 관계를 맺으면서 그 뒤 엄청난 영향을 끼쳤던 "신유대교난辛酉大教難"을 일으키는 계기를 제공하기도 했다. 나중에 이 사건은 가경 10년(1805) 청나라가 천주교 선교를 엄격히 금지하는 명령을 반포하는 데 간접적으로 영향을 끼쳤다.

세 번째 예는 청나라에 왔던 조선의 하세사賀歲使(신년 인사 사절)와 일본 통신사들이 남긴 자료다. 명나라를 대신해 들어선 청나라의 문화와 정치를 조선인들은 대체 어떻게 봤을까? 일본 도쿠가와 시대의 문화를 접하고서 조선인들은 대체 어떤 태도를 취했을까? 정치·문화적으로 점차 강성해지던 일본인은 중화문화의 발원지인 중국과 그 중개지인 조선에 대해 어떤 태도를 취했을까? 그 수가 몇백을 헤아리는 현존하는 『연행록』과 관련 시문집을 보면, 조선인들이 명나라에 대해 지녔던 감정, 전통적 중화문명에 대한 존경과 주자학설의 고수, 청나라에 대한 그들의 경멸과 실망으로 인해 조선 주자학설의 지속과 고수가 이뤄졌다는 것을 우리는 파악할 수 있다. 또한 조선통신사들의 일기와 시문을 통해서, 그들이 일본과 접했을 때 비록 정치적으로는 일본의 야욕에 대해 상당히 긴장하고 불안을 느꼈지만, 문화적으로는 "중화문명"의 대변인으로 자임하면서 일본에 대해 근거 없는 자부심을 갖고 오만한 태도를 취했음을 또한 알 수 있다. 그렇다면 일본인은 어땠을까? 현존하는 많은 『당풍설서唐風說書』(중국의 풍문에 관한 기록)와 당통사의 자료를 통해서 우리는 다음과 같은 사실을 알 수 있다. 나가사키라는 통상 창구를 통해서, 나가사키에 많이 왔던 청나라 상인들에 대한 심문과 조사를 통해서, 그리고 각종 중국 선박이 갖고 들어온 서적을 통해서, 일본인들은 중국의 정치·경제·군사·문화적 상황에 대해 상당히 많은 것을 알고 있었고, 이로 인해 정치·문화적으로 당시의 청나라에 대해 점차 편견과 경멸감을 갖게 되었는데 그런 편견과 경멸감은 근세에 이르기까지 지속되었다.[45]

오랜 기간 우리의 문학, 사학, 철학의 각 학과는 "철로의 경찰은 각자 한 구역만 관할한다"는 식으로 각각 선을 그리고 그 안에만 안주하면서 각자의 경계와 보루를 형성했고, 더 나아가 중국과 외국의 연구 사이에 경계선을 그었기 때문에 마치 국경선이 있는 것처럼 되었다. 곧, 여권을 만들어서 비자를 받지 못하면 절대로 국경 밖으로 나갈 수 없도록 했기 때문에 우리의 연구 시야는 상당한 제약을 받았다. 그렇지만 설사 엄격한 해금海禁[46]이 실시되었던 시기라 할지라도 옛날부터, 특히 근세에 들어서 중국과 주변 사이의 피아간의 왕래는 매우 많았다. 문학, 종교, 학술, 예술에는 결코 여권과 비자가 필요 없었고, 그것들은 스스로 국경을 벗어나 교착의 풍경을 만들어낼 수 있었다. 오직 유의해야 할 점은 이렇다. 문화의 흐름이 제방을 가득 채운 다음 넘쳐서 각 지역으로 흘러들어갈 때, 지세의 고저와 기복의 변화에 따라 흐름이 바뀌기도 하고 유속이 빨라지거나 느려지기도 하면서, 어느 때는 큰 호수를 만들고 어느 때는 급류로 변하기도 한다는 것이다. 곧 외면상 동일한 종교, 사상, 학술, 예술이라 할지라도 서로 다른 지역에서 뿌리를 내리면 원래의 것과 다른 열매를 맺을 수 있다. 따라서 각 지역의 풍토 및 그곳에 적합한지의 여부를 전체적으로 살펴봐야 한다. 예를 들어 같은 정주 이학이라 할지라도, 그것이 청나라에서는 고증학의 도전과 과거제도의 비호를 받자 지적 권위를 잃어버리고 사상적 생명력을 잃어버리면서 점차 경직된 도그마와 허위의 가면으로 변화해갈 때, 조선에서는 사대부들이 진정으로 그리고 굳건하게 이학을 지키고 있었다. 왜 그랬을까? 대답은 매우 간단하다. 당시 조선에는 "양반 제도"가 있었기 때문이다. 곧, 조선인들 가운데서 명문세가의 자제들만이 과거제도에 참가할 권리를 갖고 있었고, 바로 그 점으로 인해 그다지 변동이 크지 않은 특권계층이 형성될 수 있었다. 또한 특권계층의 자존심과 자부심으로 인해 그들은 자신의 문화와 경험에 속하는 것으로 간주되는 것을 굳건히 고수했고, 이학은 바로 그들이 인정하는 순정純正의 정통적인 학문이었다.

그렇지만 도쿠가와 시대 일본은 일본 학자 와타나베 히로시가 설명했다시피, 과거제도가 없어서 사인士人들은 학문에만 의존해서 안심입명할 수 없었기 때문에 이학은 결코 절대적·보편적 의식 형태가 될 수 없었다고 한다. 또한 후지와라 세이카藤原惺窩와 하야시 나잔 등이 이학을 제창하여 그것이 도쿠가와 시대의 상층 사상이 되기는 했지만, 일본 자체의 민중 문화에는 그처럼 일상의 도덕과 윤리적 질서를 중시하는 전통이 없었기 때문에 생활세계로 침투해 들어갈 힘은 없었다고 한다.[47] 똑같은 주자학설이었지만 세 가지 서로 다른 문화적 배경 속에서 그 운명도 이렇게 달랐던 것이다. 그러므로 나는 사상사 이론가인 스키너Quentin Skinner의 설에 적극 동의한다. 그에 따르면, 따져야 할 것은 추상이라는 허공 속에 걸어놓은 것이 아니라 현실적 맥락에 놓여 있는 사상ideas in context이다.[48] 각각의 맥락, 곧 풍속, 관념, 조직, 종교 등의 생활세계는 서로 다르기 때문에 전래된 문학·종교·예술·학술 역시 뚜렷이 다른 면모를 갖게 된다.

4. 맺는 말

2000년 가을 유럽을 방문했을 때, 네덜란드 레이던대학의 중국학연구소에서 일련의 자료를 관람한 적이 있다. 과거 네덜란드인들이 일본의 나가사키에서 그렸던 각종 도상과 일본 개국 시기의 도상 자료들이었다. 아울러 그 작업을 주관하는 저명한 학자 에리히 쥐르허르Erich Zürcher 교수와 이야기를 나눴다. 나는 이 경험에서 깊은 인상을 받아 미국 스탠퍼드대학 후버연구센터에 있는 중국 근현대 문헌 소장물을 떠올리게 되었고, 일본 도쿄대학의 사료편찬처와 동양문화연구소에 소장된 중국 회화 자료 보관소를 떠올리게 되었다. 문학과 사학의 연구 영역에서, 어떤 의미 있는 연구든 결국 새로운 자료의 발견으로부터 시작된다는 것을 우리는 잘 알고 있다. 중국의 경우 최근 십 몇 년간 마왕퇴, 장가산張家山(湖北省 江陵), 곽점郭店, 상박上博(상하이박물관), 주마루走馬樓(湖南省 長沙)에서 리야里耶(湖南省 武陵山)와 현천치懸泉置(간쑤 성 둔황 시와 과저우 현 사이)의 전국시대·진나라·한나라의 죽간에 이르기까지 수많은 자료가 발굴되고 있고, 계속해서 발견되는 석각石刻 자료의 수집이 이뤄지고 있다. 또한 연구 시야의 변화 이후 날이 갈수록 중요성을 더해가는 민중의 일상생활 자료가 도입되고 있고, 장래에는 중국에 관한 "주변"의 역사적 자료가 연구될 것이다. 자료는 마치 건물의 기초와 같다. 튼튼한 기초가 없다면 사상누각과 같을 것이다. 나는 자료 보관소를 건설할 때 중국의 문학·사학 연구 기관이 노력해야 할 일이 몇 가지 있다고 생각한다. 첫째, 새로운 문헌자료를 가능한 한 수집하고 보존해야 하는데 이것은 "흐름에 참여"하기 위한 기초적 조건이다. 둘째, 문학과 사학을 연구할 때의 자료는 전통적 경전에만 국한되어서는 안 되고 민간 자료도 포함해야 한다. 또한 문자로 된 문헌에만 국한되어서는 안 되고 도상이나 영상도 포함해야 한다. 마지막으로 중국의 자료에만 국한되면 안 되고 외국의 자료도 포함해야 한다. 이것은 "문학·사학 연구의 시야를 넓히기" 위한 필수 조건이다. 셋째, 자신만의 특색 있는 자료보관소를 세워야 한다. 왜냐하면 세상에 문헌 자료는 무척 많은데 그 모든 것을 포괄할 연구센터는 없기 때문이다.

우리가 새로운 자료를 지닌 다음 만약 새로운 방법을 갖게 된다면, 이런 새로운 자료는 과거에는 생각도 할 수 없었던 새로운 수많은 문제를 우리에게 던질 것이다. 이런 문제들이 미래에 실증되든 아니면 진위가 가려지든 간에, 그것들은 학문 연구의 전범典範상에서 새로운 변화를 이끌어낼 것이다. 예를 들어 갑골문이 발견되자, 왕궈웨이의 「선공선왕고先公先王考」가 제시한 고증과 풀이를 거쳐, 지하의 자료와 현존의 문헌을 상호 검증하는 이중증거법이 형성되었다.[49] 둔황 선종 문헌 발견의 경우 후스의 「하택대사 신회전荷澤大師神會傳」의 규명을 거쳐, "권위적 인물에 가탁하여 자기 지위를 높이는攀龍附鳳" 식의 선종 내 문헌에 대한 회의적 태도가 형성되었고, 또한 제자들에 의해 날조된 전등傳燈 계보의 가면이 벗겨졌다. 새로운 자료는 새로운 방법이 필요하도록 자극하고, 새로운 방법은 다시 새로운 전범의 성립을 이끌어낸다. 이것은 필연적인 것이자 가장 쉽게 출현할 수 있는 학문의 새로운 변화다.

끝으로 나는 현대 중국의 학술사를 회고해보고자 한다. 1902년 량치차오가 썼던 「새로운 사학新史學」과 「중국 학술사조 변천의 대세를 논함論中國學術思潮變遷之大勢」이 중국의 전통적 역사학과는 다른 저작으로 새로운 연구 전범의 시작을 선언했을 때, 이 글들이 주로 의존했던 근원은 서양과 동양의 근대 역사학이 그에게 준 깨달음이었다.[50] 또한 1919년 후스가 쓴 『중국철학사 대강』 상권이 중국철학 연구의 "개산開山"으로서 새로운 전범이 되었을 때, 역시 그 책이 주로 이용했던 것은 서양철학 연구 모델이었다.[51] 그들이 새로운 전범을 세울 수 있었던 까닭은, 한편으로는 청말 민국 초 중국 학문의 대변화 시기라는 특수한 조건 때문이었다. 곧, 전통적 문학·사학 연구가 외래의 새로운 관념과 방법의 충격을 받아 거대한 방향 전환을 일으키고 있었는데, 량치차오와 후스가 마침 이때를 만나면서 곧바로 학문 조류의 최선두에 서게 되었던 것이다. 그렇지만 다른 한편으로는, 당시 중국에는 중국 고유의 학문적 단서와 문화적 해석을 통해 민족의 자신감을 확립할 계기가 필요했는데, 량치차오와 후스가 이런 추세에 순응했던 것이다. 그리하여 그들의 연구는 외견상으로는 학문적 연구처럼 보일지 몰라도 그 두 사람은 민족국가를 재수립해야 한다는 주류 속에 뛰어들었던 것이다.[52] 우리에게는 지금 그와 같은 시대적 기회와 국제적 조류가 있는가? 나는 감히 근거 없는 예언은 하지 못하겠다. 앞에서 내가 말했던 것처럼, 후대의 학자들이 모방할 수 있는 전범이 된 진정한 학문적 성취는 4대 발견이 일어난 이후인 1920년대에서 1930년대에 걸쳐 이뤄졌다. 바로 칭화대학교 연구원과 역사언어연구소가 은나라와 상나라의 갑골문으로 상고사를 연구하고, 한대의 죽간과 둔황의 문헌으로 중세사를 연구하며, 대내당안으로 근세사를 연구하면서 새로운 사료를 추적하고 새로운 영역을 개척하기 시작했다. 아울러 문학·역사 연구에 필요한 도구와 자료의 측면에서, 문학·사학 연구의 시야에서, 그리고 문학·사학 연구의 방법적 측면에서 그 두 기관은 '옛것 중 쓸모없는 것은 버리고 좋은 것은 찾아내서 발전시키려推陳出新' 노력했다. 이런 "새로운" 자료와 "새로운" 방법, "새로운 전범", 그리고 그들이 새로운 세계를 접함에 따라 나타난 새로운 문제로 인해, 중국의 문학·사학 연구는 새로운 국면을 맞게 되었다. 앞에서 보았던 대로 천인커는 「천위안의 『둔황겁여록』 서문」에서 이렇게 말했다. "한 시대의 학문에는 반드시 새로운 재료와 새로운 문제가 있다. 이런 재료를 취해서 문제를 연구한다면 이 시대 학문의 새로운 조류가 될 것이다. 학문을 하는 사람들은 이런 새로운 조류에 참여할 수 있어야 하는데, 그것을 '흐름에 참여하는 것'이라고 한다. 아직 참여하지 못한 자는 아직 흐름에 들어가지 못한 것이다." 바로 "흐름에 참여했기" 때문에 위의 두 연구기관은 중국 학계, 심지어 국제 학계로부터 주목을 받는 중심이 될 수 있었다.

거의 70년이 지났다. 칭화대학교 연구원은 이미 역사의 일부가 되었다. 비록 학술사에 열심인 사람들은 늘 칭화대학교 연구원을 들고 나오지만, 그것은 현대의 학문 체제를 비판하기 위한 표본의 역할만 하고 있을 뿐이며, 칭화대학교의 4대 스승(량치차오, 천인커, 왕궈웨이, 자오위안런) 역시 요원하여 도달할 수 없는 학술사의 뒷그림자처럼 여겨질 뿐이다. 또한 중앙연구원 역사언어연구소는 타이베이로 옮겨갔고, 중국의 전통 문학과 역사를 연구하는 학술단체도 점차 축소되어가고 있다. 그렇다면 현재 중국 대륙의 문학·사학계는 이처럼 국제·국내적 정세가 점차 복잡해져가는 배경 아래에서 새롭게 출발할 수 있을 것인가? 다시 말해서 전통적 중국 문학과 역사에 대해 새로운 연구를 하여 새로운 "국제 학술 조류"의 참여자가 될 뿐 아니라, 중국 문학·사학에 대해 새로운 해석 방식을 제시할 만한 연구 기지가 될 수 있을 것인가?

후기

이 후기에서는 필요한 설명과 함께 감사의 마음을 담고자 한다.

이 책의 각 장 대부분은 단편 논문의 방식으로 여러 간행물에 발표되었던 것들이다. 그 가운데 가장 이른 것은 2002년 초에 쓰인 「상상한 것과 실제하는 것: 누가 "아시아"에 일체감을 가졌던가?」이며, 가장 늦은 것은 2009년 말에 완성된 「국경은 어디인가?」이다. 그러므로 전후의 차이가 거의 8년에 걸쳐 있다. 그중 「실마리 글: "중국" 관련 역사 서술의 재정립」은 축약판으로서 『21세기』 2005년 8월 호(총 제90기, 홍콩 중문대학)에 실린 적이 있고, 제1장 「송대에서 "중국" 의식의 출현」은 『문사철文史哲』 2004년 제1기에 실렸으며, 제2장 「산해경山海經, 직공도職貢圖, 그리고 여행 기록 속의 이역에 대한 기억」은 『명대문학과 사상 속의 주체의식明代文學與思想中的主體意識』(臺灣 中研院 文哲所, 2003)에 실렸다. 제3장 「사상사로서의 고여도古輿圖」는 내가 수년간 사상사의 관점에서 옛 지도를 연구했던 것을 종합한 논문으로서, 『동아시아 역사상의 천하와 중국의 관념東亞歷史上的天下與中國觀念』(臺大出版中心, 2007)에 발표되었다. 그리고 부록 「수수께끼의 옛 지도」

는 주석만 모두 뺀 채로 2008년 7월 31일의 『남방주말南方周末』 "문화판"에 발표되었다. 제4장 「동양과 서양, 혹은 동양과 동양」은 『구주학림九州學林』(홍콩 城市大學 출판사, 2005) 제3권 제2기에 출판되었고, 제5장, 곧 앞에서 언급했던 「상상한 것과 실재하는 것: 누가 "아시아"에 일체감을 가졌던가?」는 『대만대 역사학보臺大歷史學報』 제30기에 발표되었다. 제6장 「국가와 역사의 사이」는 『중국사회과학』 2009년 제5기에 발표되었으며, 제7장 「국경은 어디인가?」는 가장 늦게 작성된 것으로서 『푸단학보復旦學報』 2010년 제3기에 실렸다. 제8장 「"서역"에서 "황해"로」는 학술회의에서 발표했던 글인데 이미 『문사철』 2010년 제1기로 출간되었다. 가장 마지막 편인 「맺는 말: 흐름에 참여하기, 입장, 방법」은 원래 내가 푸단대학 문사연구원 성립 기념식에 맞추어 썼던 보고서로서, 그 축약본은 『푸단학보』 2007년 제2기에 발표되었다. 내 논문을 발표하도록 허락해준 이들 학술간행물에 감사를 표하며, 이들 논문을 편집하여 책을 내도록 허락해준 분들에 대해서도 감사의 마음을 전하고자 한다. 더 설명이 필요한 점은, 원래 각 장은 단편 논문의 형식에 따라 학술간행물에서 발표되었기 때문에, 각 편 사이에는 중복과 겹치는 부분, 상응하지 않는 부분이 있을 수밖에 없다는 사실이다. 그래서 나는 이 책을 편집하면서 가능한 한 정리하고 보충하고 축약하고자 했는데, 원래의 글과 다소간 차이가 있을지 모르겠다.

여기서 친구와 동료들에게 감사의 마음을 표해야 겠다. 이 책을 쓰는 과정에서 학계의 수많은 사우로부터 깨달음을 얻었다. 위잉스 선생, 린위성 선생, 장하오 선생, 그리고 이미 작고한 왕위안화 선생 등의 선배들뿐 아니라 동년배 학자들로 베이징대학의 뤄즈톈 교수, 푸단대학의 저우전허 교수, 대만대학의 구웨이잉 교수와 간화이전 교수, 일본 도쿄대학의 와타나베 히로시 교수, 스에키 후미히코 교수, 하네다 마사시 교수, 오자키 후미아키 교수,

교토대학의 후마 스스무 교수, 히라타 쇼지 교수, 스기야마 마사아키 교수, 홍콩 시티대학의 장룽시, 정페이카이 교수, 대만 중앙연구원의 왕판썬, 싱이텐, 리샤오티 교수, 미국 프린스턴대학의 벤저민 엘먼 교수가 있다. 요 몇 년간 여러 젊은 벗의 도움도 받았다. 그들은 쑨웨이궈, 양쥔펑, 린원러우, 쓰치야 다이스케이다. 특히 푸단대학의 장자는 인용 자료의 편집과 같은 일을 나 대신 힘겹게 해주었다.

마지막으로 다이옌에게 고맙다는 말을 하고 싶다. 그녀와 매일 이야기하던 중 나의 거의 모든 생각이 형성되었고 확정되었다. 동학이자 동료로서 그녀의 논평과 의견은 내게 매우 중요했으며, 게다가 언제나 신념을 주었다.

거자오광

2010년 4월 프린스턴대학에서

주註

자서自序 / 실마리 글-"중국" 관련 역사 서술의 재정립

1 〔역자 주〕『荀子』「非十二子」, "然而其持之有故, 其言之成理."

2 『詩經』, "定之方中."

3 『古文尙書』, "允執闕中."

4 "無處非中." 예수회 중국 선교사였던 지울리오 알레니Giulio Aleni(1582~1649)의 말.

5 "亦中亦西."(조선 연행사의 말)

6 『想像的和實際的: 誰認同亞洲?—關于晩淸至民初日本與中國的"亞洲主義"言說』(이 책에 수록되어 있는데, 그 장은 이 책 중 가장 빨리 완성되었다.)

7 스티븐 에이버릴Stephen Averill, 『중국과 "비서구" 세계의 역사 연구에 있어 새로운 추세中國與"非西方"世界的歷史研究之若干新趨勢』, 우저吳喆 · 쑨후이민孫慧敏 역, 『신사학新史學』(臺北: 2000) 第11卷 第3期, 173쪽.

8 〔역자 주〕 장염張炎(1248~1320): 자字는 숙하叔夏, 호는 옥전玉田 또는 악소옹樂笑翁이라고 함. 장염은 남송南宋대의 유명한 격률파格律派 사인詞人으로서, 수많은 사詞를 남겼고 또 사학詞學 연구에도 매진하여 『사원詞源』, 『산중백운사山中白雲詞』 등의 작품을 남겼다.

9 〔역자 주〕 오문영吳文英(1200~1260): 자는 군특君特이고 호는 몽창夢窗 또는 각옹覺翁이다. 저장 성 명주明州 출신이다. 300여 수의 사詞가 담긴 『몽창사집夢窗詞集』을 남겼다.

10 〔역자 주〕 장염, 『사원』 하권, "吳夢窗詞, 如七寶樓臺, 眩人眼目, 碎拆下來, 不成片段." 오문영은 사詞의 격률과 형식을 중시하는 사법詞法을 창시했지만, 이것은 특히 어휘의 함축을 중시한다. 그렇지만 그 함축이 과도할 경우 자칫 이해하기 힘든 사가 될 수 있다는 문제점이 있었다. 장염은 바로 그런 문제점을 비판하고 있다.

11 미셸 푸코, 『권력의 지리학Power/knowledge: Selected Interviews and other

Writings, 1972~1977』, 중국어 번역본은 『권력의 눈權力的眼睛』(上海: 上海人民出版社, 1997)을 볼 것. *한국어 번역본은 홍성민 역, 『권력과 지식: 미셸 푸코와의 대담』, 서울: 나남출판, 1995를 참고할 것.

12 현대 중국의 정치적 종속 공간을 옛 중국으로 여겨 역사를 연구하는 중국 대륙 학술계의 습관이 일련의 문제를 일으킬 수 있다는 점은 인정되어야 한다.

13 프라센짓 두아라Prasenjit Duara, 『민족국가에서 역사를 구원하기—민족주의 담론과 중국 현대사 연구從民族國家拯救歷史—民族主義話語與中國現代史研究, Rescuing History from the Nation, Questioning Narratives of Modern China』(중국어 번역본은 王憲明, 北京: 社會科學文獻出版社, 2003).

14 Robert Hartwell, "Demographic, Political and Social Transformation of China 750~1550"; *HJAS*, 42(1982), pp.355~442; 이런 연구 방향의 형성과 변화에 대한 논의는 천자슈陳家秀, 『지역연구와 사회경제사의 관련—송대의 성도城都와 부로府路를 중심으로 區域研究與社會經濟史之關聯—探討宋代城都府路』 제4장 「새로운 시야, 새로운 각도—송대 지역 연구」(臺北: 臺灣大學 歷史研究所 박사논문, 1993), 46~73쪽을 참조할 것.

15 스키너의 「19세기 중국의 지역 도시화」를 참조할 것. 그는 이렇게 지적한다. "제국 시기에 지역 간 차이는 천부의 자원과 잠재력의 측면에서 표현될 뿐만 아니라 발전 과정이 처한 시간과 속성의 측면에서도 표현된다." 여기서 말하는 "발전 과정이 처한 시간과 속성"은 통상적인 "사회적 단계"와 비교적 유사하다. 그는 제국 시기 중국을 아홉 개 지역으로 나누고 있는데, 서로 다른 지역은 각각 서로 다른 발전 단계에 처해 있기 때문에 하나의 "중국"으로 묘사할 수는 없다는 점을 암시하는 것이 분명하다. 이 부분은 스키너가 편집한 『중화제국 후기의 도시中華帝國晚期的城市』(叶光庭 등 역, 北京: 中華書局, 2000) 제1편, 242~252쪽을 볼 것. * 원서 명은 *The City in late imperial China*.

16 Peter K. Bol, "The Multiple Layers of the Local: A Geographical Approach to Defining the Local," 제9차 "21세기 중화 문명의 새로운 의미 학술토론회 논문집中華文明的二十一世紀新意義學術研討會論文集"(上海: 復旦大學歷史系, 2004년 4월 8일)

17 오카 모도시岡元司, 「송대의 지역사회와 지知—학제적 시점에서 본 과제宋代の地域社會と知—學際的視點からみた課題」, 이하라 히로시伊原弘·고지마 쓰요시小島毅 편, 『지식인의 여러 모습—중국 송대를 기점으로 삼아知識人の諸相—中國宋代を基点として』(東京: 勉誠出版社, 2001).

18 고지마 쓰요시小島毅, 「지역으로부터 본 사상사地域からの思想史」, 미조구치 유조溝口雄三 등 편, 『교착하는 아시아交錯するアジア』, 『아시아로부터 생각한다アジアから考える』

1(東京: 東京大學出版會, 1993)

19 2005년 1월, 필자가 도쿄대학을 방문했을 때, 고지마 쓰요시 교수는 내게 학제간 연구 계획안인 「동아시아의 해역 교류와 일본 전통문화의 형성」을 보여주었는데, 그 계획안은 도쿄의 중국학과 일본학의 주요 연구자들을 상당수 포괄하고 있었다. 비록 그렇다 하더라도 제목 가운데에는 "동아시아"와 "일본"이라는 용어가 있어, 닝보寧波를 초점으로 연구가 전개되리라는 것을 알 수 있었다. 그런 지역 투사식의 연구는 이미 활황을 이루고 있었다. 고지마 쓰요시 등의 「동아시아의 해역 교류와 일본 전통문화의 형성—닝보를 초점으로 삼아 학제간 연구를 시작함」(일본 문부성 과학연구비 2007년도 특정 영역 연구신청서, 2004년 11월(未刊))을 참조할 것. 또한 이참에 한마디 덧붙이자면, 이렇듯 공간의 범위에 주의를 기울이는 연구 시각은 벤저민 엘먼의 저서에서도 잘 나타난다. 그는 청대 고거학考據學이 "강남 학술 공동체"에 불과한 것인가 하는 의문을 던진다. 엘먼, 『이학에서 박학으로從理學到朴學』(趙剛中 역, 南京: 江蘇人民出版社, 1995.) * 한국어 번역본은 양휘웅 역, 『성리학에서 고증학으로』, 서울: 예문서원, 2004.

20 하마시타 다케시濱下武志는 『근대 중국의 국제적 계기—조공무역 체계와 근대 동아시아 경제권近代中國的國際契機—朝貢貿易體系與近代亞洲經濟圈』(중국어 번역본은 朱蔭貴 등 역, 北京: 中國社會科學出版社, 1999)의 중국어판 서문에서 이렇게 말한다. 곧 과거의 연구는 통상 "국가 및 국가 간 상호 작용으로 조직된 국제관계를 바탕삼아 근대사의 전제와 틀을 분석했다. (…) 그러나 '국가'와 '국제' 사이에는 '지역권'이라고 할 만한 영역이 있어 '국가'나 '국제'라는 틀에 수용되기 힘들다. 그렇다면 역사 서술의 단위는 국가와 국제 사이에 있는 '지역'과 '아시아'가 되어야 한다."(6쪽)

21 이 책 제5장 「상상과 실제: 누가 "아시아"에 일체감을 가졌던가?」를 참조할 것.

22 이 책 제7장 「국경은 어디에 있는가?」를 참조할 것. 또한 쌍빙桑兵, 『국학과 한학國學與漢學』 제1장, 「오랑캐 편향과 본토의 반응」(杭州: 浙江人民出版社, 1999)을 참조할 것.

23 야노 진이치矢野仁一, 『근대 지나론近代支那論』(東京: 弘文堂書房, 1923); 고이 나오히로五井直弘의 「동양사학과 마르크스주의」도 참고할 것. 그의 『중국 고대사 논고中國古代史論稿』 제58쪽 참고(姜鎭慶·李德龍 역, 北京: 北京大學出版社, 2001). 고이 나오히로는 이렇게 말한다. 제2차 세계대전 시기 일본이 중국을 점령하자 당시 일본에는 동양사학 열풍이 일어나고 야노 진이치의 그런 논점은 점차 유행한다. 예컨대 『세계역사대계世界歷史大系』(1933~1936년, 東京: 平凡社, 26책)와 『이와나미 강좌 동양사상岩波講座東洋思潮』(1934~1936년, 東京: 岩波書店, 전 18권)은 그런 조류의 산물이다. 이 기간, 곧이어 이케우치 히로시池內宏의 『만선사 연구滿鮮史研究』(東京: 岡書院, 1933), 오카자키 후미오

岡崎文夫, 『지나사 개론支那史概說』 上(東京: 弘文堂書房, 1935), 다치바나 시라키橘樸, 『지나사회 연구支那社會研究』(東京: 日本評論社, 1936) 등이 잇달아 출간되는데 대체로 야노 진이치의 관점으로부터 영향을 받았다.

24 야노 진이치, 『대동아사의 구상大東亞史の構想』(東京: 目黑書店, 1944), 31쪽 이하. 또한 『미야자키 이치사다 선집宮崎市定自跋集』(東京: 岩波書店, 1996)의 기록을 참고할 것. 미야자키 이치사다의 기억에 따르면, 1942년 일본 문부성은 『대동아사』를 편찬하라는 명령을 하달했다. 선후로 도쿄대학의 스즈키 하야오鈴木俊, 교토대학의 야마모토 다쓰로山本達郎, 아베 다케오安部健夫, 미야자키 이치사다를 임명하면서, 이케우치 히로시와 하네다 도루를 감수자로 임명했다. 이 동아시아사의 가장 중요한 목적은, "새로운 황국사관을 기초로 삼는 새로운 사학을 수립하여, 일본 국민뿐만 아니라 대동아공영권 내 여러 민족으로 하여금 읽도록 하고, 현재까지 일본 사상계 내에 매우 깊고도 널리 퍼져 있는 독성을 씻어내는 것, 다시 말해서 서양의 음모를 기초로 삼는 사학 사상의 유폐를 씻어내는 것이다"라고 한다.(295~296쪽)

25 〔역자 주〕 "양류지"는 본래 한나라 때부터 전해오던 악곡 이름인데, 당나라 때 시인 백거이가 이 곡조에 가사를 붙여 오늘날 전해지는 「양류지」를 지었다. 이후에도 이 악곡을 기본으로 삼아 여러 사람이 가사를 붙였다.

26 메이지 이래 일본의 "아시아" 서술 분위기에 대해서는 다케우치 요시미竹內好가 편집한 『아시아주의アジア主義』(東京: 筑摩書房, "近代日本思想大系" 제9종, 1963)를 참고할 만하다. 특히 이 책의 서문인 다케우치 요시미의 「해설: 아시아주의의 전망」과 권말에 실려 있는 부록 「아시아주의 관계 연대표」가 유용하다. 1990년대에 들어선 이래, 일본의 아시아학 연구는 또 한 차례 성행한다. 필자가 당장 제시할 수 있는 자료만 예로 들어봐도, 아시아주의와 일본주의 사이의 관계로 거슬러 올라가게 된다. 1997년 고지타 야스나오小路田泰直의 『일본사의 사상: 아시아주의와 일본주의의 상극日本史の思想:アジア主義と日本主義の相克』(東京: 柏書房, 1997)은 이 문제를 직접적으로 논한다. 1996년 후루야 데쓰오古屋哲夫가 편집한 『근대 일본의 아시아 인식近代日本のアジア認識』(東京: 綠蔭書房, 1996)은 그런 시각에서 간접적으로 역사에 대해 사유한다. 1992년 아라노 야스노리荒野泰典, 이시이 마사토시石井正敏, 무라이 쇼스케村井章介가 편집한 『아시아 속의 일본사アジアのなかの日本史』(東京: 東京大學出版會, 1992), 특히 제1권 『아시아와 일본アジアと日本』의 첫머리에 있는 「간행에 즈음하여」가 그러하다. 더욱 중시할 만한 것은, 현재 중국에서도 상당한 영향력을 행사하는 일본 학자 미조구치 유조溝口雄三, 하마시타 다케시濱下武志, 히라이시 나오아키平石直昭, 미야지마 히로시宮島博史가 편집한 『아시아로부터 출발하는 사고』도 거

듭해서 1990년대 일본과 중국에서 그런 주제를 이끌어 냈다는 사실이다. 『아시아로부터 생각한다』(東京: 東京大學出版會, 전7권, 1993~1994)를 볼 것. 이 책 제5장 「상상과 실제: 누가 "아시아"에 일체감을 가졌던가?」를 참고할 것.

27 와타나베 히로시渡邊浩의 『중국과 일본인의 "일본관"』(영인본, 北京: 中國社會科學院日本研究所 주최 國際硏討會論文, 2002년 9월 7일) 참조.

28 예컨대 1672년 하야시 슌사이林春勝 부자가 편집한 『오랑캐로 뒤바뀐 중화華夷變態』와, 1669년 야마가 소코山鹿素行가 저술한 『중조사실中朝事實』은 모두 "본조本朝"를 "중국中國"으로 여겨야 한다는 것을 강조한다. 그것은 "천지자연의 추세이므로, 신들이 상생하여 성스러운 황실 가문이 연면히 이어질 것天地自然之勢, 神神相生, 聖皇連綿"이라고 한다. 모토오리 노리나가本居宣長 등이 제창한 "국학國學"에 이르면, 나라와 나라는 대치하기 마련이라는 평등하고 냉정한 입장을 확립하며, 심지어 중국을 능가해야 한다는 관념을 제시한다. 구로즈미 마코토黑住眞의 『일본사상과 그 연구—중국 인식을 둘러싸고日本思想とその研究—中國認識をめぐって』, 『중국—사회와 문화中國—社會と文化』(東京: 東京大學, 1996)에 수록.

29 하야시 슌사이(즉 鵝峰, 저명한 주자학자 하야시 나잔의 차남)가 『오랑캐로 뒤바뀐 중화』에 쓴 서문을 보면, 책 이름에 대한 풀이가 나온다. 책 이름을 그렇게 지은 까닭은 "북방 오랑캐가 중원을 횡행하는 것이 중화가 오랑캐로 바뀌는 상태"를 보여주기 때문이라고 한다. 『오랑캐로 뒤바뀐 중화』(東洋文庫 叢刊 제15종, 東京: 東方書店, 1981, 재판), 1쪽을 참조할 것. 또한 일본의 야마가 소코山鹿素行(1622~1685)는 『적거동문謫居童問』에서, 일본의 예용禮用과 인물人物이 성인의 도와 부합하기 때문에 일본을 본조로 칭하고 청나라를 "이민족 왕조異朝"로 칭해야 한다고 주장했다. 후대 학자들은 이런 사상을 "일본형 화이사상"이라고 부른다. 가쓰라지마 노부히로桂島宣弘, 『사상사의 19세기: 타자로서의 도쿠가와 일본思想史の十九世紀: 他者としての德川日本』(東京: 펠리칸사, 1999) 제8장, 198쪽을 볼 것. 또한 저명한 지카마쓰 몬잔몬近松 門左衛門이 편찬하고 1715년 연출했던 『국성야합전國姓爺合戰』은 정성공鄭成功이라는 역사적 인물을 바탕으로 일본 출신의 명나라 충신을 상상해내면서, 오랑캐를 몰아내고 국가를 회복한다는 이야기를 담고 있는데, 이는 청나라에 대한 일본의 적대감을 잘 보여준다고 한다.

30 이마니시 류今西龍, 『조선 옛 역사 연구朝鮮古史の研究』(東京: 國書刊行會, 1970), 146쪽.

31 『燕行紀事·聞見雜記上』, 『燕行錄選集』(서울: 성균관대학교, 1960) 下冊, 644쪽, "大抵元氏雖入帝中國, 天下猶未剃髮. 今則四海之內, 皆是胡服. 百年陸沈, 中華文物, 蕩

然無餘. 先王法服, 今盡爲戱子輩玩笑之具, 隨意改易. 皇明古制, 日遠而日亡, 將不得復見."

32 뤼춘성呂春盛, 「대륙학계의 "역사상의 중국" 개념에 대하여關于大陸學界"歷史上的中國"概念之討論」, 『대만역사학회통신臺灣歷史學會通訊』(臺北: 歷史學會, 1990) 第2期.

33 두정성杜正勝의 최근 수많은 논저가 내세우는 전제는 정치·문화적으로 대만을 인정받으려 하는 것이다. 「"대만"의 길에 이르러到"臺灣"之路」, 『자유시보自由時報』(臺北), 1999년 1월 10일 참조.

34 예컨대 황슈정黃秀政은, 대만사 연구가 원래 중국사의 한 지류이지만 최근 20여 년간 "지역사 연구 분위기의 발흥"에 따라 대만사 연구가 활황을 이루었다고 한다. 황슈정, 『대만사연구臺灣史研究』 서문, 왕칭자王晴佳의 『대만사학오십년臺灣史學五十年』(臺北: 麥田出版社, 2002), 159쪽에서 재인용.

35 두정성, 「새로운 사학의 길—오십년간 대만 사학의 발전新史學之路—兼論臺灣五十年來的史學發展」, 『신사학新史學』(臺北: 中央研究院, 2002) 第13卷 第3期, 39쪽.

36 동심원 이론의 최신 표현으로는 『신신문新新聞』 第924期(2004년 11월 18~24일), 25쪽을 참고할 것. 두정성은 기자의 질문에 답할 때 이 이론을 제기한 것을 이렇게 회고했다. "나는 역사학자의 관점이 아니라 전체적으로 사고하기 시작했습니다. 곧, 한 국가의 국민으로서 역사에 대해 어떠한 태도와 지식을 갖춰야 할지 생각하기 시작했습니다." 말하자면 그의 역사 동심원 이론은 역사 연구로부터 비롯한 것이 아니라, 국민의 역사적 태도와 지식의 교육이라는 측면에서 주로 제기된 것이다.

37 장광즈張光直가 고대 중국에 대해 서술할 때 이미 그런 논법이 제시된 바 있다. 고대 중국에서 도시와 국가의 형성 과정에서는 정치질서가 아니라 기술·무역 등이 주요한 형성 동력이었고, 국가는 "정치적 조치에 의거해 조성된 것"이라고 장광즈는 말한다. 장광즈, 「상나라와 주나라의 청동기에 입각해 문명·국가의 기원을 논함從商周青銅器談文明與國家的起源」, 『중국청동시대中國青銅時代』(北京: 三聯書店, 1999), 480~483쪽.

38 두정성, 「중국 고대사회의 다원성과 통일화의 격동—특히 정치와 문화의 교섭으로부터 논함中國古代社會多元性與一統化的激蕩—特從政治與文化的交涉論」, 『신사학新史學』(臺北: 中央研究院, 2000) 第11卷 第2期, 2~3쪽, 38쪽.

39 〔역자 주〕 중국 대륙의 공산화로 인해 역사언어연구소가 대만으로 이전할 수밖에 없었던 상황을 가리킨다.

40 두정성, 「옛 전통과 새로운 모범舊傳統與新典範」, 『慶祝中研院歷史語言研究所成立七十五周年演講會文集』(臺北: 中研院歷史語言研究所, 2003년 12월 22일)

41 대만역사학회 편, 『중국사 인식론 논문집認識中國史論文集』(臺北: 稻鄉出版社, 2000), 제1권.

42 위의 책, 25쪽.

43 대만의 중국사 서술 문제는 현재까지도 여전히 매우 민감하고 번거로운 문제다. 예를 들어 2003~2004년 대만에서 발생한 고등학교 역사 커리큘럼에 관한 논쟁에서 핵심이 되었던 것은, (1)1500년 이후의 중국사를 세계사로 넣어야 할 것인가? (2)대만의 지위를 결정한 국제 문헌, 곧 카이로 선언, 포츠담 선언, 중일화약中日和約에서, 어느 것이 대만의 국제법적 지위를 가장 중요하게 표현했는가? (3)중학교 2학년 역사교과에서 먼저 대만사 문제를 가르쳐야 하는가? 하는 것이다. 이런 문제들이 이끌어낸 일련의 화제는 정치적 신경을 상당히 자극하는 것이었다. 바꿔 말하면 대만의 처지에서 중국은 "외국"인가, 중국사는 "외국사"인가, 국부 손중산孫中山은 "외국인인가?" 하는 것이다. 쉬줘윈許倬雲, 「역사학 논쟁에 대한 나의 견해我對史學爭議的看法」, 『중국시보中國時報』(臺北), 2004년 11월 24일 A15판.

44 이 책 제1장의 서술을 참고할 것.

45 주의할 점은 미야자키 이치사다의 「홍무로부터 영락으로: 초기 명조 정권의 성격洪武から永樂へ: 初期明朝政權の性格」이 일찍이 지적했다시피, 보통 명나라 왕조의 수립이 민족적 정권·문화로의 대전환이라고 여겨지지만 실제로는 결코 그렇지 않다는 사실이다. 명나라 초기의 민족적 해방과 혁명은 단지 일종의 동원, 기치, 표방에 불과한 것이었다. 왜냐하면 원나라의 분위기가 장기간 명나라에까지 이어졌기 때문이다. 그리하여 "태조의 정치는 그 시작부터 몽고에 대한 민족적 혁명이라는 의식이 매우 낮았다." 『미야자키 이치사다 전집宮崎市定全集』(東京: 岩波書店, 1999) 제13책, 54쪽.

46 〔역자 주〕 신장위구르, 티베트 등 서쪽과 북쪽의 변경지대.

47 『元史』(北京: 中華書局, 1976) 卷58, 『地理一』, 제1345쪽, "北逾陰山, 西極流沙, 東盡遼左, 南越嶺表."

48 샤오치칭蕭啓慶, 「원대의 통일과 통합—한족 지역과 강남을 중심으로元朝的統一與統合—以漢地江南爲中心」, 『중국역사상의 분리와 통합 학술 토론회 논문집中國歷史上的分與合學術研討會論文集』(臺北: 研經出版事業公司, 1995), 192~194쪽. 그는, 원나라는 "중국"의 "통일"일 뿐만 아니라 더욱 중요하게는 "통합"이라고 한다. 곧, 국가를 구성하는 각 부문—지역·민족·계급을 포함하여—사이의 차이를 해소하고 구심력과 응집력이 높은 정치공동체를 형성한 것이라고 말한다.

49 혼다 미노부本田實信, 『몽골 시대사 연구モンゴル時代史研究』(東京: 東京大學出版

會, 1992). 그는 서문에서 이렇게 비판한다. 과거의 시대사 연구는 "중국사의 입장을 출발점으로 삼으면서 원대의 문화와 제도를 고찰했고 그럼으로써 원조사元朝史의 성격을 논했다. 곧, 원나라가 중국의 전통으로부터 얼마나 떨어져 있으며 심지어 단절되어 있는지, 또한 중국의 전통과 얼마나 타협하고 거기에 동화되었는지, 송나라와 명나라 사이에 처한 원나라를 어떻게 파악할 것인지, 요나라·금나라와의 관계는 어떻게 생각해야 하는지 등의 문제가 구체적 연구 과제가 되었다. 이 때문에 중화문명의 우월감과 그것을 중심으로 삼는 입장이 무의식적으로 성립되었다."(5쪽). 또한 스기야마 마사아키杉山正明의 『몽골 제국과 대원울루스モンゴル帝國と大元ウルス』를 참고할 것, 특히 서장序章인 「세계사의 시대와 연구 전망世界史の時代と研究の展望」을 참고할 것.

50 Evelyn S. Rawski, *The Last Emperors: A Social History of Qing Imperial Institutions*, Berkeley: University of California Press, 1998.

51 최근 구미와 일본에서 유행하는 이른바 "새로운 청나라 역사"가 이러한 연구 경향의 연장이라고 할 수는 없을지라도, 계속해서 만주 또는 만주족 문화의 독립성을 중시하는 것은 마찬가지다. 예를 들어 미국 학자 마크 엘리엇Mark C. Elliot의 『만주의 길: 청말의 여덟 가지 금칙과 인종적 정체성The Manchu Way: The Eight Banners and Ethnic Identity in Late Imperial China』(Stanford University Press, 2001)은, 중국을 몇 세기간 통치한 후 기인旗人(만주족)들은 이미 만주어를 잊어버렸지만, 그들의 정복자적 엘리트 의식과 다른 종족과 구분되는 자아의 동일성은 여전히 존재했기 때문에, 청나라는 결코 한족 문화에 의해 동화된 왕조가 아니라고 한다. 또 다른 미국 학자 파메라 카일 크로슬리Pamera Kyle Crossley는 『고아 전사: 만주족 3세대와 청나라 세계의 종언Orphan Warriors: Three Manchu Generations and the End of Qing World』(Princeton University Press, 1990)에서, 19세기 말에서 20세기 초에 걸쳐 청나라 정권이 점차 쇠락할 때 오히려 그들의 민족의식을 의도적으로 발전시키기 시작했다고 한다.

52 Ping-ti Ho, "In Defense of Sinicization: A Rebuttal of Evelyn Rawski's Reenvisioning the Qing," *Journal of Asian Studies*, 57, No.1(1998), 123~155쪽. 중국어 본은 何炳棣, 「捍衛漢化: 駁伊芙琳·羅斯基之「再觀清代」」, 『清史研究』(北京) 2000年 第3期.

53 리밍런李明仁의 「중국 역사상의 정복왕조 이론中國史上的征服王朝理論」이 소개한 내용을 참조할 것. 이 논문은 대만역사학회 편, 『중국사 인식방법론 논문집認識中國史論文集』(臺北: 稻鄉出版社, 2000)에 수록되어 있음.

54 베네딕트 앤더슨, 『상상의 공동체: 민족주의의 기원과 유포想像的共同體:民族主

義的起源與散布』(*Imagined Communities : Reflections on the Origin and Spread of Nationalism*)(중국어본은 吳叡人 역, 臺北: 時報文化出版公司, 1999)

55 중국 신장위구르자치구에 있는 염수호.

56 예컨대 현대 중국의 지리적 공간으로 고대 중국을 묘사하거나, 현대 중국의 민족 구성을 옛 중국의 민족 구성으로 간주하기 때문에, 그 시대의 "이민족"도 중국 안에 있어야 할 것으로 생각한다. 그로 인해 당시 이민족의 침입을 "내부 모순"으로 이해해버린다. 아울러 한족 정권의 정복을 묘사할 때에도 "지방에 대한 중앙"의 "통일"이라고 한다. 예를 들어 현재 논쟁이 끊이지 않는 고구려 문제의 경우에도 그런 난처한 상황에 빠져 있는 것이다. 나는 고구려의 역사 논쟁과 관련하여, 현대 중국의 강역으로서 고대 고구려의 역사 귀속 문제를 부지불식간에 처리하려는 태도가 중국 쪽에 있을 것이라고 생각한다. 아울러 한국 쪽에도 고대 고구려의 강역으로서 현대 한국 민족국가의 공간적 관할권을 기대하려는 태도가 부지불식간에 자리 잡고 있을 것이다. 이 논쟁의 상황과 관련해서는 난리밍南黎明의 「중국에 대한 한국의 문화적 항의韓國對中國的文化抗議」, 쳰원중錢文忠, 「고구려는 중국과 한국 공통의 문화유산이다高句麗是中韓共同文化遺産」를 참고할 것. 두 글은 모두 『아주주간亞洲週刊』(香港: 2004年 7月 25日), 16~20쪽에 실려 있다.

57 피터 리버겐Peter Riebergen 저, 자오푸싼趙復三 역, 『유럽문화사歐洲文化史, Europe A Cultural History』(香港: 明報出版社, 2003)의 상권 제3부 제8장, 「하나의 새로운 사회—더욱 광대한 세계가 된 유럽」에서 소개한 유럽 근대 민족국가의 출현 과정을 참고할 것, 289~330쪽.

58 에릭 홉스봄Eric J. Hobsbawm, 『민족과 민족주의民族與民族主義』(중국어 역본은 리진메이李金梅 역, 臺北: 麥田出版社, 1997), 제8쪽. 한국어 번역본은 강명세 역, 『1780년 이후의 민족과 민족주의』, 서울: 창작과비평사, 2005.

59 이 책 제1장 「송대에서 "중국" 의식의 출현」을 참고할 것.

60 거자오광葛兆光, 『7~19세기 중국의 지식, 사상, 그리고 신앙—중국사상사 제2권七世紀至十九世紀中國的知識, 思想與信仰—中國思想史第二卷』(上海: 復旦大學出版社, 2000) 제2편 제3절, 「국가와 지방 사대부의 이중적 지원하에 이뤄진 문명의 확장: 송대 중국에 생활윤리 동일성의 확립」을 참고할 것.

61 앤더슨은 이렇게 말한다. "현대적 개념 중 국가주권이라는 것은, 법으로 정해진 영토 내에서 매 제곱센티미터의 토지에서까지 발생하는 효력을 가리킨다. 이것은 완전하고 일정하며 균일하다. 그렇지만 비교적 오래된 상상 속에서, 국가는 그 중심으로서 획정되는 것이었고, 국가와 국가 사이의 경계는 교착되고 모호한 것이었다. 게다가 주권에도 상호 침투하

거나 중첩될 수 있는 곳이 있었다."(앤더슨, 위의 책, 25쪽)

62 니시카와 나가오西川長夫, 「국민국가론에서 본 "전후"國民國家論から見た"戰後"」, 『국민국가론의 사정거리國民國家論の射程』(東京: 柏書房, 1998), 256~286쪽.

63 『中庸』 제28장, "車同軌, 書同文, 行同倫."

64 에릭 홉스봄, 앞의 책, 8쪽. 또한 그것이 "특정 지역 및 시·공의 환경하에서 발원한 역사적 산물"이라는 것을 그는 이미 의식하고 있었다. 그래서 민족국가의 언어를 논할 때 그는 "그렇지만 중국의 상황은 중요한 예외이다"라고 말했다.(75쪽)

65 "천하"라는 말이 있다고 해서 곧바로 고대 중국에 "중국" 의식이 없었다고 여겨서는 안 된다. 한대漢代도 스스로를 "천하"로 칭했지만, 한대의 청동기 거울 명문銘文에는 "중국"이라는 말이 늘 출현하고 있고, 그것은 "흉노"와 대립하는 말이었다. 일본도 자기 나라를 "천하"라고 불렀다. 니시지마 사다오西嶋定生는 구마모토 현 후나야마船山 고분에서 출토된 철검 위에 "천하"라는 명문이 있다는 것에 근거하여, 이 "천하"는 단지 야마토 정권의 지배 영토, 즉 왜국의 영역일 뿐이고, 중국에 대해 말할 때는 아마도 "천하"가 중국을 중심으로 하는 세계를 뜻했을 것이라고 지적한 적이 있다. 그렇지만 왜국의 처지에서는 왜국이 "천하"였다. 니시지마 사다오, 『일본의 국제환경日本の國際環境』(東京: 東京大學出版會, 1985), 77~78쪽.

66 상세한 논증은 이 책 제1장을 참고해주기 바란다.

67 이 점은 사실 니시지마 사다오가 이미 지적했다. 그의 『중국 고대국가와 동아시아 세계中國古代國家と東アジア世界』(도쿄: 도쿄대학출판회, 1983) 제6장 「동아시아 세계와 일본사」는 이렇게 말한다. 원래 일본을 그 안에 포함하는 동아시아 문화권은 네 가지 지표를 갖고 있다. 곧 한자, 유교, 불교, 율령제律令制이다. 그렇지만 각 지역에서 이 네 가지는 동일하지 않았다. 예컨대 일본은 가차 문자와 이로써 지어진 와카和歌, 여류문학, 노能, 차탕茶湯과 더 훗날의 하이쿠俳句, 가부키 등 일본 특유의 것을 갖고 있다(611쪽). 10세기에 이르러 율령제가 느슨해지고 장원이 확대되었으며, 후지와라藤原 씨 같은 귀족의 흥륭과 무사 계층의 발흥(612쪽)이 일본적 주체를 형성하기 시작했다. 9세기에서 10세기에 이르는 당나라의 쇠락과 일본의 이러한 현상은 관련이 있다. 그는 말한다. "비록 송대에 통일 국가가 출현했지만 연운 16주는 요나라가 점유하였고 서북방에서는 서하가 건국하여 송나라와 대항했다. 요와 서하는 모두 송나라와 대등하게 자신의 왕을 황제라고 칭했다. 게다가 송 왕조는 요나라에 매년 현물을 지급하면서 서하와는 전쟁 상태를 유지했다. 이때 동아시아의 국제관계는 당나라와 달랐다. 당나라 때는 당나라만이 군주君主로 칭해질 수 있었고 주변 여러 나라를 책봉하여 번국藩國으로 삼던 시대였기 때문이다. 이런 상황을 보건대, 중국 왕

조를 중심으로서 인정하지 않는 동아시아의 국제질서가 시작되었다고 할 수 있다."(616쪽)

68 "橫看成嶺側成峰, 遠近高低各不同."(蘇軾의 「諸西林寺壁」 중)

69 "不識廬山眞面目, 只緣身在此山中."(上同)

70 顧炎武, 『日知錄』.

제1장 송대에서 "중국" 의식의 출현

1 그는 『괴설怪說』에서 "중국"과 "사이四夷" 사이의 공간적 차이를 엄격하게 구분하면서, "천지의 한가운데 거주하는 것을 중국이라고 하고 천지의 가장 자리에 거주하는 것을 사이라고 한다下居天地之中者曰中國, 居天地之偏者曰四夷"고 말한다. 또한 "중국"과 "사이"의 문명적 차이를 준별하면서 군신, 예악, 관혼, 제례 등에서 나타나는 것이 문명적 중국이고, 풀어헤친 머리와 문신을 한 문신족雕題과 베트남交趾, 머리를 풀어헤치고 가죽 옷을 입으며 모피를 입고 동굴에 사는 자들은 야만의 오랑캐라고 여긴다. 만약 공간적으로 섞여 살 뿐 아니라 문화적으로도 혼란이 일어난다면 "나라는 중국이 아닐 것이다國不爲中國矣"라고 한다. 때문에 공간상에서 "오랑캐는 오랑캐의 지역에 처하고 중국은 중국의 지역에 처하여 각각 서로 혼란이 없도록 해야 할四夷處四夷, 中國處中國, 各不相亂" 뿐만 아니라, 새롭게 깨끗이 정리하는 것도 매우 중요했다. 그는 말한다. "중국은 중국이고 사이는 사이다中國, 中國也, 四夷, 四夷也." 그런데 그 가운데서 가장 절박했던 것은 "중국의 영원한 법도中國之常道"를 와해시키는 데에 가장 접근했던 불교를 가로막는 것이었다. 왜냐하면 불교는 "군신의 도리를 소멸시키고 부자의 정을 끊어버리며, 도덕을 방기하고 예악을 어그러지게 하며, 오상을 찢어버리고 백성의 거처를 옮겨버리며, 중국의 의관을 훼손하고, 조종을 제거하고 오랑캐에게 제사를 지내기滅君臣之道, 絕父子之親, 棄道德, 悖禮樂, 裂五常, 遷四民之常居, 毁中國之衣冠, 去祖宗而祀夷狄" 때문이다. 『중국론』의 이상의 원문은 『조내석선생문집徂來石先生文集』(北京: 中華書局, 1984), 10권, 제116쪽을 참조할 것. 또한 『괴설』 上·中·下 편은 『조내석선생문집』 5권, 60~62쪽을 참고할 것.

2 歐陽修, 『正統論』(康定元年) 3수, 『구양수전집歐陽修全集』(北京: 中華書局, 2001) 16권, 『居士集』 16권, 265~273쪽. 『正統論』 상·하 두 편은 『구양수전집』 60권, 『居士外集』 10권, 863~865쪽을 볼 것. 역사학에서 정통론 논쟁이 흥성했던 것은 역사를 새롭게 구축하고 확인하고자 하는 동기 외에도, "존왕양이"의 중대 시점에 처한 왕조를 위해서 문화적·민족적 정체성의 기초를 세우려는 동기가 있었다. 이 분야의 자료로는 라오종이饒宗

頤, 『중국 역사학상의 정통론中國史學上之正統論』(上海: 上海遠東出版社, 1996), 특히 35~42쪽을 참고할 것.

3 원래 『대륙잡지大陸雜志』 제25권 제8기, 1962년 10월에 발표되었으며, 이후 『한당사론집漢唐史論集』(臺北: 聯經出版事業公司, 1977, 1995), 209~226쪽에 재수록됨.

4 원래 타이베이의 『편역관간編譯館刊』 제1권 제4기, 1972년 12월에 실렸고, 이후 『한당사론집』 제362쪽에 재수록됨. 푸러청은 송대의 문화에 대해 논하면서 "민족의식, 유가사상, 과거제도는 중국 본위 문화의 3대 요소로서, 이들 모두는 송대에서 극도로 발전했다"고 지적한다.(상동, 372쪽)

5 「송대 정통론의 형성 배경과 그 내용—사학사의 관점에서 본 송대의 사학 1宋代正統論的形成背景及其內容—從史學史的觀點試探宋代史學之一」, 『식화월간食貨月刊』 제1권 제8기, 1971년 11월. 이후 『송사연구집宋史研究集』(臺北: 中華叢書編審委員會, 1976) 제8집, 29쪽에 재수록됨. 이 글은 송대에 정통론이 출현한 이유에 대해 이렇게 말한다. 첫째, 오대의 분란에 대한 반성, 둘째, 춘추학 연구의 성황, 셋째, 역사 편수 과정에서 마주친 문제. 아울러 장후총蔣復璁의 「송나라와 요나라의 단연 맹약에 대한 연구宋遼澶淵之盟的研究」는, 진종대에 일어났던 천서天書 사건과 분음汾陰에서의 봉선封禪 제사는 "겉으로는 요나라로부터 입은 치욕을 씻음으로써 송나라에 천명이 있음을 알리려는 것이라고 말했지만, 실제로 그것은 대내적인 것이었다. 왜냐하면 하늘에 태양이 두 개 있고 백성에게 군주가 두 명 있는 상황에서 그런 변명을 하지 않을 수 없기 때문이다"라고 지적한다.

6 『송사논집宋史論集』(臺北: 東大圖書公司, 1993), 141~145쪽.

7 『孟子』「告子下」, "入則無法家拂士, 出則無敵國外患者, 國恒亡."

8 『중국문화사도론中國文化史導論』(수정본)(北京: 商務印書館, 1994) 제3장 「고대 관념과 고대 생활」, 41쪽.

9 『論語』「公冶長」, 『論語』「子罕」, 『十三經注疏』(北京: 中華書局影印本, 1980), 2473, 2491쪽.

10 王榮寶, 『法言義疏』(北京: 中華書局, 1996). 6권, 122쪽, "無則禽, 異則貉."

11 『三國志』 30권, 「烏丸鮮卑東夷傳」, 840~841쪽, "雖夷狄之邦, 而俎豆之象存. 中國失禮, 求之四夷, 猶信."

12 『全唐文』(上海: 上海古籍出版社影印本, 1990), 686권, 3115쪽, "所以爲中國者, 禮義也, 所謂夷狄者, 無禮義也."

13 니시지마 사다오, 『중국 고대국가와 동아시아 세계中國古代國家と東アジア世界』(東京: 東京大學出版會, 1983) 제6장, 「동아시아 세계와 일본東アジア世界と日本」, 616쪽.

14 야오진성陶晋生, 『송료관계사연구宋遼關系史研究』(臺北: 聯經出版事業公司, 1983), 제1장 「宋遼 관계의 역사적 배경」, 5쪽, 10쪽.

15 Morris Rossabi 편, *China among Equals: The Middle Kingdom and Its Neighbors, 10th~14th Centuries*, University of California Press, Berkeley, 1983.

16 〔역자 주〕 당대에 소수민족의 수령들이 당 태종을 불렀던 존칭.

17 "大宋皇帝謹致書于大契丹皇帝闕下."

18 이상은 모두 야오진성의 『송료관계사연구』 제5장 「북송 조야 인사의 거란에 대한 견해」, 31쪽, 99쪽, 101쪽을 보았음.

19 송나라와 요나라 사이의 화약和約 이후부터 빈번한 "국경 조사勘界", 곧 "국경"의 획정 사업이 끊임없이 이루어졌다. 송나라 이전 중국의 역사에서는 이런 일이 없었다는 데에 특히 주의해야 한다. 일본 학자 사에키 도미佐伯富는 다음과 같이 지적했다. 곧, 송나라와 요나라 사이에서 국경을 획정하는 작업은 "중국 역사상 이전에는 한 번도 없었던 일로서 (…) 실로 역사적 시대 변화의 경향을 함축하고 있다. 이민족의 자각은 중국 근세 역사에서 일대 변화였고, 국경 획정 문제의 발생은 그런 변화의 한 현상이었다." 사에키 도미(李景鏞 역), 「宋代雄州之兩輸地」, 存萃學社 編, 朱康燮 注編, 『宋遼金元史論集』(臺北: 崇文書局, 1971), 44쪽을 볼 것. 그러나 사에키 도미는 주로 양국 간 국제정치 질서에 착안했으며, 더욱이 그것을 당송변혁론의 틀에 맞추고 있다. 필자가 여기서 주로 논하는 것은 그런 일련의 정치적 변화가, 송대에 출현한 자각적 민족·국가적 의식을 어떻게 일으켰는가 하는 점이다.

20 "溥天之下, 莫非王土, 率土之濱, 莫非王臣."

21 "來則懲而御之, 去則備而守之, 其慕義而貢獻, 則接之以禮讓, 羈靡不絕, 使曲在彼, 蓋聖王制御蠻夷之常道也."

22 예를 들어 구양수는 「변경의 신하에게 경계를 명확히 분변하도록 명할 것을 바람乞令邊臣辨明地界」 「북방에서 경계를 다투는 것에 대한 상주奏北界爭地界」 「거란의 국경 침입을 논하는 상소論契丹侵地界狀」 등을 써서 경계를 획정하고 피아를 확정해야 한다고 주장했는데, 이는 당시 이미 국경 의식이 있었음을 보여준다. 『구양수전집』 119권, 1816쪽, 1821쪽, 1822~1824쪽 참조. 또한 소송蘇頌의 「화융로위신록총서華戎魯魏信錄總序」는 원풍 4년에 명령을 받아서 북쪽 국경에 관한 외교 서신을 분류한 책인데, 그 목록에 서사敍事, 서조書詔, 서서誓書, 세폐歲幣, 국신國信, 국서國書, 봉사奉使, 역정지도驛程地圖, 명아연표名銜年表, 의식儀式, 사여賜與 등이 있고 모두 200권 분량이다. 『송문감宋文鑑』(北京: 中華書局, 1992), 89권, 1268~1270쪽. 또한 조여우趙汝愚 編, 『송조제신주의宋朝諸臣奏議』(北大中古史中心 点校本, 上海: 上海古籍出版社, 1999)는 "변방문邊防門" 항목을

따로 두었고, 그 16권 중 요나라와 서하가 12권, 청당青唐과 고려가 1권, 여진 1권, 베트남과 만요蠻徭가 1권이다.

23 이 측면과 관련하여 왕경우王賡武, 왕갱무의 「소제국의 외교 사령: 송대와 그 이웃 국가의 초기 관계小帝國的辭令: 宋代與其隣國的早期關系」, 영문본은 앞서 인용한 *China among Equals: The Middle Kingdom and Its Neighbors, 10th~14th Centuries*에 수록됨. 야오난중姚楠中, 요남중의 중역문은 『王賡武自選集』(上海: 上海教育出版社, 2002), 61~82쪽에 수록됨.

24 『전당문全唐文』 제365권, 休烈, 「請不賜吐藩書籍疏」, 1644쪽.

25 이도李燾, 『속자치통감장편續資治通鑑長篇』(北京: 中華書局, 2006), 제64권, 553쪽.

26 『송회요집고宋會要輯稿』(北京: 中華書局影印本, 1957), 「刑法二」의 16, 제165책, 6489쪽. 또한 『속자치통감장편』 제105권, 1000쪽.

27 『송회요집고·형법 2』의 24, 제165책, 6493쪽.

28 『구양수전집歐陽修全集』 제108권, 「주의奏議」 제12권, 1637쪽, "臣竊見京城近有雕印文集二十卷, 名爲宋文者, 多是當今論議時政之言 (…) 間陳北敵事宜甚多, 詳其語言, 不可流布, 而雕印之人不識事體, 竊恐流布漸廣, 傳入虜中, 大於朝廷不便. 及更有其餘文字, 非後學所須, 或不足爲人師法者, 並在編集, 有誤學徒."

29 『속자치통감장편』 제289권, 2725쪽, "諸榷場除九經疏外, 若賣餘書與北客, 及諸人私賣與化外人書者, 並徒三年, 引致者減一等, 皆配鄰州本城. 情重者配千里, 許人告捕給賞, 著爲令."

30 『속자치통감장편』 제294권, 2762쪽, "禁民毋以言涉邊機文字鬻高麗人."

31 『난성집欒城集』(北京: 中華書局, 1990) 제42권, 「北使還論北邊事札子五道」, 747쪽, "本朝民間開版印行文字, 臣等竊料北界無所不有, (…) 臣僚章疏及士子策論, 言朝廷得失軍國利害, 蓋不爲少, 兼小民愚陋, 惟利是圖, 印行戲褻之語, 無所不至, 若使盡得流傳北界, 上則洩漏機密, 下則取笑夷狄, 皆極不便."

32 『宋會要輯稿·刑法二』, 제165책, 6514쪽, "凡議時政得失, 邊事軍機文字, 不得寫錄傳布." "諸戲褻之文, 不得調印." 국가의 운명과 존엄을 위해 이렇게 금지하는 것에는 당연히 합법성과 합리성이 있지만, 인쇄 출판에 대한 그런 통제가 일정한 도를 넘어서면 상황은 곧바로 변한다. 겉으로 "국가"라는 명분을 내세우면서 속으로는 사리를 추구할 수 있다는 것을 알아야 한다. 특히 모종의 의도를 지닌 정치 권력은 그런 정당성을 다른 영역으로 확장할 때가 있다. 예를 들어 원우元祐 5년(1090) 예부禮部의 명령 가운데에는, 적국에 대한 근심을 핑계로 그 참에 본국의 지식과 사상에 통제를 가하기 시작했다. 금령禁令에 따르면,

"본조의 회요와 실록을 인쇄해서는 안 됨本朝會要實錄, 不得調印" 뿐만 아니라 "기타 서적을 인쇄하려 할 경우 배움에 도움이 된다는 관리의 평가가 있어야 비로소 판각을 허용한다其他書籍欲調印者, 選官平定有益于學者, 方許鏤板"고 하며, 또한 "인쇄가 완료되는 것을 기다려서 비서성에 보내라候印訖, 送祕書省"고 한다. 게다가 이런 통제가 날로 엄격해져서 송 휘종徽宗 시대인 대관大觀 2년(1108) 3월 3일의 칙령은, 금령에 저촉되는 문서를 "판매, 은닉, 수출한 자는 동전법의 출계 규정에 의거해 죄상을 시행한다販賣, 藏匿, 出界者, 幷依銅錢法出界, 罪賞施行"고 규정했다. 『宋會要輯稿·刑法二』의 47, 제165책, 6519쪽을 볼 것. 선화宣和 4년(1122) 12월, 권지밀주權知密州 조자주趙子晝가 상소하여, 신종 조神宗祖의 정사가 대부분 왕안석의 일록日錄에 의거하고 있기 때문에 "그 중에는 군사적 모의와 정무적 판단이 왕왕 존재하고 있으니 그 기록은 원래 기밀로 유지해야 합니다其中兵謀政衡往往具存, 然則其書固亦應密"라고 지적한다. 그리하여 그는 그것의 유통을 금지할 것을 건의했다. 곧, "바라건대 금지령을 내려서 나라의 기밀이 민간으로 전파되거나 또는 오랑캐로 유입되지 않도록 하는 것이 형세상 실로 중요한 일입니다願賜禁止, 無使國之機事, 傳播閭閻, 或流入四夷, 于體實大"라고 한다. 『宋會要輯稿·刑法二』의 86, 제165책, 6538쪽을 볼 것. 선화 5년(1123) 7월 13일, 중서성中書省은 푸젠 등지에서 소식, 사마광의 문집을 인쇄·수출하는 것을 금해야 한다고 건의했다. 『宋會要輯稿·刑法二』의 88, 제165책, 6539쪽을 볼 것.

33 장방평張方平, 『낙전집樂全集』 제27권, 「請防禁高麗三節人事條」, 沈括, 『夢溪筆談』 제3권, "所經州縣, 悉要地圖."

34 『宋會要輯稿·蕃夷四』의 기록을 참고할 것.

35 천쉐린陳學霖, 『송사논집宋史論集』(臺北: 東大圖書公司, 1993), 206쪽. 송대의 도서 수출 금지 역사를 매우 일찍이 연구했던 학자들이 있다. 린광젠林光簡, 「사적 제염의 금지, 변경의 우환, 그리고 서적 수출의 금지—송사찰기 읽기 두 번째鹽禁與邊患, 書禁—讀宋史札記之二」(國立齊魯大學國學硏究所 『責善半月刊』 제2권 제7기(1940)); 류밍수柳銘恕, 「송대의 출판법과 요·금에 대한 서적 수출 금지宋代出版法及對遼金之書禁」(『中國文化硏究匯刊』(成都: 華西, 金陵大學, 1945년 9월) 제5권(상), 95~114쪽); 리멍진李孟晋, 「송대의 서적 수출 금지와 목판본의 해외 유출宋代書禁與槧本之外流」(『香港圖書館協會學報』 제4기, 1977년 11월, 이후 『宋史硏究集』(臺北: 編譯館, 1981) 제13집, 319~328쪽에 재수록됨.)

36 남송에 들어서도 북송의 이 정책을 그대로 이어갔다. 더욱이 『경원조법사류찬慶元條法事類纂』(北平: 燕京大學圖書館影印本, 1948)의 기록에 따르면, 경원 연간에 인쇄 금지

된 것에는 어서御書, 본조의 회요本朝會要, 시정과 변경의 기밀을 언급한 문서, 율령격식律令格式, 형통刑統, 역일曆日, 거인擧人의 정문程文, 국사國史, 실록實錄 등이 있다. 예더후이葉德輝, 『서림칭화書林淸話』(北京: 中華書局, 1959) 제2권, "翻板有例禁, 始于宋人" 조목이 이미 그 점을 지적했다(36~43쪽).

37 그보다 이른 시기에 범중엄范仲淹도 "사방의 오랑캐 사이에서 수비를 하고 있으니 걱정하지 않을 수 없다. 예전부터 사이좋게 지냈지만 그렇게 시종일관 해내기는 힘들다守在四夷, 不可不慮, 古來和好, 鮮克始終"라고 보았다. 바로 그런 민족과 국가에 대한 근심 속에서 그는 천성天聖 3년(1025) 개혁을 건의했다. 장인린張蔭麟, 「북송의 외환과 변법北宋的外患和變法」, 『사상과 시대思想與時代』 월간 제5기(1941). 이 논문은 存萃學社 編, 周康燮 主編, 『宋遼金元史論集』 16쪽에 재수록됨.

38 『구양수전집』 제60권, 『거사외집』 제10권, 「本論」, "南夷敢殺天子之命吏, 西夷敢有崛疆之王, 北夷敢有抗禮之帝者, 何也. 生齒之數日益衆, 土地之產日益廣, 公家之用日益急, 四夷不服, 中國不尊, 天下不實者何也."

39 上同, "天下爲一, 海內晏然."

40 『송문감宋文鑑』 제46권, 구양수, 「論杜韓范富」, 700쪽; 제49권, 사마광司馬光, 「論北邊事宜」, 746쪽; 제96권, 유창劉敞, 「治戎上」, 「治戎下」, 1346쪽; 제99권, 소철蘇轍, 「北狄論」, 1383쪽을 참고할 것.

41 구양수, 「言西邊事宜第一狀」(治平2年), 『구양수전집』, 제114권, 1721쪽, "自古夷狄之于中國, 有道未必服, 無道未必不來."

42 上同, "欲自比契丹, 抗衡中國, 以爲鼎峙之勢."

43 上同, "茫然不知所措, 中外震駭, 擧動倉惶."

44 『송문감』 제44권, 한기韓琦, 「論時事」, 672쪽. "非如漢之匈奴, 唐之突厥, 本以夷狄自處, 與中國好尙之異也."

45 上同, 한기, 「答詔問北虜地界」, 676쪽, "契丹稱強北方, 與中國抗者, 蓋一百七十餘年矣. 自石晉割地, 并有漢疆, 外兼諸戎, 益自驕大."

46 『송문감』 卷91, 1293쪽, "爲今中國之患者, 西北而虜也 (…) 自北方罷兵, 中國直信而不問, 君臣不以掛于口而慮于心者, 數十年矣."

47 소철, 『난성집』 卷19 「新論中」, 『蘇轍集』(北京: 中華書局, 1990), 351쪽, "今夫夷狄之患, 是中國之一病也."

48 소옹邵雍, 『이천격양집伊川擊壤集』(四部叢刊縮印本) 卷16, 117쪽, "奴僕淩主人, 夷狄犯中國. 自古知不平, 無由能絕得."

49 이구李覯, 『이구집李覯集』(北京: 中華書局, 1981) 卷27 「上范待制書」, 294쪽, "仕籍未甚淸, 俗化未甚修, 賦役未甚等, 兵守未甚完", "異方之法亂中國, 夷狄之君抗天子."

50 량치차오梁啓超는 정통론이 일어난 두 가지 원인을 꼽는다. 첫 번째는 당시 임금과 신하들이 그 나라를 사사롭게 여겼기 때문이며, 두 번째는 시대에 뒤떨어진 유학자들이 경전의 의미를 오해하여 노예근성을 부채질했기 때문이라고 한다. 이는 현대의 사상으로 옛 사상을 해석한 듯하며, 적어도 송대는 결코 그렇게 이해될 수 없다. 거자오광, 「이학 탄생 전야의 중국理學誕生前夜的中國」, 『中國史硏究』(北京), 2001년 제1기 참조.

51 〔역자 주〕 중국에 거주하던 이족인 또는 외국인.

52 『宋會要輯稿·刑法二』, 제165책, 6502, 6506쪽 참조.

53 上同, 원우元祐 5년(1090) 5월 조, 제165책, 6514쪽, "擧人及會聚(敎)學人幷陰陽卜筮, 州縣停廢吏人, 諸(會)造兵器工匠 (…) 幷不得入溪洞與歸明蠻人相見." * ( )안 글자는 사고전서본 『續資治通鑑長篇』에 따른 것이며, 번역자는 ( )의 내용에 입각해 이 구절을 번역했다.

54 上同, 제165책, 6515쪽, "敎本自海上異域, 入於中國已數十年, 而近益熾, 故其桀黠至于上書, 以幸張大." * 저자는 "敎本自海上異域人, 於中國已數十年"이라고 인용하였는데, 역자는 사고전서본 『續資治通鑑長篇』 권467에 의거하여 "人"자를 "入"자로 수정하고 뒷구절에 붙여서 번역했다.

55 上同, 정화政和 원년 11월 24일 칙령, 제165책, 6523쪽, "毁傷人體, 有害民敎, 況異人之敎, 中華豈可效之."

56 정부 당국과 사대부의 화장 억제책에 대해서는 류융샹劉永翔, 『청파잡지교주淸波雜志校注』(北京: 中華書局, 1994) 제12권을 참고할 것. 그는 508~510쪽의 주석에서 북송에서 남송에 걸친 관련 문헌을 모아두었다. 또한 손응시孫應時가 편수했고 포렴鮑廉이 증보했으며, 노침盧針이 다시 편수했던 『금천지琴川志』 제1권도, 화장이 효친孝親의 정의를 위배하면서 오랑캐의 풍속을 따르는 것이기 때문에 "불효와 불인이 이보다 큰 것이 없다"고 비판했던 정이, 사마광의 말을 인용하고 있다.(『宋元方志叢刊』(北京: 中華書局影印本, 1990), 1164쪽). 또한 류즈정柳治徵, 「화장고火葬考」, 『사학잡지史學雜志』 제1권 제3기, 1929; 주루이시朱瑞熙 등, 『요, 송, 서하, 금의 사회생활사遼宋西夏金社會生活史』(北京: 中國社會科學出版社, 1998) 제11장 「喪葬(上): 宋割漢族居住區」, 189~194쪽도 참고할 만하다. 패트리샤 버클리 에브레이Patricia Buckley Ebrey의 『중국 제국의 유가와 가례—의례의 사회사 관련 저작Confucianism and Family Rituals in Imperial China』(Princeton University Press, New Jersey, 1991), 제4장 「혼례와 상례에서 이단과 야만족 풍속에 대한

저항Combating Heterodoxy and Vulgarity in Weddings and Funerals」도 이 문제를 논하고 있다.

57 『주자어류朱子語類』(北京: 中華書局, 1988) 제91권, 2328쪽, "今衣服未得復古, 且要辨得華夷."

58 왕창령王昌齡, "黃沙百戰穿金甲, 不破樓蘭終不還."

59 한굉韓翃, "匈奴破盡人看歸, 金印酬功如斗大."

60 이기李頎, "年年戰骨埋荒外, 空見葡桃入漢家."

61 고적高適, "少婦城南欲斷腸, 征人薊北空回首."

62 육유陸游, "獸奔鳥散何勞逐, 直斬單于釁寶刀."

63 신기질辛棄疾, "不念英雄江左老, 用之可以尊中國."

64 "霍四究說三分."

65 예를 들어 장구성張九成은 정여기鄭如幾의 『위춘추魏春秋』 중 "위나라 원소가 한나라의 적통이다魏紹漢統"라는 견해를 비판하고(『吳興掌故集』 제3권, 「游寓類」, 鄭如幾조, 陳霆의 『兩山墨談』 제18권), 장식張拭의 『경세기년經世紀年』은 "바로 선주(유비)가 위로 헌제를 계승하여 한漢이 되었다直以先主上繼獻帝爲漢"(『直齋書錄解題』 제4권)고 하며, 황도黃度의 『통사편년通史編年』 제4권은 『통감』의 "삼국 중 위나라를 올리고 촉나라를 강등하는于三國進魏黜蜀" 관점을 바꿨고(『絜齋集』 제13권, 「龍圖學士通奉大夫尙書黃公行狀」), 주불朱黻의 「기통론紀統論」은 "여무呂武, 왕망王莽, 조비曹丕, 주온朱溫을 조술할 때 그 기년을 모두 삭제함으로써 정통에 따랐다述呂武王莽曹丕朱溫, 皆削紀年以從正統"(『文獻通考』 제193권, 叶水心의 말을 인용)고 한다. 또한 숙상肅常이 편찬한 『속후한서續後漢書』 제42권에 따르면, 개희開禧 연간에 이기李杞가 『삼국지』를 다시 편수하면서 "소열후주(유비)를 존숭하여 한나라의 후계로 삼고, 위나라와 오나라를 그다음에 놓았다尊昭烈后主爲漢紀, 魏吳次之"(『玉海』 제47권, 歐陽守道 『巽齋文集』 제2권, 「代人上李守書」 참고)고 한다. 특히 대학자 주희는 저 유명한 『통감강목』에서 "한중의 왕(유비)이 곧 황제의 자리에 올랐다漢中王卽皇帝位"고 정중히 쓰고 있다(『주자어류』 제105권), "『강목』의 의의에 대해 물었다. 대답하기를, '핵심은 정통에 있다'라고 했다. '어떻게 핵심이 정통에 있습니까?' 대답하기를, '삼국은 마땅히 촉한을 정통으로 삼아야 하지만, 사마광은 모년 모월에 제갈량이 침입했다는 식으로 말했는데 이는 관冠과 신발을 거꾸로 놓은 것이니 어떻게 가르침을 보이겠는가?' 때문에 책으로 만들려는 마음을 갖게 되었다"). 이들은 매우 잘 알려진 사례이다. 이상의 삼국 이야기에 관한 내용은, 필자가 「무엇이 사상사의 자료가 될 수 있는가?什麽可以成爲思想史的資料」에서 예를 들어 논한 바 있다. 『개방시대開放時代』(廣州)

2003년 제4기, 64쪽 참조.

66 류쯔젠劉子健은 「송말의 이른바 도통의 성립宋末所謂道統的成立」에서 이렇게 말한 적이 있다. "도학 또는 이학이, 남송이 멸망할 즈음에 도통이 되었던 것은 오히려 중대한 결과를 초래했음이 분명한데, 그것은 송나라 황제 이종理宗이 정사를 게을리 했던 것과는 무관하다. 남송이 멸망한 다음, 송나라에 충성을 다하고 몽고의 관리가 되려 하지 않았던 유학자들은 교육과 학문에 있는 힘을 다함으로써 민간에 깊이 스며들었다. '나라에 서로 다른 이론이 있을 수 없고, 선비에게 서로 다른 습속이 있을 수 없다'는 것이다. (…) 정치적 풍파로 인해 추어올려진 도통은 이민족의 압박 아래에서 더욱더 침투 범위를 확대했고 한족 전체 사회의 도통이 되었다." 류쯔젠, 『양송사연구회편兩宋史硏究匯編』(臺北: 聯經出版事業公司, 1987), 281쪽.

67 황셴판黃現璠, 『송대 태학생의 구국 운동宋代太學生救國運動』(上海: 商務印書館, 1936)의 "대외편對外編" 중 일곱 번째인 「남송 멸망 후 태학생의 절조」, 62~68쪽 참조. 야오다리姚大力, 「중국 역사상의 민족 관계와 국가적 일체감中國歷史上的民族關系與國家認同」은 송원 교체기 유민과, 원명·명청 교체기 유민의 심리적 상태를 세밀히 구분한다. 그에 따르면 송대 유민들은 "새로운 왕조의 합법성을 인정할 수 있었지만, 소극적이자 비협조적인 태도를 취하면서 그렇게 했을 뿐으로" 후대처럼 그렇게 철저하지는 않았다. 그렇지만 그는 "유민의 도덕적 구속은 실제로 송나라에서부터 크게 제창되고 강조된 것이었다"고 지적한다. 『중국학술中國學術』(北京: 商務印書館, 2002) 제20집, 187쪽.

68 양만리楊萬里, 「초입회하初入淮河」, "何必桑干方是遠, 中流以北卽天涯."

69 이것은 첸중수錢鍾書, 전종서의 『송시선주·전언宋詩選注·前言』(北京: 人民文學出版社, 1982)에 있는 비유다.(2쪽)

70 범성대范成大, 『남비록攬轡錄』, "四望時見樓閣崢嶸, 皆舊宮觀寺宇, 無不頹毁. 民亦久習胡俗, 態度嗜好與之俱化. 最甚者, 衣裝之類, 其制盡爲胡矣."

71 누약樓鑰, 『공괴집攻媿集』 제111권 『북행일록北行日錄』 등. "人物衣裝, 又非河北比. 男子多露頭, 婦人多耆婆把. 車人云, 只過白溝, 都是北人, 人便別也." 천쉐린, 진학림, 『송사논집宋史論集』(臺北: 東大圖書公司, 1992) 제6편, 「범성대 『남비록』의 전래 판본에 대한 탐색」(241~284쪽)과 제7편 「누약이 금나라 사절로 가서 본 화북의 도시와 마을」(285~338쪽)을 참조할 것.

72 "向來不許人看南使, 近年方得縱觀."

73 "此我大宋人也, 我輩只見得這一次, 在死也甘心, 因相與泣下."

74 "指使人曰, 此中華佛國人也."

제2장 산해경山海經, 직공도職貢圖 그리고 여행 기록 속의 이역에 대한 기억

1 라이히바인Reichwein의 『18세기 중국과 유럽 문화의 접촉十八世紀中國與歐洲文化的接觸』(北京: 商務印書館, 1991), 주제친朱杰勤의 중역본 제18쪽에서 재인용. 르네 에티앙블Rene Etiemble, 『중국의 유럽中國之歐洲』(정주: 하남인민출판사, 1992)도, 1670년 암스테르담에서 출판된 『예수회 아사나스 키르허의 중국La Chine d'Athanase Kircher de la Companie de Jésus』(『삽화판 중국La Chine Illsutree』으로도 번역된다)이 비록 "당시 가장 영향력 있는 예수회 선교사의 손으로 씌어진 저작으로 오랜 기간 중요한 역할을 했지만", 그것은 "진실과는 거리가 매우 먼 것으로 장점과 단점이 뒤섞여 있다"고 지적한다.(許鈞, 錢林森 중역본, 上冊, 209쪽)

2 싱이톈邢義田, 「古代中國及歐亞文獻, 圖像與考古資料中的"胡人"外貌」, 『대북미술사연구집간臺北美術史研究集刊』 제9권(2000), 15~99쪽.

3 V.H. Mair, 「고한어, 고페르시아어와 현대 영어 속의 "무"Old Sinitic Myag, Old Persian Magus and English "Magician"」, *Early China*, Vol.15, 1990.

4 도선道宣, 『석가방지釋迦方志』(北京: 中華書局, 1983), 范祥雍 교점본, 96~98쪽.

5 주방周昉, 「만이집공도蠻夷執貢圖」에는 서역의 호인胡人 한 사람이 그려져 있는데, 두 손으로 양 한 마리를 끌고 있으며 구레나룻을 길렀고 긴 옷을 걸쳐 입었으며 허리에는 단도를 찼다. 『고궁 인물화 선집古宮人物畫選萃』(臺北: 古宮博物院, 1976), 3쪽. 북송 조광보의 「번왕예불도藩王禮佛圖」에는 번왕의 측근이 그려져 있는데 열다섯 형상의 서로 다른 이족인이 그려져 있다. 원화는 미국 클레블랜드 미술관에 소장되어 있다. 『해외진귀화보海外遺珍繪畫』(臺北: 古宮博物院, 1985), 21쪽.

6 양보원楊博文, 『제번지 교석諸蕃志校釋』 卷首(北京: 中華書局, 1996), 1쪽, "詢諸賈胡, 俾列其國名, 道其風土與夫道里之聯屬, 山澤之畜產, 譯以華言, 刪其穢渫, 存其事實."

7 주밀周密, 『계사잡식癸巳雜識』 後集, 「十二分野」(北京: 中華書局, 1988), 81~82쪽, "十二州之內, 東西南北不過綿亘一二萬里, 外國動是數萬里之外, 不知幾中國之大", "中國僅可配斗牛二星而已."

8 궁위龔予 등 편, 『中國歷代貢品大觀』(上海: 上海社會科學院出版社, 1992)의 통계를 참고할 것.

9 공진鞏珍의 『서양번국지』에는 "파잘국"과 "아단국阿丹國"의 종교 신앙, 복식, 언어, 역법에 대한 기록이 있는데 매우 정확하다. 『속수사고전서續修四庫全書』(上海: 上海古籍出版社) 제742책, 知聖道齋抄本의 영인본, 386쪽.

10 명나라의 나왈경羅曰褧, 『함빈록咸賓錄』(北京: 中華書局, 2000) 卷首, 柳序, 10쪽, "聖不語怪, 而九牧之金, 百物而爲之備" "使民知神奸, 山澤川林, 不逢不若, 于傳載之."

11 Frank Dikotter, 『근대 중국의 종족 관념The Discourse of Race in Modern China』(南京: 江蘇人民出版社, 1999), 楊立華 중역본, 8쪽.

12 주거비周去非, 『영외문답嶺外代答』(上海: 上海古籍出版社影印『四庫全書』本) 제2권, 10쪽, "西南諸國 (…) 遠則大秦爲西天竺諸國之都會, 又其遠, 則麻離拔國爲大食諸國之都會, 又其外, 則木蘭皮國爲極西諸國之都會."

13 上同, "出惟誦經禮佛, 遇七日即由地道往禮拜堂拜佛" "國有聖水, 能止風濤, 若海揚波, 以琉璃瓶盛水灑之即止."

14 〔역자 주〕 고대 서역에서 생산되던 고급 직물의 명칭.

15 周去非, 앞의 책, "各以金線挑花帛纏頭搭項, 以白越諾金字布爲衣, 或衣諸色錦, 以紅皮爲履. 居五層樓, 食麵餅肉酪, 貧者乃食魚蔬."

16 〔역자 주〕 오늘날의 아프가니스탄.

17 周去非, 앞의 책, "其國有禮拜堂百餘所, 內一所方十里, 國人七日一赴堂禮拜, 謂之除(或作主)幭."

18 "其國西有弱水流沙, 近西王母, 幾於日所入也."

19 『사기史記』(北京: 中華書局) 제123권, 「대완열전大宛列傳」은 장건張騫의 말을 기록했지만 전해 들은 말일 뿐이라고 한다. 곧, "안식安息의 장로들은 조지條支에 약수와 서왕모가 있다는 것을 전해 들었지만 아직 본 적은 없다安息長老傳聞條枝有弱水西王母, 而未嘗見", 3163~3164쪽. 『한서漢書』(北京: 中華書局) 제96 上권, 「서역전西域傳」에도 동일한 구절이 나온다, 3888쪽. 그러나 어환魚豢의 『위략魏略』은 그렇게 전해 들은 것의 문제점을 이미 발견하고 있다. 안식과 대진에 대해 파악하고 있는 내용이 있었기 때문에 그렇게 잘못 전해 들은 것을 비판할 수 있었을 것이다. 『삼국지三國志』(北京: 中華書局) 제30권의 주석은 『魏略·西戎傳』을 인용하고 있다. 860~861쪽. 그리하여 『후한서』(北京: 中華書局) 제88권, 「서역전」에 이르면, "어떤 이가 말하기를"이라는 구절을 써서 그것이 전해 들은 것이라는 점을 밝히기는 하지만, 그럼에도 불구하고 이미 알고 있던 조지, 안식, 대진으로부터 더욱 확장하여 그보다 멀리 있는 "대진의 서쪽 나라"에까지 "약수弱水"가 있다고 했고, 게다가 "약수" 뒤에 "유사流沙"를 덧붙였으며, 심지어 "해가 지는 곳과 매우 가깝다"는 구절까지 첨가했다. 이렇듯 실제 지식의 증가를 이루지 못함으로 인해 상상의 국가는 더욱더 요원하고 신비롭게 보이게 되었다.(2920쪽)

20 『제번지 교석』, 81~82쪽.

21 『제이고諸夷考』(上海: 上海古籍出版社, 『續修四庫全書』 제742책의 영인본), 제1권, 445쪽, "有弱水流沙, 幾又日入之處."

22 "盛夏置錫器於沙中, 尋即鎔鑠, 馬糞隨地爲之沸溢, 月光射人如中原之夏日, 遇夜, 人輒避暑于月之陰. 此國之南有大河, 闊如黃河, 冷于冰雪."

23 『서유록西游錄』(北京: 中華書局, 1981) 上, 샹다向達 교정·주석, 『西游錄 異域志』 합간본, 3쪽.

24 여국女國 또는 여인국에 대해서는 구스타프 슐레겔Gustave Schlegel의 「중국의 역사서 중 미상의 여러 나라에 대한 고증中國史乘中未嘗諸國考證」을 참고할 만하다. 이 논문은 중국과 외국의 여러 저술을 대부분 인용하고 있으며 고증도 매우 자세하다. 다만 한문의 문헌을 인용할 때 빠지거나 소략하게 한 곳이 있다. 펑청쥔馮承鈞 역, 『서역·남해의 역사·지리 고증 연구물 번역 모음西域南海史地考證譯叢』 제3집(北京: 商務印書館, 1999)에 수록되어 있다.

25 위안커袁珂, 『山海經校注』(上海: 上海古籍出版社, 1980), 220쪽, 400쪽.

26 『삼국지三國志』(北京: 中華書局) 제30권, 847쪽, "在海中, 純女無男."

27 『후한서後漢書』(北京: 中華書局) 제85권, 「東夷列傳」, 2817쪽, "其國有神井, 窺之輒生子."

28 『양서梁書』(北京: 中華書局) 제54권, 「제이전諸夷傳」과 『南史』(北京: 中華書局) 제79권, 「夷貊傳下」는 모두 혜심慧深의 말을 기록한다. 곧 "부상扶桑의 동쪽 1000여 리에 여자의 나라가 있는데, 여자들의 용모는 단정하고 피부색은 매우 희며 몸에는 털이 있고 머리털은 길어서 땅에 끌린다. 2~3월에 다투어 물에 들어가면 임신하고 6~7월이면 아이를 출산한다…扶桑東千餘里有女國, 容貌端正, 色甚潔白, 身體有毛, 髮長委地. 至二三月, 競入水則任娠, 六七月產子…."(『梁書』, 809쪽, 『南史』, 1976~1977쪽)

29 유부劉斧, 『청쇄고의靑瑣高議』(上海: 上海古籍出版社, 1983) 『前集』 제3권, 31~32쪽, "東南有女子國, 皆女子, 每春月開自然花, 有胎乳石, 生池, 望孕井, 群女皆往焉, 咽其石, 飮其水, 望其井, 卽有孕, 生必女子."

30 지셴린季羨林 등, 『대당서역기교주大唐西域記校注』(北京: 中華書局, 1985), 408쪽, 943쪽. 『신당서』(北京: 中華書局, 1996) 제221권, 6218~6219쪽. "東與吐蕃黨項茂州接, 西屬三波訶, 北踞于闐." 남송의 조여적趙汝適이 짓고 양보원楊博文이 교정·풀이한 『제번지교석諸蕃志校釋』(北京: 中華書局, 1996) 상권에 따르면, 동남쪽에 여인국이 하나 있는데 "그 나라 여인들은 남풍을 맞으면 모발이 무성해지고, 나신으로 바람을 느끼면 곧 여아를 낳는다其國女人遇南風盛髮, 裸而感風, 卽生女也"고 한다. 서해에도 여인국이 있는데 동남

쪽의 여인국과 다른 점은, 그곳은 다만 “여인을 국왕으로 삼고 부인이 관리가 되는 반면, 남자는 군사가 될뿐더러, 여자는 귀하기 때문에 시중드는 남자를 많이 두지만, 남자는 시녀를 얻을 수 없고, 아울러 자식을 낳으면 모계의 성을 따른다以女爲國王, 婦人爲吏職, 男子爲軍士, 女子貴, 則多有侍男, 男子不得有侍女, 生子從母姓”고 한다. 그러므로 이미 『대당서역기』나 『신당서』와 다른 것이다.(130~131쪽)

31 주치중周致中, 『이역지異域志』(北京: 中華書局, 陸峻嶺 校注本, 1981) 하권, 54쪽. 명대 유박游朴의 『제이고諸夷考』(上海: 上海古籍出版社, 『續修四庫全書』 제742책의 영인본) 제1권은 수파다나Supadana(보르네오 섬) 서해안의 위치에 대해 기록할 때 다음과 같이 설명한다. “수파다나는 도파闍婆(인도네시아 자바)의 속국으로 취안저우泉州의 병사丙巳(165도) 쪽 방향에 있는데, 동쪽으로 바다에 이르면 물의 형세가 점차 낮아지고 여인국이 그곳에 있다. 동쪽으로 더 넘어가면 바닷물이 흘러드는 미려尾閭(모든 바닷물을 빨아들이는 거대한 골짜기)가 있어 인간의 세상이 아니다蘇吉丹乃闍婆之支國, 于泉州爲丙巳方, 東至海, 水勢漸低, 女人國在焉, 逾東則尾閭之所洩, 非人世矣.”(446쪽)

32 〔역자 주〕 명나라 사람들이 포르투갈과 에스파냐에 대해 부르던 명칭. 원래는 터키인, 아랍인 및 중동의 여러 종족이 유럽인을 가리키던 명칭이었다. 힌두스탄어로는 Frangi이고 페르시아어로는 Firangi인데 모두 프랑크Frank를 잘못 읽은 것이다.

33 엄종간嚴從簡, 『수역주자록殊域周咨錄』(上海: 上海古籍出版社. 『續修四庫全書』 제735책의 영인본) 제9권, “以巨鑊蒸水成沸湯, 以鐵籠盛小兒置之鑊上, 蒸之出汗, 汗盡乃取出, 用鐵刷刷去苦皮, 其兒猶活, 乃殺而剖其腹, 去腸胃蒸食之.”

34 “女則如中國, 而言語不可曉, 男則人身而狗頭, 其聲如吠.”

35 “女眞之北, 乃陽消陰長之地, 得天地之氣, 雜駁不純.”

36 엄종간, 『수역주자록』 卷首, 萬曆甲戌題辭, 469~470쪽. 〔역자 주〕 저자가 이곳의 원문을 “正西, 崑崙狗國, 塌耳貫胸”으로 표점을 찍은 것을 보면, “개의 나라는 중국의 정서쪽에 있는데, 곤륜의 개의 나라는 사람들이 귀를 늘어뜨려 가슴에까지 드리웠다”는 식으로 이해했던 것 같다. 그러나 『逸周書·王會』를 보면, “正西, 崑崙, 狗國, 塌耳, 貫胸”으로 표점을 찍는 것이 바르지 않을까 한다. 왜냐하면 崑崙, 狗國, 貫胸 등은 각각 별개의 나라 이름이기 때문이다.

37 〔역자 주〕 오늘날의 장쑤 성 난징南京에 해당된다.

38 『양서梁書』(北京: 中華書局) 제54권, 「諸夷傳」, 809쪽; 『남사南史』(北京: 中華書局) 제79권, 「夷貊傳下」, 1977쪽; 왕기王圻 編, 『삼재도회三才圖會』(上海古籍出版社影印本, 1988), 829쪽. 또한 이런 종류의 풍문은 청나라 말기에도 있었다. 유월兪樾의 『다향실속초

茶香實續鈔』(北京: 中華書局, 1995) 제19권은 "개머리를 지닌 사람들"과 관련하여 진정陳鼎의 『전검기유滇黔紀游』를 인용하면서 개머리 나라가 진사 강金沙江 상류에 있으며 걸어서 120 여일을 가면 도달할 수 있다고 한다. 또한 "상하 의복은 중국과 같지만, 입과 귀, 눈썹과 눈은 모두 개와 같다上下衣服同中國, 口耳眉目皆狗也"고 한다.

39 원元 왕대연汪大淵 저, 쑤지칭蘇繼廎 校釋, 『도이지략교석島夷志略校釋』(北京: 中華書局, 1981), 63~64쪽, "亦父母所生, 與女子不異, 特眼中無瞳人, 遇則飛頭食人糞尖, 頭飛去, 若人以紙或布掩其項, 則頭歸不接而死. 凡人居其地大便後, 必用水淨浣, 否則蠻食其糞, 即逐臭與人同睡. 倘有所犯, 則腸肚皆爲所食, 精神盡爲所奪而死矣."

40 『신당서』(베이징: 중화서국) 제222 下권, 「남만·남평료전」에 기록되어 있는 "날아다니는 머리" 이야기는 이렇다. "날아다니는 머리를 갖고 있는 남평료는, 그 머리가 날아가고자 하면 목 주위로 실과 같은 흔적이 생기므로 처와 자식이 머리가 날아가지 못하도록 지킨다. 밤이 되면 병이 든 것 같다가, 머리가 갑자기 사라지고 아침이 되면 되돌아 온다有飛頭獠者, 頭欲飛, 周項有痕如縷, 妻子共守之, 及夜如病, 頭忽亡, 比旦還." 상술한 "시체 머리 야만족"과는 다른 듯하다(6326쪽).

41 공진鞏珍, 『서양번국지西洋番國志』(上海: 上海古籍出版社, 『續修四庫全書』 제742책의 知聖道齋鈔本의 영인본), 375쪽; 마환馬歡, 『영애승람瀛涯勝覽』(上海: 上海古籍出版社, 『續修四庫全書』 제742책의 陳眉公家藏密笈本의 영인본), 392쪽; 비신費信, 『성사승람星槎勝覽』(上海: 上海古籍出版社, 『續修四庫全書』 제7242책의 古今說海本의 영인본), 410쪽.

42 황충黃衷, 『해어海語』(臺北: 臺北商務印書館, 『四庫全書』 제594책의 영인본) 下권, 134쪽, "六合之中, 無所不有, 而海外神怪爲多, 故曰視聽之表, 聖賢有不言者也."

43 주달관周達觀 저, 샤나이夏鼐 校注, 『크메르 풍토기 교주眞臘風土記校注』(北京: 中華書局, 1981), 64쪽, "同寢交媾, 雖其妻亦不敢入, 二鼓乃出, 方可與妻妾同睡. 若此一夜不見, 則番王死期至矣. 若番王一夜不往, 則必獲災禍."

44 위의 책, "多二形人, 每日以數十成群, 行于墟場間, 常有招徠唐人之意, 反有厚饋, 可丑可惡."

45 엄종간, 『수역주자록』(上海: 上海古籍出版社, 『續修四庫全書』 제735책 明萬曆本의 영인본) 제8권, 676쪽.

46 도연명陶淵明, 「독산해경십삼수讀山海經十三首」, 공빈鞏斌, 『도연명집 교전陶淵明集校箋』(上海: 上海古籍出版社, 1996) 제4권, 335쪽, "汎濫周王傳, 流觀山海圖."

47 여즉黎崱, 『안남지략安南志略』(北京: 中華書局, 武尙淸 点校本, 1995) 卷首, 5쪽,

"士之爲學, 當籠絡宇宙, 天之所覆, 皆宜知之, 而或窒于通, 或蔽于遐, 則見聞有弗深考. 窮壤之處, 渾淪之墟, 尙可知乎. 淵明覽周王傳山海圖以自適, 其胸中高世之致, 可念見已."

48 일본의 眞人元開 저, 왕샹룽王向榮 校注, 『당대화상동정전 교주唐大和上東征傳校注』(北京: 中華書局, 1979)는 천보天寶 연간에 감진鑒眞이 동쪽으로 건너갈 때 사해蛇海, 비어해飛魚海, 비조해飛鳥海를 지나갔는데 바다에 금어金魚와 사백어四伯魚 등이 있었다고 한다.

49 예를 들어 『북당서초北堂書鈔』의 "獻吉光毛裘" "胡王靈膠" "大秦出金環" "風獸似豹", 『예문유취藝文類聚』의 "大月氏牛名日及" "周穆王時夜光杯" "南方有炎山" "車渠出天竺" "瑪瑙出月氏", 『초학기初學記』의 "干呂" "風入津" "月氏之羊" 『태평어람太平御覽』의 "炎火山" "炎洲" "惊精香" 등이 그러하다.

50 왕대연汪大淵 저, 쑤지칭蘇繼廎 校釋, 『도이지략 교석島夷志略校釋』(北京: 中華書局, 1981), 1쪽, "九州環大瀛海, 而中國曰赤縣神州. 其外爲州者復九, 有裨海環之. 人民禽獸, 莫能相通. 如一區中者乃爲一州, 此鄒氏之言也. 人多言其荒唐誕夸, 況當時外徼未通于中國, 將何以征驗其言哉."

51 "姑射國在海中屬列姑射, 西南有陵魚人."

52 황성증黃省曾 저, 셰팡謝方 校注, 『서양조공전록 교주西洋朝貢典錄校注』(北京: 中華書局, 2000), 상권 47쪽 및 중권 79쪽.

53 왕대연 저, 쑤지칭 校釋, 『도이지략 교석』(北京: 中華書局, 1981), 379~380쪽.

54 탕카이젠湯開建, 「중국에서 현존하는 가장 이른 시기의 서양인 형상에 관한 자료—동이도상中國現存最早的歐洲人形象資料—東夷圖像」, 『구궁박물원 원간古宮博物院院刊』(北京: 古宮博物院), 2001년 제1기.

55 Edward W. Said, 『東方學Orientalism』(北京: 三聯書店, 왕위건王宇根 역, 1999), 7쪽.

56 명대의 주공교周孔教는 『삼재도회』를 위해 쓴 서문에서 이렇게 말한다. "군자는 다식多識을 귀중히 여긴다. 하나라도 모를 경우 칠원漆園(莊子)은 그런 사람을 금수나 쓸모없는 주머니처럼 여겼다. 게다가 유학자들은 말하지 않았던가? 앎을 극진히 하는 것은 외물에 다가감에 달려 있다. 그림에 의거해 살펴보건대 위로는 하늘, 아래로는 땅, 과거와 현재, 모든 것이 참으로 쉽게 파악되니, 진실로 외물에 다가가는 하나의 실마리다. 이것이 유익한 점 첫 번째이다. 만물은 하늘로부터 주조되는데 형형색색으로서 문자로 추측할 수 없다. 유후留侯(張良)의 외모는 부인이나 예쁜 여자 같았지만, 그의 그림을 보니 뛰어나고 비범한 대장부처럼 보였다. 게를 먹을 때 만약 그 형상에 관한 문자 기록만을 그대로 믿는다면, 게

를 먹기를 권하는 것은 바로 죽기를 배우는 것을 권하는 것처럼 될 것이다. 그러므로 이 책의 여러 그림을 얻어서 보존한다면 독서가 원표袁豹만큼 충분치 않더라도 눈으로는 큰 견식을 갖출 것이며 추호도 오류가 없을 것이다. 이것이 두 번째 이점이다. 그러나 종이나 북과 같은 예기禮器는 원거爰居와 같은 섬나라에서 쓰일 수 없고, 관과 면류관은 벌거벗은 이들의 나라裸國에서 쓰일 수 없다. 이제 이 그림으로 선비의 학문을 검증하지는 못할 터이고, 선비 또한 어떻게 그림으로 그렇게 하겠는가? 이것은 참으로 원거라는 섬나라의 종이나 북이자, 벌거벗은 사람들 나라의 관이나 면류관과 같은 것이다. 이것이 그림의 첫 번째 단점이다. 필묵은 오묘하여 우리의 천고의 생애가 되는데, 그대는 게다가 '보잘것없이 작은 기술을 익혔다'고 하고, 하물며 그림은 빨갛고 파랗게 칠하는 일과 관계되므로, 아동들이 재미로 그것을 볼 것이다. 그러니 옛사람들이 '좌도우사左圖右史'라고 말하듯이 누가 그것을 존중하고 신뢰하겠는가? 이것이 그림의 두 번째 단점이다君子貴多識, 一物不知, 漆園以爲視肉撮囊. 且儒者不云乎. 致知在格物. 按圖而索, 而上天下地, 往古來今, 靡不若列眉指掌, 是亦格物之一端, 爲益一也. 萬物鼓鑄于洪鈞, 形形色色, 不可以文字揣摩. 留侯狀貌如婦人好女, 匪圖是披, 將以爲魁梧奇偉一大男子. 食蟹者倘盡信書, 直爲勸學死耳. 得是圖而存之, 無俟讀書半豹, 而眼中具大見識, 鴻乙無誤, 爲益二也. 然鐘鼓不以饗爰居, 冠冕不以適裸國, 方今圖不以課士, 士又安用圖爲. 是亦爰居之鐘鼓, 裸國之冠冕也, 爲圖一窮. 筆精墨妙, 爲吾輩千古生涯, 子云且薄爲小技, 矧圖涉丹青之事, 卽童穉且嬉戲視之, 孰肯尊信如古人所謂左圖右史者乎, 是爲圖二窮." 王圻 編, 『三才圖會』(上海: 上海古籍出版社 영인본, 1988) 卷首, 2~3쪽.

57 이 모든 나라 대부분은 『산해경』에 나온다. 그리고 가장 직접적 연원은, 원대 주치중의 『이역지』를 편집한 『이역도지異域圖志』일 것이다. 『이역지』(北京: 中華書局, 1981) 卷首, 陸峻嶺의 「前言」, 3쪽 참조.

58 王圻 編, 『三才圖會』(上海: 上海古籍出版社 영인본, 1988), "男子自幼割陽物, 嵌入八寶, 以衒富貴. 不然則女家不妻也."

59 上同, "黃毛首, 乃山鬼與黃牸牛所生." "玃猳與野猪所生."

60 Paul Connerton 저, 納日碧力戈 역, 『사회는 어떻게 기억하는가How Societies Remember?』(上海: 上海人民出版社, 2000), 「서론」, 2쪽.

61 프랑크 디코터Frank Dikotter는, 중국의 고대인들은 피부가 지나치게 흰 유럽인과 지나치게 검은 아프리카인을 비정상적인 것으로 봤는데, 사실 그것은 그들이 무의식적으로 자기 자신을 "정상적인" 피부색을 지닌 사람으로 가정했기 때문이며, 게다가 그런 인식은 "황"을 중앙의 색으로 삼는 고대의 학설과 잘 부합했다고 지적한 적이 있다. 프랑크 디코터,

『근대 중국의 종족 관념The Discourse of Race in Modern China』(南京: 江蘇人民出版社, 楊立華 中譯本, 1999).

62 우신행于愼行, 『곡산필주穀山筆麈』(北京: 中華書局, 1984) 제18권, 217~218쪽, "東方曰夷者, 東方人好生, 萬物抵觸地而生. 夷者, 抵也. 其類有九. 南方曰蠻者, 君臣同川而浴, 極爲簡嫚. 蠻者, 嫚也. 其類有八. 西方曰戎者, 斬伐殺生, 不得其中. 戎者, 凶也. 其類有六. 北方曰狄者, 叔嫂同穴無別. 狄者, 僻也, 其行邪僻. 其類有五. 此風俗通小著四夷名也." 그보다 약간 이른 시기의 전여형田汝蘅은 『유청일찰留青日札』(上海: 上海古籍出版社, 1992) 제3권, 「팔이八夷」에서 사이관四夷館에 대해 설명할 때, 사이관은 "동서남북의 방위에 입각해 말하는 것으로" "구이九夷, 팔적八狄, 칠융七戎, 육만六蠻을 사해四海라고 한다"고 하며, 제10권에서 사황四荒과 사극四極에 대해 설명할 때, "고죽觚竹, 북려北廬, 서왕모西王母, 일하日下를 사황이라고 하고, 동쪽으로 태원泰遠, 서쪽으로 빈국豳國, 남쪽으로 복연濮鉛, 북쪽으로 축률祝栗을 사극이라고 한다"고 말하는데 모두 상상의 천하였던 듯하다. 제10권의 「모인毛人」에서는 일본의 동쪽 3000리에 "몸과 얼굴에 모두 털이 반 촌寸가량 난" 사람들의 나라를 기록하면서 "모두 천지의 나쁜 기가 모인 것이다"라고 설명하는데, 더욱더 상상적인 이역이었다.(57쪽, 188쪽, 192쪽)

63 줄스 알레니Jules Aleni(艾儒略) 저, 셰팡 校釋, 『직방외기 교석職方外紀校釋』(北京: 中華書局, 1996) 卷首, 7쪽, "地如此其大也, 而在天中一粟耳, 吾州吾鄕, 又一粟中之毫末, 吾更藐焉中處, 而爭名競利于蠻觸之角也歟哉."

64 上同, "孰知耳目思想之外, 有如此殊方異俗, 地靈物產, 眞實不虛者, 此見人識有限而造物者之無盡藏也."

65 "嘗試按圖而論, 中國居亞細亞十之一, 亞細亞又居天下五之一, 則自赤縣神州而外, 如赤縣神州者且十其九, 而戔戔持此一方, 胥天下而盡斥爲蠻貉, 得無紛井底蛙之誚乎."

66 거자오광, 「천하, 중국, 그리고 사이—고대 중국 세계지도 속의 사상사天下中國與四夷—古代中國世界地圖中的思想史」, 왕위안화王元化 主編, 『학술집림學術集林』(上海: 上海遠東出版社, 1998) 제16권.

67 좡지파庄吉發, 『謝遂「職工圖」滿文圖說校注』(臺北: 古宮博物院, 1989).

68 작자미상, 「萬國來朝圖」, 聶崇正 主編, 『清代宮廷繪畫』(古宮博物院藏文物珍品全集)(香港: 商務印書館, 1996)

69 『사고전서총목四庫全書總目』(北京: 中華書局 영인본, 1981) 제142권, 1206쪽, "書中序述山水, 多參以神怪 (…) 道里山川, 率難考據. 按以耳目所及, 百不一眞. 諸家並以爲地理書之冠, 亦爲未允. 核實定名, 實則小說之最古者爾."

70 上同, "隋志列之史部地理類, 唐志又列之子部神仙類. 今核所言, 多世外恍惚之事, 既有異於輿圖, 亦無關於修煉. 其分隸均屬未安. 今從文獻通考列小說類中, 庶得其實焉."

71 上同, "諸家著錄, 或入地理. 循名責實, 未見其然. 今與山海經同退置小說家焉."

제3장 사상사로서의 고여도古輿圖

1 『권력의 지리학』, 중국어 번역본은 『권력의 눈權力的眼睛』(上海: 上海人民出版社, 1997)을 볼 것.

2 王庸, 『中國地理學史』(上海: 商務印書館, 1938) 제2장, 「地圖史」; Richard J. Smith, *Chinese Maps*, Oxford University Press, Hongkong, 2000; *The History of Cartography*, Vol.2, Book.2: *Cartography in the Traditional East and Southeast Asian Societies*(Edited by J.B. Harley and David Woodward), The University of Chicago Press, 1994.

3 오다 다케오織田武雄, 『地圖の歷史—世界篇』(東京: 강담사, 1974, 1994). 우노 가즈타카海野一隆, 『지도의 문화사』(중국어 번역본, 香港: 中華書局, 2002). 내친김에 말하자면, 몇 년 전 홍콩 지도를 갖고서 관념과 사상에 대해 논했던 문학자 퉁치장童啓章의 저작이 큰 영향을 끼쳤다. 홍콩의 지도 속에는 식민과 탈식민, 민족과 민족, 국가와 국가 사이의 긴장이 가득 차 있다는 것이다. 당연히 지도는 그의 "화제의 발단"이었을 뿐이기 때문에 이후 그의 책은 "연합문학聯合文學"으로 분류되었다.

4 차오완루曹婉如 등이 편찬한 『중국고대 지도집中國古代地圖集』(北京: 文物出版社, 1990~1998)은 전국 시대에서부터 원나라까지, 명대, 청대의 세 권으로 되어 있다; 베이징 도서관 선본특장부善本特藏部 편, 『여도요록輿圖要錄: 北京圖書館 6827種 中外文 故舊地圖 目錄』(北京: 北京圖書館 出版社, 1997); 필립 앨런 편, 『고지도집 정선—지도 예술과 세계관의 발전을 투시하다古地圖集精選—透視地圖藝術與世界觀的發展』(薛詩綺 등 중국어 번역본, 臺北: 猫頭鷹出版社, 2001); 저우민민周敏民 편, 『지도중국地圖中國』(香港: 香港科技大學圖書館, 2003)

5 설사 동남부에 해양의 공간이 남아 있었다 하더라도, 고대 중국의 지도는 언제나 원래 더욱 큰 지역에 분산되어 있던 여러 섬이나 곶, 육지, 그 외 국가를 그 공간에 몰아넣었다.

6 사실 이런 사정은 지도에만 국한되지 않고 또한 유럽에만 국한되지도 않는다. 예를

들어, 장사의 무기고에서 출토된 초백서楚帛書의 테두리에도 열두 신神의 상이 그려져 있다. 이것은 대체로 12개월과 상응하는 것이었다. 왜냐하면 초백서의 내용이 설명하는 것은 12개월의 일이었기 때문이다. 그림과 글 사이에는 언제나 어떤 관련이 있는데, 옛 중국인들이 그림 위에 시를 붙이거나, 위아래로 낙관이나 도장을 찍거나, 표구를 통해 남게 되는 제목·발문題跋의 공간도 그러하다.

7 지도는 저우민민 편, 『지도중국地圖中國』, 31쪽.

8 지도는 필립 앨런 편, 『고지도집 정선古地圖集精選』, 16~17쪽.

9 "鑄鼎象物, 百物而爲之備, 使民知神奸. 故民入川澤山林, 不逢不若, 螭魅罔兩, 莫能逢之." 두예杜豫의 풀이는 이렇다. 첫째, 그것은 사방의 기이한 산물에 관한 지식으로서 "산천의 기이한 사물을 그림으로 그리면서 그것을 바치도록 한 것이다." 둘째, 그것은 해로움을 피하고 길함으로 나아가도록 하는 지식이다. "귀신과 온갖 것의 형상을 그려서 백성들로 하여금 예비하도록 한다." 『十三經注疏』(北京: 中華書局 영인본, 1980), 1868쪽.

10 이 측면에 대한 주제는 매우 복잡하므로 전문적인 논의가 필요하다.

11 이상은 우노 가즈타카海野一隆, 『지도로 본 일본: 왜국, 지팡구, 대일본地圖に見る日本: 倭國, ジパング, 大日本』(東京: 大修館書店, 1999); 『에도 시대 고지도 총람江戶時代古地圖總覽』(東京: 新人物往來社, 1997)을 참조할 것.

12 홍콩시티대학 교차문화 연구센터에 감사드린다. 홍콩 과학기술대학 도서관에 소장되어 있는 이 아시아지도는 2001년에 열렸던 학술회의에서 선물로 인쇄되어 참가자들에게 배포된 것이다.

13 예를 들어 1593년 앤트워프에서 출판된 『지구과학Speculum orbis terrarum』에는, 중국과 일본의 지도 테두리에 중국인이 물새를 이용해 물고기를 잡는 그림과 일본인이 열 한 개의 머리를 지닌 보살을 숭배하는 그림이 그려져 있다.(나란히 병렬된 머리 세 개만 그려져 있을 뿐인데, 그 그림은 기억에 착오가 있었음이 분명하다. 왜냐하면 옛 중국과 일본이 숭배한 십일면관음十一面觀音은 결코 나란히 병렬된 세 개의 머리가 아니기 때문이다.) 또한 바람을 이용한 수레, 떠다니는 뗏목으로 양식養殖하는 모습이 그려져 있다. 이는 당시 유럽인의 동양에 대한 지식이 보잘것없었음을 말한다. 그러나 1634~1662년 요안 블라외Joan Blaeu의 『대지도집Atlas Maior or Grand Atlas』은 아프리카 지도 좌우 양측에 10폭 크기의 토착인 도상을 그렸을 뿐 아니라, 중국 북방의 지도 오른쪽 아래 빈 곳에 중국 황제의 도상을 그렸는데, 상당히 정확하다. 이는 유럽 식민 세력의 욕망이 확장되었음을 나타낼 뿐만 아니라, 그 당시 중국을 포함한 세계 각지에 대해 유럽인들이 다소간 실제적 지식을 갖고 있었음을 보여준다. 또 예를 들어 1772년의 『아주지도』에는 황제 또는 왕족의 형상이 있

을 뿐 아니라 동양의 부녀 형상, 형장의 장면, 그네 곡예, 공방전, 교역의 모습이 그려져 있어, 200~300년이 지난 18세기에 이르면 동양에 대한 유럽인들의 지식이 신속하게 증가하고 있음을 나타낸다.

14 이 지도는 교토대학 부속도서관 편, 『근세의 교토 지도와 세계 지도近世の京都圖と世界圖』(京都: 京都大學附屬圖書館, 2001)에서 볼 수 있다. 이 책의 해석도, 그것은 중세기적 세계관이 남아 있던 것으로서 기독교 세계 밖의 이역異域에 대한 이해를 보여준다고 지적한다.

15 저우민민 編, 『지도중국地圖中國』, 31쪽.

16 이 책 제2장 참조.

17 중세 유럽의 세계지도는 언제나 "바다가 육지를 둘러싸서 O자형을 형성하고, 아프리카, 아시아, 그리고 유럽 사이는 물로 분리되어 있어서 T자 형태를 이루는데, 이런 지도에서 예루살렘은 영원히 정중앙의 가장 뚜렷한 위치를 점한다. 왜냐하면 『구약성경』의 「에스겔」에는 '나는 이미 예루살렘을 열방 가운데 놓았고 모든 나라는 그것 주변에 있다'라고 기록되어 있기 때문이다." 「지도혁명地圖革命」, 『대지大地』(臺北: 1999년 11월) 제140기 참조.

18 오다 다케오織田武雄, 『지도의 역사—세계편地圖の歷史—世界篇』(東京: 講談社, 1874, 1994), 25쪽 참조.

19 이야나가 노부미彌永信美, 『환상 속의 동양幻想の東洋』(東京: 青土社, 1987), 19쪽.

20 마테오 리치, 「곤여만국전도坤輿萬國全圖」, 『中國古代地圖集』(明代)(北京: 文物出版社, 1997). 지도는 77~80쪽에 수록. 이 지도는 현재 난징박물원에 소장되어 있는데, 마테오 리치의 원작이 아니라 17세기 초 베이징에서 6폭의 병풍으로 복제된 것이다.

21 지도는 앞서 인용한 『근세의 교토 지도와 세계 지도近世の京都圖と世界圖』, 66쪽을 볼 것.

22 에드워드 사이드Edward W. Said, 『오리엔탈리즘』(王宇根 중국어 번역본, 『東方學』(北京: 三聯書店, 1999)), 4쪽.

23 장황章潢, 『도서편圖書編』(上海: 上海古籍出版社, 文淵閣四庫全書本의 영인본), 제58권, 「萬里長江圖」 3쪽.

24 예를 들면 교통을 중시하는 지도는 도로를 부각시키고 나머지를 무시할 것이다. 고금의 연혁에 관심을 갖는 것은 물산을 무시하고 도시, 군사요충지의 변화를 부각시킬 것이다. 풍수가들의 지도는 방향, 방위, 용맥龍脈의 소재에 주의할 것이다. 여행자들의 지도가 관심을 갖는 것은 여행 명승지와 쇼핑 지점일 것이다. 일반적으로 말하자면, 고대의 역사지리학이 주로 관심을 갖던 대상은 관부官府의 소재지(주, 현, 군의 행정중심지)와 행정 지리 범

위의 변화일 것이다. 명나라에서 청나라로 왕조가 바뀌던 시대에 고염무顧炎武, 고조우顧祖禹와 같은 이들은 군사 요새와 요충지대의 지세에 특별히 관심을 가졌는데, 그것은 전쟁의 기억이 아직도 마음에 남아 있었기 때문이다. 그러나 예전에 매우 중요했던 장쑤甘肅의 자위관嘉峪關, 친링秦嶺의 다싼大散關, 허베이河北의 쥐융관居庸關, 쓰촨四川의 젠거劍閣의 경우 오늘날의 군사 지도에서는 더 이상 사람들의 관심 초점이 아니다. 마치 이집트의 수에즈 운하가 개통되자, 15세기 이래 항해도에서 극히 중시됐던 남아프리카의 희망봉이 더 이상 부각되지 못했던 것과 같다. 그러므로 지도 제작의 관념이 시대를 따라 변화한다고 할 수 있다.

25 거자오광, 「사상사적 시야 속의 도상思想史視野中的圖像」, 『中國社會科學』(北京: 中國社會科學雜志社), 2002년 제3기.

26 거자오광, 「천하, 중국, 그리고 사이—고대 중국 세계지도 속의 사상사天下中國與四夷—古代中國世界地圖中的思想史」, 王元化 主編, 『학술집림學術集林』(上海: 上海遠東出版社, 1998), 제16권.

27 예를 들면 일본의 류코쿠대학에 소장된 것으로, 1402년 조선에서 복제된 중국의 「혼일강리역대국도지도混一疆理歷代國都之圖」를 보면, 아프리카에 대한 지식이 상당하여 깜짝 놀랄 정도다. 왜냐하면 그 지도는 아프리카 서해안에 대한 묘사가 상당히 정확하여 동시대 유럽인들의 지식을 훨씬 넘어서기 때문이다. 오가와 다쿠지小川琢治의 1910년 복제본을 참고했다. 이 그림은 『배움의 세계—중국문화와 일본學びの世界—中國文化と日本』(京都: 京都大學綜合博物館, 2002), 5~6쪽을 볼 것.

28 전문가의 연구에 따르면, 마왕퇴 백서 지도의 주요 부분이 묘사하는 것은 후난湖南 샤오수이瀟水 강의 중상류이며 비례는 약 15만 분의 1로 매우 정확하다고 한다. 탄치샹譚其驤, 「2100년 전의 지도 한 폭兩千一百多年前的一幅地圖」, 『마왕퇴 한묘 연구馬王堆漢墓研究』(長沙: 湖南人民出版社, 1979).

29 『法苑珠林』 제2권, 「界量部第五」(『大正新修大藏經』, 제53권), 280~281쪽, "一一國中, 種類若干, 胡漢羌虜, 蠻夷楚越, 各隨方土, 色類不同."

30 승우僧祐, 「세계기목록서世界記目錄序」, 『출삼장기집出三藏記集』 제12권(『大正新修大藏經』, 제55권, 88쪽). 승우의 『세계기世界記』 제5권은 일실되었지만 다행히도 그 목록은 승우 자신의 『출삼장기집』 제10 中권에 수록되어 있다. 그 주요한 것은 『장아함경長阿含經』과 『누탄경樓炭經』에서 온 것으로, 제1권은 삼천대천세계三千大千世界, 제해諸海, 대소겁大小劫, 대해大海, 수미須彌, 일월日月, 사천하四天下, 사종성四種姓에 대해 말한다. 이 책은 불교적 세계관을 알 수 있는 중요 자료다.

31 "東有晋天子, 人民熾盛, 南有天竺國天子, 土地多名象, 西有大秦國天子, 土地饒金銀碧玉, 西北有月支天子, 土地多好馬."

32 펠리오Paul Pelliot, 「사천자설四天子說」, 원래 1923년 『통보通報』에 수록, 펑청쥔馮承鈞의 번역본은 『서역·남해의 역사·지리 고증 연구물 번역 모음西域南海史地考證譯叢』(北京: 商務印書館 重印本, 1995) 제1권 제3편, 84~103쪽에 수록; 레비S. Levi, 「大藏方等部之西域佛敎史料」, 펑청쥔 역, 위의 책, 제2권 제9편, 160~234쪽에 수록.

33 『詩經』, 「小雅·谷風之什」, "北山", "溥天之下, 莫非王土. 率土之濱, 莫非王臣."

34 『孟子』, 「萬章上」, "孔子曰, 天無二日, 民無二王."

35 志磬, 『佛祖統紀』 제32권(『大正新修大藏經』 제49권, 312~314쪽).

36 〔역자 주〕 숭실대학교 박물관에 소장되어 있다.

37 『주해도편籌海圖編』에는 가정嘉靖 41년(1562)의 판본도 있고, 『전해도주全海圖注』에는 베이징도서관 소장 만력 19년(1591) 이화룡李化龍의 서각본序刻本이 있으며, 「만리해도萬里海圖」는 사걸謝杰의 『건태왜찬虔台倭纂』 상권(賢覽堂叢書續集 影印 明萬曆刊本)에 있다.

38 『鄭開陽雜著』(上海: 上海古籍出版社, 文淵閣四庫全書本의 영인본) 제8권, 8쪽 A~B, "有圖畫家原有二種, 有海上而地下者, 有地上而海下者, 其是非莫辨. 若曾以義斷之, 中國在內, 近也, 四裔在外, 遠也. 古今畫法, 皆以遠景爲上, 近景爲下, 外境爲上, 內境爲下. 內上外下, 萬古不易之大分也. 必當以我身立於中國而經略夫外裔, 則可. 若置海於下, 則先自立於海中, 自列於外裔矣. 倒視中國, 可乎."

39 『정개양잡저鄭開陽雜著』 제4권, 4쪽 A.

40 왕융王庸, 「명대 해방도적록明代海防圖籍錄」, 『중국 지리도적 총고中國地理圖籍叢考』(上海: 商務印書館, 1947, 1956), 92~122쪽에 수록.

41 량겅야오梁庚堯, 「남송 도시의 사회 구조南宋城市的社會結構」(上), 『大陸雜志』(臺北: 1990) 제81권 제4기, 2쪽.

42 예컨대 왕건王謇, 『송평강성방고宋平江城坊考』(南京: 江蘇古籍出版社, 1999) 제1권에는 "구란항勾欄巷" "과가루跨街樓" 등이 있는데(16~17쪽), 그곳들은 오락과 풍물의 장소였다.

43 유희로兪希魯, 『至順鎭江志』(南京: 江蘇古籍出版社, 1999) 제2권, 13~16쪽.

44 예를 들어 「(嘉靖)무주부도撫州府圖」에서 부각되는 것은 무주부 임천현臨川縣의 소재지, 그리고 왼쪽의 안찰사按察司, 병비도兵備道, 오른쪽의 부학府學이다. 또한 『(嘉靖)유양지惟揚志』의 「오늘날 양주부 및 소속 주현의 모든 지도今揚州府幷所屬州縣總圖」의 경

우, 백성과 물산이 그토록 풍성한 양주성이었음에도 오직 양주부, 강도현江道縣, 찰원察院의 관저만이 그려져 있다. 『(嘉靖)가흥부도기嘉興府圖記』 속의 「수수현경도秀水縣境圖」는 그 이름만 보자면 현의 경치를 그린 것 같지만, 지도에는 포정사布政司, 천호소千戶所, 안찰사按察司, 부학 등 공공장소만 나와 있다. 『(正德)대동부지大同府志』의 지도는 더욱 눈에 띄게 "대왕부代王府" "산서행도사山西行都司" "수부帥府"를 표기한다. 이런 것들이 분명하게 표시되었다는 것은, 지도를 그렸던 사람들의 마음속에서는 정치, 법률, 권력이 그토록 중요했음을 나타낸다.

45 오자목吳自牧, 『몽양록夢粱錄』(濟南: 山東友誼出版社, 2001) 제13권, 178쪽, "自大街及坊巷, 大小鋪席, 連門俱是, 卽無虛空之屋."

46 동쪽의 복선방福善坊, 건안방建安坊, 중간의 정혜방政惠坊, 친인방親仁坊, 집목방輯睦坊, 감상방甘棠坊, 서쪽의 숙민방肅民坊, 화흥방和興坊 등이다. 송대 진공량陳公亮의 『嚴州圖經』(叢書集成의 영인본), 제3165책, 4~5쪽을 볼 것.

47 필자가 본 바로는, 심조선沈朝宣 편, 『(嘉靖)仁和縣志』 제1권에는 마을, 변두리, 크고 작은 거리, 기념비, 시장 등이 표기되어 있고, 제2권에는 교량에 관한 내용이 적혀 있다. 그러나 이것은 아마도 송대 항저우臨安의 지방지를 계승했던 것일 뿐, 통상적인 명대의 지방 지도는 민중의 일상적 생활공간에 대해 표시하는 일이 극히 드물다. 『(嘉靖)仁和縣志』, 『사고존목총서四庫存目叢書』(濟南: 齊魯書社 영인본) 史部, 제194책.

48 우봉개于鳳喈·추형鄒衡, 『(정덕)가흥지보正德嘉興志補』 卷首, 『사고존목총서』 史部, 제185책, 221쪽.

49 『명태조실록明太祖實錄』(臺北: 中硏院歷史語言硏究所 영인본) 제53권, "其置高廣, 各視官署廳堂. 其几案皆同, 置神主于左. 舊墓可用者, 修改爲之."

50 고상郜相·번심樊深 編, 『(嘉靖)河間府志』 제9권, 「典禮志」(『사고존목총서』 史部 제192책, 517~518쪽), "社稷所以養民, 城隍所以衛民."

51 『민서閩書』(福州: 福建人民出版社, 1994) 제32권, 제11책, 800~805쪽.

52 梁庚堯, 「南宋的社倉」, 『史學評論』(臺北: 華世出版社) 1982년 제4기, 1~33쪽.

53 "其餘鄕校, 家塾, 舍館, 書會, 每一里巷須一二所, 弦誦之聲, 往往相聞."

54 『(萬曆)湖州府志』 제1권(『四庫存目叢書』 史部, 제191책, 8쪽). 이런 정치적 지혜의 기원은 매우 오래된 것이기 때문에, 만주족이 정권을 잡았던 청대에도 한족의 이러한 정치적 전통은 여전히 지속되었다. 청대의 지방 지도 역시 마찬가지여서, 1831년 편수된 『계주지薊州志』 卷首의 지도에, 정부 관청 외에도 도시 중간에 한 줄로 배열되어 있는 것은 바로 서원, 천보관天寶觀, 공수묘公輸廟, 학서學署, 문묘文廟였고, 그 주위에 하나하나 표시된 것

은 관제묘關帝廟, 성황묘城隍廟, 관음암觀音庵, 반야암般若庵, 진무묘眞武廟였다. 이 지도는 하버드 옌칭 도서관에 소장되어 있다. 필자는 *The History of Cartography*, Vol.2, Book.2: *Cartography in the Traditional East and Southeast Asian Societies*(Edited by J.B. Harley and David Woodward, The University of Chicago Press, 1994)에서 재인용했다.

55 롤랑 바르트, 『기호의 제국L'Empire des Signes』, 중국어 번역본은 쑨나이슈孫乃秀, 『符號禪意東洋風』(香港: 商務印書館, 1992), 45~48쪽. * 한국어 번역본은 김주환·한은경·정화열 공역, 『기호의 제국』, 서울: 웅진씽크빅, 2008.

56 Edward Soja, *Postmodern Geographies: The Reassertion of Space in Critical Social Theory*, London; Verso, 1989. 왕즈훙王志弘, 「탈현대의 공간적 사고—에드워드 소자 사상에 대한 평가後現代的空間思考—愛德華·索雅思想評介」, 『유동, 공간 그리고 사회流動, 空間與社會』(臺北: 田園城市文化事業有限公司, 1998), 17~33쪽을 참고할 것.

57 거자오광, 「고지도와 사상사古地圖與思想史」, 『이십일세기二十一世紀』(香港: 香港中文大學, 2000년 10월), 총 제61기.

58 문천상文天祥, 『지남후록指南後錄』, 「월왕대越王臺」, "烟横古道人行少, 月墮荒村鬼哭哀."

59 "玉石俱焚" "鷄犬不留."

60 원래 1983년에 출판된 "중공신서中公新書" 중 한 책인데, 나중에 『미야자키 이치사다 전집宮崎市定全集』(東京: 岩波書店, 1993) 21권의 『일본 고대日本古代』에 수록되었다.

61 "禮失求諸野."

62 구양수, 「일본도가日本刀歌」(『歐陽修全集』 제54권, 767쪽), "徐福行時書未焚, 逸書百篇今尙存. 令嚴不許傳中國, 擧世無人識古文. 先王大典藏夷貉, 蒼波浩蕩無通津."

63 개빈 멘지스, 『1421—中國發現世界, 1421: The Year China Discovered the World』(臺北: 臺灣遠流公司, 2003). * 한국어 번역본은 조행복 역, 『1421: 중국, 세계를 발견하다』, 파주: 사계절, 2004.

64 나는 교토대학 교수 히라타 쇼지平田昌司로 하여금 연구자 스기야마 마사아키杉山正明 교수에게 물어봐달라고 청한 적이 있는데, 그 모사본은 지금까지도 교토대학 지리연구소에 보관되어 있다고 한다.

65 필립 앨런 편, 『古地圖集精選—지도 예술과 세계관의 발전을 투시하다古地圖集精選—透視地圖藝術與世界觀的發展』(薛詩綺 등 중국어 번역본, 臺北: 猫頭鷹出版社, 2001)을 참조할 것.

66 이 지도에서 묘사된 "세계"는 동쪽으로 조선과 일본 열도에서 시작하여, 동남아에서는 마일麻逸(오늘날 필리핀의 루손 섬), 삼서三嶼(오늘날 필리핀의 팔라완 섬) 등의 도서를 표기했고, 서남아시아에서는 발리(보르네오), 삼불三佛(오늘날의 수마트라 섬), 마팔아馬八兒(오늘날 인도의 말라바)를 표기했으며, 정서쪽으로는 송곳 모양의 아프리카 대륙과 아라비아 반도를 그렸고, 북쪽으로는 대택大澤(지금의 바이칼 호)을 그려, 유럽·아시아·아프리카 세 대륙을 대부분 포괄한다.

67 미야 노리코宮紀子, 『몽골 제국에서 태어난 세계도モンゴル帝國が生んだ世界圖』(東京: 日本經濟新聞社, 2007) * 우리나라에서는 김유영 역, 『(조선이 그린) 세계지도: 몽골제국의 유산과 동아시아』(서울: 소와당, 2010)로 출간되었음; 그전에도 이 지도에 대한 다카하시 다다시의 연구가 있었다. 「혼일강리역대국도지도에 관한 재고찰混一疆理歷代國都之圖再考」과 「속 혼일강리역대국도지 고찰混一疆理歷代國都之圖續考」 등이 있는데 『류코쿠 사단龍谷史壇』(京都: 龍谷大學, 1966) 제56, 57 합간호 및 『류코쿠대학 논집龍谷大學論集』(京都: 龍谷大學, 1973) 제400, 401호 합간호에 수록되어 있다.

68 이 발문은 권근의 『양촌선생집陽村先生集』 제22권에도 보이며 대체로 글자는 차이가 없다. 그렇지만 그 제목은 「역대제왕혼일강리도지歷代帝王混一疆理圖志」이다. 『한국문집총간韓國文集叢刊』(서울: 민족문화추진회 영인본) 제7책.

69 "好則好矣, 了則未了."

70 "更加詳校, 合爲一圖. 其遼水以東, 及本國之圖, 澤民之圖, 亦多缺略, 今特增廣本國之圖, 而附以日本, 勒成新圖."

71 『元史』 제62권, 「地理五」, "慶元路, 唐爲鄞州, 又爲明州, 又爲餘姚郡. 宋升慶元府, 元至正十三年改置宣慰司, 十士年改爲慶元路總管府."(1496쪽)

72 葉盛, 『水東日記』(北京: 中華書局, 1980) 제17권.

73 『金史』 제1권, 「世紀」에 따르면, "금나라(여진)의 선조는 말갈靺鞨에서 나왔다. 말갈은 원래 물길勿吉이라고 불렸다. 물길은 옛 숙신의 땅이다"라고 한다. 그 가운데 말갈은 "고(구)려에 부속되었던" 적이 있으며, 고(구)려를 도와 당나라와 전쟁을 벌였다.(1쪽) * 이 구절에서 "지도 제작자"는 조선의 이회를 가리키는 듯하다〔역자 주〕.

74 "內自中國, 外薄四海, 不知其幾千萬里."

75 "廣域遠邁漢唐."

76 지식의 전지구화에 대한 역사적 인식에서뿐만 아니라, 이런 새로운 발견은 생각지 못했던 혁명적 결과를 야기할 수도 있다. 2002년 남아프리카공화국의 국민회의에서 개최한 "1000년 전의 지도 전시회千年項目地圖展"에서, 일본에 소장된 「혼일강리역대국도지도」와

중국의 「대명혼일도」 복제본이 전시되었다고 한다. 국민회의 의장 페일린 진왈라費琳 金瓦拉는 이 지도를 본 후 "탈식민적 철학"이 깃든 말을 했다. 그녀는 말한다. "이번 전람회의 목적은 다른 사람들(식민자)이 강제로 우리에게 믿도록 한 것에 속박당하지 않도록 하는 것입니다." 새로운 지식이 발견될 때마다 당연히 옛 상식은 와해된다. 민족회의 의장이 말한 것은 틀리지 않다. 타인이 강제로 우리에게 믿도록 한 것을 우리의 습관적 사유로부터 제거함으로써, 관념의 속박에서 풀려나야 한다. 역사학이 부단하게 새로운 자료를 발굴하는 의의가 바로 그런 데 있다. 아울러 위 이야기는 탈식민 이론에 하나의 예증을 제공해 주는 것이다.

77 "幅圓之廣, 咸不及元."

78 "若元, 則起朔漠, 併西域, 平西夏, 滅女真, 臣高麗, 定南詔, 遂下江南而天下爲一, 故其地北踰陰山, 西極流沙, 東盡遼左, 南越海表."

79 『중국현대학술경전·천위안쥐안中國現代學術經典·陳垣卷』(石家庄: 河北教育出版社, 1996), 51~187쪽. 양즈주楊志玖, 「원대 서역인의 중국화와 유학元代西域人的華化與儒學」, 『중국문화연구집간中國文化研究集刊』(上海: 復旦大學出版社, 1987) 제4집, 이후 그의 『누실문존陋室文存』(北京: 中華書局, 2002)에 재수록됨.

80 『원사元史』 제203권, 「方技」, 4544~4545쪽.

81 류이정柳詒徵, 『중국문화사中國文化史』(上海: 東方出版重心 重印本, 1996) 下책, 제21장, 544쪽.

82 『원사』 제52권, 「曆一」, 1120쪽.

83 『원사』 제48권, 「天文」, 999쪽.

84 "其製以木爲圓毬, 七分爲水, 其色綠, 三分爲土地, 其色白. 畫江河湖海, 貫串於其中, 畫作小方井, 以計幅員之廣袤, 道里之遠近."

85 "表皇元疆理無外之大."

86 "鴻生碩士, 立局置屬總其事."

87 "大集萬方圖志."

88 王士点·商企翁 편, 『비서감지祕書監志』(杭州: 浙江古籍出版社, 1992) 제4권, 72쪽, 74쪽. 이 책의 点校本은 황스젠黃時鑒 교수가 알려주고 기증한 것이다. 이 기회에 감사를 드린다.

89 마젠춘馬建春, 「원대에 전래된 이슬람 지리학에 관한 고찰元代東傳回回地理學考述」, 『회족연구回族研究』(北京) 2002년 제1기, 14~18쪽 참고.

90 미야 노리코宮紀子, 『몽골 제국에서 태어난 세계도モンゴル帝國が生んだ世界圖』(東

京: 日本經濟新聞社, 2007) 참조.

91 「대명혼일도」에 대해서는 앞서 인용한 『중국고대지도집中國古代地圖集』(明代)의 도판 1 및 같은 책의 부록인 왕첸진, 후치쑹胡啓松, 류뤄팡劉若芳의 「비단 채색본 대명혼일도에 관한 연구絹本彩繪大明混一圖硏究」 51~55쪽을 참고할 것.

제4장 서양과 동양 혹은 동양과 동양

1 『書經』, 「堯典」, "光被四表."

2 "廣傳四裔."

3 조너선 D. 스펜스Jonathan D. Spence, 『칸의 제국—서양인의 눈에 비친 중국The Chan's Great Continent: China in Western Minds』(롼수메이阮叔梅 역, 臺北: 臺灣商務印書館, 2000.) 한국어 번역은, 김석희 역, 『칸의 제국』, 서울: 이산, 2000). 빅터 G. 키어난Victor G. Kiernan, 『인류의 주인: 유럽 제국 시기의 다른 문화에 대한 태도The Lords of Human Kind: European Attitudes to Other Culture in the Imperial Age』(천정궈陳正國 역, 臺北: 麥田出版, 2001.). 존 E. 윌스John E. Wills, *1688, 1688: A Global History*(쑹웨이항宋偉航 역, 臺北: 大塊文化, 2001).

4 "所思者在乎明朝後無中國耳, 僕非責彼之不思明朝, 而責其不思中國耳." 『담헌서潭軒書』 내집內集, 제3권의 부록, 김종후金鐘厚의 「직재에게 보낸 답장直齋答書」, 또한 같은 책 속에 있는 홍대용의 「또다시 직재에게 보낸 답장又答直齋書」을 참고할 것. 이 분야의 연구로는 야마구치 고이치山內弘一, 「홍대용의 화이관에 대하여洪大容の華夷觀について」, 『조선학보朝鮮學報』(天理: 日本天理時報社, 1996) 제159집; 천샹성陳尙勝 등, 『조선왕조(1392~1910)의 중화관에 일어난 변화—『조천록』과 『연행록』 분석朝鮮王朝(1392~1910)對華觀的演變—朝天錄和燕行錄初探』(濟南: 山東大學出版社, 1999)을 참고하기 바란다.

5 위의 글, "寧甘爲東夷之賤, 而不愿爲彼之貴也."

6 홍대용洪大容, 『간정필담상干淨筆談上』, 『담헌연기潭軒燕記』 제5권, 『연행록선집燕行錄選集』(서울: 성균관대학교, 1961), "我國于前明實有再造之恩, 兄輩曾知之否."

7 위의 글, "萬曆年間, 倭賊大入東國, 八道靡爛, 神宗皇帝動天下之兵, 費天下之財, 七年然後定, 到今二百年生民之樂利, 皆神皇之賜也. 且末年流賊之變, 未必不由於此, 故我國以爲由我而亡, 沒世哀慕, 至于今不已."

8 위의 글, "兩人皆無答."

9 청대 조선 사신들의 중국 왕래 상황에 대해서는, 류웨이劉爲, 『청대 중국과 조선 사신들의 왕래에 관한 연구淸代中朝使者往來硏究』(哈爾濱: 黑龍江敎育出版社, 2002)의 부록인 「청나라와 조선을 왕래한 사신에 관한 편년淸朝與朝鮮往來使者編年」, 151~251쪽을 참고할 것.

10 "명나라 이후 중국은 없다"는 것은 앞서 인용했던, 김종후가 홍대용에게 보낸 편지에서 했던 말이다. 그는 또 "중화를 높이 여겼던 까닭은 그 위치 때문입니까? 그 세대 때문입니까?"라고 말하면서, 이른바 "중국"이란 문명의 의미를 지닐 뿐이지 지리居나 인종世과 관련이 없다고 한다. 『담헌서湛軒書』 내집內集, 제3권의 부록, 김종후의 「직재에게 보낸 답장直齋答書」, 홍대용의 「또다시 직재에게 보낸 답장又答直齋書」.

11 李坤, 『연행기사燕行紀事』, 「문견잡기상聞見雜記上」(『燕行錄選集』 下책, 644쪽), "每與渠輩語, 問其衣服之制, 則漢人輒赧然有慚色", "問我人服色, 或云此是中華之制."

12 우한吳晗 편, 『조선의 이조실록에 나타난 중국 사료朝鮮李朝實錄中的中國史料』(北京: 中華書局, 1962) 하편, 제8권, 『英宗實錄』 正統元年 4월 壬辰, 4397쪽, "今天下中華制度, 獨存于我國."

13 송영배宋英培, 「한국 유학 근 100년의 개괄韓國儒學近百年の槪括」은 이렇게 지적한다. 주자학의 정통성을 보호하려 했기 때문에, 조선은 오랑캐의 청나라가 아니라 대중화 대명大明 문화의 계승자, 다시 말해서 "소중화"가 되었으며, 이런 조선 특유의 특수한 "화이론"적 자신감이 당시의 사조 또는 지배적인 분위기가 되었다. 일본어 번역본은 이승률李承律 역, 『중국—사회와 문화中國—社會と文化』(東京大學, 1999) 제14호, 203쪽 참조.

14 『모습이 뒤바뀐 중화와 오랑캐華夷變態』(東京: 東方書店, 東洋文庫叢刊 제15上, 1981), 22쪽, "韃虜掠華殆四十年, 正史未見, 則不詳眞僞."

15 위의 책, 45쪽.

16 시노부 세이자부로信夫淸三郎, 『일본근대정치사日本近代政治史』(저우치첸周啓乾 역, 臺北: 桂冠圖書公司, 1990) 제1권, 「서구의 충격과 개국」, 49쪽.

17 "大淸太祖皇帝自韃靼統一華夏, 帝中國而制胡服, 蓋是矣." "표류한 사람들은 양인과 천민 모두 삭발하여 정수리를 둥근 모양으로 했고 머리를 약간 남겨두었으며, 그 머리를 땋아서 묶은 후 작은 모자를 썼다. 그 모자의 모양은 네모꼴의 작은 삿갓 같다. 모자를 쓰지 않은 사람은 그 머리를 땋아서 묶은 다음, 등 뒤로 드리웠다. 양인들은 대체로 모자를 다 썼는데, 색은 검정이고 그 위에 금색을 칠했으며, 붉은색 실로 꾸몄다. 발에는 버선을 신지 않았고, 걸어다닐 때는 천으로 만든 신발을 신지 않으니 어찌 짚신이라도 있겠는가? 그들의 옷은 소매가 좁고 여미는 곳이 없으며, 각반이 바지가 되고, 목둘레의 옷깃이 둥근 상의를

입는다. 그 형식이 일본의 도롱이 비옷襏襫과 같아서, 소매가 없고 길이는 넓적다리까지 내려올 정도이며, 아래에는 치마가 없다. 양인과 천민의 제도는 다르지 않다. 다만, 천민들은 모두 검은색 면직물을 입고 온몸이 모두 같은 색으로, 맨발로 걸어다니면서 신을 신지 않는다. 양인들은 흰색을 입고 명주 바지도 같은 색이다. 상의는 흑색 비단을 쓰고, 둥근 옷깃 아래에는 진주, 옥, 금, 은 등의 단추가 있어 양쪽 옷섶을 여민다. 살펴보건대 관청의 관원들에게는 다른 제도가 있는 듯하다漂人良賤皆髡形, 頂上圓, 存髮少許, 辮而結束, 覆以小帽, 形如此方小笠. 若不戴帽者, 編其髮, 纏以下垂背後. 良人概必戴帽, 色皆緇, 上施金, 稍飾以絳線, 足不着襪, 而躡無跟絲履, 豈草鞋歟. 其服窄袖無袂, 邪幅爲袴, 以穿圓領衣, 制如本方襏襫, 不設袪, 長才至髀, 而無裳. 良賤不異制, 但賤者皆用黑色木棉布, 全身純色, 徒跣不履, 良人用素, 綢袴同色, 衣用黑綾, 圓領下皆以珠玉金銀之紐釦, 緘束兩襟, 顧有官君子別必有制." 오바 오사무大庭修 편, 「安永九年安房千倉漂着南京船元順號資料」, 『江戶時代漂着唐船資料集』(大阪: 關西大學 東西學術研究所 資料集刊, 제13~15, 1990) 제5종, 29~30쪽에 수록.

18 "我方上古深衣之式, 一以禮經爲正. 近世以來, 或從司馬溫公, 朱文公之說, 乃是此物."

19 "大明朝秀才之服式. 今淸朝衣冠俱已改制. 前朝服式, 旣不敢留藏, 是以我等見于演戲列朝服式耳."

20 오바 오사무大庭修 편, 「寶曆三年八丈島漂着南京船資料」, 『江戶時代漂着唐船資料集』(大阪: 關西大學 東西學術研究所 資料集刊, 제13-1, 1985) 제1종, 65쪽에 수록, "朝廷樂曲可得而聞耶." "細樂卽唐時樂曲, 但孔子祭卽古樂."

21 마쓰우라 아키라松浦章 編, 「寬政元年土佐漂着安利船資料」, 『江戶時代漂着唐船資料集』(大阪: 關西大學 東西學術研究所 資料集刊, 제13-3, 1989), 351~352쪽. "此刻祭祀與文王一般."

22 上同, "朱紫陽乃是宋朝大賢, 四書改注皆出此手, 文王之樂可知也."

23 上同, "不待足下之教. 四書集注, 不佞初讀之, 疑理學非孔子之意. 已而廣涉諸家, 未嘗知有謂古之樂猶存焉者矣. 蓋貴邦今上, 由賁典以新制淸樂也."

24 上同, "今淸亦讀孔孟之書, 達周公之禮, 新制未之有也."

25 上同, "貴邦之俗, 剃頭髮, 衣冠異古, 此何得謂周公之禮, 而新制未有之. 足下之言, 似有逕庭, 如何."

26 上同, "僕粗以見識, 自幼出外爲商, 其詩書禮樂無識矣. 恕罪恕罪."

27 『得泰船筆語』, 다나카 겐지田中謙二, 마쓰우라 아키라松浦章 편, 『文政九年遠州漂

着得泰船資料』(大阪: 關西大學 東西學術研究所 資料集刊, 제13-2, 1986) 제2종, 108쪽, "貴邦太祖出何州."

28 上同, "出于江南."

29 上同, "吾聞貴邦太祖, 起于長白山下, 不知此山在江南何州."

30 上同, "長兄先生博識, 于吾邦書無不通. 而今刻問及, 故聖孚言然耳. 此故在他人祕之, 獨與我公說何邦. 中夏爲外狄驅逐, 故去髮四邊, 亦自天運循環之道."

31 上同, "天運循環, 盛則衰, 衰則盛, 天下盛久矣, 焉知無如皇覺寺僧出, 而長四邊之髮哉."

32 다나카 겐지田中謙二 정리본, 『득태선필어』 권하(이 단락은 동양문고의 필사본에는 빠져 있다—인용자), 다나카 겐지田中謙二, 마쓰우라 아키라松浦章 편, 『文政九年遠州漂着得泰船資料』, 512쪽, "我邦越前人, 前年漂到滿韃奴兒干地方, 觀門戶神畫源判官義經像云云, 世或稱歸邦太祖爲源判官後, 不知歸邦有傳之者乎." "以前觀日本書, 我朝天子先世姓源, 系日本人, 今忘其書名. 我邦或傳以康熙帝自言云, 均不知其信."

33 마쓰우라 아키라 편, 『寬政元年土佐漂着安利船資料』, 『江戶時代漂着唐船資料集』(大阪: 關西大學 東西學術研究所 資料集刊, 제13-3, 1989), 제3종, 357쪽. "有土之德, 不國之大小. 衆叛則地削, 桀紂是也. 民和則天下一, 湯武是也. 敝國邃古神功皇后征三韓, 光燭海外, 至今千萬歲, 一姓連綿, 生民仰之, 可不謂至治哉. 此聊敝國之榮也." 필자의 생각은 이렇다. 도쿠가와德川는 스스로 "미나모토노 씨"라고 칭했는데 그는 닛타 요시사다新田義貞의 후손이었고 닛타 씨는 칭화淸和 미나모토노 씨의 한 지파였다. 또한 칭화 미나모토노 씨는 9세기 중엽 칭화 천황의 자손이었다. 이렇게 계산하면 청대 황제는 일본 귀족의 방계 후예가 된다.

34 仲村盡忠, 『唐船漂着雜記』 중 인용된 「淸俗紀聞」의 말, 야부타 유타카藪田貫 편, 『寬政十二年遠州漂着唐船萬勝號資料』, 『文政九年遠州漂着得泰船資料』(大阪: 關西大學 東西學術研究所 資料集刊, 제13-6, 1997) 제6종, 223쪽, "今也, 先王禮文寬裳之風悉就掃蕩, 辮髮腥膻之俗已極淪溺. 則彼土之風俗尙實之不可問也."

35 혼다 스메이는 즉각 반박할 수밖에 없었다. 그는 말한다. "그 일은 다릅니다. 일본 전국이 그렇지는 않습니다. 생각해보건대 오직 교오崎陽(나가사키의 옛 이름)만은 일본 서쪽 끝에 있는 지역으로서 언제나 귀국의 풍속을 접하고 귀국의 풍속에 의해 변화된 곳입니다. 그들은 중국에서 아내의 여자 조카나 여동생이 아내의 뒤를 잇는다는 이야기를 듣고서 마음속으로 '저쪽은 이곳과 같고 이곳은 저쪽과 같으니 결국 그것이 불의한 것인가?'라고 합니다. 요즘 일본의 풍속은, 여동생을 함께 보내는 일은 하지 않습니다. 하물며 형수를 첩으

로 받아들이겠습니까?異哉, 事也. 日本通國非然矣. 憶只崎陽, 西方之絕域, 常接貴邦之俗, 頗化貴邦之風, 彼亦聞貴邦侄娣繼室, 其心謂彼猶此, 此猶彼, 終至其不義乎. 凡日本之俗, 侄娣之媵, 猶且不爲矣, 況收嫂爲妾乎." 마쓰우라 아키라 편, 『寬政元年土佐漂着安利船資料』, 『江戶時代漂着唐船資料集』 357쪽.

36 "晚村之不臣于貴朝者, 是余所以最信晚村." "苗俗有跳月之風, 任人自爲配偶, 今日本男婦, 亦多野合者, 國法不禁." 그러나 노다는 즉각 반격한다. "뽕나무 밭이나 복수濮水의 물가는 파경葩經(『시경』의 다른 이름)이 읊었던 남녀 밀회의 장소입니다. 중국은 삼대 이전에 도월의 풍속이 분명히 있었을 것입니다. 하물며 민간에는 현재에도 그런 경향이 있지 않습니까? 우리나라에서는 도월의 풍속이 싹 없어졌습니다. 게다가 우리나라에서 야합하는 이들은 금수입니다. 귀하는 노안이 들어 흐릿하게 보이기 때문에 금수를 사람으로 봤을 뿐입니다桑間濮上, 葩經之所詠. 唐山三代之上, 不能無跳月之風, 況有江湖日下之世乎. 我邦跳月之風, 一洗掃地. 且也我邦野合者, 是禽獸也. 吾翁老眼朦朧, 錯認禽獸爲人耳." 일본에서 곤경에 처해 있던 주유교는 반격할 수 없었고, 다만 이렇게 말하고 만다. "노다 씨는 그대의 나라를 높이고 우리나라를 하찮게 보는데, 모두 과장되고 근거 없는 말이므로 저는 굴복할 수 없습니다野田君推揚貴邦, 小覷我土, 俱屬浮誇不經之言, 余不折服." 『得泰船筆語』, 다나카 겐지田中謙二, 마쓰우라 아키라 편, 『文政九年遠州漂着得泰船資料』, 101쪽.

37 『得泰船筆語』, 다나카 겐지田中謙二, 마쓰우라 아키라 편, 『文政九年遠州漂着得泰船資料』, 507쪽, "芙岳秀絕, 孰與貴邦天台山."

38 上同, "芙山較天台山一色, 但天台山能使人上去遊玩."

39 上同, "(天台山)三夏戴雪麽."

40 上同, "無雪, 因地氣暖之故." "果然不及芙岳也, 若其絕高, 假在南海終(中)年戴雪矣."

41 上同, 512쪽, "是吾邦大禁, 不許外人看."

42 上同, "天師府中之事, 不與外人道, 恐渫天機."

43 시노부 세이자부로信夫清三郎, 『일본근대정치사日本近代政治史』 제1권 제1장 「쇄국」, 49쪽 이하 참조.

44 예컨대 하야시 나잔林羅山은 조선이 일본에게 조공을 바쳐야 하는 국가라고 생각했다. 1672년 하야시 시노부林恕(호는 鵝峰)의 『오랑캐로 뒤바뀐 중화華夷變態』와 1669년 야마가 소코의 『중조사실中朝事實』은 모두 "본조"를 "중국"으로 삼아야 한다고 강조하기 시작했으며, 그것은 "천지자연의 형세로서, 신과 신이 상생하고 성황이 연면하는 것天地自然之勢, 神神相生, 聖皇連綿"에 부합한다고 했다. 모토오리 노리나가 등이 "국학"을 제창

하기에 이르자, 나라와 나라가 대등하게 대치한다는 입장을 확립하려 했고, 심지어 중국을 능가한다는 관념을 세우려 했다. 구로즈미 마코토黑住眞의 『일본사상과 그 연구—중국 인식을 둘러싸고日本思想とその研究—中國認識をめぐつて』, 『중국—사회와 문화中國—社會と文化』(東京: 東京大學, 1996) 제11호, 9쪽 참조.

45 일본의 야마가 소코(1622~1685)는 『적거동문謫居童問』에서, 일본의 예용禮用과 인물人物은 성인의 도道와 부합하기 때문에 일본을 본조로 칭해야 하고 청나라를 "이조異朝"로 칭해야 한다고 여긴다. 이런 사상은 후대 학자들에 의해 "일본형 화이사상"이라고 불린다. 가쓰라지마 노부히로桂島宣弘, 『사상사의 19세기: 타자로서의 도쿠가와 일본思想史の十九世紀: 他者としての德川日本』(東京: 펠리칸사, 1999) 제8장, 198쪽.

46 이마니시 류今西龍가 「기자조선전설고箕子朝鮮傳說考」에서 말했다시피, 조선인들은 자신의 국가에 대해 상반된 사상을 갖고 있었다. 첫 번째는 중화 문화의 교양을 받아 중국을 앙모하면서 기꺼이 그 번국이 되려는 것이었고, 두 번째는 민족적 성격에 잠재되어 있는 자존의 사상이다. 이 두 가지 상반된 사상은 기자 신앙 속에서 한꺼번에 나타난다고 한다. 이마니시 류, 『조선 옛 역사의 연구朝鮮古史の研究』(東京: 國書刊行會, 1970), 146쪽을 볼 것.

47 『연행기사燕行紀事』, 「문견잡기상聞見雜記上」(『燕行錄選集』 下책), 644쪽, "大抵元氏雖入帝中國, 天下猶未剃髮, 今則四海之內, 皆是胡服, 百年陸沉, 中華文物蕩然無餘, 先王法服, 今盡爲戲子軍玩笑之具, 隨意改易, 皇明古制日遠而日亡, 將不得復見."

48 주공교周孔教, 「妖書惑衆懇乞騷遏亂萌固根本疏」, 『周中丞疏稿·西台疏稿』 제1권, 『四庫存目叢書』(濟南: 齊魯書社, 明刻本의 영인본) 史部 제64책, 126쪽에 수록. "我朝二百餘年以來無敵國, 有敵國自今日始, 此豈可以歲月結局乎." "萬一事出意外, 禍終中起, 可爲寒心."

제5장 상상한 것과 실재하는 것: 누가 "아시아"를 일체시했던가?

1 스에키 후미히코末木文美士, 「연대인가 침략인가—오카와 슈메이大川周明와 일본의 아시아주의"連帶"か"侵略"か—大川周明と日本のアジア主義」, 스에키 후미히코, 나카지마 다카히로中島隆博 편, 『비서구의 시각非·西歐の視座』(東京: 大明堂, 2001), 150~172쪽.

2 아시아주의라는 개념에 대해서는, 노하라 시로野原四郎, 「대아시아주의大アジア主義」, 『아시아 역사 사전アジア歷史事典』(東京: 平凡社, 제7판, 1971) 제6권, 6~7쪽을 참고

할 것.

3 고지타 야스나오小路田泰直, 『일본사의 사상: 아시아주의와 일본주의의 충돌日本史の思想: アジアと日本主義の相剋』(東京: 柏書房, 1997). 후루야 데쓰오古屋哲夫, 『근대 일본의 아시아 인식近代日本のアジア認識』(東京: 錄蔭書房, 1996). 아라노 야스노리荒野泰典, 이시이 마사토시石井正敏, 무라이 쇼스케村井章介 편, 『아시아 속의 일본사アジアのなかの日本史』(東京: 東京大學出版會, 1992), 특히 제1권 『아시아와 일본アジアと日本』의 서문 「간행에 즈음하여」를 참고할 것.

4 미조구치 유조, 하마시타 다케시濱下武志, 히라이시 나오아키平石直昭, 미야지마 히로시宮島博史 편, 『아시아로부터 출발하는 사고アジアから考える』(東京: 東京大學出版會, 1993~1994), 전7권.

5 거자오광, 「서로 배경과 자원이 되다—근대 중국, 일본, 한국의 불교사를 예로 들어互爲背景與資源—以近代中日韓佛教史爲例」, 『중국 전적과 문화 총간中國典籍與文化叢刊』(南京: 江蘇古籍出版社, 2002).

6 다케우치 요시미竹內好 편, 『아시아주의アジア主義』(東京: 筑摩書房, 1963).

7 가쓰라지마 노부히로桂島宣弘, 「아시아주의의 생성과 전회—도쿠가와 사상사로부터 비추어봤을 때」는 지적하기를, 모토오리 노리나가의 시대부터, 야마가 소코의 일본형 화이사상이 중국을 "이조異朝(이민족 왕조)" 또는 "외조外朝"로 간주하고 일본을 "중조中朝"로 확립하려 했으며, 그 때문에 중국을 중심으로 놓는 전통적 화이 관념에서 벗어나기 시작했다고 한다. 이것은 이후 아시아주의가 탄생할 수 있게 한 시점으로 여겨진다. 『사상사의 19세기: 타자로서의 도쿠가와 일본思想史の十九世紀: 他者としての德川日本』(東京: 펠리칸사, 1999) 제8장, 196~231쪽.

8 야마무로 신이치山室信一, 「아시아 인식의 기축アジア認識の基軸」, 후루야 데쓰오古屋哲夫 편, 『근대 일본의 아시아 인식近代日本のアジア認識』(東京: 綠蔭書房, 1996), 6~8쪽. 이 문제에 대해서는 아라노 야스노리荒野泰典, 『근세 일본과 동아시아近世日本と東アジア』(東京: 東京大學出版會, 1988, 1992) 제2장, 53쪽을 참고할 것. 도리이 유미코鳥井裕美子, 「근세 일본의 아시아 인식近世日本のアジア認識」, 미조구치 유조 등 편, 『교착된 아시아交錯するアジア』(東京: 東京大學出版會, 1993), 『아시아로부터 출발하는 사고アジアから考える』 제1권, 219~252쪽.

9 마루야마 마사오는 만년에, 후쿠자와 유키치가 "탈아입구"라는 조어造語를 만든 적이 없었고, "입구"라는 말을 단독으로 사용하지 않았으며, "일본에서 '탈아입구'가 후쿠자와 유키치의 조어라고 근거 없이 전해졌다"고 일깨운 적이 있다. 마루야마 마사오 저, 취젠

잉區建英 역, 『후쿠자와 유키치와 일본 근대화福澤諭吉與日本近代化』(上海: 學林出版社, 1992), 중국어 번역본의 원작자 서문, 9쪽.

10 『후쿠자와 유키치 전집福澤諭吉全集』(東京: 岩波書店, 1959) 제10권, 238~240쪽.

11 후쿠자와 유키치, 「조선과 교류를 논하며朝鮮の交際を論ず」, 『시사신보時事新報』 1882년 3월 11일; 「동양의 정략은 과연 어찌되어야 하는가?東洋の政略果して如何せん」, 『時事新報』 1882년 12월 7일, 『후쿠자와 유키치 전집福澤諭吉全集』(東京: 岩波書店, 1959) 제8권, 30쪽, 427쪽.

12 시반하라 다쿠지芝原拓自, 「대외관과 내셔널리즘對外觀とナショナリスム」, 시반하라 다쿠지, 이카이 다카아키猪飼隆明, 이케다 마사히로池田正博 편, 『대외관, 일본근대사상 대계 12對外觀·日本近代思想大系12』(東京: 岩波書店, 1996)의 "해설".

13 이토 유키오伊藤之雄, 「청일전쟁 이전 중국·조선에 대한 인식의 형성과 외교론日清戰前の中國·朝鮮認識の形成と外交論」, 후루야 데쓰오古屋哲夫 편, 『근대 일본의 아시아 인식近代日本のアジア認識』(東京: 綠蔭書房, 1996), 103~171쪽, 특히 결론 부분인 155~159쪽을 참고할 것.

14 『복각대동합방론復刻大同合邦論』(東京: 長陵書林, 1975). 가쓰라지마 노부히로桂島宣弘, 『사상사의 19세기: 타자로서의 도쿠가와 일본思想史の十九世紀: 他者としての德川日本』, 212쪽에서 재인용.

15 이 점에 관해서는 구로즈미 마코토黑住眞, 「일본사상과 그 연구—중국 인식을 둘러싸고日本思想とその研究—中國認識をめぐって」, 『中國—社會と文化』(東京: 東京大學, 1996) 제11호, 3~28쪽을 참고할 것.

16 히라이시 나오아키, 「근대 일본의 "아시아주의"近代日本のアジア主義」, 미조구치 유조, 하마시타 다케시, 히라이시 나오아키, 미야지마 히로시, 『근대화상近代化像』(東京: 東京大學出版會, 1994), 『아시아로부터 출발하는 사고アジアから考える』 제5권, 282쪽.

17 오카쿠라 덴신岡倉天心, 『동양의 이상東洋の理想』, 가메이 가쓰이치로龜井勝一郎, 미야가와 도라오宮川寅雄 편, 『오카쿠라 덴신집岡倉天心集』(東京: 筑摩書房, 『明治文學全集』 38, 1968), 6~7쪽. 마찬가지로 그는 『동양의 깨어남東洋の目覺め』에서 심지어 "유럽의 영광은 아시아의 치욕"이라고까지 말한다(63쪽).

18 그리하여 그 시대 일본 각지에서는 "아시아"를 한몸으로 여기는 계획과 행동이 있었다. 예를 들어, 메이지 6년(1873) 불교도였던 小栗棲香頂은 『호법론護法論』에서 유·불·도 3교가 협력하고 일본·중국·인도가 손을 맞잡아서 세계에 불교를 전파해야 한다고 말한다. 거자오광, 「서쪽의 조수는 오히려 동쪽 바다에서 왔구나西潮却自東瀛來」, 『거자오광 선집

葛潮光自選集』(桂林: 廣西師範大學出版社, 1997).

19 옌사오탕嚴紹璗, 「20세기 일본인의 중국관二十世紀日本人的中國觀」은, "거의 모든 정황을 놓고 볼 때, 흥아론은 일본의 국권주의를 주류로 삼는 것이었다"고 지적한다. 『일본학日本學』(北京: 北京大學出版社, 1991) 제3집, 81~97쪽.

20 빅터 G. 키어난Victor G. Kiernan, 『인류의 주인: 유럽 제국 시기의 다른 문화에 대한 태도The Lords of Human Kind: European Attitudes to Other Culture in the Imperial Age』(천정궈陳正國 역, 臺北: 麥田出版, 2001.), 269~270쪽.

21 이 점에 대해서는 더글러스 레이놀즈Douglas R. Reynolds 저, 리중셴李仲賢 역, 『신정 혁명과 일본—중국, 1898~1912新政革命與日本—中國,1898~1912China, 1898~1912: The Xinzheng Revolution and Japan』(南京: 江蘇人民出版社, 1998), 32~38쪽 참조.

22 〔역자 주〕 옛날 중국에서, 떠돌이 이발사가 멜대 한쪽에는 이발 기구를 담고 또 다른 쪽에는 더운 물을 담아다닌 데서 유래한 말. 한쪽만 편애한다는 뜻이다.

23 이 점에 대해서는 저우자잉周佳英, 「근대 중국의 아시아관近代中國的亞洲觀」은 상당히 분명하고 간명하게 그 정황을 서술한다. 정위쉬鄭宇碩 主編, 『중국과 아시아中國與亞洲』(香港: 商務印書館, 1990), 221~239쪽.

24 증기택曾紀澤, 『증혜민공유집·일기曾惠敏公遺集·日記』 제2권, 『서양 열강에 대한 근대 중국의 인식 자료집近代中國對西方列強認識資料匯編』(臺北: 中硏院近代史硏究所, 1986) 제3집 제1분책, 229쪽에서 재인용. "皆在亞細亞洲, 輔車依倚, 脣齒毘連 (…) 吾亞細亞洲諸國, 大小相介, 強弱相錯, 亦宜以公法相持."

25 장난張楠·왕런즈王忍之 편, 『신해혁명 전 10년간 시론 선집辛亥革命前十年間時論選集』(北京: 三聯書店, 1977) 제1책, 98~99쪽에서 재인용.

26 그렇지만 수많은 연구자가 지적하다시피, 이런 입장은 이후 변화를 겪는다. 왕잉쭈王英祖의 「태염과 일본」에 따르면, 변법유신 초기에 그는 일본과 연대해야 한다고 주장했다. "당시 그는 서양 제국주의 침략으로부터 자극을 받아 황인과 백인을 기준으로 종족을 구분했기 때문에, 일본이 비록 청일전쟁에서 중국을 패배시켰지만 그럼에도 그는 일본을 다른 종족으로 여기지 않았다. (…) 그러나 나중에 일본에 간 다음, 일본이란 나라가 겉으로는 황인종이지만 속으로는 백인종인 제국주의적 면모를 지녔음을 발견하고, 일본을 매우 경멸하게 되었다. 『장빙린연구章太炎硏究』(臺北: 李敖出版社, 1991), 63~64쪽. 또한 런다任達 역시, 비록 그가 아시아 공동체적 구상을 갖고 있기는 했지만, 이후 그의 입장은 매우 급격하게 변했다고 지적한다. 『신정혁명과 일본新政革命與日本』, 129쪽.

27 『청의보淸議報』(北京: 中華書局 영인본) 제1책 제1권. 그 밖에 그 1년 전, 곧 광서光

緖 23년(1897) 10월 21일 량치차오가 『시무보』에 발표했던 글을 보면, 일본에 대한 량치차오의 호감은 일본이 서양을 배워 신속하게 변법을 이룬 것에 대한 흠모로부터 기인한다는 것을 알 수 있다. 그렇지만 그런 흠모와 모방이 일본에 대한 그의 경계심을 흐리게 하지는 못했다. 예를 들어 「일본의 서목지를 읽은 후讀日本書目志書後」에서 그는, 만약 중국이 빨리 변법을 이루지 못한다면 "또다시 대만의 뒤를 이어 일본의 속국이 될 것又將爲臺灣之續"이라고 말한다. 일본이 강대해진 이후의 상황에 대한 경계심이 여전히 마음속에서 일어났던 것이다. 『시무보』(北京: 中華書局, 영인본) 제4책, 3050쪽.

28 손중산, 「일본 동아동문회 환영회에서 한 연설在日本東亞同文會歡迎會的演說」(1913년 2월 15일), 「동문이제同文異題」 두 번째, 「재도쿄 중국 유학생 환영회에서 한 연설在東京中國留學生歡迎會上的演說」(1913년 2월 23일)을 참고할 것. 각각 『손중산전집孫中山全集』(北京: 中華書局, 1984) 제3권, 14쪽, 16쪽, 27쪽에 수록. 가이즈카 시게키貝塚茂樹, 『손문과 일본孫文と日本』(東京: 講談社, 1967), 170~172쪽 참조. 다케가 기요코武田淸子, 『국가, 아시아, 그리스도교國家, アジア, キリスト教』 제2절, 「아시아주의에 있어 손문과 도텐滔天」 역시, 손중산의 대아시아주의가 1924년 11월 28일 고베의 연설에서 정식으로 제기되었지만, 1913년의 연설에서 이미 그런 의도가 담겨 있었다고 한다. 다케가 기요코, 『정통과 이단의 "사이"正統と異端の"あいだ"』(東京: 東京大學出版會, 1976), 273~331쪽에 수록됨.

29 자오스위안趙矢元의 「손중산의 대아시아주의와 일본의 대아시아주의孫中山的大亞洲主義與日本的大亞洲主義」는, 손중산이 1924년 행한 「대아시아주의」 강연에 대해 "그 강연 제목이 손중산 스스로 정했던 것이 아니라 일본 고베 상업회의소와 일화日華실업협회 등 5개 단체가 제시했던 것이며", 게다가 일체감과 배척에 대한 손중산의 기준은 이미 '같은 문화 같은 인종'으로부터 "왕도"와 "패도", 곧 압박과 피압박으로 바뀌어 있었다. 그런 까닭에 메이지유신 이래 일본의 일반적인 대아시아주의와 달랐다고 한다. 『중일관계사 논문집中日關系史論文集』(哈爾濱: 黑龍江人民出版社, 1984), 183~194쪽에 수록.

30 "我苟能自振, 則西人之于我, 亦猶其與日本耳."

31 왕강녠汪康年은 『중국자강책中國自強策』(광서光緖 22년 8월 1일), 『왕양경유저王穰卿遺著』(民國初 인쇄본, 출판지 불명) 제1권, 2쪽 하下.

32 손보선孫寶瑄, 『망산려일기忘山廬日記』(上海: 上海古籍出版社, 1983) 上책, 1898년 10월 25일, 278쪽.

33 송서宋恕, 『송서집宋恕集』(北京: 中華書局, 1993) 하책, 697쪽, "今之日本, 文明之度勝中國, 非但億兆之與一比例也 (…) 日人之評中國曰, 文明早已過去, 六經早已掃之之國.

見鄙薄如此, 眞可憐矣."

34 왕셴첸王先謙, 「청나라 규원 왕선겸 선생 자필 연보淸王葵園先生先謙自定年譜」(臺北: 臺灣商務印書館, 1978, 『新編中國名人年譜集成』 제6집), 359쪽.

35 정샤오쉬鄭孝胥, 『정샤오쉬일기鄭孝胥日記』(北京: 中華書局, 1993) 제1책, 261쪽, 311쪽. "外觀雖美而國事益壞." "天敗之以爲學西法者戒."

36 이홍장, 「제일차문답절략第一次問答節略」, 『중일의화기략中日議和紀略』에 수록, 李毓樹 主編, 『근대사료총서회편近代史料叢書匯編』(臺北: 大通書局) 제1집, "我國之事, 囿于習俗, 未能如愿以償" "最爲隣近, 且系同文, 詎可尋仇 (…) 應力維亞洲大國, 永結和好, 庶我亞洲黃種之民, 不爲歐洲白種之民所侵蝕也." 아울러 또 한 명의 총독封疆大使이었던 장즈둥張之洞이 1898년 출판한 『권학편勸學篇』은 태도를 바꾸어, "일본은 작은 나라일 뿐인데 어떻게 빨리 흥성하게 되었는가?日本, 小國耳, 何興之暴也"라고 물으면서 일본의 성공을 인정한 다음, "유학할 나라로는 서양이 동양(역자 주: 일본)만 못하다游學之國, 西洋不如東洋"고 말한다.

37 모토야마 유키히코本山幸彦, 「메이지 20년대의 정치적 논의에 표현된 국가주의明治二十年代における政論に表現する國家主義」, 사카타 요시오坂田吉雄 편, 『메이지 전반기의 국가주의明治前半期の國家主義』(東京: 未來社, 1958) 참조.

38 이소포李筱圃, 『일본기유日本紀游』, 황경징黃慶澄, 『동유일기東游日記』, 허루장何如璋 등, 『갑오 이전의 일본 여행기 5종甲午以前日本游記五種』(長沙: 岳麓書社, 『走向世界叢書』본, 1985), 173쪽, 323쪽.

39 설복성薛福成, 『주양추의籌洋芻議』(上海: 上海人民出版社, 1987), 533쪽, "做行西法, 頗能力排衆議, 凡火輪舟車電報, 及一切製造, 貿易之法, 稍有規模, 于得西人之助, 此其自謂勝于中國也." "自強之權在中國, 卽所以懾服日本之權, 亦在中國."

40 량치차오梁啓超, 「일이 책목지를 읽은 후讀日本書目志書後」, 「일본 요코하마 중국대동학교의 기원日本橫濱中國大同學校緣起」 『시무보時務報』(北京: 中華書局, 영인본) 광서 23년 10월 21일, 11월 11일, 제4책, 3050쪽, 3187쪽.

41 〔역자 주〕 춘추 시대에 진晋나라 헌공獻公은 괵虢나라를 공격하려고 하니 길을 통과하게 해달라고 우虞나라에 요청했고 그와 동시에 우나라에게 보마寶馬와 귀중한 예물을 보냈다. 우나라 국왕은 재물을 탐했지만, 대부 궁지기宮之奇는 국왕을 제지하면서 '괵나라는 우나라의 이웃이므로 그 나라가 멸망하면 필연적으로 우리나라도 멸망할 것입니다'라고 말했다. 결국 우나라 국왕은 궁지기의 간언을 듣지 않고 진나라 군대를 통과하게 했는데, 진나라 군대는 괵나라를 멸망시킨 후 곧바로 우나라를 멸망시켰다. 『左傳』, 僖公二年, "晋荀

息請以屈産之乘, 與垂棘之璧, 假道于虞以伐虢.”

42 고명봉顧鳴鳳, 「30년 동안 서양의 각종 기술을 숭상했던 우리 중화인三十年來吾華人崇尙各種西藝」, 『염원지관문존念瑗池館文存』 文二, 『눌암총고訥庵叢稿』(宣統三年 판각본, 출판지 미상).

43 하주賀鑄, 「서시랑에게與徐侍郎」, 『하선생서독賀先生書牘』(清華大學 소장 都門刻本, 1920) 제1권, 29쪽 A~B; 『복진백평염방復陳伯平廉訪』, 같은 책 제2권, 2쪽 B. (인용자 주: 판각본의 연대에 문제가 있는 것 같다. 왜냐하면 책 첫머리에 1921년 徐世昌의 서문이 있으므로 판각 연대는 1921년 이후가 되어야 하기 때문이다.) “日本維新之初, 醉心歐化, 幾經衝突, 乃成爲今日之日本. 中國風氣初開, 正所謂醉心歐化之時, 乘其機而利用之, 而愼防其弊, 使東西政法皆得效用于我, 以自成爲中國之治.” “旣通東文, 當專習歐文, 歐文爲群學根本, 通歐文乃能乘酣呈怪, 大放闕詞, 專恃譯書, 局促如轅下駒.”

44 왕대공王代功, 『청나라 상기 왕개운 선생 연보淸王湘綺先生闓運年譜』(臺北: 臺灣商務印書館, 1978, 『新編中國名人年譜集成』 제6집), 235쪽.

45 장치슝張啓雄은 「중화 세계제국과 근대 중일 분쟁中華世界帝國與近代中日紛爭」에서, 일본이 근대에 우뚝 섰던 데에는 중화세계의 질서 원리가 끼친 영향이 있었다고 본다. 다시 말하면, 일본은 “중화와 오랑캐가 모습이 뒤바뀌었다”는 생각을 갖고서 중국과 더불어 “천하”를 다퉜다는 것이다. 이런 설명에는 얼마간 견강부회가 있지만 그럼에도 불구하고 “다툼”을 말했다는 점에서, 중국 전통의 “화이” 관념하에서는 근대국가 간의 평등한 관계를 정립할 수 없다는 것을 설명하고 있다. 장융징張永敬 등 편, 「지난 100여 년간의 중일 관계 논문집近百年中日關系論文集」(新店: 中華民國史料硏究中心, 1992), 13~43쪽.

46 옹동화翁同龢, 『옹동화일기翁同龢日記』(北京: 中華書局, 1993) 제3책, 1113쪽, “日本國變峨冠博帶之舊習, 師輪船飛炮之新制”, “陰而有謨, 固屬可慮, 窮而無賴, 則更可憂.” 〔역자 주〕 저자는 “陰而有謨, 固屬可慮, 窮而無賴, 則更可憂”를 옹동화가 했던 말이라고 본문에 적고 있다. 하지만 번역자가 원문을 찾아본 결과 그 구절은 정일창이 했던 말임을 확인할 수 있었다. 그래서 정일창이 말했던 내용으로 번역했다.

47 설복성, 「이웃 나라와의 교류隣交」, 『주양추의籌洋芻議』, 양자뤄楊家駱 주편, 『중일전쟁문헌회편中日戰爭文獻匯編』(臺北: 鼎文書局, 1973) 제2책, 341~342쪽에서 재인용, “日本人性桀黠, 蔑視中國 (…) 實有吳越相圖之心, 其機甚迫, 而其情甚可見也.”

48 설복성, 「이백상을 대신해서 조선국 재상 이유원에게 쓴 세 번째 답장代李伯相三答朝鮮國相李裕元書」, 『용암문외편庸庵文外編』 제3권, 양자뤄 주편, 위의 책, 제2책, 338~339쪽에서 재인용, “倭人性情桀驁貪狡” “近察日本, 行事乖謬, 居心叵測” “庫藏空

虛, 國債累累, 不得不有事四方, 冀拓雄圖, 以償所費."

49 요문동姚文棟, 「아시아 진흥에 관한 일본인의 질문에 대한 대답答倭問興亞」, 거스루이葛士睿 편, 『황조경세문편속편皇朝經世文編續編』(臺北: 文海出版社 영인본, 1979) 제103권, 2682쪽. "大抵亞洲局勢, 中國爲主, 日本補之 (…) 如第爲中國計, 則地廣材豊, 一面頻海, 戰守皆便, 原不必有資于日本."

50 요문동, 「조선인 이병휘의 귀국에 즈음하여 증정한 서贈朝鮮人李秉輝歸國序」, 거스루이葛士睿 편, 위의 책, 제118권, 3154쪽. "日本之窺伺朝鮮, 數百年于玆矣, 國中人當無不知之, 而鄂欲逞志亞洲, 必首發難于朝鮮, 則或未知也."

51 『광서 연간, 상주문에 대한 왕조의 대답光緒朝朱批奏折』(北京: 中華書局, 1996) 제120집, 643쪽. "不過賠費千餘萬兩, 添設通商口岸二三處而已, 未聞割地以求成也. 今倭一海島小國, 以中國全力, 受困東隅, 國將何以爲國."

52 장빙린, 「인도인의 일본관印度人之觀日本」, 『장빙린전집章太炎全集』(上海: 上海人民出版社, 1985) 제4권, 『태염문록초편·별록이太炎文錄初編·別錄二』, 364~365쪽. "今雖則效歐洲, 大都模寫型像而成, 以是驕人, 何顏之厚也."

53 중국의 신민中國之新民; 량치차오梁啓超, 「아시아 지리 대세론亞洲地理大勢論」, 『신민총보新民叢報』(영인본) 제4호, 1902년 3월. "日本固今世之雄也." "其意氣揚揚自得之概, 今勿具論, 若我中華, 則豈非亞細亞大陸之中心點, 而數千年來之主人哉."

54 양도, 「중국의 교육 문제支那教育問題」(1902년 10월 21일에서 11월 5일까지), 『양도집楊度集』(長沙: 湖南人民出版社, 1986), 55쪽, 60쪽. "弊國之存亡, 實亞洲之存亡, 黃種之存亡也." "貴國之精神, 能否適合于弊國今日之用, 尙是一大問題", "相愛相護相提携相聯絡."

55 신숙申叔(신숙은 劉師培의 자다), 「아시아의 현재 추세亞洲現勢論」, 『천의天義』 제11, 12권 합책, 1907년 11월 30일. 왕샤오츄王曉秋, 『근대 중일 관계사 연구近代中日關系史研究』(北京: 中國社會科學出版社, 1997), 32쪽에서 재인용. "亞洲之公敵" "欲保亞洲之和平, 以謀亞洲諸弱種之獨立, 則百種強權固當排斥, 卽日本之以強權侮我亞人者, 亦當同時排斥."

56 각각 『왕양경유저汪穰卿遺著』 제3권 23~24쪽과 『왕강년사우서찰汪康年師友書札』(上海: 上海古籍出版社, 1986) 제3책, 2236쪽에 보임. "從此日人借教申權, 于大局極大關系" "吾等非涼血類, 遇此等事不覺發狂." 거자오광, 「세기 초의 심정—90년 전 항저우의 풍파世紀初的心情—九十年前的杭洲風波」, 『전통문화와 현대화傳統文化與現代化』(北京: 中華書局), 1997년 제3기를 참고할 것.

57 리다자오李大釗, 「대아시아주의大亞細亞主義」, 「대아시아주의와 새로운 아시아주의大亞細亞主義與新亞細亞主義」, 「새로운 아시아주의를 다시 논함(고승원 군에 대한 답장)再論新亞細亞主義(答高承元君」, 중국 리다자오 연구회 편, 『리다자오전집李大釗全集』(北京: 人民出版社, 1997) 제2권, 106~107쪽, 253쪽; 제3권 75쪽. 그 밖에 젊은 시절의 후스도 한 예가 될 수 있다. 저우즈핑周質平에 따르면, 1910년 호적이 처음으로 일본에 갔을 때 심지어 일본을 "섬오랑캐"와 "야만인"으로 불렀으며, 뜻밖에도 일본인들이 "세계의 영웅이라고 자칭하는 것"에 대해서 그것은 중국인의 "큰 치욕"이라고 여겼다고 한다. 아울러 후스는 중국인들이 경계심을 가질 것을 호소했다. 비록 나중에 변하기는 했지만, 그는 일본만은 완전히 인정한 적이 없었다. 그래서 일본에 대한 후스의 태도는 "경시, 경외와 아쉬움 사이"에 있었다고 한다. 저우즈핑, 「후스 붓 끝의 일본胡適筆下的日本」, 『후스총론胡適叢論』(臺北: 三民書局, 1992), 64쪽.

58 1902년 량치차오는 『신민보新民報』에서 이렇게 말한 적이 있다: "16세기 이래 유럽이 발달하고 세계가 진보한 까닭은 모두 민족주의nationalism가 충격을 가했기 때문이다. 민족주의란 무엇인가? 각지의 같은 종족, 같은 언어, 같은 종교, 같은 습속을 지닌 사람들이 서로를 동포로 여기면서 독립과 자치를 이루려 노력하고, 조직이 완비된 정부를 구성함으로써 공익을 도모하면서 다른 종족을 제압하는 것이다."(『신해혁명 전 10년간의 시론 선집辛亥革命前十年間時論選集』 제1책, 120쪽.)

59 량치차오는 시종일관 이렇게 인식했다. 그가 처한 시대는 "민족주의 시대"이며 다음 시대는 "민족 제국주의 시대"이다. 민족 제국주의 시대에 이르면, "그 국민의 실력이 안으로 가득 차서 밖으로 흘러넘칠 수밖에 없고, 그렇기 때문에 다른 곳으로 권력을 확장하려고 시도할 수밖에 없다. 나를 귀결점으로 삼는 것은 그다음이다."(량치차오, 「신민설新民說」, 『신해혁명 전 10년간의 시론 선집辛亥革命前十年間時論選集』 제1책, 120쪽) 또한 이 설은 일찍이 1901년의 「국가사상 변천의 차이점에 관하여國家思想變遷異同論」에서 제시되었던 것이다. 위의 책, 제1책, 30쪽 참조.

60 중국의 민족주의에 대해서는 뤄즈톈羅志田, 「민족주의와 근대 중국사상民族主義與近代中國思想」(臺北: 東大圖書公司, 1998)을 참조할 것.

61 청말 민국 초의 문헌들 가운데서 중국을 기만하는 열강에 대해 언급하는 부분을 항상 볼 수 있다. 그런 문헌들에서는 "구미와 일본"을 동시에 열거한다. 예를 들어 『국민보國民報』에 실린 「20세기의 중국二十世紀之中國」 「중국 멸망론中國滅亡論」 등이 그러하다. 왜냐하면 신속하게 강대해지고 근대화한 일본에 대해 근대 중국인들은 항상 경계심을 지니고 있었기 때문이다. 『민보民報』 제2기에 실린 진천화陳天華의 「절명론絕命論」에는 이런

말이 있다. "오늘날 일본과 동맹하고자 하는 것은 중국이 제2의 조선이 되려는 것이다. 그러나 오늘날에 처해 일본과 멀어지려는 것은 동아시아를 망하게 하려는 것이다." 이 말에는 진퇴양난의 의미가 담겨 있어 깊이 음미할 만하다.

62 〔역자 주〕 저자의 논의를 아래와 같이 정리할 수 있겠다.

일본: 세계주의(탈아입구; 근대성 추구) → 아시아주의(대일본주의; 민족주의)

중국: 아시아주의(근대성 추구) → 세계주의(완전 서구화; 민족주의)

일본의 아시아주의 배후에는 민족주의가 있었던 반면, 중국의 아시아주의 배후에는 근대성을 추구하려는 의식이 있었다. 일본의 세계주의 배후에는 근대성 추구의 의식이 있었던 반면, 중국의 세계주의 배후에는 민족주의가 있었다. 일본은 세계주의에서 아시아주의로 나아가는 정상적인 경로를 밟았다. 반면 중국은 아시아주의에서 세계주의로 나아가는 역逆의 경로를 보여준다. 그러나 중국의 아시아주의 배후에는 근대성 추구가 있었고, 세계주의 배후에는 민족주의가 있었다는 저자의 분석을 고려해보면, 중국 역시 근대성 추구에서 민족주의로 나아가는 정상적인 경로를 밟은 것이다.

제6장 국가와 역사 사이

1 후쿠나가 미쓰지, 『도교와 일본문화道教と日本文化』(京都: 人文書院, 1982).

2 마루야마 마사오, 「원형, 옛 층, 집요한 저음—일본사상사 방법론에 대한 나의 발걸음原型, 古層, 執拗低音—日本思想史方法論についての私の歩み, 『마루야마 마사오 전집丸山眞男全集』(東京: 岩波書店, 1996) 제12권, 150~153쪽.

3 이후 후쿠이 후미마사는 그의 저작 『한자문화권의 사상과 종교—유교, 불교, 도교漢子文化圈の思想と宗教—儒教, 佛教, 道教』(東京: 五曜書房, 1998, 271~315쪽)에 수록한 「상대 일본과 도교 사이의 관계」에서 그 논쟁의 핵심을 다룬다.

4 쓰다 소키치津田左右吉, 『중국사상과 일본支那思想と日本』, 『쓰다 소키치 전집津田左右吉全集』(東京: 岩波書店, 1973) 제20권, 195쪽.

5 上同, 제20권, 251쪽.

6 쓰다 소키치, 『일본의 신도日本の神道』, 『쓰다 소키치 전집』 제9권, 2쪽.

7 上同, 제9권, 26쪽.

8 上同, 제2장, 「나라 왕조까지의 사상에 대해奈良朝までの思想について」, 『쓰다 소키치 전집』 제9권, 20쪽.

9 후쿠나가 미쓰지, 「쓰다 소키치 박사와 도교津田左右吉博士と道教」, 『동방종교東方宗教』(東京: 道教學會, 1983년 6월) 제61호.

10 후쿠이 후미마사福井文雅, 『한자문화권의 사상과 종교—유교, 불교, 도교漢子文化圈の思想と宗教—儒教, 佛教, 道教』. 또한 후쿠이도 다음과 같은 점은 인정한다. 곧, 경신일 지키기守庚申(도교 신도들이 경신 날에 밤새 자지 않고 수도하는 것), 시해尸解(몸은 남겨두고 혼백만 빠져나가 신선이 되는 도술), 북두北斗 신앙, 존사存思(사색하기)의 측면에서 중국 도교적 요소가 있는 것은 분명하다고 한다. 그의 『중국사상 연구와 현대中國思想研究と現代』(東京: 隆文館, 1991), 271~315쪽과 149쪽 참조.

11 이 『헌법』의 제73조, 74조, 75조, 76조는 천황 및 천황가를 모독한 사람의 "범법" 행위에 대한 죄명을 확정하고 있다.

12 미조구치 유조는 쓰다 소키치가 대표하는 "근대주의 중국관"이 현실의 중국에 대해 취했던 것은 비판적·멸시적 관념이었다고 한다. 미조구치에 따르면, "자신들이 아시아와 아프리카에 비해 선진적이고 우월하다는 근대 일본의 의식은, 각 민족의 문화를 그 고유하고 내적인 가치 표준에 따라 파악하지 않고서, 또한 유럽의 근대를 보편적 가치표준으로 삼아 모든 것을 거기에 일원적으로 귀속시킨다"고 한다. 미조구치 유조, 『방법으로서의 중국方法としての中國』(東京: 東京大學出版會, 1989) 8쪽. 이 책은 리쑤핑李甦平에 의해 『일본인 시야 속의 중국학日本人視野中的中國學』(北京: 中國人民大學出版社, 1996)으로 번역되어 있으며 이 책의 앞부분을 참조할 것.

13 쓰다 소키치, 「고사기 및 일본서기에 관한 새로운 연구古事記及び日本書紀の新しい研究」, 『쓰다 소키치 전집』 제1권, 474~475쪽.

14 이것은 그의 박사학위 논문인 「상대 중국인의 종교 사상上代支那人の宗教思想」에 있는 논증으로, 『만선지리역사연구보고滿鮮地理歷史研究報告』(東京: 滿鐵調查所, 大政九年(1920) 3월) 제6에 수록되어 있다. 또한 마쓰모토 노부히로宋本信光의 「쓰다 박사에 대한 추억津田博士の憶い出」에도 그 상황이 기록되어 있다. 『쓰다 소키치 전집』 제9권 "부록", 1964년 6월.

15 쓰다 소키치, 「신대사의 성질과 그 정신神代史の性質及び其の精神」, 『신대사의 연구神代史の研究』 563~564쪽.

16 스에키 후미히코, 『일본종교사』(東京: 岩波書店, 2006) 2쪽.

17 구메 구니다케久米邦武, 「신도는 곧 하늘에 제사지내던 옛 풍속이다神道乃祭天古俗」, 『사학회잡지史學會雜誌』 제2편 제23호, 230쪽.

18 『일본서기』의 교토쿠 천황 다이카大化 3년(647) 4월 21일, "유신惟神"이라는 말에 대

한 주석(헤이안 시대에 찬입된 것이라고 한다)에는 "유신이란 신도를 따른다는 말이며 원래 신도가 있다는 말이기도 하다惟神者, 謂隨神道, 亦謂自有神道也"고 되어 있다.

19 쓰다 소키치는 당시의 "신도"가 여섯 가지 의미를 갖고 있었다고 한다. 첫 번째, 예로부터 전래된 것을 가리키는데 일본의 민족적 풍속인 주술 신앙을 포함한다. 두 번째, 신권神權, 신의 힘, 신의 지위, 그리고 신 그 자체를 가리킨다. 세 번째, "신"에 대한 사상과 해석이다. 네 번째, 특정 신사가 선전하는 신神에 관한 학설이다. 다섯 번째, 정치·도덕적 규범의 자격을 갖춘 "신도"이다. 여섯 번째에서 비로소 종파성을 지니고 조직을 지닌 신도를 가리킨다. 『일본의 신도日本の神道』 제1장, 「신도라는 말과 여러 가지 의미」, 『쓰다 소키치 전집』 제9권, 13쪽.

20 구로다 도시오黑田俊雄, 「"신도"의 어의神道の語義」, 『일본사상대계·중세신도론日本思想大系·中世神道論』(東京: 岩波書店, 1977)에 수록, 또한 『월보月報』 제57기(1977년 5월), 1~2쪽에도 수록.

21 와타라이 이에유키는 이세伊勢 신도의 이론가로서, 불교를 위주로 삼고 신도를 보조로 삼는 "본지수적설本地垂迹說(부처가 일본에서 다양한 신의 형체로 발현했다는 설)"에 반대하고, 신도를 그러한 굴종적 지위로부터 벗어나게끔 노력함으로써, '신이 본체이고 부처가 그 자취다神本佛迹'라는 주체적 지위를 확립하는 방향으로 나아갔다. 『신의 본원에 관한 분류類聚神祇本源』 원문은 오스미 가즈오大隅和雄 편, 『일본사상대계·중세신도론』(東京: 岩波書店, 1977)에 수록되어 있다. 이 글로부터, 와타라이 이에유키가 상당히 많은 중국 문헌 내 자료를 이용했음을 알 수 있다. 예를 들어 그는 『고금제왕연대력古今帝王年代曆』 『주자통서周子通書』 『노자도경老子道經』 『주역』 『오행대의五行大義』 『원명포元命苞』 등을 대량으로 인용한다. 위의 책, 281~301쪽 참조.

22 요시다 가네토키는 당시 신도의 계통을 정리한다. 그는 신도를 세 가지로 나눈다. 첫 번째는 본적연기本迹緣起(부처라는 본체가 연기하여 일본의 신이라는 자취가 되었다는 설)의 신도이고, 두 번째는 유불습합兩部習合의 신도이며, 세 번째는 원본종원元本宗源의 신도였다. 그는 세 번째 신도의 입장에 선다. 그에 따르면, "원元"은 음양의 헤아릴 수 없음을 가리키고, "본本"은 생각 하나도 아직 생겨나지 않은 상태를 가리키며, "종宗"은 일기一氣가 아직 미분화되었을 때의 원신原神을 가리키고, "원源"은 화광동진和光同塵(깨달았으되 세속에서 함께 사는)하는 신의 화신神化을 가리킨다. 이 일파는 쇼토쿠 태자聖德太子의 『선대구사본기先代舊事本紀』 『고사기』 『일본서기』를 바탕으로 삼으면서, 『천원신변신묘경天原神變神妙經』 『지원신변신묘경地原神變神妙經』 『인원신변신묘경人原神變神妙經』이라는 세 경전을 받든다. 그는 중국의 "삼재三才(천, 지, 인)" 관념을 동원할 뿐 아니라, 그

의 글 가운데에는 "천상영보天上靈寶"와 "삼청三清" 등의 어휘가 있다. 이중 "영보" 세 종류란 『일본서기』에서 말하는 대로 거울, 칼, 경옥瓊玉을 가리킨다. 이렇듯 신도를 위해 기틀을 새롭게 다지고자 했던 내용 가운데에는 중국 도교로부터 온 것이 꽤 많았다. 『유일 신도의 개념과 원칙에 관한 핵심 집성唯一神道名法要集』 원문은 오스미 가즈오大隅和雄 편, 『일본사상대계·중세신도론』, 318~333쪽에 수록되어 있다.

23 오스미 가즈오는 「해설: 중세 신도론의 사상사적 위치」에서 지헨 등의 사상을 논할 때, "현세"적 문제에 있어 신도는 위의 세 가지 측면에서 매우 분명한 태도를 취했다고 하며, 특히 중세 신도는 천지개벽을 서술한 다음, 천황이 국가를 통치하는 문제에 대해 각종 정당화의 근거를 든다고 지적한다. 그에 따르면 천황에게는 각종 덕행과 능력이 있는데, 그런 덕행과 능력이라는 근거에는 유교에서 비롯한 것도 있었고 이세 신도에서 비롯한 것도 있었다고 한다. 『일본사상대계·중세신도론』, 359~360쪽.

24 스에키 후미히코末木文美士, 『중세의 신과 불中世の神と佛』(東京: 山川出版社, 2003) 참고. 스에키 후미히코 역시 스스로 체계를 갖춘 신도는 도쿠가와 시대에 비로소 성립되기 시작했다고 인식한다. 일부 신도학자들은 존황충군尊皇忠君을 강조하면서 신도의 독립이 도쿠가와 후기에 이뤄졌다고 주장한다. 그들에 따르면 가다노 아즈마마로荷田春滿(1669~1736), 하라다 아쓰타네平田胤篤(1776~1843)가 점차 복고 신도를 형성했고, 『고사기』와 『일본서기』에 근거하여 신도가 불교에 종속되는 것을 비판했다고 한다.

25 그러나 『수서隋書』 「동이열전東夷列傳」의 기록은 "해 뜨는 곳의 천자가 해지는 곳의 천자에게 편지를 보내 평안하다고 했다日出處天子致書日沒處天子無恙"고 되어 있다.

26 『천황고』는 서두에서 "우리나라의 '천황' 칭호는 중국어이지 우리나라 말이 아닌 것은 의심의 여지가 없다"고 말한다. 이 글에는 『춘추합성도春秋合誠圖』 『사기史記』 「봉선서封禪書」, 『사기』 「천관서天官書」 등의 자료가 인용되어 있다. 쓰다는, 고대 중국에는 점성술의 "북극北極"에서 비롯된 천황 관념과, 신선 전설 및 도교 사상에서 비롯한 천제天帝 관념이 있었다고 지적한다. 끝으로 그는 "상술한 사실을 배경으로 놓고 고찰해볼 때 일본의 '천황' 칭호는 중국의 용어를 채택했다는 것과, 태반은 신선설 등의 도교와 관련된 서적(예를 들어 『침중서枕中書』의 天皇, 地皇, 人皇 칭호 등)에서 비롯되었다는 것을 알 수 있다"고 결론내린다. 『쓰다 소키치 전집』 제3권, 부록4, 474~490쪽.

27 후대의 수많은 사람은 이런 설명을 받아들인다. 나카무라 쇼하치中村璋八는 「일본의 도교日本の道教」에서 이렇게 말했다. "일본에서 사용되는 '천황'이라는 호칭은 동한東漢 이후 이미 중국인들이 민족 종교로 여기는 도교에 의해 사용되었던 것인데, 일본에서 채택한 '천황'이라는 칭호는 그 함의와 내용에서 도교적 신神으로서의 '천황'이 결코 아니고, 지식

인들의 오행설과 참위설에 나타나는 '천황' 역시 아니다. 그러므로 다만 한자만을 채용했을 뿐이다." 그는 "천황"이 도교의 "천황대제天皇大帝"에서 왔다는 일본의 일부 학자들의 견해를 비판하면서, "그것은 정확한 해석이 아니다"라고 말한다. 나카무라 쇼하치, 「일본의 도교」, 후쿠이 고준福井康順 등 편, 『도교』(중국어 번역본은 朱越利 역, 上海: 上海古籍出版社, 1992) 제3책, 6쪽.

28 우에다 마사아키上田正昭는 「고대 신앙과 도교古代信仰と道教」에서 이미 쓰다 소키치, 와쓰지 데쓰로和辻哲郎, 나바 도시사다那波利貞, 구로이타 가쓰미黑板勝美, 시모데 세키요下出積與의 연구를 들고 있다. 후쿠나가 미쓰지福永光司 등, 『도교와 고대의 천황제(일본 고대사에 대한 새로운 고찰)道教と古代の天皇制(日本古代史新考)』(東京: 德間書房, 1988).

29 나바 도시사다那波利貞, 「도교의 일본 전파에 관하여道教の日本國への流傳に就いて」(續), 『동방종교東方宗教』(東京: 日本道教學會) 제4, 5호 합간, 1954년 1월, 118쪽.

30 〔역자 주〕 인간 내부에 세 신神이 있는데 이를 삼시三尸라고 하며, 인간은 경신庚申일에 천제天帝를 향해 과오를 아뢰어야 한다는 신앙이다.

31 구보 노리타다窪德忠, 「일본의 경신 맞이日本における庚申待」, 『동방종교』 제8, 9호 합간, 1955년 3월.

32 『唯一神道名法要集』에는 "내시소신경內侍所神鏡"으로 되어 있으며, 이세伊勢 신궁에 소장되어 있다.

33 『唯一神道名法要集』에는 "초치보검草薙寶劍"으로 되어 있으며, 아쓰타熱田 신궁에 소장되어 있다.

34 『唯一神道名法要集』에는 "신새팔판경神璽八坂瓊"으로 되어 있으며, 황궁皇宮에 소장되어 있다. 이것은 어새御璽와 함께 천황 계승의 정통 증거가 된다.

35 요시다 가네토키吉田兼俱, 『유일 신도의 개념과 원칙에 관한 핵심 집성唯一神道名法要集』, 오스미 가즈오大隅和雄 편, 『일본사상대계·중세신도론』, 322쪽.

36 사카데 요시노부坂出祥伸, 「도교란 무엇인가道教とはなにか」(東京: 中央公論新社, 2005) 제9장, 「일본문화와 도교」.

37 "팔굉일우"는 신도의 설이다. "팔굉"은 『회남자淮南子』 「원도原道」의 "팔굉구야八紘九野"가 그 출전이다. 고유高誘는 "팔굉"이 하늘의 여덟 방위八維를 뜻한다고 주석한다. 『일본서기』 「신무기神武紀」에는 "천지와 사방을 합함으로써 경계를 확장하고, 팔굉을 포괄하면서 집을 이룬다兼六合以開部, 掩八紘而爲宇"는 구절이 있는데, 천황이 통치하는 영역이 천하 국가를 포괄한다는 의미다.

38 『일본서기』「스이코 천황기」에는 603년 쇼토쿠 태자가 "십이계관위제十二階官位制"를 시행하면서, 덕德, 인仁, 예禮, 신信, 의義, 지知를 위계로 삼아 각 위계에 색깔을 배분하여 관복을 정했다. 그 가운데 최고위인 "대덕大德"과 "소덕小德"에 보라색을 부여했다. 이것은 중국의 태일자궁太一紫宮 신앙과 관련 있다고 여기는 사람들도 있다.

39 〔역자 주〕 장릉張陵, 장형張衡, 장로張魯의 3대에 걸쳐 확립된 도교의 한 분파로서 오두미도五斗米道를 창시했다. 오두미도는 천사도天師道라고도 불린다.

40 후쿠나가 미쓰지, 「천황과 진인眞人」, 후쿠나가 미쓰지 등, 『도교와 고대 천황제道教と古代の天皇制』(東京: 德間書房, 1988). 이 책은 1977년 후쿠나가 미쓰지, 우에다 마사아키, 우에야마 준페이가 다카사키철학당高崎哲學堂에서 행했던 "시민과 학문"의 강연과 대답 기록을 바탕으로 정리하여 완성된 것이다. 이들이 일찍부터 그런 견해를 갖고 있었음을 알 수 있다.

41 후쿠나가 미쓰지, 『도교와 고대 일본道教と古代日本』, 특히 "발전적 도교 연구를 위하여" 절(19~47쪽)을 참고할 것.

42 1973년 그가 발표한 「도교에서 거울과 검—그 사상의 원류道教における鏡と劍—その思想の源流」는 도교 기물에 대한 연구와 그 사상에 대한 연구를 매우 세련되게 융합할 뿐만 아니라, 일본 신도의 거울·검 신앙의 연원을 찾는다는 의미를 포함하고 있다. 1982년에서 1987년에 걸쳐, 그는 계속해서 "도교"와 "일본"을 제목으로 삼는 수필식 논문집 세 권을 출판하는데, 앞에서 인용했던 『도교와 일본문화』(京都: 人文書院), 『도교와 고대일본』(京都: 人文書院), 『도교와 일본사상』(東京: 德間書房)이 그것이다. 1987년 그는 또다시 『도교사상사연구』(東京: 岩波書店)와 『일본의 도교 유적日本の道教遺跡』(센다 미노루千田稔, 다카하시 아키라高橋徹와 공저, 東京: 朝日新聞社)을 출판했다. 그의 연구에서 매우 분명하게 강조되는 것 중 하나는, 도교와 일본이 깊은 관계를 갖는다는 사실이다. "천황" 칭호뿐만 아니라 일본의 수많은 신화, 전설, 의식, 풍속이 모두 중국 도교의 일본 전파와 관련이 있다고 한다. 그 밖에 그는 우에다 마사아키上田正昭, 우에야마 준페이와 함께 『도교와 고대천황제』를 편찬했고, 1990년에는 『동양사상』(東京: 岩波書店) 제3권 『중국종교사상』에 152쪽에 달하는 서언, 곧 「중국종교사상사」를 썼다. 또한 「도교와 팔번대신道教と八幡大神」, 「〈오모로〉의 창세신화와 도교신학〈おもろ〉の創世神化と道教神學」이라는 "보론"을 덧붙임으로써, 독자로 하여금 도교가 일본에 남긴 깊은 흔적을 깨닫도록 했다.

43 〔역자 주〕 천황이 부모 상을 당하여 상복을 입는 기간.

44 〔역자 주〕 천황이 즉위한 다음 처음으로 행하는 수확의 제사.

45 〔역자 주〕 천황이 여는 대연회 의식.

46 도히 아키오土肥昭夫, 도무라 마사히로戶村政博 공편, 『천황의 교체와 우리天皇の代替わりとわたしたち』(東京: 日本基督教團出版局, 1988)에 수록된 도무라 마사히로의 제1장, 19~48쪽을 참고할 것.

47 우에다 마사아키上田正昭, 『고대의 도교와 조선 문화古代の道教と朝鮮文化』(京都: 人文書院, 1989, 1991), 8쪽.

48 우에다 마사아키, 『고대의 도교와 조선 문화』, 266쪽.

49 이능화(1869~1943)의 유저, 『조선도교사』(서울: 동국대학교출판부, 1959) 제1장 「총설」 참조.

50 "三教譬如鼎足, 闕一不可, 今儒釋幷興, 而道教未盛, 非所謂備天下之道術者也. 伏請遣使于唐求道教以訓國人."

51 "遣道士敍達等八人, 兼賜老子道德經."

52 차주환, 『조선의 도교朝鮮の道教』(미우라 구니오三浦國雄, 노자키 미쓰히코野崎充彥의 일본어 번역본, 京都: 인문서원, 1990), 39쪽.

53 옌사오탕嚴紹璗은 『일본의 중국학사日本中國學史』(南昌: 江西人民出版社, 1991) 제1권, 51~53쪽.

54 『미야자키 이치사다 선집宮崎市定自跋集』(東京: 岩波書店, 1996) 중 그의 만년 추억과 결론 부분인 367쪽을 참고할 것.

55 미야자키 이치사다, 「천황이라는 칭호의 유래에 대하여天皇なる稱號の由來について」, 원래 『思想』 1978년 4월호에 수록, 이후 『미야자키 이치사다 전집宮崎市定全集』(東京: 岩波書店) 제21권 "일본 고대"에 수록. 특히 303쪽을 참조할 것.

56 스에키 후미히코, 『중세의 신과 부처中世の神と佛』(東京: 山川出版社, 2003), 7쪽.

57 천태신도란 헤이안 시대(794~1192)에 천태종의 교의를 기반으로 삼았던 신도학설을 가리킨다. 이에 따르면 석가모니는 비예산 왕의 본체라고 한다. 천태신도는 이를 통해 신과 붓다가 한 몸이라는 것을 논증한다. 천태신도에는 『일실신도기一實神道記』 등의 문헌이 있다.

58 양부신도란 양부가 습합한 신도를 가리키는 것으로서, 불교 진언종眞言宗의 교의를 바탕으로 삼아 "불법을 신도에 합치시킨다." 가마쿠라鎌倉 시대부터 무로마치室町 시대(1192~1573)에 걸쳐 점차 형성되었고, 『천지려기집天地麗氣集』 등의 문헌이 있다.

59 후쿠이 후미마사, 「일본 도교 연구사와 그와 관련된 몇몇 문제」, 신옌辛岩 역, 『세계종교연구世界宗教研究』(北京: 世界宗教研究雜誌社), 1996년 제1기, 129~140쪽, 특히 133~134쪽 참고.

60 후쿠이 후미마사, 『중국사상연구와 현대中國思想研究と現代』, 216~220쪽.

61 후쿠이 후미마사, 위의 책, 제2장 「도교 통관通觀」, 149쪽.

제7장 국경의 관문은 어디인가?

1 나카미 다쓰오中見立夫, 「일본의 동양사 여명기에 이뤄진 사료의 탐구日本の東洋史黎明期における史料への探究」, 『청나라와 동아시아—간다 노부오 선생 고희 기념 논집清朝と東アジア—神田信夫先生古稀紀念論集』(東京: 山川出版社, 1992), 98쪽. 이런 설명은 학계의 기본 상식이다. 예를 들어 오구라 요시히코小倉芳彦, 「일본 동양사학의 발달日本における東洋史學の發達」, 『오구라 요시히코 저작집 II小倉芳彦著作集2』(東京: 論創社, 2003), 225~232쪽을 볼 것. 그러나 여기서 우리는 허창췬賀昌群의 설명을 취하고자 한다. 허창췬은 1891년에서 1915년에 이르는 시기를 둘로 나눈다. (1)메이지 24년(1891)에서 30년(1897)에 이르는 시기에 일본사가 독립하고 동양사가 성립되며, 중국사는 조선사·몽고사·티베트사와 더불어 "동등하게 여겨진다." (2)메이지 31년(1898)에서 다이쇼 4년(1915)은 "마치 아침 꽃이 활짝 피어나는" 것과 같은 시기로서 도쿄와 교토의 양대 학풍이 형성되고, 만주·몽고·서역·남해의 학문이 크게 발달하여 중국을 훨씬 넘어선다. 허창췬, 「일본 학술계의 "지나학" 연구日本學術系之"支那學"研究」, 원래 1933년 10월 26일 톈진天津의 『대공보大公報·도서부간圖書副刊』 제3기에 수록, 이후 『허창췬문집賀昌群文集』(北京: 商務印書館, 2003) 제1권에 재수록됨.

2 와다 기요시和田清, 『동아시아사 연구(만주편)東亞史研究(滿洲篇)』(東京: 東洋文庫, 1955) 서문, 1쪽.

3 스기야마 마사아키杉山正明, 『몽골 제국과 대원 울르스モンゴル帝國と大元ウルス』(京都: 京都大學出版會, 동양사 연구총간 제65), 서장序章 「세계사의 시대와 연구 전망」, 11쪽.

4 나리타 안키는 외무성에 비밀 보고를 한 적이 있는데, 한참 나중인 1970~1971년에 그 보고서가 「진장일지進藏日誌」(『山岳』 65~66호에 수록)로 출판되었다. 다카야마 류조高山龍三, 「가와구치 게이카이河口慧海」, 에가미 나미오江山波夫 편, 『동양학의 계보(1)東洋學の系譜(1)』(東京: 大修觀書房, 1992), 81쪽에서 재인용.

5 〔역자 주〕 당시의 유력한 왕실 인물.

6 〔역자 주〕 1856~1925. 당시 왕실의 고관.

7 불상佛像 144건, 불화佛畫 261건, 불교 의례용 기물 385건, 경판經板 28건이 더 있었다고 한다.

8 다카야마 류조高山龍三, 앞의 글, 78쪽.

9 친융장秦永章, 『일본의 티베트 포섭사—근대 일본과 중국의 티베트日本涉藏史—近代日本與中國西藏』(北京: 中國藏學出版社, 2005), 54~98쪽.

10 최근 그 일의 경위에 관해 언급한 연구자가 있었다. 왕커王柯, 「일본의 침략 전쟁과 "회교 공작"日本侵略戰爭與"回教工作"」, 『역사연구歷史研究』(北京: 中國社會科學雜誌社) 2009년 제5기, 88쪽을 참고할 것.

11 대체적으로 말하자면, 1890년대 이전 일본의 일반적 교육 영역에서 중국사를 소개할 때는 『십팔사략十八史略』을 사용했고, 고등교육 영역의 중국 역사는 "한학"의 일부분으로서 중국 한문 문헌의 범위 안에 들어 있었다. 그런 까닭에 자료는 한문 문헌을 벗어나지 못했고, 다루는 영역도 전통적 중국 밖으로 확장되지 못했다. 그러나 메이지유신 이후 일본이 변화하면서 이런 상황 역시 점차 바뀐다. 그런 변화가 가장 급격했던 때는 바로 청일전쟁 이후였다.

12 왕궈웨이王國維는 펠리오Paul Pelliot의 「동양 고언어학 및 사학적 최근 발견과 그 결론近日東方古言語學及史學上之發明與其結論」을 번역했기 때문에 서양 학문의 진보를 잘 알 수 있었고, 후지타 도요하치藤田豊八의 「중국 고대의 면화와 면포에 대한 인식」을 읽고서 동양학자들의 연구를 파악할 수 있었다. 『관당서찰觀堂書札』 중 나진옥羅振玉에게 보낸 편지 97, 117번째 참조. 천위안陳垣은 펠리오와 왕궈웨이로부터 깨우침을 얻어 「조로아스터교의 중국 전래에 관한 고찰火祆教入中國考」 「마니교의 중국 전래에 관한 고찰摩尼教入中國考」 「마니교의 잔경摩尼教殘經」 1, 2를 지었다. 『北京大學國學季刊』 제1권 제1호, 제2호, 제3호, 1923년 1월, 4월, 7월.

13 그의 이런 학문 경향은 한편으로 중국 쪽의 영향을 받은 것이었다. 곧, 그는 진의陳毅와 문정식文廷式을 통해 중국 측의 원나라 사료 발굴과 그 연구를 잘 알고 있었다. 그러나 주요한 것은 역시 유럽 동방학의 자극과 일본 국권론의 영향이었다. 『미야자키 이치사다 선집宮崎市定自跋集』(東京: 岩波書店, 1996), 22쪽.

14 요시카와 고지로吉川幸次郎 편, 『동양학의 창시자들東洋學の創始者たち』(東京: 講談社, 1976), 22~23쪽.

15 이치무라 산지로 자신은 1901년에 베이징의 동대고東大庫에서 조사를 실시했는데, 특히 "조선 및 서번西番 여러 나라의 국서"와 "티베트, 네팔 등 서번의 문헌", 그리고 "숭덕崇德 7년 조선 사건 관련 문서" 등을 발견했다고 한다.

16 에가미 나미오江山波夫 편, 『동양학의 계보(1)東洋學の系譜(1)』, 29~30쪽.

17 『미야자키 이치사다 선집宮崎市定自跋集』, 24쪽.

18 하네다 도루, 「시라토리 구라키치를 회상하며白鳥庫吉の思出」, 『東洋史硏究』(京都: 京都大學, 1942) 제7권, 제2~3호, 83쪽. 시라토리 구라키치는 이후에 쓴 「만주·조선 역사 연구 30년滿鮮史硏究の三十年」에서 이렇게 말했다. "구미 학자들에게 지지 않기 위해 우리는 규모가 매우 큰 동양역사학회를 세우고, 실업가·정치가들과 손을 잡고서 근본적인 동양 연구의 필요성을 제창했다. 특히 당시 구미인들의 동양 연구 분야는 대부분 중국·몽고·중앙아시아에 걸쳐 있었고 그 가운데에는 매우 권위 있는 성과물도 있었다. 그러나 만주와 조선의 연구는 아직도 미개척지였기 때문에, 우리 일본인은 유럽인들이 아직 진입하지 않았던 만주·조선의 역사와 지리 분야에서 자신의 성과를 반드시 내야 했다." 마쓰무라 준松村潤, 「시라토리 구라키치白鳥庫吉」, 에가미 나미오江山波夫 편, 『동양학의 계보(1)』, 45~46쪽.

19 예를 들어 1900년 그가 『사학잡지史學雜誌』(東京) 제11권 제4호에 발표했던 「중국 북부에 거주했던 옛 민족의 종류에 대해支那北部に拒った古民族の種類に就いて」는 월지月氏, 흉노, 동호東胡에서부터 선비鮮卑, 오환烏丸, 연연蠕蠕(柔然), 거란, 쿠차, 위구르回鶻, 힐알사黠戛斯(キルギス), 무크리Mukri(勿吉), 실위室韋(Otuz Tatar), 여진 등 20여 민족을 고증하여 커다란 반향을 일으켰다.

20 허창췬, 「일본 학술계의 "지나학" 연구日本學術系之"支那學"硏究」, 『허창췬 문집賀昌群文集』 제1권, 447쪽.

21 일본 학계가 구미 동방학의 영향을 받았다는 것은 두말할 나위가 없다. 예를 들어 구와바라 지쓰조桑原騭藏는 「지나학 연구자의 임무支那學硏究者に任務」라는 글에서, 배워야 할 모범으로서 일련의 서양 중국 학자들을 열거한다. 미국의 락힐Rockhill(티베트와 몽고의 불교, 문화, 지리를 연구했고, 『제번지』 『도이지략』 등 남해의 교류와 관련된 문헌을 연구), 영국의 필립스Phillips(네덜란드 점령 시기의 대만 역사 및 명대 중국과 남양 사이의 교류를 연구), 와일리Wylie(몽고어, 팔리어, 만주어에 정통했고 선교사가 중국에 끼친 영향을 연구), 레그Legge(중국 경전에 대한 연구와 번역), 러시아의 브레츠나이더Brestschneider(몽고 시대 연구)가 그들이다. 또한 구와바라는 이렇게 말한다. "우리나라(일본)의 최대 실수는, 우리나라의 지나학 연구에서 과학적 방법을 충분히 사용하지 않았다는 데 있다. 심지어 의문인 것은 아직도 그런 과학적 방법을 무시하지 않는가 하는 것이다. 그러나 과학적 방법은 결코 서양 학문만이 채택하는 것이 아니라 일본의 지나학 연구 역시 그것에 의지해야 한다는 것은 두말할 나위가 없다." 『구와바라 지쓰조 전집桑原騭藏

全集』(東京: 岩波書店, 1968) 제1권, 591~594쪽.

22 시라토리 구라키치의 사학적 경향을 논하면서, 구와타 로쿠로桑田六郎, 우에무라 세이지植村清二, 이시다 미키노스케石田干之助는 시라토리 구라키치의 이념이 "중국사가 아니라 동양사였다"고 한다. 요시카와 고지로 편, 『동양학의 창시자들』, 22쪽. 나카지마 사토시中島敏는 이치무라 산지로市村瓚次郎에 대해 논할 때, 특히 메이지 30년(1897)에 출판된 이치무라의 『동양사요東洋史要』 두 권을 언급하면서 이 책이 "중국사에서 동양사로 나아갔다"고 말한다. 에가미 나미오江山波夫 편, 『동양학의 계보(1)』, 28쪽, 31쪽.

23 에가미 나미오 편, 위의 책, 3쪽.

24 이런 조류에 참여했던 하네다 도루는 이렇게 결론내린 적이 있다. 이 시기 일본 동양학의 진보는 다음 여섯 가지로 드러났다는 것이다. (1)동양의 새로운 고고학 자료와 여러 문헌에 대한 연구(예컨대 돌궐의 대신이었던 闕特勤의 비문에 대한 연구), (2)고대 문자의 발견(예를 들어 위구르 문자, 토차리Tochari(吐火羅) 문자, 서하 문자의 발견), (3)서역 각국의 인종에 대한 연구, (4)각종 비非한족 종교 문헌의 신발견(예를 들어 마니교 경전), (5)소그드 문화의 동방에 대한 영향, (6)위구르 문화의 동쪽 진출. 분명 이런 새로운 연구는 전통적 "한족 중국"을 훨씬 넘어서는 것이었다. 하네다 도루, 「최근 동양사학의 진보輓近における東洋史學の進步」, 『사림史林』(1918) 제3권 제1, 2호, 이후 하네다 도루, 『하네다 박사 사학논문집羽田博士史學論文集』(京都: 同朋社, 1957, 1975), 635~653쪽에 수록.

25 이치코 주조市古宙三, 『근대 일본의 대륙을 향한 발전近代日本の大陸發展』(東京: 螢雪書院, 1941) 서문, 1쪽 참조.

26 나카노 세이고中野正岡, 『내가 본 만주와 조선我が觀たる滿鮮』(東京: 政教社, 1915), 335쪽.

27 예를 들어 와다 기요시和田清는 「지나 및 지나인이라는 말의 본의에 대해서支那及び支那人という語の本義について」(1942년 1월과 2월)에서 "몽고, 만주, 티베트는 과거 중국과 한 나라가 아니었고 인종과 언어도 다르고 문자와 종교 역시 다르며 풍속과 습관도 다르고 역사와 전통에도 차이가 있었는데, 만주에서 일어선 대청제국이 통일을 하자 비로소 하나로 귀속된 것이다. 그러니 그 민족을 '지나' 또는 '지나인'으로 똑같이 부를 만한 아무런 이유가 없다. 이것은 논증할 것도 없고, 말하지 않아도 자명한 것이다"라고 인식한다. 와다 기요시和田清, 『동아시아사 논문집東亞史論藪』(東京: 生活社, 1942), 202~203쪽.

28 사케다 마사토시酒田正敏, 『근대 일본의 대외 강경 운동에 대한 연구近代日本における對外硬運動の研究』(東京: 東京大學出版會, 1978), 113쪽; 반노 준지坂野潤治, 「동양맹주론과 탈아입구론—메이지 중기 아시아 진출론의 두 가지 유형東洋盟主論と脫亞入歐

論—明治中期アジア進出論の二類型」, 사토 세이자부로佐藤誠三郎 등 편, 『근대 일본의 대외적 태도近代日本の對外態度』(東京: 東京大學出版會, 1974), 39쪽.

29 『후쿠자와 유키치 전집福澤諭吉全集』 제16권, 204~207쪽.

30 고야스 노부쿠니子安宣邦, 『일본 근대사상 비판—국지國知의 성립日本近代思想批判—國知の成立』(東京: 岩波書店, 2003) 제2부, 『타자를 향한 시선』 제1장 제1절, 「도라지로와 〈지나론〉」, 108쪽 참조.

31 에가미 나미오 편, 『동양학의 계보(1)』, 3쪽.

32 구와바라 지쓰조는 「동양사로부터 본 메이지 시대의 발전」(1913)이라는 글에서 "조선병합" "동아시아의 패자" "세계 1등 국가" "문화의 수출" "아시아인이 각성"이라는 표제로 일본의 부상을 회고함으로써, 당시 일본 학계에 만연했던 흥분을 전하고 있다. 구와바라 지쓰조, 「동양사로부터 본 메이지 시대의 발전東洋史上より觀たる明治時代の發展」, 『구와바라 지쓰조 전집』 제1권, 551~563쪽 참조. 와다 기요시는 「우리나라 만주·몽고사 연구의 발전」(1932)에서, 중국의 주변을 연구하게 된 계기는 바로 일본의 부강화, 주변에 대한 청나라의 권위 쇠락, 외적 압박의 가중화였다고 말한다. 와다 기요시和田淸, 「우리나라 만주·몽고사 연구의 발전我が國に於ける滿蒙史硏究の發達」, 『동아시아사 논문집東亞史論藪』, 241~268쪽.

33 쓰루미 유스케鶴見祐輔에 따르면, 만선 역사지리 조사부에 대한 고토 신페이의 공헌으로 인해, "일본 민족은 자신의 발상지인 만주, 몽고 및 서시베리아로 진출할 수 있었다"고 하며, 50년, 100년이 지난 이후 비로소 그가 문화사에서 차지하는 중요한 위치가 평가되고 인식될 수 있을 것이라고 했다. 쓰루미 유스케鶴見祐輔 저, 이카이 도모요시一海知義 교정, 『고토 신페이後藤新平』(東京: 藤原書店, 2005) 제4권, 「만철시대」, 343쪽, 336~337쪽.

34 『만몽연구회보滿蒙硏究匯報』 제1호(다이쇼 4년 11월 1일), 1쪽.

35 청제국의 강역 문제와 관련해서는 오언 래티모어의 『아시아 내륙에서 중국의 변경中國的亞洲內陸邊疆』(탕샤오펑唐曉峰 등의 중국어 번역본, 南京: 江蘇人民出版社, 2005)을 참고할 것. 최근 "새로운 청나라 역사"라는 연구 분위기가 일어남에 따라 구미 학자들이 특히 이 문제에 관심을 기울이고 있다. 예를 들어 파멜라 카일 크로슬리Pamela Kyle Crossley, 헬렌 F. 슈Helen F. Siu(蕭鳳霞), 도널드 S. 서튼Donald S. Sutton 편, 『경계선 위의 중국: 전근대 중국의 문화, 단체, 그리고 국경Empire at the Margins: Culture, Ethnicity and Frontier in Early Modern China』(University of California Press, 2006); 다이애나 래리Diana Lary 편, 『변경의 제국The Chinese State at the Borders』(University of British Columbia Press, 2007) 등은 청제국과 변경의 문제를 둘러싸고 논의를 진행하기

시작했다.

36 다음 장, 「"서역"에서 "황해"로」의 첫 번째 부분을 참조할 것.

37 「심을암 선생 칠십수 서문沈乙庵先生七十壽序」, 『관당집림觀堂集林』(上海書店 영인본, 『民國叢書』 제4편 제93종) 제23권, 26~28쪽.

38 다음 장, 「"서역"에서 "황해"로」를 참고할 것.

39 제소남齊召南, 「일통지 외번몽고속국서 총서一統志外藩蒙古屬國書總序」, 탄치샹譚其驤 주편, 『청인문집·지리류회편淸人文集·地理類匯編』(杭洲: 浙江人民出版社, 1986) 제1책, 277쪽에서 재인용. "馭鹿使犬之部, 燭龍冰鼠之鄕, 衣魚種羊驅象馴獅之國" "理藩院統轄."

40 『청대 경세문 모음淸經世文編』(北京: 中華書局 영인본, 1992) 제81권, 「兵政 12」, 1993~1996쪽.

41 『청대 경세문 모음』 제80권, 「兵政 11」 "변경 방어邊防" 卷首, 1962쪽. 위원은 「서북 변경에 관한 질문에 답하는 편지答人問西北邊域書」에서 몽고, 신장위구르, 티베트를 논하면서, "청나라의 북쪽 국경은 동쪽으로 압록강과 헤이룽 강에서 시작하여 내몽고와 외몽고를 지나 서쪽으로 준갈 지역까지 이르니 길이가 2만여 리로 모두 러시아 경계와 접하고 있다大淸國之北境, 東起鴨綠江黑龍江, 逾兩蒙古, 西迄准部, 袤二萬餘里, 皆接俄羅斯界"고 말한다. 『위원집魏源集』(北京: 中華書局, 1976) 상책, 「명대의 식화와 군사 두 분야의 행정에 관한 기록明代食兵二政錄敍」, 163쪽 참조.

42 곽숭도郭嵩燾, 「해국도지에 부쳐書海國圖志後」, 탄치샹 주편, 『청인문집·지리류회편淸人文集·地理類匯編』 제7책, 494쪽.

43 이리 문제, 파미르 담판, 간도 분쟁이 그것이다. 「중서여지도中西輿地圖」에 실린 이리伊犁와 서북 지리에 대한 증기택曾紀澤의 연구는 청나라 정부가 러시아와 담판할 때 도움을 주어 청나라가 이리 남쪽 일대를 "전부 귀속시킬全數來歸" 수 있었다. 러시아·독일·네덜란드·오스트리아 공사 허경징許景澄과 주프랑스 참찬參贊 경상慶常은 서북 변경의 지리에 유의하여, 청나라 정부가 영국과 파미르 지역의 주권에 대해 논쟁할 때 도움이 되었다. 동북 지역에 대한 지리적 조사와 역사 연구, 조선 승문원承文院 문헌에 대한 진소상陳昭常과 오록정吳祿貞의 조사는, 청나라 정부가 1909년 일본과 더불어 「중국—대한제국의 투먼강 경계에 관한 조약圖們江中韓界務條款」("간도협약")을 체결하는 데 도움이 되었다. 궈솽린郭雙林, 『서양 조류의 격동 속에 처해 있던 청말 지리학西潮激蕩下的晩淸地理學』(北京: 北京大學出版社, 1999) 제3장, 「청말의 지리학 연구와 민족의 구원」, 161~171쪽.

44 왕지창汪之昌, 「요영의 강유기행 서후書姚瑩康輶紀行後」, 탄치샹 주편, 『청인문

집·지리류회편清人文集·地理類匯編』 제6책, 1061. "述經歷之險夷, 識耳目所聞見, 夫豈告勞苦, 侈博異之所爲. 論乍雅而兼考西藏, 因西藏而兼及回疆, 蓋西藏回疆二地, 爲中國邊徼. 自英夷規据印度, 與我西藏逼處, 回疆之杜爾伯特若塔爾巴哈台等處, 又與俄夷接壤矣."

45 궈리핑郭麗萍, 『"고립된 분야와 후속이 끊어진 학문絕域與絕學』(北京: 三聯書店, 2007)의 서술을 참조할 것. 여기서는 그녀의 책 이름을 차용했다.

46 예를 들어 량치차오는 「서부 강역 개척의 연혁에 대한 고찰 서문西疆建置沿革考序」에서 이렇게 말한다. "파미르의 1000여 리를 공손하게 러시아인에게 양도했던 것"은 "우리나라 사대부들이 서북의 지리에 무지하여 외교의 실패가 그런 지경에까지 이르렀기" 때문이라고 한다. 『음빙실문집飮冰室文集』 제56권, 탄치샹 주편, 『청인문집·지리류회편』 제3책, 537쪽.

47 이홍장은 건륭 이래의 기존 원칙을 포기하고서 서북을 버리고 동남쪽을 경영해야 한다고 조정에 건의한 적이 있다. 그는 신장위구르의 호족들을 회유하고 그들에게 자치를 허용함으로써 영국과 러시아의 침투에 대항하고, 동남쪽의 해안 방어를 강화하려 했다. 반면 좌종당은 청나라의 기존 원칙을 견지해야 한다고 강조했다. 그는 러시아 등 열강에 대항하려면 신장위구르에 전통적인 군현郡縣 방식으로 성省을 설치하고, 서북 지역에 대한 중앙의 통제력을 통해 열강의 영토 야욕을 제압해야 한다고 주장했다. 이런 정치적 전략의 제정자들은 역사, 민족, 지리에 대한 학문적 연구를 충분히 고려하지 않은 것 같다. 따라서 그들은 사예의 역사·지리에 대한 학문이 주류가 되게끔 활성화하지 못했다. 모테기 도시오茂木敏夫, 「청말 "중국"의 창출과 일본清末における"中國"の創出と日本」, 『중국—사회와 문화中國—社會と文化』(東京: 中國社會文化學會, 1995) 제4호, 258~259쪽.

48 캉유웨이, 「변혁명서辯革命書」, 탕즈쥔湯志鈞 편, 『캉유웨이정론집康有爲政論集』(北京: 中華書局, 1981) 상책, 487쪽. 량치차오의 현대 중국·민족·국가 관념도 기본적으로 이 노선이었다. 그는 미래의 중국이 제국 강역 내의 서로 다른 모든 종족을 포괄해야 한다고 여겼다.

49 장빙린의 「중화민국해中華民國解」와 「만주족 적대시를 바로잡으며正仇滿論」는 각각 『민보民報』 제15호(1907년 7월)과 『국민보國民報』 제4기에 실렸다. 『신해혁명 전 10년간의 시론 선집辛亥革命前十年史論選集』 제1권, 상책, 98~99쪽 및 도성장陶成章, 「중국 민족 권력 성쇠론中國民族權力消長論」(1904), 탕즈쥔湯志鈞 편, 『도성장집陶成章集』(北京: 中華書局, 1986), 212쪽에서 재인용.

50 양톈스楊天石, 「손중산과 "만주할양" 문제孫中山與"租讓滿洲"問題」, 『역사의 수수

께끼를 찾아서尋求歷史的謎底』(北京: 首都師範大學出版社, 1993), 273쪽.

51 1915년, 곧 민국 4년 "전국경계국주비처全國經界局籌備處"가 성립되었고 차이어蔡鍔가 국장이 되었다. 이곳은 "동서양의 도적圖籍을 편집, 번역하고 중국 국경의 기원을 세밀히 추적하는 것"이 그 임무였다. 『차이쑹포선생집蔡松坡先生集』의 부록 「차이쑹포연보」에서 재인용.

52 『동북사강東北史綱』(北平: 中硏院歷史語言硏究所, 1932), 3쪽.

53 『우공』 제1기 卷首. 거젠슝葛劍雄에 따르면, 이 발간사는 탄치샹이 썼고 구제강이 수정한 것이라고 한다. 『유유히 흐르는 물—탄치샹 외전悠悠長水—譚其驤前傳』(上海: 華東師範大學出版社, 1997), 69쪽.

54 이 책의 「결론: 흐름에의 참여豫流, 입장, 그리고 방법」 참조. 또한 딩원장은 「중앙연구원의 사명」에서 문학·사학 연구의 의미를 이렇게 밝힌 적이 있다. "중국이 통일하기 쉽지 않은 가장 큰 원인은 우리에게 공통의 신앙이 없다는 것이다. 이런 신앙의 기초는 우리 자신에 대한 우리의 인식 위에 구축되어야 한다. 역사학과 고고학은 우리 민족의 과거를 연구하고, 언어학과 인종학 및 그 외 사회과학은 우리 민족의 현재를 연구하는 것인데, 우리 민족의 과거와 현재를 명백히 연구함으로써 우리는 비로소 자신을 충분히 인식할 수 있다." 『동방잡지東方雜誌』(上海) 제32권, 제2호(1935년 1월 16일)에 수록.

제8장 "서역"에서 "황해"로

1 장광다張廣達, 『문서, 전적, 서역의 역사와 지리文書, 典籍與西域史地』(桂林: 廣西師範大學出版社, 2008) 卷首, 「자서自序」.

2 클로드 비스드로Claude Visderou(1656~1737)가 매우 일찍부터 변경 민족의 역사·언어 연구에 대해 주목하여 흉노, 돌궐, 거란, 몽고에 관한 한문 사료의 기록에 주의를 기울이기는 했지만, 초기의 역사 연구 대다수는 여전히 "동양은 동양이고, 서양은 서양이다"라는 태도를 취했기 때문에 중국의 역사·문화·언어를 연구할 때는 주로 전통 중국의 문헌에 의지하곤 했다. 예를 들어 조세프 안 마리 드 모이략 드 모빌라Joseph Anne Marie de Moyriac de Movilla(1669~1748)의 열두 권짜리 『중국통사中國通史』는 기본적으로 중국의 『통감강목通鑒綱目』 『속통감강목續通鑒綱目』을 기초로 삼고 있다. 비록 "이 책이 나와서 중국어를 모르는 유럽인들에게 중국사에 관한 무수한 지식을 제공함으로써 유럽 중국학이 급격히 발전할 수 있도록 추동했지만", 그의 중국사 인식은 아직도 한족 중국의

관점과 처지에 바탕을 둔 것이었다. 안토니 카우빌Antonie Caubil(1689~1759)이 편찬한 『몽고사』처럼 설사 유럽인들이 한족 중국을 넘어서 몽고의 역사를 썼다 하더라도, 여전히 청대 소원평邵遠平의 『원사유편元史類編』 즉 『속굉간록續宏簡錄』을 차용했을 뿐이다. 이시다 미키노스케石田干之助, 『유럽인의 지나 연구歐人の支那研究』(東京: 共立社 現代史學大系 제8권, 1932), 206쪽.

3 예를 들어 1826~1828년에 출판된 하인리히 율리우스 폰 클라프로트Heinrich Julius von Klaproth(1788~1830)의 『아시아 문학, 역사, 언어 논고』 가운데에는 『몽고원류蒙古源流』에 대한 연구, 만주족·대만·아프간 등의 언어에 대한 연구, 류큐, 호텐Xoten(和闐), 일본에 대한 연구가 있었다; 1829년 파리에서 출판된 『신아시아 잡록雜錄, Nouveaux Melange Asiatiques』에는 주달관周達觀의 『크메르 풍토기』에 대한 연구, 『문헌통고文獻通考』 「사예고四裔考」에 근거한 티베트 연구, 원나라 때의 외이얼Uihur(畏兀)인 타타통카塔塔統阿와 몽고인 수부다이速不台에 대한 연구가 있었으며, 특별히 주목할 것은 이슬람 문헌에 바탕을 두고 진행한 몽고사 연구가 있었다는 사실이다. 모동인莫東寅, 『한학 발달사漢學發達史』(北平: 文化出版社, 1949; 여기서는 상해서점에 출간한 재판본을 참고했다, 1989) 7 「19, 20세기」, 93~110쪽. 그 밖에 잘 알려진 아벨 레머샛Abel Remsusat(1788~1832)은 『변경 민족 언어의 고찰塞外民族語言考』 『법현전역주法顯傳譯注』를 지었다.

4 예를 들어 마크 아우렐 스타인Mark Aurel Stein(1862~1943), 폴 펠리오(1878~1945), 오타니 고즈이大谷光瑞(1876~1948)가 그들이다.

5 "서역"은 한대漢代 문헌에 나오는 지리 용어이기는 하지만, 각국의 역사·언어·종교를 연결시켜 의식적으로 연구되어야 할 역사적 세계가 된 것은 근대의 일이다.

6 미야케 오네키치三宅米吉, 미야자키 이치사다 등은 나카 미치오를 추억할 때 이렇게 말한 적이 있다. 곧, 종래의 중등학교 중국사 교과서는 대부분 『십팔사략』 『원명사략元明史略』 『청사거요淸史擧要』를 교재로 사용했는데, 이런 역사서는 한편으로는 중국사였고 다른 한편으로는 한문학이어서 매우 중시되었다고 한다. 그렇지만 그것들과 유럽의 역사 교재를 비교해보면, 체재와 편찬 취지에서 크게 차이가 났다는 것이다. 미야케 오네키치三宅米吉, 「문학박사 나카 미치오전文學博士那珂通世君傳」, 『문학박사 미야케 오네키치 저술집文學博士三宅米吉著述集』(東京: 目黑書店, 1929) 상권, 295~296쪽.

7 『미야자키 이치사다 선집』, 22쪽. 또한 나카미 다쓰오, 「원조비사 도래의 시기元朝祕史渡來のころ」, 『동아시아 문화교섭 연구(별책4)東アジア文化交涉研究(別冊4)』(大阪: 關西大學 文化交涉學 教育研究 據點, 2009년 3월), 3~26쪽을 참고할 것.

8 요시카와 고지로吉川幸次郎 편, 『동양학의 창시자들東洋學の創始者たち』, 22~23쪽. 하네다 도루도 「시라토리 구라키치를 회상하며白鳥庫吉の思出」에서 “우리나라의 동양학을 진흥하여 세계 수준에 도달하거나 심지어 그것을 넘어서는 것이 시라토리 구라키치 박사의 소원이었다”고 말한다. 『東洋史硏究』(京都: 京都大學, 1942) 제7권, 제2~3호, 83쪽을 볼 것.

9 『미야자키 이치사다 선집宮崎市定自跋集』, 24쪽. 이런 학문적 추세는 다음의 상황에서 엿볼 수 있다. 후지타 도요하치藤田豊八(1869~1928)는 다이쇼 연간에 관심의 중심을 “남해사”에서 “서역사”로 바꿨고, 때문에 조금 이후에는 이시하마 준타로石濱純太郎(1888~1968), 와다 기요시和田淸(1890~1963), 간다 기치로新田喜一郎(1899~1984)와 같은 학자들이 출현했다. 앞장 「국경은 어디인가?」에서 상술한 부분을 참조할 것.

10 예를 들어 강희康熙 연간, 만주족으로 청나라 관리였던 툴리센Tulisen(圖理琛)은 러시아를 경유하여 투후얼트土扈爾特에 사신으로 갔다가 『이역록異域錄』을 저술했다. 건륭 연간에는 역시 만주족이자 청나라 관리였던 치스이七十一가 신장에 갔다가 『서역견문록西域見聞錄』을 지었다.

11 두웨이윈杜維運, 「도기전屠寄傳」, 『역사의 두 가지 경지歷史的兩個境界』, 118~120쪽, 東大圖書公司, 1995.

12 튀르크의 3대 비석, 곧 토뉴쿠쿠暾欲谷 비, 퀼테긴Kül tigin(闕特勤) 비, 빌게카칸毗伽可汗 비는 1890년대에 네덜란드인 게이컬A. Geikel이 몽고 오르콘 강 동쪽과 코슈-차이담에서 발견한 것이라고 한다. 또 다른 설명으로는, 1889년 러시아 학자 야드린체프N. Yadrintsev가 발견했고 이것을 덴마크 코펜하겐대학 교수이자 비교언어학자인 톰슨Vilhelm Thomsen(1842~1927)이 게이컬의 보고에 근거해서 1892년에 가장 먼저 해독했으며 아울러 『오르콘 비문 해석Deciphered Orkhon Inscription』을 출판했다고 한다. 중국의 학자 심증식沈曾植은 튀르크어를 모르기는 했지만, 서양의 해석에 의거하면서 여기에 그 자신의 풍부한 당대唐代 문헌에 대한 지식을 덧붙여서 역사적 해석을 가함으로써 학계에 공헌했다.

13 하추도何秋濤, 장목張穆, 이문전李文田, 심증식은 『황원성무 친정기皇元聖武親征記』를 교정했다.

14 중국에서 가장 이른 시기에 조로아스터교를 연구했던 문정식文廷式의 『순상자지어純常子枝語』는 아마도 외국의 연구를 참고했을 것이다. 마니교에 대한 연구 중 가장 빠른 것은 장푸蔣斧가 1909년에 발표했던 「마니교의 중국 유행에 대한 고찰摩尼教流行中國考略」이다. 린우수林悟殊, 「마니교 연구의 전망摩尼教硏究之展望」, 『신사학新史學』(臺北:

中硏院歷史語言硏究所, 1996) 제7권 제1기 참조.

15 푸쓰녠, 「역사언어연구소 연구 사업의 취지歷史語言硏究所工作之旨趣」, 『푸쓰녠 전집傅斯年全集』(臺北: 聯經出版事業公司, 1980) 제4책, 1304~1306쪽. 천인커, 「주연풍의 『돌궐통고』 서문朱延豊〈突闕通考〉序」, 『한류당집寒柳堂集』(北京: 三聯書店, 2001), 163쪽.

16 앨로이스 피스터Aloys Pfister 편/ 펑청쥔馮承鈞 역, 『재중국 예수회 선교사 열전 및 그 서목在華耶穌會士列傳及書目』(北京: 中華書局, 1995, 재판) 上冊, 100쪽.

17 아시아협회가 1850~1860년대에 개최한 강연만을 예로 들어봐도, 동아시아 해역에 대해 상당히 많은 고찰이 있었음을 알 수 있다. 1858년에는 로버트 스윈호Robert Swinhoe가 「대만 여행기」로 강연하고, 윌리엄스S.W. Williams가 「일본」을 제목으로 강연했다. 1859년에는 몬티니M.C. de H Montigny가 「나가사키에서 상하이로」를 강연했고, 신원미상의 어떤 인물은 「일본에서 온 편지 한 통」이란 제목으로 강연했다. 1861년에는 액테언H.M. Ship Actaeon이 「조선 연해 고찰기」로, 캐니J.M. Esq Canny가 「사할린 섬 고찰기」로 강연했다. 1865년에는 바스티안Bastian이 「고대 캄보디아의 유적」으로, 브라운Revd Brown이 두 번에 걸쳐 「일본에서 건너온 수고手稿의 번역」을 강연했다. 1866년에는 윌리엄스가 「중국과 류큐의 관계」 등을 강연했다. 왕이王毅, 『왕실 아시아협회 북중국 지회 연구皇家亞洲文會北中國支會硏究』(上海: 上海書店出版社, 2005) 부록의 표, 182~186쪽.

18 〔역자 주〕 2세기 말엽~17세기 말 현재의 베트남 중부에서 남부에 걸쳐 인도네시아계인 참족族이 세운 나라.

19 〔역자 주〕 5~7세기 동東투르키스탄의 투루판吐魯番 분지에 있던 한漢나라의 식민지 국가.

20 〔역자 주〕 선비鮮卑·모용慕容족의 한 일파로 중국의 5호16국 시기에 칭하이靑海, 간쑤 등지를 통치했다. 이후 당나라에 정복되어 그 수장은 청해왕으로 봉해졌고, 5대 10국 시기에는 요나라의 통치를 받았다.

21 〔역자 주〕 서역에 있던 옛 나라의 이름. 일본의 시라토리 구라키치와 프랑스의 펠리오는 이 나라가 바로 알렉산드리아였다고 주장했다.

22 〔역자 주〕 인도 북부의 카슈미르 지방에 있던 옛 나라.

23 펑청쥔이 번역한 『서역·남해의 역사·지리 고증 연구물 번역 모음西域南海史地考證譯叢』(北京: 商務印書館, 1995, 1999) 제1~3권을 참조할 수 있다. 그 가운데 1~2권은 원래 1926년 이래 계속해서 변역된 프랑스 중국학자들의 논저 1~9편이고, 3권은 이후 나중에 한곳으로 묶인 6종의 전문서와 논문이다.

24 예를 들어 리븐워스C.S. Leavenworth가 『왕실 아시아 협회 북중국 지회지Journal of the North China Branch of the Royal Asiatic Society』에 발표한 류큐 관련 연구, 마스페로Maspero·펠리오·오로소Aurousseau·가스파르돈Gaspardone이 1920년대에 *Asia Major*에 발표했던 베트남 관련 연구 논문이 그것이다. 베이츠M. S. Bates 편, 『西文東方學報論文擧要』(南京: 金陵大學中國文化硏究所, 1933) 참조.

25 이 문제에 대해서는 앞장 「국경은 어디인가?」의 분석을 참고할 것.

26 에가미 나미오 편, 『동양학의 계보(1)東洋學の系譜(1)』, 3쪽.

27 일본 학술계에는 "동양사"로부터 "아시아사"로 나아가는 연구 전통이 계속해서 있기는 했지만, 초창기에는 "동아시아 해역" 및 그 주변을 하나의 자족적 역사세계로 보지 못했다.

28 펠리오 저, 왕궈웨이 역, 「근래 동방 고언어학 및 사학상의 발견과 그 결론近日東方古言語學及史學上之發明與其結論」, 『베이징대학 국학 계간北京大學國學季刊』 제1권 제1호, 146쪽.

29 "중국"에 대한 새로운 국경 설정의 시도는 오늘날에 시작된 것이 아니고 메이지 시대의 일본이 이미 시작했던 것이다. 서양의 민족·국가 개념과 서양 중국학을 따라 일본의 중국학 연구자들이 점차 형성되었는데, 이들은 중국의 "사예"인 조선, 몽고, 만주, 티베트, 신장위구르에 특별한 관심을 두고서, 중국의 각 왕조는 더 이상 변경과 이민족을 포괄하는 동일체가 아니라고 여겼다. 이런 추세는 제2차 세계대전 시기에 이르기까지 계속해서 발전했고, 가장 전형적인 예는 야노 진이치의 『근대 지나론』(東京: 弘文堂書房, 1923), 『대동아사의 구상大東亞史の構想』(東京: 目黑書店, 1944)이었다. 이 책 「실마리 글: "중국" 관련 역사 서술의 재정립」 참조.

30 일본 학자 구와바라 지쓰조는 『중등교육 동양사 교과서』의 "근세사 적요近世史摘要"에서 이렇게 말했다. "유럽인의 세력이 점차 동양을 압박하고 있다. 영국인은 인도를 점령했고 프랑스인은 베트남과 캄보디아를 점령했으며 러시아인은 서시베리아와 중앙아시아를 점령하여, 아시아 대부분이 이미 유럽인에 의해 점령되었다. 지금 아직 남아 있는 것은 중국인데 역시 각국 세력의 경쟁 속에 놓여 있다." 아시아에서 진정하게 독립해 있으면서 서양 열강과 대등하게 맞설 수 있는 국가는 오직 일본뿐이므로, 일본이 아시아 역사를 새롭게 정리하고 아울러 아시아의 질서를 새롭게 정돈해야 한다고 구와바라는 주장했다.(『미야자키 이치사다 선집』, 29쪽에서 재인용)

31 동북아시아의 조선, 중국, 일본뿐만 아니라 베트남도 그러했다. 15세기에 베트남은 "북쪽 나라北國"인 명나라와 대응하는 "남쪽 나라의 의식"을 점차 형성했다. 비록 그들은 여전히 중국 문화에 대한 일체감을 갖고 있기는 했지만, 북쪽 나라의 정치에 대해서는 일체

감을 느끼지 못하기 시작했던 것이다. 모모키 시로桃木至郞, 「"중국화"와 "탈중국화"—지역세계 속의 베트남 민족 형성사"中國化"と"脫中國化"—地域世界の中のバトナム民族形成史」, 오미네 아키라大峰顯 등 편, 『지역의 로고스地域のロゴス』(東京: 世界思想史, 1993), 73~77쪽 참조.

32 〔역자 주〕 뤄전위羅振玉와 왕궈웨이王國維가 함께 편찬한 고고학 저서.

33 이시다 미키노스케石田干之助, 『구미의 지나 연구歐美における支那硏究』에 수록된 「우리나라의 서역사 연구」 중 하네다 도루 소개 부분인 316~317쪽 참조.

34 거자오광, 「19세기 초, 서양 종교에 직면한 조선, 일본, 중국—"황사영백서"를 중심으로十九世紀初葉面對西洋宗敎的朝鮮, 日本與中國—"以黃嗣永帛書"爲中心」, 『푸단학보復旦學報』 2009년 제3기 참조.

결론: 흐름에의 참여預流, 입장, 방법

1 천인커, 「천위안의 『둔황겁여록』 서문陳垣〈敦煌劫餘錄〉序」: "한 시대의 학문에는 반드시 새로운 재료와 새로운 문제가 있다. 이런 재료를 취해서 문제를 연구한다면 이 시대 학문의 새로운 조류가 될 것이다. 학문을 하는 사람들은 이런 새로운 조류에 참여할 수 있어야 하는데, 그것을 '흐름에 참여하는 것預流(불교 初果*의 명칭을 차용했다)'이라고 한다. 아직 참여하지 못한 자는 아직 흐름에 들어가지 못한 것이다. 이것은 고금 학술사의 공통 원리이며, 문을 걸어 잠그고서 수레를 제조하는 사람이 아니라면 모두 깨우칠 수 있는 것이다. 둔황학은 근래 세계 학문의 새로운 조류다." 『금명관총고이편金明館叢稿二編』(北京: 三聯書店, 2001), 266쪽. *초과初果: 성문聲聞 사과四果의 하나. 욕계欲界·색계色界·무색계無色界의 견혹見惑을 끊고 처음으로 성인의 무리에 참여하는 자리.

2 푸러칭, 『푸멍전선생연보傅孟眞先生年譜』(臺北: 傳記文學社, 1964), 28~29쪽.

3 리지李濟, 『감구록感舊錄』(臺北: 傳記文學社, 1967), 72~75쪽; 야오잉회이陶英惠, 「대일항전 이전 10년간의 학술 연구抗戰前十年的學術硏究」, 『대일항전 전 10년간의 국가건설 연구토론회 논문집抗戰前十年國家建設硏討會論文集』(臺北: 中硏院近代史硏究所, 1985년 제2판) 上冊, 77쪽.

4 푸쓰녠, 「역사언어연구소 연구 사업의 취지歷史語言硏究所工作之旨趣」, 『역사언어연구소 집간歷史語言硏究所集刊』 第1本 第1分, 1928.

5 1920~1930년대에 일본인들은 중국의 연구에 상당히 주목하고 있었는데, 그런 연

구 가운데에는 꽤 좌경적인 연구도 포함되어 있었다. 예를 들어 동아동문회東亞同文會가 펴내던 『지나支那』는 제22권 제2~4호(소화 6년 2~4월)에서, 라이구이푸賴貴富의 번역으로 궈모뤄의 「중국 노예제도에 대해서」를 연재했고(上, 54~62쪽)(中, 79~90쪽)(下, 69~78쪽), 제21권 6호(소화 5년 6월)에서는 "중국 공산당의 거두"로 일컬어지는 간나이광甘乃光의 「선진 경제사상에 대한 고찰」(45~63쪽, 同卷 제9호에서 연재를 완결함)을 연재했다. 그 밖에 이 분야를 좀더 자세히 보려면 이마호리 세이지今堀誠二의 「베이징의 학계로부터北京の學界それから」, 『동양사연구』(京都: 京都大學, 1944) 제8권 5~6호, 98~101쪽 참조.

6 천인커, 「北大學院己巳級史學系畢業贈言」, 『陳寅恪文集·詩集』(北京: 三聯書店, 2001), 19쪽.

7 쉬쥐윈, 「중국 역사 발전의 궤적을 찾아서尋索中國歷史發展的軌迹」, 『강저후조석江渚候潮汐』(一)(臺北: 三民書局, 2004), 159~160쪽. 이런 시기 구분법과 그 당시 일본의 중국사 저작 사이에 관련이 있을까? 메이지 31년 출판된 구와바라 지쓰조의 『중등동양사』는 (1)상고 시기: 한족 팽창의 시대(진나라 통일까지), (2)한족 우세의 시대(진·한나라부터 당나라 말까지), (3)몽고족 최전성의 시대(북송에서 요나라를 거쳐 명나라 말까지), (4)유럽인 침입의 시대(청나라에서 현재까지)로 구분했다.

8 이 책 제2장 「산해경山海經, 직공도職貢圖, 그리고 여행기록 속의 이역에 대한 기억」 참조. 또한 전국시대 사람들의 세계에 대한 상상에 대해 푸쓰녠과 구제강이 토론했던 편지를 참조할 것. 『語言歷史研究所週刊』(廣州: 國立中山大學, 1927년 11월 9일) 제1집 제1기에 수록.

9 레븐슨Joseph R. Levenson, 『유교적 중국과 그 현대적 운명儒教中國及其現代命運, Confucian China and its modern fate』(정다이화鄭大華 등의 중국어 번역본, 北京: 中國社會科學出版社, 2000) 제1부 제7장에 따르면, "근대 중국 사상사의 대부분의 시기는 '천하'가 '국가'로 되어가던 과정이었다"라고 한다.(87쪽)

10 〔역자 주〕 송대인 장선張先(990~1078)의 사詞에 나오는 한 구절.

11 "取鑒十面, 八方按排."

12 두웨이윈, 「도기전屠寄傳」, 『역사의 두 가지 경지』, 118~120쪽.

13 왕쥐창王蘧常, 『심매수선생 연보沈寐叟先生年譜』(臺北: 臺灣商務印書館, 1977).

14 천인커는 1942년에 쓴 「주연풍의 『돌궐통고』 서문朱延豐〈突厥通考〉序」에서 이미 청대의 서북 역사·지리학과 제1파 사이의 관계를 느끼고 있었고, 아울러 이런 학문적 경향의 발전을 예견하고 있었다. 그는 말한다. "현재의 대세를 묵묵히 고찰해보건대, 우리나라

는 장래에 반드시 한당대漢唐代의 전철을 밟아 서북을 경영하는 데에 전력을 기울여야 할 것이다. 옛날부터 오늘날에 이르기까지의 국면 변화를 살펴보면, 선인들의 일시적 학문 취향 중 미세한 부분에서 시작했던 것이 후대에 이르러 마치 '무서운 우레가 기둥을 부수고' '성난 파도가 바다를 뒤흔들' 듯이 제어할 수 없는 것으로 성장하는 것을 종종 볼 수 있다." 『한류당집寒柳堂集』(北京: 三聯書店, 2001), 163쪽을 볼 것.

15 중국의 풍토와, 인정, 일상적 지식을 기록한 것으로는 데라지마 료안寺島安良의 『화한삼재도회和漢三才圖會』(1712), 나카가와 다다테루中川忠英가 편찬한 『청속기문淸俗紀聞』(1799), 오카다 기요쿠잔岡田玉山의 『당토명승도회唐土名勝圖會』(1805) 등이 있는데, 이들의 배후에 있던 시각과 태도는 상당히 주목할 만하다.

16 오카쿠라 덴신岡倉天心, 『동양의 이상東洋の理想』, 가메이 가쓰이치로龜井勝一郎, 미야가와 도라오宮川寅雄 편, 『오카쿠라 덴신집岡倉天心集』(東京: 筑摩書房, 『明治文學全集』 38, 1968), 6~7쪽.

17 푸쓰녠, 「역사언어연구소 연구 사업의 취지」, 『푸쓰녠 전집』(臺北: 聯經出版事業公司, 1980) 제4책, 1304~1306쪽.

18 「후스가 푸쓰녠에게胡適致傅斯年」(1938년 9월 2일), 왕판썬王汎森 輯, 「역사언어연구소 소장, 후스와 푸쓰녠의 왕래 서한史語所所藏胡適與傅斯年往來函札」, 『대륙잡지大陸雜誌』(臺北) 제93권 제3기, 1996년 9월, 11쪽.

19 나는 이렇게 새로운 연구 영역을 개척할 때 일어날 수 있는 학술적 변화는 다음과 같을 것이라고 생각한다. (A)새롭게 언어학을 중시하는 것, (B)비非한족의 종교사에 대한 중시, (C)외국 문헌과 연구논저를 참고할 수밖에 없게 됨, (D)"중국"과 "타자"의 경계를 새롭게 정하고 인식함, (E)학술적 민족주의, 문화적 민족주의와 세계주의 사이의 문제에 주목하게 됨. 사실 이 점에 대해 동양과 서양의 학자들은 이미 매우 훌륭한 작업을 해왔다. 콜린 매커라스Colin Mackerras, 『서양의 중국상Western Images of China』(Oxford University Press, 1989)을 참조할 것. 또한 아라노 야스노리荒野泰典·이시이 마사토시石井正敏·무라이 쇼스케村井章介 등 編, 『아시아 속의 일본사アジアのなかの日本史』(東京: 東京大學出版會, 1993) 제4책 참조.

20 예컨대 미야자키 이치사다는 1943년에 썼던 「중국 주변사 총론中國周邊史總論」에서 조선·만주·몽고·투르키스탄(곧 옛 서역이자 지금의 신장), 티베트, 인도차이나 반도를 논하고 있다. 그의 "중국"에 대한 이해는 물론이고, 그가 제창했던 연구는 그 초점의 중심과 연구 목적의 측면에서 우리와 매우 달랐다. 『미야자키 이치사다 전집』(東京: 岩波書店, 1992) 제19책, 149~162쪽 참조.

21 『서역·남해의 역사·지리 고증 연구물 번역 모음』(北京: 商務印書館, 1995, 1999) 제1~3권을 참조할 수 있다. 그 가운데 1~2권은 원래 1926년 이래 계속해서 변역된 프랑스 중국학자들의 논저 1~9편이고, 3권은 이후 나중에 한곳으로 묶인 6종의 전문서와 논문이다.

22 하네다 도루는 이렇게 결론내린 적이 있다. 이 시기 일본 동양학의 진보는 다음 여섯 가지로 드러났다는 것이다. (1)동양의 새로운 고고학 자료와 여러 문헌에 대한 연구(예컨대 돌궐의 대신이었던 闕特勤의 비문에 대한 연구), (2)고대 문자의 발견(예를 들어 위구르 문자, 토차리Tochari(吐火羅) 문자, 서하 문자의 발견), (3)서역 각국의 인종에 대한 연구, (4)각종 비非한족 종교 문헌의 신발견(예를 들어 마니교 경전), (5)소그드 문화의 동방에 대한 영향, (6)위구르 문화의 동쪽 진출. 분명 이런 새로운 연구는 전통적 "한족 중국"을 훨씬 넘어서는 것이었다. 하네다 도루, 「최근 동양사학의 진보晩近における東洋史學の進步」, 『사림史林』(1918년) 제3권 제1, 2호, 이후 하네다 도루, 『하네다 박사 사학논문집羽田博士史學論文集』(京都: 同朋社, 1957, 1975), 635~653쪽에 수록.

23 허창췬, 「일본 학술계의 "지나학" 연구日本學術系之"支那學"研究」, 『허창췬 문집』 제1권, 447쪽.

24 고야스 노부쿠니, 『일본 근대사상 비판—국지國知의 성립日本近代思想批判—國知の成立』(東京: 岩波書店, "岩波現代文庫: 學術 110", 2003), 115쪽 참조.

25 구와바라 지쓰조는 「지나학 연구자의 임무支那學研究者に任務」라는 글에서, 배워야 할 모범으로서 일련의 서양 중국학자들을 열거한다. 미국의 락힐(서장과 몽고의 불교, 문화, 지리를 연구했고, 『제번지』 『도이지략』 등 남해의 교류와 관련된 문헌을 연구), 영국의 필립스(네덜란드 점령 시기의 대만 역사 및 명대 중국과 남양 사이의 교류를 연구), 와일리(몽고어, 팔리어, 만주어에 정통했고, 선교사가 중국에 끼친 영향을 연구), 레그(중국 경전에 대한 연구와 번역), 러시아의 브레츠나이더(몽고 시대 연구)가 그들이다. 또한 구와바라는 이렇게 말한다. "우리나라(일본)의 최대 실수는, 우리나라의 지나학 연구에서 과학적 방법을 충분히 사용하지 않았다는 데에 있다. 심지어 의문인 것은 아직도 그런 과학적 방법을 무시하지 않는가 하는 것이다. 그러나 과학적 방법은 결코 서양 학문만이 채택하는 것이 아니라 일본의 지나학 연구 역시 그것에 의지해야 한다는 것은 두말할 나위가 없다." 『구와바라 지쓰조 전집』(東京: 岩波書店, 1968) 제1권, 591~594쪽.

26 시라토리 구라키치의 지향은 일본의 동양학이 유럽을 넘어서는 것이었다. 그리하여 그가 만년에 썼던 「조선사 연구 30년」에서 이렇게 말한다. "구미 학자들에게 지지 않기 위해 우리는 규모가 매우 큰 동양역사학회를 세우고, 실업가·정치가들과 손을 잡고서 근본적인 동양 연구의 필요성을 제창했다. 특히 당시 구미인들의 동양 연구 분야는 대부분 중

국·몽고·중앙아시아에 걸쳐 있었고 그 가운데는 매우 권위 있는 성과물도 있었다. 그러나 만주와 조선의 연구는 아직도 미개척지였기 때문에 우리 일본인은 유럽인들이 아직 진입하지 않았던 만주·조선의 역사와 지리 분야에서 자신의 성과를 반드시 내야 했다." 마쓰무라 준松村潤, 「시라토리 구라키치白鳥庫吉」, 에가미 나미오 편, 『동양학의 계보(1)』, 45~46쪽에서 재인용.

27 에가미 나미오 편, 『동양학의 계보(1)』, 3쪽.

28 이 책 제7장 「국경은 어디인가?」의 논의를 참조할 것.

29 예를 들어 와다 기요시和田清은 「지나 및 지나인이라는 말의 본의에 대해서支那及び支那人という語の本義について」(1942년 1월과 2월)에서 "몽고, 만주, 서장은 과거 중국과 한 나라가 아니었고 인종과 언어도 다르고 문자와 종교도 다르며 풍속과 습관도 다르고 역사와 전통에도 차이가 있었는데, 만주에서 일어선 대청제국이 통일을 하자 비로소 하나로 귀속된 것이다. 그러니 그 민족을 '지나' 또는 '지나인'으로 똑같이 부를 만한 아무런 이유가 없다. 이것은 논증할 것도 없고, 말하지 않아도 자명한 것이다"라고 인식한다. 와다 기요시和田清, 『동아시아사 논문집東亞史論藪』(東京: 生活社, 1942), 202~203쪽.

30 에가미 나미오 편, 『동양학의 계보(1)』, 3쪽.

31 이 책 제7장 「국경은 어디인가?」의 서술을 참조할 것.

32 야노 진이치矢野仁一, 『近代支那論』(東京: 弘文堂書房, 1923). 1943년 제2차 세계대전이 절정에 이르던 시기, 야노는 히로시마대학에 제출한 일련의 보고서에서 중국을 넘어 아시아를 단위로 삼는 역사 서술 이론이 필요하다고 주장했다. 그의 『대동아사의 구상大東亞史の構想』(東京: 目黑書店, 1944), 31쪽 이하 참조. 또한 이 시기 일본의 중국학 연구와 일본 민족주의 정치 사이의 관계에 대해서는 당시 동아연구소東亞硏究所 편, 『이민족의 지나 통치사異民族の支那統治史』(東京: 大日本雄辯會講談社, 1944~1945) 참조.

33 바버라 터치먼Babara W. Tuchman, 『역사 저술로부터 본 역사학從史著論史學, Practicing History』(메이인성梅寅生 역, 臺北: 久大文化公司, 1990), 165쪽.

34 『中庸』 제28장, "車同軌, 書同文, 行同倫."

35 예를 들어 홉스봄은 『민족과 민족주의民族與民族主義』(중국어 역본은 리진메이 역, 臺北: 麥田出版社, 1997), 8쪽에서 그것은 "특정 지역 및 시간·공간적 환경에 근원을 두고 있는 역사적 산물"이라는 데에 특히 주목한다. 그리하여 그는 민족국가의 언어 문제를 논할 때 "그렇지만 중국의 상황은 중요한 예외이다"라고 말했다.(75쪽)

36 『동방잡지東方雜誌』(上海) 제32권, 제2호(1935년 1월 16일)에 수록.

37 미야자키 이치사다, 「동양의 르네상스와 서양의 르네상스동양のルネシンスと서양のル

ネシンス, 『미야자키 이치사다 전집』 제19책, 33~36쪽; 중국어 번역본, 「동방의 문예부흥과 서방의 문예부흥東方的文藝復興和西方的文藝復興」, 중국과학원 역사연구소 편역조編譯組 역, 『미야자키 이치사다 논문 선집宮崎市定論文選集』 下卷, 商務印書館, 1965, 60쪽.

38 팡하오方豪, 「청대의 천주교 금지·억제 정책이 일본으로부터 받은 영향清代禁抑天主教所受日本之影響」, 1943년 발표, 이후 『팡하오 문록方豪文錄』(北平: 上智編譯館, 1948), 47~66쪽에 수록됨.

39 니콜라스 스탠대에트, 「명·청대의 제례 무용과 그 시각적 표현물Ritual Dances and Their Visual Representations in the Ming and the Qing」, *The East Asian Library Journal*(Princeton Unive.) XII, 1(Spring 2006), 68~181쪽.

40 〔역자 주〕 제후를 가르치기 위한 학교.

41 〔역자 주〕 원래 주대周代의 여섯 가지 무용 중 하나로, 하우夏禹 시대의 악무라고 전해진다.

42 린쥔훙林俊宏, 『주순수의 일본 활동과 그 공헌에 관한 연구朱舜水在日本的活動及其貢獻研究』 제4장, 臺北: 秀威資訊科技出版, 2004, 200~209쪽.

43 이것은 조선 정부가 가경嘉慶 6년(1802) 연말에 청나라 정부에 보고한 이야기다. 이만수李晩秀, 『유거집輶車集』, 임기중 편, 『연행록전집燕行錄全集』 제60권, 533~540쪽. 서울: 동국대학교 한국문학연구소, 1992. "約會邊境, 扮作驛夫, 晝伏夜行, 混入國都, 多年匿置, 爲伊等之渠師."

44 이 사건에 대한 연구로는 우라카와 와사부로浦川和三郎, 『조선순교사朝鮮殉教史』(東京: 國書刊行會, 1973)를 참조할 것.

45 거자오광, 「천자 알현에서 연행으로—17세기 중엽 이후 동아시아 문화 공동체의 해체從朝天到燕行—17世紀中葉後東亞文化共同體的解體」, 『중화문사논총中華文史論叢』 2006년 제1기(총 제81기); 上同, 「거리는 가깝더라도 마음은 점차 멀어졌다—17세기 중엽 이후의 중국, 조선, 그리고 일본地雖近心漸遠—17世紀中葉以後的中國朝鮮和日本」, 『대만 동아시아 문명 연구 학간臺灣東亞文明研究學刊』 제3권 제1기(총 제5기), 대만대학 인문사회고등연구원, 2006년 6월.

46 〔역자 주〕 명나라와 청나라 때 실시됐던 것으로, 중국인이 황해로 나아가지 못하도록 했던 명령.

47 와타나베 히로시渡邊浩, 「일본 도쿠가와 시대 초기 주자학으로부터 탈피日本德川時代初期朱子學的蛻變」, 중국어 번역은 『사학평론史學評論』(臺北: 1983) 제5기, 205쪽에 수록.

48 마리아 루시아 팔라레스-버크Maria Lucia Pallares-Burke 편, 『새로운 사학: 고백과 대화新史學: 自白與對話, The New History : confessions and conversations』(중국어 번역본은 펑강彭剛, 北京: 北京大學出版社, 2006). *한국어 번역본은, 곽차섭, 『탐史: 현대 역사학의 거장 9인의 고백과 대화』, 서울: 푸른역사, 2007.

49 왕궈웨이의 「은허복사의 선공, 선왕에 대한 고찰殷墟卜辭中所見先公先王考」이 갖는 학술사적 의미에 대해서는, 거자오광, 「일본 소장 "은허복사의 선공, 선왕에 대한 고찰" 수고手稿 발문」, 『구주학림九州學林』(香港: 香港城市大學出版社, 2003) 제1권 제1기 참조.

50 량치차오, 「새로운 사학新史學」과 「중국 학술사조 변천의 대세를 논함論中國學術思潮變遷之大勢」, 『량치차오 전집』(北京: 北京出版社, 1999) 제3권, 736~753쪽, 561~615쪽.

51 위잉스余英時는 「학술사상사의 창립과 변화學術思想史的創建及流變」에서 후스의 이 책을 다음과 같이 평했다. "건륭·가경 연간 각 학자의 개별적 고증학 연구 성과를 넘어서면서 경전과 역사 연구를 관련시켜 조직적 체계로 만들었는데, 운용했던 것은 서양 철학사 연구 방법이었다. 심지어 이 책은 가장 마지막에서 분명한 평가를 하고 있다. 곧 실증주의적 관점에 따라 옛사람들의 학설을 비판했다." 때문에 후스의 이 책은 "전범paradigm"이었지만, 이 "전범"은 내용은 중국적이었으되 형식과 개념은 서양에서 온 것이었다. 『고금논형古今論衡』(臺北: 1999) 제3집, 68~69쪽.

52 이에 량치차오는 반복해서 말한다. 학술사상, 특히 역사학은 민족주의적 정신과 관련을 지니면서 애국심의 원천이 되고, 국민의 단결을 촉진할뿐더러 사회적 문제의 처리 방식群治을 진화시킬 수 있을 것이다. 「새로운 사학新史學」, 『량치차오 전집』(北京: 北京出版社, 1999) 제3권, 736쪽 참조. 또한 「중국 학술사조 변천의 대세를 논함論中國學術思潮變遷之大勢」, 561쪽 참조.

1. 원전류

갈사예葛士睿 편, 『황조경세문편 속편皇朝經世文編續編』, 臺北: 文海出版社 影印本, 1979.

공진鞏珍, 『서양번국지西洋番國志』, 『續修四庫全書』 第742冊 影印知聖道齋抄本.

구양수歐陽修, 『구양수전집歐陽修全集』, 北京: 中華書局, 2001.

나왈경羅曰褧, 『함빈록咸賓錄』, 北京: 中華書局, 2000.

다나카 겐지田中謙二, 마쓰우라 아키라松浦章 편, 『文政九年遠州漂着得泰船資料』, 『江戶時代漂着唐船資料集』 二, 關西大學東西學術硏究所資料集刊13-2, 1986.

도선道宣 저, 판샹융範祥雍 点校, 『석가방지釋迦方志』, 北京: 中華書局, 1983.

리다자오李大釗 연구회 편, 『리다자오문집李大釗文集』, 北京: 人民出版社, 1997.

리위수李毓樹 편, 『근대사료 총서 회편近代史料叢書匯編』 第1輯, 臺北: 大通書局.

마쓰우라 아키라松浦章 편, 『寬政元年土佐漂着安利船資料』, 『江戶時代漂着唐船資料集』 三, 351~352頁, 關西大學東西學術硏究所資料集刊13-3, 1989.

마환馬歡, 『영애승람瀛涯勝覽』, 『續修四庫全書』 第742冊 影印陳眉公家藏祕本.

베이징도서관 선본특정부善本特藏部 편, 『여도요록輿圖要錄: 베이징도서관 6827종 국내외 고지도 목록』, 北京: 北京圖書館出版社, 1997.

비신費信, 『성사승람星槎勝覽』, 『續修四庫全書』 第742冊 影印古今說海本.

사걸謝杰, 『건태왜찬虔台倭纂』, 『현람당총서속집玄覽堂叢書續集』 影印明萬曆刊本, 臺北: 正中書局, 1985.

석개石介, 『조내석 선생 문집徂徠石先生文集』, 北京: 中華書局, 1984.

섭숭정聶崇正 편, 『청대궁정회화淸代宮廷繪畫』(故宮博物院藏文物珍品全集), 香港: 商務印書館, 1996.

소옹邵雍, 『이천격양집伊川擊壤集』, 四部叢刊 縮印本.

소철蘇轍, 『난성집欒城集』, 北京: 中華書局, 1990.

야부타 유타카藪田貫 편, 『寬政十二年遠州漂着唐船萬勝號資料』, 『江戶時代漂着唐船資料集』六, 關西大學東西學術研究所資料集刊13-6, 1997.
야율초재耶律楚材 저, 샹다向達 校注, 『서유록(西游錄』, 北京: 中華書局, 1981.
양도楊度, 『양도집楊度集』, 長沙: 湖南人民出版社, 1986.
양쟈뤄楊家駱 편, 『중일전쟁 문헌 회편中日戰爭文獻匯編』, 臺北: 鼎文書局, 1973.
엄종간嚴從簡, 『수역주자록殊域周咨錄』, 『續修四庫全書』本, 第735 .
여즉黎崱 저, 우샹칭武尙淸 校, 『안남지략安南志略』, 北京: 中華書局, 1995.
섭덕휘葉德輝, 『서림칭화書林淸話』, 北京: 中華書局, 1959.
섭성葉盛, 『수동일기水東日記』, 北京: 中華書局, 1980.
오바 오사무大庭修 편, 『寶曆三年八丈島漂着南京船資料』, 『江戶時代漂着唐船資料集』一, 關西大學東西學術研究所資料集刊13-1, 1985.
______, 『安永九年安房千倉漂着南京船元順號資料』, 『江戶時代漂着唐船資料集』 五, 關西大學東西學術研究所資料集刊13-5, 1990.
오자목吳自牧, 『몽양록夢粱錄』, 濟南: 山東友誼出版社, 2001.
옹동화翁同龢, 『옹동화 일기翁同龢日記』, 北京: 中華書局, 1993.
왕강년汪康年, 「중국자강책中國自強策」, 『왕양경유저汪穰卿遺著』, 민국초 인쇄본, 출판지 미상.
______, 『왕강년 사우 서찰汪康年師友書札』, 上海: 上海古籍出版社, 1986.
왕기王圻 편, 『삼재도회三才圖會』, 上海: 上海古籍出版社 影印本, 1988.
왕대연汪大淵 저, 쑤지칭蘇繼廎 校釋, 『도이지략 교석島夷志略校釋』, 北京: 中華書局, 1981.
왕사점王士点·상기옹商企翁 편, 『비서감지祕書監志』, 杭州: 浙江古籍出版社, 1992.
왕셴쳰王先謙, 「청나라 규원 왕셴쳰 선생 자필 연보淸王葵園先生先謙自定年譜」, 臺北: 臺灣商務印書館, 1978.
왕영보汪榮寶, 『법언의소法言義疏』, 北京: 中華書局, 1996.
왕융王庸, 『명대 해방도적록明代海防圖籍錄』, 『중국지리도적 총고中國地理圖籍叢考』, 上海: 商務印書館, 1947, 1956.
우신행于愼行, 『곡산필주穀山筆麈』, 北京: 中華書局, 1984.
우한吳晗, 『조선 이조실록 속의 중국 사료朝鮮李朝實錄中的中國史料』, 北京: 中華書局, 1980.
위안커袁珂, 『산해경 교주山海經校注』, 上海: 上海古籍出版社, 1980.

위원魏源, 『위원집魏源集』, 北京: 中華書局, 1976.
유박游朴, 『제이고諸夷考』, 『續修四庫全書』本, 第742冊.
유부劉斧, 『청쇄고의靑瑣高議』, 上海: 上海古籍出版社, 1983.
유월俞樾, 『다향실총초茶香室叢鈔』, 北京: 中華書局, 1995.
이구李覯, 『이구집李覯集』, 北京: 中華書局, 1981.
이화룡李化龍, 『전해도주全海圖注』, 北京圖書館藏明萬曆十九年(1591)刊本.
임기중林基中 편, 『연행록전집燕行錄全集』, 서울: 동국대학교 한국문학연구소, 1992.
장난張枏, 왕런즈王忍之 편, 『신해혁명 이전 10년간 시론 선집辛亥革命前十年間時論選集』, 北京: 三聯書店, 1977.
장빙린章太炎, 『구서訄書』 증정본, 『장빙린전집章太炎全集』 第3卷, 上海: 上海人民出版社, 1985.
______, 『태염문록초편·별록 2太炎文錄初編·別錄二』, 『장빙린전집章太炎全集』 第4卷, 上海: 上海人民出版社, 1985.
장황章潢, 『도서편圖書編』, 影印文淵閣『四庫全書』本.
저우민민周敏民 편, 『지도중국地圖中國』, 香港科技大學圖書館, 2003.
전여형田汝蘅, 『유청일찰留靑日札』, 上海: 上海古籍出版社, 1992.
정약증鄭若曾, 『정개양잡저鄭開陽雜著』, 影印文淵閣『四庫全書』本.
______, 『주해도편籌海圖編』, 鄭州: 河南教育出版社, 1994.
조여우趙汝愚 편, 『송조제신주의宋朝諸臣奏議』, 北大中古史中心 点校本, 上海: 上海古籍出版社, 1999.
조여적趙汝适 저, 양보원楊博文 校釋, 『제번지 교석諸蕃志校釋』, 北京: 中華書局, 1996.
좡지파庄吉發, 『사수의 「직공도」 만주어 도설 교주謝遂「職貢圖」滿文圖說校注』, 臺北: 故宮博物院, 1989.
주거비周去非, 『영외대답嶺外代答』, 影印文淵閣『四庫全書』本.
주공교周孔教, 『주중승소고周中丞疏稿』, 『四庫存目叢書』 影印明刻本, 史部64冊.
주달관周達觀 저, 샤나이夏鼐 校注, 『크메르 풍토기 교주眞腊風土記校注』, 北京: 中華書局, 1981.
주밀周密, 『계신잡식癸辛雜識』, 北京: 中華書局, 1988.
주치중周致中 저, 루쥔링陸峻嶺 校注, 『이역지異域志』, 北京: 中華書局, 1981.
줄스 알레니Jules Aleni(艾儒略) 저, 셰팡謝方 校釋, 『직방외기 교석職方外紀校釋』, 北京: 中華書局, 1996.

지셴린季羨林 등 校注, 『대당서역기 교주大唐西域記校注』, 北京: 中華書局, 1985.
진공량陳公亮, 『엄주도경嚴州圖經』, 『총서집성초편叢書集成初編』本, 上海: 商務印書館, 1936.
진인원개眞人元開 저, 왕상룽汪向榮 校注, 『당대화상 동정전 교주唐大和上東征傳校注』, 北京: 中華書局, 1979.
차오완루曹婉如 등 편, 『중국고대지도집中國古代地圖集』, 北京: 文物出版社, 1990~1998.
필립 앨런Phillip Allen 저, 쉐스치薛詩綺, 장제메이張介眉 역, 『고지도집 정선—지도 예술과 세계관의 발전을 투시하다古地圖集精選—透視地圖藝術與世界觀的發展』, 臺北: 貓頭鷹出版社, 2001.
하교원何喬遠, 『민서閩書』, 福州: 福建人民出版社, 1994.
하야시 시노부林恕, 『오랑캐로 뒤바뀐 중화華夷變態』, 東洋文庫叢刊 第15, 東京: 東方書店, 1981再版.
하여장何如璋 등 저, 『갑오년 이전 일본 여행기 5종甲午以前日本游記五種』, 長沙: 岳麓書社, 1985.
하장령賀長齡 편, 『청경세문편淸經世文編』, 北京: 中華書局, 1992.
하주賀鑄, 『하선생서독賀先生書牘』, 都門刻本, 1920.
황성증黃省曾 著, 셰팡謝方 校注, 『서양조공전록 교주西洋朝貢典錄校注』, 北京: 中華書局, 2000.
황충黃衷, 『해어海語』, 影印文淵閣『四庫全書』本, 第594冊.
『(가정)무주부지(嘉靖)撫州府志』, 『중국방지총서中國方志叢書』本, 臺北: 成文出版社, 1989.
『(가정)유양지(嘉靖)惟揚志』, 『천일각 소장 명대지 선간天一閣藏明代方志選刊』本, 上海: 上海古籍書店, 1981.
『(가정)인화현지(嘉靖)仁和縣志』, 『사고존목총서』 史部 第194冊.
『(가정)하간부지(嘉靖)河間府志』, 『사고존목총서』 史部 第192冊.
『(만력)호주부지(萬曆)湖州府志』, 『사고존목총서』 史部 第191冊.
『(정덕)가흥지보(正德)嘉興志補』, 『사고존목총서』 史部 第185冊.
『(정덕)대동부지(正德)大同府志』, 『사고존목총서』 史部 第186冊.
『고궁인물화선췌故宮人物畫選萃』, 臺北: 故宮博物院, 1976.
『광서조주비주절光緒朝朱批奏折』, 北京: 中華書局, 1996.
『근세의 교토 지도와 세계 지도近世の京都圖と世界圖』, 京都大學附屬 圖書館, 2001.

『대정신수대장경大正新修大藏經』, 臺北: 新文豊出版公司 影印本.
『명태조실록明太祖實錄』, 臺灣中硏院 歷史語言硏究所 校印本, 1962.
『배움의 세계―중국문화와 일본學びの世界―中國文化と日本』, 京都大學綜合博物館, 2002.
『사고전서총목四庫全書總目』, 北京: 中華書局 影印本, 1981.
『사기史記』 이하의 이십사사二十四史는 모두 중화서국 표점본을 이용함.
『서양 열강에 대한 근대 중국의 인식 자료 회편近代中國對西方列強認識資料匯編』, 臺北: 中硏院 近代史硏究所, 1986.
『송문감宋文鑒』, 北京: 中華書局, 1992.
『송원방지총간宋元方志叢刊』, 北京: 中華書局 影印本, 1990.
『시무보時務報』, 北京: 中華書局 影印本, 2010.
『십삼경주소十三經注疏』, 北京: 中華書局影印本, 1980.
『연행록선집燕行錄選集』, 서울: 성균관대학교, 1960.
『전당문全唐文』, 上海: 上海古籍出版社 影印本, 1990.
『청의보淸議報』, 北京: 中華書局 影印本, 2006.
『한국문집총간』, 서울: 한국민족문화추진회 영인본, 1990~2001.
『해외유진(회화)海外遺珍(繪畫)』, 臺北: 故宮博物院, 1985.

2. 연구논저

가쓰라지마 노부히로桂島宣弘, 『사상사의 19세기: 타자로서의 도쿠가와 일본思想史の十九世紀: 他者としての德川日本』, 東京: ぺりかん社, 1999.
가이즈카 시게키貝塚茂樹, 『손문과 일본孫文と日本』, 東京: 講談社, 1967.
개빈 멘지스Gavin Menzies 저, 바오자칭鮑家慶 옮김, 『1421―중국이 세계를 발견하다 1421―中國發現世界, 1421: The Year China Discovered the World』, 臺北: 臺灣遠流公司, 2003.
거자오광葛兆光, 「19세기 초, 서양 종교에 직면한 조선, 일본, 그리고 중국―"황사영백서"를 중심으로十九世紀初葉面對西洋宗教的朝鮮, 日本與中國―"以黃嗣永帛書"爲中心」, 『푸단학보復旦學報』 2009년 제3기 참조.
______, 「고지도와 사상사古地圖與思想史」, 『이십일세기二十一世紀』 2000년 10월호.

______, 「서로 배경과 자원이 되다—근대 중국, 일본, 한국의 불교사를 예로 들어互爲背景與資源—以近代中日韓佛敎史爲例」, 『중국 전적과 문화 총간中國典籍與文化叢刊』, 南京: 江蘇古籍出版社, 2002.

______, 「이웃에 사는 낯선 사람—청대 중엽 조선 사절의 눈에 비친 베이징의 서양 선교사隣居家的陌生人—淸中葉朝鮮使者眼中北京的西洋傳敎士」, 『중국문화연구中國文化硏究』 2006年 第3期.

______, 『거자오광 자선집葛兆光自選集』, 桂林: 廣西師範大學出版社, 1997.

______, 『7세기에서 19세기까지 중국의 지식, 사상, 그리고 신앙—중국사상사七世紀至十九世紀中國的知識, 思想與信仰—中國思想史』 제2권, 上海: 復旦大學出版社, 2000.

고야스 노부쿠니子安宣邦, 『일본 근대사상 비판—국지國知의 성립日本近代思想批判—國知の成立』, 東京: 岩波書店, 2003.

고이 나오히로五井直弘 저, 姜鎭慶·李德龍 옮김, 『중국고대사론고』, 北京: 北京大學出版社, 2001.

고지마 쓰요시小島毅, 『동아시아의 해역교류와 일본 전통문화의 형성—닝보를 중심으로 한 학제간 연구東亞的海域交流與日本傳統文化的形成—以寧波爲焦点開創跨學科硏究』, 日本文部省科學硏究費 平成十七年度 特定領域域硏究申請書(未刊), 2004년 11월.

고지타 야스나오小路田泰直의 『일본사의 사상: 아시아주의와 일본주의의 상극日本史の思想:アジア主義と日本主義の相克』, 東京: 柏書房, 1997.

구로즈미 마코토黑住眞, 「일본사상과 그 연구—중국 인식을 둘러싸고日本思想とその硏究—中國認識をめぐって」, 『중국—사회와 문화中國—社會と文化』, 東京: 東京大學, 1996.

구와바라 지쓰조桑原騭櫛藏, 『지나학 연구자의 임무支那學硏究者の任務』, 『구와바라 지쓰조 전집桑原騭藏全集』 제1권, 東京: 岩波書店, 1968.

궁위襲予 등 편, 『中國歷代貢品大觀』, 上海: 上海社會科學院出版社, 1992.

궈리핑郭麗萍, 『고립된 분야와 후속이 끊어진 학문絕域與絕學』, 北京: 三聯書店, 2007.

나카노 세이고中野正岡, 『내가 본 만주와 조선我が觀たる滿鮮』, 東京: 政敎社, 1915.

나카미 다쓰오中見立夫, 「일본의 동양사 여명기에 이뤄진 사료의 탐구日本の東洋史黎明期における史料への探究」, 『청나라와 동아시아—간다 노부오 선생 고희 기념 논집淸朝と東アジア—神田信夫先生古稀紀念論集』, 東京: 山川出版社, 1992.

______, 「원조비사 도래의 시기元朝祕史渡來のころ」, 『동아시아 문화교섭 연구(별책4)東アジア文化交涉硏究(別冊4)』, 大阪: 關西大學 文化交涉學 敎育硏究 據點, 2009년 3월.

노하라 시로野原四郎, 「대아시아주의大アジア主義」, 『아시아 역사 사전アジア歷史事典』, 東京: 平凡社, 제7판, 1971.
니시지마 사다오西嶋定生, 『중국 고대국가와 동아시아 세계中國古代國家と東アジア世界』, 東京: 東京大學出版會, 1983.
______, 『일본의 국제환경日本の國際環境』, 東京: 東京大學出版會, 1985.
니시카와 나가오西川長夫, 『국민국가론의 사정거리國民國家論の射程』, 東京: 柏書房, 1998.
니콜라스 스탠대에트Nicolas Standaert, 「명·청대의 제례 무용과 그 시각적 표현물Ritual Dances and Their Visual Representations in the Ming and the Qing」, *The East Asian Library Journal*(Princeton Univ.) XII, 1(Spring 2006).
다나카 마사미田中正美, 「나카 미치오那珂通世」, 에가미 나미오江上波夫 편, 『東洋學の系譜(1)』, 東京: 大修書店, 1992.
다카하시 다다시高橋正, 「속 혼일강리역대국도지 고찰混一疆理歷代國都之圖續考」, 『龍谷大學論集』 제400, 401 합간호, 1973.
______, 「혼일강리역대국도지도에 관한 재고찰混一疆理歷代國都之圖再考」, 『龍谷史壇』 제56, 57 합간호, 1966.
다케가 기요코武田清子, 『국가, 아시아, 그리스도교國家, アジア, キリスト教』, 『정통과 이단의 "사이"正統と異端の"あいだ"』, 東京: 東京大學出版會, 1976.
다케우치 요시미竹內好 편, 『아시아주의アジア主義』, 『근대일본사상대계』 제9종, 東京: 筑摩書房, 1963.
대만 역사학회臺灣歷史學會 편, 『중국사 인식론 논문집認識中國史論文集』, 臺北: 稻鄉出版社, 2000.
더글러스 레이놀즈Douglas R. Reynolds 저, 리중셴李仲賢 역, 『신정 혁명과 일본—중국, 1898~1912新政革命與日本—中國,1898~1912, China, 1898~1912: The Xinzheng Revolution and Japan』, 南京: 江蘇人民出版社, 1998.
도리 유미코鳥井裕美子, 「근세 일본의 아시아 인식近世日本のアジア認識」, 미조구치 유조 등 편, 『교착된 아시아交錯するアジア』, 東京: 東京大學出版會, 1993.
동아연구소東亞研究所 편, 『이민족의 지나 통치사異民族の支那統治史』, 東京: 大日本雄辯會講談社, 1944~1945.
두정성杜正勝, 「옛 전통과 새로운 모범舊傳統與新典範」, 『慶祝中硏院歷史語言研究所成立七十五周年演講會文集』, 臺北: 中硏院歷史語言研究所, 2003년 12월 22일.

______, 「중국 고대사회의 다원성과 통일화의 격동—특히 정치와 문화의 교섭으로부터 논함中國古代社會多元性與一統化的激蕩—特從政治與文化的交涉論」, 『신사학新史學』, 臺北: 中央研究院, 2000. 제11권 제2기.

______, 「새로운 사학의 길—아울러 대만 50년간의 사학 발전을 논함新史學之路—兼論臺灣五十年來的史學發展」, 『신사학新史學』 제13권 제3기.

다이애나 래리Diana Lary 편, 『변경의 제국The Chinese State at the Borders』, University of British Columbia Press, 2007.

딩원장丁文江, 「중앙연구원의 사명中央研究院的使命」, 『동방잡지東方雜志』 제32권 제2호.

두웨이윈杜維運, 「도기전屠寄傳」, 『역사의 두 가지 경지歷史的兩個境界』, 臺北: 東大圖書公司, 1995.

라오쭝이饒宗頤, 『중국 역사학상의 정통론中國史學上之正統論』, 上海: 上海遠東出版社, 1996.

라이히바인Reichwein 저, 주제친朱杰勤 옮김, 『18세기 중국과 유럽 문화의 접촉十八世紀中國與歐洲文化的接觸』, 北京: 商務印書館, 1991.

량경야오梁庚堯, 『남송의 사창南宋的社倉』, 『사학평론史學評論』 제4기, 臺北: 華世出版社, 1982.

______, 「남송 도시의 사회 구조南宋城市的社會結構」(上), 『대륙잡지大陸雜志』, 臺北: 1990, 제81권 제4기.

량치차오梁啓超, 『아시아 지리 대세론亞洲地理大勢論』, 『신민총보新民叢報』(影印本) 제4호, 1902年 3月.

량치차오, 『량치차오전집梁啓超全集』, 北京出版社, 1999.

레븐슨Joseph R. Levenson 저, 정다이화鄭大華 역, 『유교적 중국과 그 현대적 운명儒教中國及其現代命運』, 北京: 中國社會科學出版社, 2000.

레비S. Levi 저, 펑청쥔馮承鈞 역, 「대장방등부의 서역불교 사료大藏方等部之西域佛教史料」, 『西域南海史地考證譯叢』 제9편, 北京: 商務印書館 重印本 第二卷, 1995.

로버트 하트웰Robert Hartwel, 「750~1550년간 중국의 인구·정치·사회적 전환Demographic, Political and Social Transformation of China 750–1550」, *HJAS, 77* 42(1982), 355~442쪽.

롤랑 바르트 저, 쑨나이슈孫乃修 역, 『기호의 제국*L'Empire des Signes*: 符號禪意東洋風』, 香港: 商務印書館, 1992.

뤄즈톈羅志田, 『민족주의와 근대중국사상民族主義與近代中國思想』, 臺北: 東大圖書公司, 1998.
뤼춘성呂春盛, 「대륙학계의 "역사상의 중국" 개념에 대하여關于大陸學界"歷史上的中國"概念之討論」, 『대만역사학회통신臺灣歷史學會通訊』, 臺北: 歷史學會, 1990, 제2기.
류웨이劉爲, 『청대의 중국—조선 사신 왕래 연구淸代中朝使者往來硏究』, 哈爾濱: 黑龍江敎育出版社, 2002.
류이정柳詒徵, 『중국문화사中國文化史』 하책, 上海: 東方出版中心, 1996.
류쯔젠劉子健, 『양송사 연구 회편兩宋史硏究匯編』, 臺北: 聯經出版事業公司, 1987.
르네 에티앙블Rene Etiemble 저, 쉬쥔許鈞, 첸린썬錢林森 역, 『중국의 유럽中國之歐洲』, 鄭州: 河南人民出版社, 1992.
리밍런李明仁, 「중국 역사상의 정복왕조 이론中國史上的征服王朝理論」, 臺灣歷史學會 編, 『중국사 인식론 논문집認識中國史論文集』, 臺北: 稻鄕出版社, 2000.
리지李濟, 『감구록感舊錄』, 臺北: 傳記文學社, 1967.
리처드 스미스Richard J. Smith, 『중국의 지도Chinese Maps』, Hongkong: Oxford University Press, 2000.
린우수林悟殊, 「마니교 연구의 전망摩尼敎硏究之展望」, 『신사학新史學』, 臺北: 中硏院歷史語言硏究所, 1996, 제7권 제1기.
린쥔훙林俊宏, 『주순수의 일본 활동과 그 공헌에 관한 연구朱舜水在日本的活動及其貢獻硏究』 제4장, 臺北: 秀威資訊科技出版, 2004.
마루야마 마사오 저, 취젠잉區建英 역, 『후쿠자와 유키치와 일본 근대화福澤諭吉與日本近代化』, 上海: 學林出版社, 1992.
마리아 루시아 팔라레스—버크Maria Lucia Pallares—Burke 편, 펑강彭剛 옮김, 『새로운 사학: 고백과 대화新史學: 自白與對話, The new history: confessions and conversations』, 北京: 北京大學出版社, 2006.
마쓰무라 준松村潤, 「시라토리 구라키치白鳥庫吉」, 에가미 나미오 편, 『동양학의 계보(1)』, 東京: 大修館書店, 1992.
마이어V.H. Mair, 「고한어, 고페르시아어와 현대 영어 속의 "무"Old Sinitic Myag, Old Persian Magus and English 'Magician'」, *Early China*, Vol.15, 1990.
마젠춘馬建春, 「원대에 전래된 이슬람 지리학에 관한 고찰元代東傳回回地理學考述」, 『회족연구回族硏究』, 2002년 제1기,
모동인莫東寅, 『한학발달사漢學發達史』, 北平文化出版社, 1949, 上海:上海書店 재판본,

1989.

모리스 로사비Morris Rossabi 편, 『중국, 동등한 국가들 중의 하나—10~14세기의 중세 왕국과 그 이웃 나라China among Equals: The Middle Kingdom and Its Neighbors, 10th-4th Centuries』, University of California Press, Berkeley, 1983.

모모키 시로桃木至郎, 「"중국화"와 "탈중국화"—지역세계 속의 베트남 민족 형성사"中國化"と"脫中國化"—地域世界の中のバトナム民族形成史」, 오미네 아키라大峰顯 등 편, 『지역의 로고스地域のロゴス』, 東京: 世界思想史, 1993.

모테기 도시오茂木敏夫, 「청말 "중국"의 창출과 일본清末における"中國"の創出と日本」, 『중국—사회와 문화中國—社會と文化』, 東京: 中國社會文化學會, 1995, 제4호.

모토야마 유키히코本山幸彥, 「메이지 20년대의 정치적 논의에 표현된 국가주의明治二十年代における政論に表現する國家主義」, 사카타 요시오坂田吉雄 편, 『메이지 전반기의 국가주의明治前半期の國家主義』, 東京: 未來社, 1958.

미셸 푸코Michel Foucault 저, 옌펑嚴鋒 옮김, 『권력의 눈權力的眼睛』, 上海: 上海人民出版社, 1997.

미야 노리코宮紀子, 『몽골 제국에서 태어난 세계도モンゴル帝國が生んだ世界圖』, 東京: 日本經濟新聞社, 2007.

미야자키 이치사다宮崎市定, 「동양의 르네상스와 서양의 르네상스東洋のルネッサンスと西洋のルネッサンス」, 『미야자키 이치사다 전집』, 東京: 岩波書店, 1992(중국어 번역본, 「동방의 문예부흥과 서방의 문예부흥東方的文藝復興和西方的文藝復興」, 중국과학원 역사연구소 편역조編譯組 역, 『미야자키 이치사다 논문 선집宮崎市定論文選集』 下卷, 商務印書館, 1965.)

______, 「중국 주변사 총론中國周邊史總論」, 『미야자키 이치사다 전집宮崎市定全集』, 東京: 岩波書店, 1992.

______, 『일본 고대日本古代』, 『미야자키 이치사다 전집』, 東京: 岩波書店, 1992.

______, 『자발집: 동양사학칠십년自跋集: 東洋史學七十年』, 東京: 岩波書店, 1996.

미조구치 유조溝口雄三, 하마시타 다케시濱下武志, 히라이시 나오아키平石直昭, 미야지마 히로시宮島博史 편, 『아시아로부터 생각한다アジアから考える』, 東京: 東京大學出版會, 1993~1994.

바버라 터치먼Babara W. Tuchman 저, 메이인성梅寅生 역, 『역사 저술로부터 본 역사학從史著論史學, Practicing History』, 臺北: 久大文化公司, 1990.

반노 준지坂野潤治, 「동양맹주론과 탈아입구론—메이지 중기 아시아 진출론의 두 가지 유

형東洋盟主論と脫亞入歐論—明治中期アジア進出論の二類型」, 사토 세이자부로佐藤誠三郎 등 편, 『근대 일본의 대외적 태도近代日本の對外態度』, 東京: 東京大學出版會, 1974.

베네딕트 앤더슨Benedict Anderson 저, 우루이런吳叡人 역, 『상상의 공동체: 민족주의의 기원과 유포想像的共同體:民族主義的起源與散布, Imagined Communities: Reflections on the Origin and Spread of Nationalism』, 臺北: 時報文化出版公司, 1999.

베이츠M. S. Bates 편, 『서양 동양학 학술지 논문 대강西文東方學報論文擧要』, 南京: 金陵大學 中國文化硏究所, 1933.

벤저민 엘먼Benjamin Elman 저, 자오강趙剛 역, 『이학에서 고증학으로從理學到朴學』, 南京: 江蘇人民出版社,1995.

빅터 G. 키어난Victor G. Kiernan 저, 천정궈陳正國 역, 『인류의 주인: 유럽 제국 시기의 다른 문화에 대한 태도The Lords of Human Kind: European Attitudes to Other Culture in the Imperial Age』, 臺北: 麥田出版, 2001.

사케다 마사토시酒田正敏, 『근대 일본의 대외 강경 운동에 대한 연구近代日本における對外硬運動の硏究』, 東京: 東京大學出版會, 1978.

샤오치칭蕭啓慶, 「원대의 통일과 통합—한족 지역과 강남을 중심으로元朝的統一與統合—以漢地江南爲中心」, 『중국역사상의 분리와 통합 학술 토론회 논문집中國歷史上的分與合學術硏討會論文集』, 臺北: 硏經出版事業公司, 1995.

손보선孫寶瑄, 『망산려일기忘山廬日記』, 上海: 上海古籍出版社, 1983.

손중산孫中山, 『손중산전집孫中山全集』, 北京: 中華書局, 1984.

송서宋恕, 『송서집宋恕集』, 北京: 中華書局, 1993.

송영배宋榮培, 「한국 유학 근100년의 개황韓國儒學近百年の槪況」, 『中國—社會と文化』 제14호, 東京大學, 1999.

설복성薛福成, 『설복성선집薛福成選集』, 上海: 上海人民出版社, 1987.

쉬줘윈許倬云, 「중국 역사 발전의 궤적을 찾아서尋索中國歷史發展的軌迹」, 『강제후조석江渚候潮汐』(一), 臺北: 三民書局, 2004.

스기야마 마사아키杉山正明, 『몽골 제국과 대원 울르스モンゴル帝國と大元ウルス』, 京都: 京都大學出版會, 동양사 연구총간 제65.

스에키 후미히코末木文美士, 「연대인가 침략인가—오카와 슈메이大川周明과 일본의 아시아 주의"連帶"か"侵略"か—大川周明と日本のアジア主義」, 스에키 후미히코, 나카지마 다

카히로中島隆博 편, 『비서구의 시각非·西歐の視座』, 東京: 大明堂, 2001.
스티븐 에이버릴Stephen Averill 저, 우저吳喆·쑨후이민孫慧敏 역, 「중국과 "비서구" 세계의 역사 연구에 있어 새로운 추세中國與"非西方"世界的歷史研究之若干新趨勢」, 『신사학新史學』(臺北: 2000) 제11권 제3기.
시노부 세이자부로信夫淸三郎 저, 저우치첸周啓乾 옮김, 『일본근대정치사日本近代政治史』, 臺北: 桂冠圖書公司, 1990.
시반하라 다쿠지芝原拓自, 「대외관과 내셔널리즘對外觀とナショナリスム」, 시반하라 다쿠지, 이카이 다카아키猪飼隆明, 마사히로 이케다池田正博 편, 『대외관, 일본근대사상대계12對外觀·日本近代思想大系12』, 東京: 岩波書店, 1996.
싱이톈邢義田, 「고대 중국 및 유럽—아시아 문헌, 도상, 그리고 고고학 자료 속의 "호인"의 외모古代中國及歐亞文獻,圖像與考古資料中的"胡人"外貌」, 미간행.
쌍빙桑兵, 『국학과 한학國學與漢學』, 杭州: 浙江人民出版社, 1999.
쓰루미 유스케鶴見祐輔 저, 이카이 도모요시一海知義 교정, 『고토 신페이後藤新平』, 東京: 藤原書店, 2005.
아라노 야스노리荒野泰典, 『근세 일본과 동아시아近世日本と東アジア』, 東京: 東京大學出版會, 1988, 1992.
아라노 야스노리, 이시이 마사토시石井正敏, 무라이 쇼스케村井章介 편, 『아시아 속의 일본사アジアのなかの日本史』, 東京: 東京大學出版會, 1992.
앨로이스 피스터Aloys Pfister 편, 펑청쥔馮承鈞 역, 『재중국 예수회 선교사 열전 및 그 서목在華耶穌會士列傳及書目』, 北京: 中華書局, 1995.
야노 진이치矢野仁一, 『대동아사의 구상大東亞史の構想』, 東京: 目黑書店, 1944.
______, 『근대 지나론近代支那論』, 東京: 弘文堂書房, 1923.
야마구치 고이치山內弘一, 「홍대용의 화이관에 대하여洪大容の華夷觀について」, 『조선학보朝鮮學報』, 天理: 日本天理時報社, 1996, 제159집
야오다리姚大力, 「중국 역사상의 민족 관계와 국가적 일체감中國歷史上的民族關系與國家認同」, 『중국학술中國學術』 총 제12집, 北京: 商務印書館, 2002.
야오잉후이陶英惠, 「대일항전 이전 10년간의 학술 연구抗戰前十年的學術研究」, 『대일항전 전 10년간의 국가건설 연구토론회 논문집抗戰前十年國家建設硏討會論文集』, 臺北: 中硏院近代史硏究所, 1985년 제2판.
야오진성陶晋生, 『송료관계사연구宋遼關系史硏究』, 臺北: 聯經出版事業公司, 1983.
양즈주楊志玖, 「원대 서역인의 중국화와 유학元代西域人的華化與儒學」, 『중국문화연구집

간中國文化研究集刊』, 上海: 復旦大學出版社, 1987. 이후 그의 『누실문존陋室文存』(北京: 中華書局, 2002)에 재수록됨.
에가미 나미오江山波夫 편, 『동양학의 계보(1)東洋學の系譜(1)』, 東京: 大修館書店, 1992.
에드워드 사이드Edward W. Said 저, 왕위건王宇根 역, 『동방학東方學』, 北京: 三聯書店, 1999.
에드워드 소자Edward Soja, 『탈현대 지리학: 비판적 사회 이론에서 공간의 재확립Postmodern Geographies: The Reassertion of Space in Critical Social Theory』, London: Verso, 1989.
에릭 홉스봄Eric Hobsbawm 저, 리진메이李金梅 역, 『민족과 민족주의民族與民族主義』, 臺北: 麥田出版社, 1997.
에블린 로스키Evelyn S. Rawski, 『마지막 황제들: 청대 황실 제도의 사회사The Last Emperors: A Social History of Qing Imperial Institutions』, Berkeley: University of California Press, 1998.
에블린 로스키, "Presidential Address: Re-envisioning the Qing: The Significance of the Qing Period in Chinese History개회사: 청대 재고—중국사에서 청대의 중요성", *The Journal of Asian Studies*, 55, No.4(Nov. 1996).
옌사오탕嚴紹璗 「20세기 일본인의 중국관二十世紀日本人的中國觀」, 『일본학日本學』 제3집.
오구라 요시히코小倉芳彦, 「일본 동양사학의 발달日本における東洋史學の發達」, 『오구라 요시히코 저작집 II小倉芳彦著作集II』, 東京: 論創社, 2003.
오다 다케오織田武雄, 『지도의 역사—세계편地圖の歷史—世界篇』, 東京: 講談社, 1974, 1994.
오언 래티모어Owen Lattimore, 탕샤오펑唐曉峰 옮김, 『아시아 내륙에서 중국의 변경中國的亞洲內陸邊疆』, 南京: 江蘇人民出版社, 2005.
오카쿠라 덴신岡倉天心, 『동양의 이상東洋の理想』, 가메이 가쓰이치로龜井勝一郎, 미야가와 도라오宮川寅雄 편, 『오카쿠라 덴신집岡倉天心集』, 東京: 筑摩書房, 1968.
와다 기요시和田清, 『동아사논수東亞史論藪』, 東京: 生活社, 1942.
와타나베 히로시渡邊浩, 「일본 도쿠가와 시대 초기 주자학으로부터 탈피日本德川時代初期朱子學的蛻變」, 『사학평론史學評論』, 臺北: 1983, 제5기
와타나베 히로시의 「중국과 일본인의 "일본"관中國與日本人的"日本"觀」, 北京: 中國社會科學院日本研究所 주최 國際硏討會論文, 2002년 9월 7일.

왕건王謇, 『송평강성방고宋平江城坊考』, 南京: 江蘇古籍出版社, 1999.
왕겅우王賡武, 『왕겅우 자선집王賡武自選集』, 上海: 上海教育出版社, 2002.
왕궈웨이王國維, 『관당집림觀堂集林』, 『民國叢書』 제4편 제93종.
______, 「동양사요 서문東洋史要序」, 『동양사요東洋史要』 卷首, 上海: 東文學社, 1899.
왕대공王代功, 『청나라 상기 왕개운 선생 연보淸王湘綺先生闓運年譜』, 臺北: 臺灣商務印書館, 1978.
왕샤오추王曉秋, 『근대 중일 관계사 연구近代中日關系史研究』, 北京: 中國社會科學出版社, 1997.
왕융王庸, 『중국지리학사中國地理學史』, 上海: 商務印書館, 1938.
왕이王毅, 『왕실 아시아협회 북중국 지회 연구皇家亞洲文會北中國支會研究』, 上海: 上海書店出版社, 2005.
왕룽쭈汪榮祖, 『태염과 일본太炎與日本』, 『장빙린연구章太炎研究』, 臺北: 李敖出版社, 1991.
왕쥐창王遽常, 『심매수선생 연보沈寐叟先生年譜』, 臺北: 臺灣商務印書館, 1977.
왕즈훙王志弘, 「탈현대의 공간적 사고—에드워드 소자 사상에 대한 평가後現代的空間思考—愛德華·索雅思想評介」, 『유동, 공간, 그리고 사회流動, 空間與社會』, 臺北: 田園城市文化事業有限公司, 1998.
왕첸진王前進, 후치쑹胡啓松, 류뤄팡劉若芳의 「비단 채색본 대명혼일도에 관한 연구絹本彩繪大明混一圖研究」, 『중국 고대 지도집(명대)中國古代地圖集(明代)』, 北京: 文物出版社, 1997.
왕칭자王晴佳, 『대만사학오십년臺灣史學五十年』, 臺北: 麥田出版社, 2002.
왕커王柯, 『일본의 중국 침략전쟁과 "회교 공작"日本侵華戰爭與"回教工作"』, 『역사연구歷史研究』 2009년 제5기.
왕판썬王汎森 편, 「역사언어연구소 소장 후스와 푸쓰녠의 왕래 서한史語所藏胡适與傅斯年來往函札」, 『대륙잡지大陸雜志』 제93권 제3기.
요시카와 고지로吉川幸次郎 편, 『동양학의 창시자들東洋學の創始者たち』, 東京: 講談社, 1976.
우노 가즈타카海野一隆, 『지도로 본 일본: 왜국, 지팡구, 대일본地圖に見る日本: 倭國, ジパング, 大日本』, 東京: 大修館書店, 1999.
우노 가즈타카 저, 왕먀오파王妙發 옮김, 『지도의 문화사地圖的文化史』, 香港: 中華書局, 2002.

우라카와 와사부로浦川和三郎, 『조선순교사朝鮮殉教史』, 東京: 國書刊行會, 1973.
위잉스余英時, 『학술사상사의 창립과 변화學術思想史的創建及流變』, 『고금논형古今論衡』 제3집.
윌리엄 스키너G. William Skinner 편, 예광팅葉光庭 등 옮김, 『중화제국 말기의 도시中華帝國晩期的城市』, 北京: 中華書局, 2000.
유사배劉師培, 「아시아의 현재 추세亞洲現勢論」, 『천의天義』 제11, 12권 합책, 1907년 11월 30일.
이마니시 류今西龍, 『조선 옛 역사의 연구朝鮮古史の研究』, 東京: 國書刊行會, 1970.
이마호리 세이지今崛誠二, 「베이징 학계로부터北京の學界それから」, 『동양사연구』, 京都: 京都大學, 1944, 제8권 5~6호.
이시다 미키노스케石田干之助, 『유럽인의 지나 연구歐人の支那研究』, 東京: 共立社 現代史學大系 제8권, 1932.
이야나가 노부미彌永信美, 『환상 속의 동양幻想の東洋』, 東京: 青土社, 1987.
이치코 주조市古宙三, 『근대 일본의 대륙을 향한 발전近代日本の大陸發展』, 東京: 螢雪書院, 1941.
이토 유키오伊藤之雄, 「청일전쟁 이전 중국·조선에 대한 인식의 형성과 외교론日清戰前の中國·朝鮮認識の形成と外交論」, 후루야 데쓰오古屋哲夫 편, 『근대 일본의 아시아 인식近代日本のアジア認識』, 東京: 綠蔭書房, 1996.
이하라 히로시伊原弘·고지마 쓰요시小島毅 편, 『지식인의 여러 모습—중국 송대를 기점으로 삼아知識人の諸相—中國宋代を基点として』, 東京: 勉誠出版社, 2001.
자오스위안趙矢元, 「손중산의 대아시아주의와 일본의 대아시아주의孫中山的大亞洲主義與日本的大亞洲主義」, 『중일관계사 논문집中日關系史論文集』, 哈爾濱: 黑龍江人民出版社, 1984.
장광다張廣達, 『문서, 전적, 그리고 서역의 역사와 지리文書, 典籍與西域史地』, 桂林: 廣西師範大學出版社, 2008.
장광즈張光直, 『중국청동시대中國青銅時代』, 北京: 三聯書店, 1999.
장치슝張啓雄, 「중화 세계제국과 근대 중일 분쟁中華世界帝國與近代中日紛爭」, 장융징張永敬 등 편, 『지난 100여 년간의 중일 관계 논문집近百年中日關系論文集』, 新店: 中華民國史料研究中心, 1992.
정샤오쉬鄭孝胥, 『정샤오쉬일기鄭孝胥日記』, 北京: 中華書局, 1993.
조너선 D. 스펜스Jonathan D. Spence 저, 롼수메이阮叔梅 역, 『칸의 제국—서양인의 눈에 비친 중국The Chan's Great Continent: China in Western Minds』, 臺北: 臺灣商務印書館, 2000.
저우자잉周佳英, 「근대 중국의 아시아관近代中國的亞洲觀」, 정위쉬鄭宇碩 主編, 『중국과 아시아中國與亞洲』, 香港: 商務印書館, 1990.
저우주핑周質平, 「후스 붓 끝의 일본胡適筆下的日本」, 『후스총론胡適叢論』, 臺北: 三民書局, 1992.
존 E. 윌스John E. Wills 저, 쑹웨이항宋偉航 역, 『1688:1688: A Global History』, 臺北: 大塊文化, 2001.
주루이시朱瑞熙 등, 『요, 송, 서하, 금의 사회생활사遼宋西夏金社會生活史』, 北京: 中國社會科學出版社, 1998.
첸무錢穆, 『중국문화사도론(수정본)中國文化史導論(修訂本)』, 北京: 商務印書館, 1994.
천샹성陳尚勝 등, 『조선왕조(1392~1910)의 중화관에 일어난 변화—『조천록』과 『연행록』 분석朝鮮王朝(1392~1910)對華觀的演變—朝天錄和燕行錄初探』, 濟南: 山東大學出版社, 1999.
천쉐린陳學霖, 『송사논집宋史論集』, 臺北: 東大圖書公司, 1993.
천위안陳垣, 「조로아스터교의 중국 전래에 관한 고찰火祆教入中國考」, 「마니교의 중국 전래에 관한 고찰摩尼教入中國考」, 「마니교의 잔경(殘經)摩尼教殘經」 1, 2, 각각 『베이징대학 국학계간北京大學國學季刊』 제1권 제1호, 제2호, 제3호, 1923년 1월, 4월, 7월에 수록.
______, 『명나라 말기 전검불교 고찰—해외 종교사 논저 8종明季滇黔佛教考—外宗教史論著八種』, 石家庄: 河北教育出版社, 2000.
______, 『중국현대학술경전·천위안쥐안中國現代學術經典·陳垣卷』, 石家庄: 河北教育出版社, 1996.
천인커陳寅恪, 『천인커문집·시집陳寅恪文集·詩集』, 北京: 三聯書店, 2001.
______, 『한류당집寒柳堂集』, 北京: 三聯書店, 2001.
______, 『금명관총고 2편金明館叢稿二編』, 北京: 三聯書店, 2001.
천자슈陳家秀, 「지역연구와 사회경제사의 관련—송대의 성도城都와 부로府路를 중심으로區域研究與社會經濟史之關聯—探討宋代城都府路」, 臺北: 臺灣大學 歷史研究所 박사논문, 1993.
친융장秦永章, 『일본의 티베트 포섭사—근대 일본과 중국의 티베트日本涉藏史—近代日本與中國西藏』, 北京: 中國藏學出版社, 2005.

콜린 매커라스Colin Mackerras, 『서양의 중국상Western Images of China』, Oxford University Press, 1989.

탄치샹譚其驤, 「2100년 전의 지도 한 폭兩千一百多年前的一幅地圖」, 『마왕퇴 한묘 연구馬王堆漢墓研究』, 長沙: 湖南人民出版社, 1979.

탕카이젠湯開建, 「중국에서 현존하는 가장 이른 시기의 서양인 형상에 관한 자료—동이도상中國現存最早的歐洲人形象資料—東夷圖像」, 『구궁박물원 원간古宮博物院院刊』(北京: 古宮博物院), 2001년 제1기.

팡하오方豪, 「청대의 천주교 금지·억제 정책이 일본으로부터 받은 영향清代禁抑天主教所受日本之影響」, 『팡하오 문록方豪文錄』, 北平: 上智編譯館, 1948.

패트리샤 버클리 에브레이Patricia Buckley Ebrey, 『중국 제국의 유가와 가례—의례의 사회사 관련 저작Confucianism and Family Rituals in Imperial China』, Princeton University Press, New Jersey, 1991.

펑청쥔馮承鈞 역, 『서역·남해의 역사·지리 고증 연구물 번역 모음西域南海史地考證譯叢』, 北京: 商務印書館, 1999.

펠리오Paul Pelliot 저, 왕궈웨이王國維 역, 「근래 동양의 고언어학 및 사학적 발견과 그 결론近日東方古言語學及史學上之發明與其結論」, 『베이징대학 국학계간北京大學國學季刊』 第1卷 第1號.

펠리오 저, 펑청쥔馮承鈞 역, 「사천자설四天子說」, 『서역·남해의 역사·지리 고증 연구물 번역 모음西域南海史地考證譯叢』, 北京: 商務印書館 重印本, 1995.

폴 코너튼Paul Connerton 저, 納日碧力戈 역, 『사회는 어떻게 기억하는가How Societies Remember?』, 上海: 上海人民出版社, 2000.

푸러청傅樂成, 『푸멍전선생 연보傅孟眞先生年譜』, 臺北: 傳記文學社刊行, 1964.

______, 『한당사론집漢唐史論集』, 臺北: 聯經出版事業公司, 1977, 1995.

푸쓰녠傅斯年, 『동북사강東北史綱』, 中研院 歷史語言研究所, 1932.

프라젠짓 두아라Prasenjit Duara 저, 왕셴밍王憲明 역, 『민족국가에서 역사를 구제하기—민족주의 담론과 중국 현대사 연구從民族國家拯救歷史—民族主義話語與中國現代史研究, Rescuing History from the Nation, Questioning Narratives of Modern China』, 北京: 社會科學文獻出版社, 2003.

프랑크 디코터Frank Dikotter 저, 양리화楊立華 역, 『근대 중국의 종족 관념近代中國之種族觀念, The Discourse of Race in Modern China』, 南京: 江蘇人民出版社, 1999.

피터 리버겐Peter Riebergen 저, 자오푸싼趙復三 역, 『유럽문화사歐洲文化史, *Europe A*

Cultural History』, 香港: 明報出版社, 2003.

피터 K. 볼Peter K. Bol, "지역의 다층: 지역을 정의하기 위한 지리학적 접근The Multiple Layers of the Local: A Geographical Approach to Defining the Local," 제9차 "21세기 중화 문명의 새로운 의미 학술토론회 논문집中華文明的二十一世紀新意義學術硏討會論文集", 上海: 復旦大學 歷史系, 2004년 4월 8일.

하네다 도루羽田亨, 『최근 동양사학의 진보挽近における東洋史學の進步』, 『하네다 박사 사학 논문집羽田博士史學論文集』, 京都: 同朋舍, 1957, 1975.

______, 「시라토리 구라키치를 회상하며白鳥庫吉の思出」, 『東洋史硏究』, 京都: 京都大學, 1942, 제7권, 제2~3호.

하마시타 다케시濱下武志, 주인구이朱蔭貴 등 옮김, 『근대 중국의 국제적 계기—조공무역 체계와 근대 동아시아 경제권近代中國的國際契機—朝貢貿易體系與近代亞洲經濟圈』, 北京: 中國社會科學出版社, 1999.

허빙디何炳棣, "중국사에서 청대의 중요성The Significance of The Ch'ing Period in Chinese History," *Journal of Asian Studies*, 26, No.2(1967), 189~195쪽.

______, "중국화를 옹호하며: 에블린 로스키의 청대 재고에 대한 반박In Defense of Sinicization: A Rebuttal of Evelyn Rawski's Reenvisioning the Qing," *Journal of Asian Studies*, 57, No.1,(1998), 123~155쪽; 중국어 역은 何炳棣, 「捍衛漢化: 駁伊芙琳·羅斯基之「再觀清代」」, 『清史硏究』(北京) 2000年 第3期.

할리·우드워드J. B. Harley, David Woodward 편, 『지도제작의 역사The History of Cartography』, Vol. 2, Book. 2: 『동아시아와 동남아시아 전통 사회의 지도제작*Cartography in the Traditional East and Southeast Asian Societies*』, The University of Chicago Press, 1994.

허창췬賀昌群, 『허창췬문집賀昌群文集』, 北京: 商務印書館, 2003.

황셴판黃現璠, 『송대 태학생의 구국운동宋代太學生救國運動』, 上海: 商務印書館, 1936.

후루야 데쓰오古屋哲夫, 『근대일본의 아시아 인식近代日本のアジア認識』, 東京: 錄蔭書房, 1996.

______, 「역사언어연구소 연구 사업의 취지歷史語言硏究所工作之旨趣」, 『역사언어연구소 집간歷史語言硏究所集刊』 제1本 제1分, 1928.

후쿠자와 유키치福澤諭吉, 『후쿠자와 유키치 전집福澤諭吉全集』, 東京: 岩波書店, 1959.

히라이시 나오아키平石直昭, 「근대 일본의 "아시아주의"近代日本のアジア主義」, 미조구치 유조, 하마시타 다케시, 히라이시 나오아키, 미야지마 히로시 共編, 『근대화상近代化

像』, 東京: 東京大學出版會, 1994.
『차이쑹포연보蔡松坡年譜』, 『차이쑹포선생유집蔡松坡先生遺集』 부록, 臺北: 文星書店, 1962.

찾아보기

ㄴ

ㅅ

ㅇ

ㅈ

ㅋ

ㅌ

옮긴이의 말

이 책의 저자 거자오광 교수는 원래 문학 전공자이지만 현재는 중국사상사 분야의 대표적인 학자로서, 그의 저서 가운데 『선종과 중국문화禪宗與中國文化』『도교와 중국문화道教與中國文化』『중국경전 십종中國經典十種』『사상사를 어떻게 쓸 것인가思想史的寫法』 등이 이미 우리말로 옮겨졌을 정도로 국내에서도 그 성망이 높다.

이 책 『이 중국에 거하라』는 앞서 중국에서 출간된 『중국사상사』의 연장선상에 있다고 저자는 말한다. 왜 그럴까? 『중국사상사』 저술을 통해 19세기 말의 중국 사상까지 도달했던 저자는 중국의 정체성이 흔들리고 왜곡되었던 시대가 바로 20세기였기 때문에, 중국의 정체성을 올바로 규명하지 않고는 20세기의 중국사상사를 다루기가 불가능하다고 판단한 것 같다. 그도 그럴 것이 과연 '중국이란 무엇인가?'라는 물음에 스스로 답하지 못한다면, 무엇이 중국 사상이고 아닌지를 판가름할 기준을 확보할 수 없기 때문이다.

다른 한편 오늘날 국제관계 및 분쟁을 통해 부각되고 있는 "중국은 어떤 나라가 되어야 하는가?"라는 시의적 자문도 이 책을 쓰게 된 동기 중 하나일 것이다. 사실 적어도 겉으로 보기에 대륙 중국은 영토 분쟁 문제에서 기존의 패권적 강대국과 같은 모습을 보이기도 하지만, 2008년 베이징 올림픽의 성화 봉송 때 중국 유학생들이 보여주었던 것처럼 방어적 민족주의라 할 만한 흐름을 보여주기도 한다. 방어적 민족주의가 강대한 국력과 결합될 때 예상되는 결과에 대해 주변국은 물론 중국 내 지식인들도 걱정을 하고 있는 듯하다.

이에 대한 저자의 해결책은 분명하다. 그것은 중국의 정체성을 새롭게 규정하는 것이다. 그렇다면 그 정체성을 어떻게 규정할 것인지가 문제가 된다. 저자는 그 '어떻게'를 밝히기에 앞서 과거 중국의 정체성을 검토한다. 먼저 고대부터 19세기 말에 이르는 시기에 받아들여지던 중국의 정체성을 살펴본다. '천조대국天祖大國'이라는 용어는 그 시기의 정체성을 잘 표현한다. 이런 정체성을 받아들이던 중국인들은 중국을 천하 정치·문명의 중심으로 생각했고, '오랑캐'는 그 상대개념이었다. 물론 오랑캐는 중국과 맞서 대등하게 양립하는 '타자他者'가 아니었다. 그것은 어디까지나 문명이 결여되어 있어 교화가 필요한 대상에 불과했다.

하지만 천조대국의 정체성은 송나라 성립 이후 '관념'적인 것이 되고 만다는 것이 저자의 지적이다. 왜냐하면 송나라는 북방의 서하西夏와 요나라의 압박으로 인해 더 이상 실질적인 천조대국으로 자처할 수 없었고, 그 두 나라와 더불어 상호 대등한 외교관계를 맺을 수밖에 없었기 때문이다. 그런 까닭에 저자는 송나라 때 국민국가적 의식이 태동했다고 본다. 그럼에도 불구하고 중국인들은 적어도 관념상으로는 여전히 자신들의 나라를 천조대국으로 상상하고, 이웃 나라와의 무역 관계를 조공체제로 여겼다고 한다.

그다음 1894년 청일전쟁에서 패한 이후 형성된 중국의 정체성이다. 저자에 따르면 이것은 구미 혹은 서양이라는 거울에 비친 중국의 모습에 불과하다. 다시 말해서 중국 스스로 자신의 모습을 파악한 것이 아니라, 서양인의 눈으로 자기 모습을 바라보았다는 것이다. 20세기 초반 중국에서 유행했던 동·서 문명의 비교라는 주제는 바로 그 현상을 보여준다. '서양에 비추어 중국은 어떤 특성을 갖는가?'라는 문제의식이야말로 문명 평가의 기준은 중국이 아니라 서양임을 역설한다.*

그런데 저자가 비판의 칼끝을 겨누는 것은 중국인의 자기비하가 아니라, 오히려 기존의 중국 정체성을 해체하려는 구미와 일본 학계다. 그는 특히 일본의 동양학에 대해 민감한 반응을 보인다. 그럴 수밖에 없는 것이 제국주의 시기의 일본은 중국을 침략한 당사자였기 때문이다. 저자는 일본 동양학의 주 담론이었던 '아시아'론을 분석하여 그 이면에 담긴 정치적 의도를 읽어낸다. 일본의 '아시아'론이란 대략, 근대화한 일본이 이제 중국을 대신해서 아시아를 이끌어야 한다는 내용을 담는다. 그러기 위해서 중국이라는 과거의 제국은 이제 스스로 제국이기를 포기하고 한족漢族만의 국민국가로 축소되어야 한다고 일본의 동양학자들은 인식한다. 저자는 일본이 중국의 변경지역인 신장위구르, 티베트, 만주 등지에 관심을 갖고 연구한 이유도 바로 거기에 있다고 본다. 하지만 중국인들의 처지에서 보자면, 이런 일본의 의도는 바로 중국을 쪼개어 해체하려는 것에 다름 아닌 것으로 여겨질 것이다.

당연하게도 저자는 이런 식의 중국 정체성 해체에 반대한다. 바로 이 맥락에서 최근 유행하는 '동아시아'론에 대해서도 의혹의 눈길을 거두지 못한다. 왜냐하면 그것은 궁극적으로 아시아 속으로 중국을 용해해버리는 결과를 낳을 것이기 때문이다. 물론 저자가 '동아시아'론이 지향하는바, 곧 동아시아 역내域內의 평화 정착을 부인하는 것은 아니다. 하지만 과연 송대 이래

* 이와 관련하여 량수밍, 『동서 문화와 철학』, 강중기 옮김, 솔, 2005의 제1장 서론 및 역자 해제를 참조할 것.

민족국가적 면모를 띠었던 중국이 그리 쉽게 '동아시아'라는 실체도 불분명한 개념 속으로 용융될 수 있을지 의문을 제기한다.

여기까지가 최근의 상황이다. 저자의 논지에 따르자면, 중국은 천조대국식의 상상적 자아 관념이 현실에서 허물어진 이래 아직까지 제대로 된 정체성을 확립하지 못하고 서양과 일본에 의해 왜곡된 정체성만 갖고 있는 셈이다. 중국인들은 한편으로는 자신들이 천하의 중심이고 문명국이라는 상상적 정체성에서 벗어나지 못한다. 그러나 다른 한편으로는 서양과 일본에 의해 정체성이 해체된 상황에서 헤어나오지 못하고 막연한 방어적 민족주의를 내세우고 있는지도 모른다.

그렇다면 저자의 대안은 무엇일까? 중국이 천하의 중심이라는 복고적 정체성을 다시 소환할 것인가? 이것은 중국인들의 민족적 정서에 어느 정도 부합하는 방책이 될는지 모르지만, 그런 상상적·관념적 정체성은 현실에 들어맞을 수 없다. 왜냐하면 현재 중국은 천하의 중심이 아니기 때문이다. 그렇다면 서양과 일본에 의해 규정된 정체성을 그대로 안고 갈 것인가? 그것 역시 받아들일 수 없는 일이다.

여기서 저자의 혜안이 빛을 발한다. 아마도 그는 개인의 정체성 발달 단계를 염두에 둔 것이 아닌가 한다. 어떤 개인이 어렸을 때는 어머니와 긴밀한 관계를 맺으며 상상의 세계 속에 머문다. 이때 그 어린아이는 자신과 어머니 사이의 경계를 명확히 구분할 줄 모르며, 욕구를 발하는 대로 어머니에 의해 충족되는 자족적 상태에 머문다. 하지만 점점 자라남에 따라 어린아이는 아버지에 의해 제시된 집단의 규칙을 받아들이고, 그 구성원 중 하나로서 역할을 배워야 한다. 이런 규칙에 따랐는지 거슬렀는지에 의해 상벌을 경험하기도 한다. 이제 마지막으로 성인이 되면서, 그 규칙을 내면화하여 전체 사회의 맥락에서 자신의 역할을 스스로 규정할 줄 알고 능동적으로 그 역할을 떠맡는다.

중국도 마찬가지다. 고대에서 19세기 말까지는 상상의 세계에 살고 있던 어린아이와 같았다. 이런 중국은 자신과 타국 사이의 경계를 명확히 하지 않았고, 진정한 의미의 타자는 그에게 존재하지 않는다. 하지만 20세기 들어 중국은 서양과 일본에 의한 규정을 받아들이기 시작했다. 이제 그 단계를 넘어 21세기에 중국은 자기를 스스로 규정하고 능동적으로 행동할 줄 알아야 한다.

그렇다면 그 구체적인 방법은 무엇일까? 그것은 바로 중국 스스로가 '타자'로서 자신을 의식하는 것이다. 달리 말해 중국이 스스로를 규정하기 전에 자신이 타국에 대해 하나의 '타자'임을 자각해야 한다. 스스로 타자로 정립해야 하는 상황에서, 그 대상인 타국은 동아시아의 여러 나라, 곧 한국, 일본, 대만, 베트남과 같은 나라라고 저자는 말한다. 그리하여 저자는 이제 20세기처럼 구미나 일본의 '한 면' 거울을 통해 중국을 비춰볼 것이 아니라, 한국, 일본, 대만 등의 '다면' 거울을 통해 중국을 비춰보아야 한다고 주장한다.

그런 까닭에 저자는 조선의 연행사들이 남긴 방대한 연행록과 일본의 당통사 일지唐通事日誌 등에 주목한다. 조선과 일본의 지식인들이 중국을 어떻게 바라봤는지에 대한 풍부한 실증을 이들 자료로부터 얻을 수 있기 때문이다. 이 책에서 저자는 이들 자료에 대해 초보적인 분석을 가하고 있다. 그에 따르면, 조선의 연행사들은 청나라를 더 이상 중화로 보지 않았고 심지어 오랑캐로 간주하는 의식을 가졌다고 하며, 그런 사정은 일본 역시 마찬가지였다. 그렇기에 조선과 일본 공히 자신을 소중화小中華로 여기는 풍토가 형성되었다고 한다.

물론 청나라인들은 여전히 자신들의 나라를 천조대국으로 여겼겠지만 그것은 어디까지나 상상에 불과하고, 실제 조선과 일본인들은 중국을 그런 대국으로 여기지 않았다는 것이다. 이렇듯 조선, 일본, 베트남의 시선을 통해 중국을 바라봤을 때 비로소 중국은 제대로 된 정체성을 가질 수 있다는 것이 저자의 생각이다. 달리 말해서, 그렇게 할 때에만 중국의 자기 정체성과 관련된 의식이 더욱 성숙할 수 있다.

저자는 구체적으로 환環황해 문명권에 대한 연구를 제안한다.(저자는 '황해'를 '동해'로 표기한다. 하지만 역자는 우리의 일반 상식에 비추어 '동해'를 '황해'로 바꾸어 번역했다.) 여기서 황해는 좀더 넓은 의미로 이해되어야 한다. 그것은 우리나라 서해안과 중국의 동해안 사이에 있는 바다를 가리킬 뿐 아니라 더 넓게는 남중국해까지를 포함한다. 저자에 따르면, 환황해 문명권에 속하는 국가들은 처음에는 중국에 대한 일체감에서 출발했으나, 17세기 이후에는 그런 일체감이 깨져서 각국이 제각기 다른 길을 걸어나갔다고 한다. 그렇다면 그런 일체감이 깨진 원인은 무엇이고, 무엇이 각 나라로 하여금 다른 길을 걷도록 했는지 상세히 규명되어야 할 필요가 있다.*

이상과 같은 저자의 제안은 매우 의미 있는 것이다. 무엇보다 '내가 나이기 이전에 너에 대한 나'라는 그의 철학적 관점은 오늘날의 동아시아론이 근본 전제로 택해야 할 것이라고 생각된다. 그리고 그렇게 할 때에만 동아시아론 혹은 아시아론에 내재한 과거와 현재의 정치적 의도가 상당 부분 불

* 저자의 '환황해 문명권' 구상은 일본의 하마시타 다케시의 조공 시스템 연구에 호응하는 것이라 할 수 있다. 하마시타는 중국을 중심으로 한 조공 시스템 연구를 통해, 근대 이전 동아시아의 국제 관계를 '국가들 간의 외교 관계'가 아니라 '국가를 넘어선 하나의 네트워크'로서 파악하고자 한다.(왕후이, 『아시아는 세계다』, 송인재 옮김, 글항아리, 2011, 83~84쪽.) 하마시타 다케시가 경제사 또는 무역사의 관점에서 유용한 대안을 제시했다면, 거자오광은 그의 관점에 기본적으로 동의하면서도 한 걸음 더 나아가 사상사의 영역에서 보충적 대안을 제시한 것이라 볼 수 있다.)

식될 것이다. 더 나아가 동아시아 지역 내 각 나라의 학자들이 이런 관점을 택하여 과거의 국제교류를 연구할 때 비로소 명실상부한 하나의 문명권이 윤곽을 드러내지 않을까 한다. 하지만 그러면서도 각 나라의 개별 역사는 동아시아론으로 해소되지 않을 것이다. 아니, 오히려 각 나라의 역사와 사상사는 그로 인해 더욱더 풍부해지는 성과를 올릴 수도 있다.

저자는 이 책에서 중국의 두려움과 고민을 아주 솔직하게 보여준다. 구미와 일본의 동양학자들이 중국의 정체성을 해체하려 했던 과거와 현재의 작업을 보노라면 왜 중국이 현재 변경지역에 대한 통제를 강화하려 하는지 일면 이해가 된다. 우리와 직접 관련이 있는 동북공정을 보더라도 그것은 거의 100년의 역사적 내력을 갖고 있는 사건 중 일각이라는 점을 알 수 있다. 중국은, 아직도 미국과 일본이 동북아 지역을 중국으로부터 분리해내려 한다는 의심을 갖고 있는 것이다.

그렇지만 저자는 한 걸음 물러서서 이런 중국 정부의 대응을 냉철하게 바라본다. 곧, 중국 역시 과거 '천조대국'의 상상에서 벗어나지 못한 상태에서 주변으로 자아를 끊임없이 투사하려는 경향을 띠고 있지 않느냐는 것이다. 주변국의 시선을 통한 중국 정체성의 확립이란 바로 이런 양쪽의 경향에 대한 대응의 성격을 지닌다. 중국은 더 이상 서양의 기준에 비추어 자신을 바라보지 말아야 하고, 또한 더 이상 과거의 환상에 사로잡혀 대국인 양 행세하지 않아야 한다.

저자의 논지는 우리의 현실 상황에도 시사하는 바가 있다. 주지하다시피 한반도는 중국·러시아의 대륙문명과 미국·일본의 해양문명이 충돌하는 장이다. 양측은 우리에게 '너희는 어느 편을 택할 것인가?'라고 끊임없이 묻는다. 때문에 근대 이래 한반도 안에서는 원심력이 강하게 작용해왔다. 그 결과 현재 한반도는 남한과 북한이 대치하는 형국으로 귀착되었다. 더 나아가 남한 내에서도 그런 원심력이 작용하고 있다. 누구는 대륙문명을 가까이해야 한다고 말하고, 누구는 해양문명을 가까이해야 한다고 말한다. 그런 원심력이 지나치게 발휘된다면 국가와 사회가 또 한 차례 분열을 맞게 될 것은 뻔하다.

이런 양자택일의 물음에 현명하게 답하는 방법은 없을까? 그런 물음의 전제를 먼저 밝히는 것이 첫걸음일 것이다. 그 전제란 결국 주체의 자기동일성에 대한 신념이 아닐까 한다. 다시 말해서 그런 물음 이면에는 '나는 어디까지나 나이고 너는 나의 영향력을 받아들여야 할 대상'이라는 생각이 있는 것이 아닐까? 과거 일본 제국주의의 국권확장론은 그 전형적인 표현이다. 바로 이 지점에서 저자의 통찰은 큰 도움이 된다.

학계가 할 일은 그런 자기동일성의 철학에서 벗어나 상호 주관적 철학의 관점에서 자국의 정체성을 새롭게 규정함으로써 현실의 국가권력이 올바로 행사되도록 영향력을 행사하는 것이다. 우리나라는 그 관점을 중국과 일본의 학자들에게 강력하게 제안해야 한다. 중국이나 일본에 비해 우리나라 학자들이야말로 그런 제안을 할 자격을 갖추고 있다. 왜냐하면 우리는 과거 중국과 일본에 의해 침략을 당한 경험이 있고, 지금도 남북으로 갈려 고통을 겪고 있기 때문이다.

부디 이 책이 학계에서뿐만 아니라 정계와 정부에서도 널리 읽히기를 진심으로 바란다. 특히 국가대사를 담당한다고 스스로 여기는 분들이 이 책을 읽었으면 한다. 그리고 이 기회를 통해 이 주제와 관련한 국가적 공론이 일어나기를 간절히 기원한다. 과연 우리나라는 주변국과 관련하여 어떤 전략을 취해야 하고, 궁극적으로 어떤 나라를 지향해야 하는지 공론의 영역에서 논의된다면 그것은 비단 우리나라뿐만 아니라 중국과 일본을 위해서도 유익한 일이 될 것이다. 또한 이른바 동아시아론에서 우리나라가 이니셔티브를 발휘하는 계기가 될 수 있을 것이다.

이원석

이 중국에 거하라

초판인쇄 2012년 9월 10일
초판발행 2012년 9월 17일

지은이 거자오광
옮긴이 이원석
펴낸이 강성민
기획 노승현
편집 이은혜 박민수 김신식
독자모니터링 황치영
마케팅 최현수
온라인 마케팅 김상만 이원주

펴낸곳 (주)글항아리 | 출판등록 2009년 1월 19일 제406-2009-000002호

주소 413-756 경기도 파주시 문발동 파주출판도시 513-8
전자우편 bookpot@hanmail.net
전화번호 031-955-8891(마케팅) 031-955-2670(편집부)
팩스 031-955-2557

ISBN 78-89-6735-013-0 93900

이 도서의 국립중앙도서관 출판시도서목록(CIP)은 e-CIP 홈페이지(http://www.nl.go.kr/ecip)에서 이용하실 수 있습니다.
(CIP제어번호:CIP2012003784)